# 造镜者
# THE MIRROR MAKERS
美国广告和广告人的历史 A HISTORY OF AMERICAN ADVERTISING AND ITS CREATORS

[美] 史蒂芬·福克斯（Stephen Fox）著　张萌秋 译　曹芳芳 校

北京大学出版社
PEKING UNIVERSITY PRESS

**图书在版编目（CIP）数据**

造镜者：美国广告和广告人的历史 /（美）史蒂芬·福克斯著；张萌秋译. -- 北京：北京大学出版社，2024.9
ISBN 978-7-301-34911-3

Ⅰ.①造… Ⅱ.①史…②张… Ⅲ.①广告－文化史－研究－美国 Ⅳ.① F713.8-097.12

中国国家版本馆 CIP 数据核字（2024）第 092795 号

Copyright © 1984, 1997 by Stephen Fox
This edition arranged with Robin Straus Agency, Inc.
through Andrew Nurnberg Associates International Limited

| | |
|---|---|
| 书　　　名 | 造镜者：美国广告和广告人的历史<br>ZAOJINGZHE: MEIGUO GUANGGAO HE GUANGGAOREN DE LISHI |
| 著作责任者 | ［美］史蒂芬·福克斯（Stephen Fox）著　张萌秋 译 |
| 责任编辑 | 吴　敏 |
| 标准书号 | ISBN 978-7-301-34911-3 |
| 出版发行 | 北京大学出版社 |
| 地　　　址 | 北京市海淀区成府路 205 号　100871 |
| 网　　　址 | http://www.pup.cn　新浪微博 @ 北京大学出版社 |
| 电子邮箱 | 编辑部 wsz@pup.cn　总编室 zpup@pup.cn |
| 电　　　话 | 邮购部 010-62752015　发行部 010-62750672<br>编辑部 010-62757065 |
| 印　刷　者 | 北京中科印刷有限公司 |
| 经　销　者 | 新华书店 |
| | 965 毫米×1300 毫米　16 开本　24 印张　311 千字<br>2024 年 9 月第 1 版　2024 年 9 月第 1 次印刷 |
| 定　　　价 | 128.00 元 |

未经许可，不得以任何方式复制或抄袭本书之部分或全部内容。
**版权所有，侵权必究**
举报电话：010-62752024　电子邮箱：fd@pup.cn
图书如有印装质量问题，请与出版部联系，电话：010-62756370

**未名设计译丛编委会**

（按姓氏笔画排序）

| | | |
|---|---|---|
| 王曙光 | 方海 | 冯健 |
| 朱良志 | 朱青生 | 向勇 |
| 刘家瑛 | 李迪华 | 李咏梅 |
| 李溪 | 余璐 | 连宙辉 |
| 陈刚 | 陈宝权 | 张鹏翼 |
| 杭侃 | 俞孔坚 | 祝帅 |
| 袁晓如 | 翁剑青 | 高峰 |
| 彭锋 | 董丽慧 | 童云海 |

# 丛书序

自从西方工业革命至今，现代设计已历经一个半多世纪的发展历程。中国进入新时代以来，设计也在服务国家战略、建设人民群众所向往的美好生活等方面扮演了日益重要的角色。《研究生教育学科专业目录（2022年）》中，设计与设计学已分别成为艺术学门类下的博士层次专业学位以及交叉学科门类下的一级学科。面对百年未有之大变局，全球设计正共同经历着前所未有的新挑战、新问题。在这样的时代潮流面前，国内设计领域的读者对阅读海外设计学研究经典和前沿著作的需求也日益增长。

我国学者对海外设计学的译介由来已久。早在1918年，商务印书馆即出版了甘永龙编译的《广告须知》。20世纪80年代以来，李泽厚主编的"美学译文丛书"、中国工业美术协会主编的"现代设计丛书"、黄国强主编的"现代设计艺术理论丛书"和周峰主编的"设计丛书"等陆续译出一批海外设计研究经典。1997年"设计艺术学"列入学科目录、2011年"设计学"升级为一级学科以来，国内各种设计理论的译著、译丛无论是选题策划还是翻译质量，都有了质的提升。但是长期以来，由于种种原因，仍然有很多重要的设计学基础研究成果没有进入中国读者的视野，海外设计学者最新的前沿探索也亟待及时介绍给国内的读者。

"它山之石，可以攻玉。"对中国学者来说，移译西方经典和前沿的目的在于通过对话、反思，推动中国设计学主体性的建构。在本土设计研究方面，北京大学开我国设计学界之先河。早在1918年，时任北大校长的蔡元培就提出"惟绘画发达以后，图案仍与为平行之发展"，这是中国教育家对设计教育最早的理性论述。1924年北大出版的《造形美术》杂志即已涵盖美术、书法和设计（图案），同时期在北大任教的鲁迅不但有重要的书籍装帧设计思想和实践，还设计了沿用至今的校徽。院系调整后，在北大哲学系任教的宗白华关于园林、工艺和技术美学的思想为我国设计美学的研究奠定了基础，1988年叶朗主编的《现代美学体系》也把"审美设计学"作为其中的重要组成部分。在某种意义上，北大设计学是中国设计学学术史的缩影，自然对当今设计学科的建设也责无旁贷。有鉴于此，北大正在新文科、新工科建设的背景下，积极整合分散在艺术、工学等校内多个院系的已有设计学相关学科、专业资源，积极引领、推动中国设计学发展。

这套"未名设计译丛"就是在这样的背景下诞生的。本译丛的编选宗旨是：第一，建立全球视野，发扬主体意识。既关注入选著作对设计学科的普世贡献，也特别遴选那些对中国设计有特别启示意义的成果。第二，立足交叉学科，构建学科间性。既关注传统的主要设计门类，也关注设计产业、服务设计、信息设计、社会创新设计等跨学科的新领域。第三，关注基础研究，兼顾前沿进展。既遴选设计学基础理论方面的经典著作，也关注应用方面体现学科交叉的前沿研究进展。丛书设立以北大设计学人为主体的编委会，期待通过几年的努力，能够为中国设计学界奉献一批质量过硬的成果，从而为建设新时代中国特色设计学话语体系、推动设计学的中国式现代化发展提供有益的参照。

"未名设计译丛"编委会
2022年岁尾写于未名湖畔
（祝帅执笔）

# 序　言

广告并不招人喜欢，它干扰广播、电视，挤占报纸杂志版面，毁坏城市街道和乡村的风貌。更有甚者，为了吸引疲惫者的目光，地铁上都潜伏着广告的身影。没有人会相信广告，也没有人愿意承认自己相信它。那些人性中最不堪的方面，包括贪婪、虚荣、不安全感、竞争、物质主义，都是广告惯常所诉诸的。在酒会上，广告业从事者在被问及他们以什么为生时都会表现得支支吾吾。

可是广告也是20世纪美国大众文化的主导力量之一，它与电视、体育、电影、流行音乐、印刷媒体并驾齐驱，是塑造现代生活不可或缺的重要因素。然而，广告又有自己显著的特性，当我们能脱口而出电视名人、运动员、电影明星、音乐家和作家的名字时，却想不起美国广告业的主要人物。即使是在广告审美和道德标准方面贡献最多的雷蒙德·罗必凯（Raymond Rubicam）和威廉·伯恩巴克（William Bernbach），于行业之外也几乎不为人知。

为此，这本书特别关注了20世纪美国广告史上的主要广告人，如文案撰稿人、艺术设计师、广告代理人等。在叙事模式上，本书围绕一系列周期故事展开，出于历史的连续性而做了些微调整。值得注意的是，广告业和人有着紧密的联系，它比大多数商品更能反映人的怪癖和个性。所以，这也是一本属于广告人的集体传记。

从宏观角度而言，我试图通过这本书去理解广告与美国文化之间的关系。作为当代美国的观察者，在写这本书之初，我认为广告在创造和塑造大众品味和行为方面拥有巨大的独立力量。但在写的过程中，我的想法发生了多次改变。广告在20世纪初开始大行其道，在20世纪20年代达到了影响力的顶峰，之后虽然在体量上保持增长，在版图上无处不在，但对美国生活的影响却逐步减弱。在本书最后几章中，我探讨了造成此悖论的一些原因。某种程度上，广告已经成为我们这个时代的替罪羊，因为对于批评家来说，广告是他们既便捷又明显的一个批判目标。其实，他们应该关注由广告所反映的更深层次的时代文化倾向。

史蒂芬·拉塞尔·福克斯

于马萨诸塞州剑桥

1983 年 6 月 23 日

# 目 录

001 第一章
广告史前史：19 世纪

037 第二章
拉斯克时代

082 第三章
欣欣向荣的 1920 年代

130 第四章
萧条与改革

184 第五章
第二次繁荣

237 第六章
创意革命

297 第七章
真正的改革：镜子里的新镜像

346 第八章
20 世纪 70 年代：周期永无止境

366 1945—1980 年美国广告收最多的十个机构

368 鸣　谢

370 手稿收藏

371 译后记

第一章

# 广告史前史：19 世纪

19世纪70年代的广告公司只用一个房间的办公室开展业务。[1] 一个潜在顾客（customer，而"客户"，即client是几十年后的称谓）爬上一段楼梯，打开办公室的门，就能身处广告公司的中心位置。这个时候，广告公司还没有围栏和柜台，老板通常坐在房间的某个角落里，公司通常都以他的名字命名。在房间的另一边，报价员坐在一张倾斜的桌子旁，身旁站着一位簿记员，复印机和保险箱就在不远处。房间里还有一个收银员和一个勤杂工负责处理公司的杂务。办公室里没有电话和打字机，都是簌簌下笔声和翻阅文件的声音。办公室后面用一块低矮的隔板隔开，其后是一排排堆满期刊的小隔间，就像一个大型公共图书馆的阅览室，充斥着令人愉悦的新闻纸和《印刷者油墨》（*Printer's Ink*）①的油墨味道。对此，广告代理商声称，他会定期将所有报纸和杂志归档，以便广告主检查媒体的布告外观和位置。除了最大的广告代理机构外，五名办公室工作人员足以应对所有的广告业务。

这一阶段，广告业还没有文案撰稿人、艺术总监、客户主管或营销专家，这些术语是20世纪的发明物。19世纪70年代，丹尼尔·M.洛德（Daniel M. Lord）在芝加哥担任广告代理人时，曾向广告代理公司建议如何改进广告，有人回复他："年轻人，您可能对广告了解很多，但对家具业务却知之甚少。"[2] 从事广告工作不需要对文案、设计

---

① *Printers' Ink* 是一本美国贸易杂志，由乔治·P.罗威尔（George P. Rowell）于1888年推出，也是第一本全国性的广告贸易杂志，在1967年改名为 *Marketing/Communications*，在1972年停刊。——译者注。本书脚注均出自译者，下同，不再一一注明

乃至产品有特别的了解,相反,它需要熟悉特定地区的期刊,并对当前的广告价格有所了解,尤其需要一份讨价还价的天赋。

这个行业还很年轻,没有什么正规形式,也缺乏道德规范和约束,这是美国镀金时代①的普遍特征。第一个广告代理人是沃尔尼·帕尔默(Volney Palmer)。他于1843年在费城开店,实际上为报纸当代理,包括招揽广告订单、发送稿件,并从广告主那里收取报酬。换句话讲,帕尔默是媒体代理人,而不是广告主代理人。塞缪尔·佩滕吉尔(Samuel Pettengill)是帕尔默的继任者,一开始在帕尔默的波士顿办公室短暂工作,后来在纽约成立了自己的公司。这家公司是19世纪60年代最大的广告代理公司。作为一家独立的代理公司,它保留了代理的头衔,但从出版商的支付费用中获取部分佣金和报酬。这个体系拥有丰富的变化和巧妙的规划,代理人在为出版商销售版面的同时,还应向广告主提供专业建议,指导如何最好地使用广告预算。事实上,代理人只想用最低价从出版商处购买版面,然后尽可能利益最大化地卖给广告主,但不告诉双方彼此的价格。作为广告主和出版商的中介,代理人不被任何一方所信任。根据丹尼尔·M.洛德稍有夸张的回忆,这些早期代理人能够保命,多亏了一条禁止杀人的法律。[3]

对大多数出版商而言,广告代理人讨厌归讨厌,但还可容忍。日报大约只有三分之一的收入来自广告,而全国性杂志的广告收入则更少。罗伯特·邦纳(Robert Bonner)的《纽约文汇》(*New York Ledger*)是第一份在全国发行量达到40万册的周刊,它不刊登任何广告。然而,这并不意味着邦纳本人低估了广告的力量。《纽约文汇》的首次广告宣传,就助推其达到了影响力的顶峰。邦纳于1823年出

---

① 镀金时代(Gilded Age),处于美国历史中南北战争和进步时代之间,时间上大概是从1870年代到1900年。这个名字取自马克·吐温第一部长篇小说。"镀金时代"是美国财富突飞猛进的时期。

## 第一章 广告史前史：19世纪

生于爱尔兰长老会家庭，十几岁时来到美国从事印刷业。当他接手《纽约文汇》时，报纸广告专栏限定为小号的agate字体，单独成栏，并且对布局和插图有严格限制。也许是偶然的灵感，邦纳绕过了这些条条框框。他在《纽约先驱报》(New York Herald)的整整一版写满了广告语，为了劝说大家阅读，邦纳一遍遍地重复词组。（由此，音乐组合克里斯蒂游吟诗人团讲了一个笑话："为什么我只看了一眼《纽约先驱报》就可以复述一整版了。"[4]）邦纳随后在全国各大报纸上刊登《纽约文汇》广告，使其成为全国皆知的刊物，《纽约文汇》自身则保持版面纯净，不被广告所驾驭。

然而，这一时期的广告稍显尴尬。它就像一个反应迟钝的孩童、无家可归的亲戚、不守规矩的仆人，总是躲在楼下，难登大雅之堂。如果一家公司要从事广告业，信用等级就会受到质疑，银行也将认定该公司财务状况不佳。所有人都斥责广告。没有人对广告负责，包括广告主、代理人和媒体。简单来讲，广告主只负责准备广告，但没有投放权；代理人只是充当一个跑腿的人，负责广告主和出版商间的信息传递；广告媒体负责印刷，但不会判断广告主及其言论的真实性，而去质疑言论自由之权利。

在无政府监管的情况下，整个广告业务行业充斥着大量虚假信息和表象。出版商经常谎报杂志发行量，因为发行量越高，每行广告的收费就越高。同时，出版商为代理人提供佣金比例价目表，并详细说明在特定媒体上投放广告的费用。实际上，佣金比例价目表只是双方谈判的开始。通常，一家著名周刊的出版商会走访纽约的广告代理商，提出每行25美分的固定投放费率。一位代理人后来回忆说："每个人都喜欢出版商，但几乎没有人对他的发行量有信心。一个出版商在早上寻访时，还声称他的佣金比例低于25%，显得格外引人瞩目。在一顿相当愉快的午餐之后，他偶尔会同意33%的佣金，这完全出于朋友之谊。晚饭之后，双方一致认为对于朋友而言价目表没有什么

意义,接下来代理人得到 50% 的佣金顺理成章。到凌晨一点,出版商的一千行版面最终只卖出了 50 美元的投放价。"⁵

广告本身,只受限于文案作者想象力和有弹性的良知,但同时广告也以 P. T. 巴纳姆(P. T. Barnum)①的营销思想为人类提供了无尽的诱惑。(他心满意足地说:"我完全理解广告的艺术。"⁶)广告就像一座金矿和油井,为人们提供各种免费优惠和现金奖励;广告也是一门雕刻艺术,就像美国政府精雕细琢的乔治·华盛顿玫瑰花邮票(B 暗纹玫瑰印花邮票)。广告是一个不会重来且万无一失的机会,一个没有风险又能发大财的机会。

这种逐利本性深刻体现在"专利药"广告上。在大多数情况下,专利药既没有专利,也没有药性。但在内战后的几十年内,专利药首次彰显了广告的潜在力量,这些灵丹妙药成为第一批在全国范围内做广告的产品,也是第一批以生动、巧妙的心理销售策略直接瞄准消费者的产品。对公众来说,广告和专利药联系在一起,这只会损害两者的声誉。这些可疑的药物为制造商提供了廉价的商品、方便的分销渠道和高额利润率,因而制造商可能会将其总销售额的很大一部分用于广告,虽然它迄今为止仍普遍不受信任。"我可以为洗碗水做广告,然后把它卖出去,就像一篇有价值的文章一样。"一位专利药的所有者吹嘘道:"这一切都在广告中。"⁷

在江湖医生横行的时代,专利药的危害可能不如要价更高的江湖治法。有些专利药只是将民间曾使用的药物进行混合,即使无效,可能也无害,对患者来说就是安慰剂。其中最成功的专利药就是(最典型的)药用酒精。生产商证明这种酒精含量高达 44% 的药物是一种"防腐剂",使得这种药物在禁酒地区和虔诚的教徒中特别受欢迎。在内战之前,专利药的年销售额约为 350 万美元。战争期间,许多

---

① 马戏团老板,善于营销。

士兵在战场上试用了这种药物后,在战后形成了用药习惯。制造商们开始在全国性报纸上刊登专利药广告,以一大堆耸人听闻的广告提供了大量类似于新闻报道的阅读材料,详细描述了未能使用该产品的人所面临的痛苦命运:风湿病、湿疹、关节炎,间接描述了性病、肺病、肝脏问题,以及一种名为卡他性炎症的呼吸道疾病。直到世纪之交,专利药业务的总销售额已攀升至7500万美元。

抛开伦理问题不谈,这一领域的先驱们展现了不可否认的创业天赋。任何乘坐往返于纽约和费城之间火车的人,都不会错过了解德雷克种植园苦酒(Drake's Plantation Bitters)的优点,正如在路过的谷仓、房屋甚至岩石上所看到的广告宣传的那样。在各个城市,德雷克(J. H. Drake)会租一个旅馆房间,登出免费接受医疗咨询的广告。德雷克的诊断结果也如出一辙,告诫病人需要服用"德雷克医生"(Dr. Drake's)产品。他的种植园苦酒上印着一个神秘的标语"S.T.1860X",没人知道这是什么意思,也许根据某种理论可以翻译成:"1860年以10美元为起步资金的产品。"[8]或者一种更世俗的猜测是,因为产品的有效成分是圣克鲁斯朗姆酒,也许它指的是圣克罗伊岛①。德雷克医生坚持认为这个口号毫无意义,它只是一种使人们感到好奇的手段,在这一点上它做得很成功。

圣雅各布油(St. Jacob's Oil)[9]是19世纪80年代宣传最多的广告产品。该产品是巴尔的摩一位药剂师查尔斯·A.沃格勒(Charles A. Voegeler)推销的一种具有各种用途的油膏。起初,这一产品被宣传为恺撒的罗马油膏,标签上还印有恺撒画像,并声称恺撒军团曾用它来征服世界。但这种广告方案并没有达到销售效果。为此,它的名字做了改变,并进一步解释它由德国黑森林的僧侣制造。第二种说

---

① 圣克罗伊岛位于西印度群岛中美属维尔京群岛,是朗姆酒生产胜地。

莉迪亚·平克汉姆

法广受欢迎,产品销量大幅提高,制造商们也满怀信心地停止了广告宣传。但是很快圣雅各布油就从货架上消失了。换言之,一旦广告主骑上广告这头年幼不羁的野兽,想要下来就难了。

莉迪亚·平克汉姆(Lydia Pinkham)的草本复合产品在销售时犯了同样的错误。莉迪亚·平克汉姆来自马萨诸塞州林恩的一个禁酒家庭,也是贵格会的成员,有时她会熬出一些治疗"女性抱恙者"的偏方,分发给亲朋好友。儿子们说服她将它做成一门生意。1875年,平克汉姆在厨房炉子上炮制了一种由四种根须、葫芦巴籽和19%的酒精混合而成的产品,随后将其装瓶销售。平克汉姆家族的丹和威尔用四页的小册子宣传它。后来威尔冒着风险在《波士顿先驱报》(*Boston Herald*)上花费60美元刊登了整版广告,三个批发商紧随其后下了订单。几天后,第二则广告带来了更多的生意。平克汉姆一家认识到了广告的力量,于是决定只留很少的生活费,将主要收入用于报纸广告。

一个读起来像新闻的标题这样写道:"来自各方面鼓舞人心的报道,解决所有妇科病的积极方法。"[10]在维多利亚时代,中产阶级妇女被视为脆弱的生物,而莉迪亚·平克汉姆则声称能够治愈所有妇科病,包括月经不调、怀孕困难和子宫下垂。此外,这种混合物据称还能缓解肾病。("我真的相信,"丹·平克汉姆曾向他的兄弟威尔敞开心扉,"针对这种病,我们的销量可以像针对妇科病那样多。")当一些药剂师对该广告涉及性方面的内容提出异议时,丹选择在一家新教杂志上刊登广告,确立了这款药的无害性。丹表示:"宗教杂志广告赋予我们的药物一定宗教色彩,也由此获得了一些卫理公会成员的支持。"[11]很多报纸出版商还用该产品代替现金支付,然后将这些药物卖给当地批发商和药商，批发商们再根据广告将产品转卖给消费者。可以说，除了消费者外，这种三角贸易对各方都有利。为了续签产品合同，有的报纸还会刊登平克汉姆夫人的社论或新闻故事。如《沃伦（俄亥俄州）论坛报》（Warren (Ohio) Tribune）告诉平克汉姆夫人："我们这一年免费发布了关于你的消息，当然你可能关注到了并较为满意。"[12]

莉迪亚·平克汉姆的产品广告采用了最有效的手法，那就是展示她平静而且可信赖的面孔。最初广告暗示她是一位医生之后，1879年这一家族

19世纪80年代报纸上一则典型的平克汉姆产品广告

转向了一种朴实的方式，强调产品的天然成分，并不断提及创始人的良好声誉，照片中显示着一个没有头衔的女性穿着端庄的贵格会连衣裙。即使在1883年平克汉姆夫人去世后，她的肖像仍然是无处不在的商标。顾客们总是写信给平克汉姆夫人，希望获得各种健康问题的答案。从报纸、杂志的广告牌到街车的标志上，莉迪亚·平克汉姆成为当时最广为人知、被广泛认可的女性形象。甚至大学生们还围坐在钢琴旁齐声合唱：

所以我们唱，我们唱，我们唱给莉迪亚·平克汉姆，
以及她对人类的爱。

她制作了草本混合物，

报纸刊登了她的脸庞。

十年来，平克汉姆的广告一直由哈兰·佩奇·哈伯德（Harlan Page Hubbard）策划。作为康涅狄格州纽黑文的一位代理商，哈伯德承认，让客户满意的图文推荐类广告"有点不伦不类"，但他不反对向出版商施压，使其接受这种广告形式："只要他们愿意接受……而且他们愿意卖药，我们就会把它们投放上去。"[13] 他在谈到爱荷华州的一家报纸时说："他们觉得刊登子宫这个词会让当地的所有老妇人产生不满。"[14] 但只要能赚取利润，他自己则毫无顾忌。哈伯德低价购入媒体版面，再以高价卖给平克汉姆家族，赚取了高达50%的佣金，但他向平克汉姆夫妇保证佣金收入不超过15%。当平克汉姆家族得知这种欺骗行为时，选择通过削减广告预算来进行报复。结果，产品年销售额从26万美元降至5.8万美元以下。1890年，平克汉姆家族雇用了一个新的代理人，将代理人佣金限制在10%以内，并恢复了广告预算。在接下来十年里，广告支出占据药品总收入的44%，创始人的面孔再次无处不在，药品年销售额上升了2500%。

对于刚刚起步的广告业来说，专利药的成功为广告开辟了两条道路。一方面，在某些情况下，广告投放能促使销售额增长，而撤掉广告后，销售额则萎缩。这样看来，广告似乎起作用了。但另一方面，由于推广的产品本身不太体面和光彩，即使大量宣传也很少有人会相信他们。心理学家威廉·詹姆斯（William James）宣称，"在我们国家私人贪婪凌驾于公共利益之上，广告就是最能说明问题的例子"[15]。也许公众可以合理地推测，真正合法的、质量好的产品不需要做广告，事实上，使用广告的产品可能会蒙上专利药的阴影。

19世纪80年代的广告气氛：

代理人哈伯德在谈到一位出版商时说："我随时准备与他们见面，并向他们展示我干净的手。他们是一伙贼，会不惜一切代价来偿还他们应得的债务。"16

而芝加哥一家报纸在提到哈伯德时说："哈伯德这个人是个小偷，我们会给他打好广告。他把我们的价格压低到原来的一半，三个月后，他拒绝支付我们的账单，还撒谎说我们没有按照约定投放广告。"17

广告要获得尊重，就要自我改革。这些迈向体面的改革步骤包括从出版商那里获取声明真实的发行量，为代理人和广告主之间的真实关系撰写合同，由全国性广告主而非私人的专利医药公司发起大型活动，以及需要诚实和正直的广告文案人员。总而言之，这些改革使广告从过去糟糕的时代中走出来，迈向更高的道德境界，广告从业者应为这一进步感到庆幸。

乔治·P. 罗威尔开启了这一改革进程。他出身于新罕布什尔州的一个农家，十七岁时来到波士顿，在一家报社当拉票员和收银员。在1864年的假日期间，他利用自己的业余时间为一个剧院节目做了几周的广告，赚了600美元。第二年，他在波士顿开了自己的广告代理公司。哈特福德的一位出版商向他询问在新不伦瑞克和新斯科舍的报纸上刊登广告的版面费用时，罗威尔对这一领域一无所知。在去波士顿的印刷店途中，罗威尔从在沿海省份工作过的人员那里收集了零散信息，并设法编制了一份出版物和费率清单。尽管这些出版物和费率信息可能有些零碎和过时，但哈特福德的这位出版商对此非常满意。

罗威尔意识到，只要能对混乱的报业世界进行准确调查，就有可能从中获利。他建立了一套独特的合同体系，通过这个体系，他以每月 100 美元的价格向广告主提供 100 份新英格兰周刊的一英寸版面。罗威尔批量购买版面，以小额形式进行零售，并保证无论是否售出广告，都会向出版商支付费用。之后每年，罗威尔都会和出版商签订合同。凭借不懈的努力，罗威尔的版图扩张到新英格兰以外的地方，取得了超预期的兴旺景象。1867 年，他把自己的办公室搬到了繁华的纽约，很快就取代了佩滕吉尔，一跃成为当时最大的代理机构。他声称在出版商中："与其他代理公司相比，我们以快速支付账单而在出版界享有声誉。"[18]

1869 年，罗威尔以英国出版的类似指南为模板，推出了第一个年度版的《罗威尔美国报纸目录》。该目录新增了一项内容——报纸发行量。自此，代理商和广告主首次拥有了一份相当详尽的指南，其中收录了 5000 多种美国和加拿大的报纸。罗威尔向出版商索要发行量，如果没有令人满意的答案，他就做出自己的评估。罗威尔设置了一个晦涩难懂的代码和符号系统，以评估发行量：普通阿拉伯数字印刷的流通数字被认为是可信的；"Z"表示报纸发表了一个可疑的声明；"Y"表示报纸根本没有发表任何声明；"！！"暗示了该报纸的可疑之处；白色的金字塔意味着报纸可能过期或停刊；等等。[19]该目录使罗威尔受到代理商和广告主的尊重，但是却让出版商头疼。出版商指责说，报纸为了得到一个好的发行量数字，不得不在《罗威尔美国报纸目录》上投放广告。罗威尔回忆说："这本目录令我树敌颇多，以至于自己多年来在探险旅行时都明智地避开了报社人员，无论出于利益还是娱乐，除非有报社人员对他表现出友好态度。"[20]

改革业务的下一步由弗朗西斯·威兰德·艾尔（Francis Wayland Ayer）主导。和罗威尔一样，艾尔来自新英格兰，然而他离开了这个地区，在其他地方发家致富。1868 年，二十岁的他来到费城，找到一份临时工作，在一家宗教周刊销售广告版面。一年后，他以 250 美元的资金成立了艾尔父子广告公司（N. W. Ayer & Son）。为了表达对父亲的忠诚，他将公司以他父亲的名字命名（并赋予公司一种古老和永久的光环）。艾尔很快以"公开合同"为基础展开业务，这份合同将代理商和广告主捆绑在一起，双方都知道确切的财务条款。代理商能从出版商的费用中收取 12.5% 的佣金，后来佣金比例改为 15%，而不再是简单地低买高卖。因此，代理人为广告主工作，而不是为他自己或出版商工作，尽管实际上代理人从出版商那里领取报酬。在艾尔的助手麦金尼（H. N. McKinney）的推动下，公开合同最终成为广告业务的规范，从而消除了腐败的主要来源。

艾尔本人十分正直。作为一名主日学校的负责人和著名的浸信会信徒，他是一个清醒的典范，没有幽默感，也不喜欢多余的闲聊，喜欢有目的地消磨时间。为了逃避商业上的忧虑，他在费城郊外买了一个农场。然而他并没有把农场作为休闲之地，而是成功地将它转变为一家盈利的乳制品公司。对于需要良好行为典范的广告业来说，艾尔发挥了重要的作用。他代表了广告人脱离行骗能手之形象的有益转型。罗威尔喜欢休长假，乐享欢快时光，他很难理解艾尔："他整天想着工作，节制饮食，除了水什么也不喝。他没有什么恶习，除非过度工作是一种恶习，他是健康的象征。我有时想如果奥利弗·克伦威尔被允许做广告代理人的话，他一定会成为一个了不起的人。"[21] 艾尔从来不接受那些可能会冒犯"高雅女性"的广告，[22] 也不会接触与"卑劣的疾病、不光彩的生意或令人上瘾的饮料"有关的产品。[23]

当罗威尔和艾尔在致力于提升广告代理行业道德的同时，零售业也在发生着改变。以前，当地批发商作为制造商和消费者的联系纽带，控制和影响着产品的分销、规格和数量。在没有全国铁路和电报网（以及罗威尔公司）的情况下，市场是地方性的，由本地批发商掌握，并告诉制造商他能卖什么。内战结束后，随着交通和通信系统的改善，特别是制造业的爆炸性增长，零售业出现了新的可能性，如供需平衡，以及在富裕经济中竞争性销售。最先利用这一新形势的产品是家用百货，它不仅价格便宜，而且消耗速度很快，这些产品以前由家庭主妇用原材料自己做，或者从当地制造商那里购买。它们可能并不完全符合广告产品的所有要求，但至少它们有用无害，因此在一定程度上提高了广告的总体可信度。

1865年的一天，印第安纳州韦恩堡一位名叫约瑟夫·C.霍格兰（Joseph C. Hoagland）的药剂师，在他的药店里混合了一批5磅重的发酵粉。这个配方并不是什么秘密，任何人都可以将碳酸氢钠与一种酸性物质混合，以生产这种酵母的替代品。然而，这种混合版本在韦恩堡很快就找到了市场。霍格兰有企业家的眼光，将其称为皇家泡打粉（Royal Baking Powder），[24]并在宗教和妇女期刊上刊登广告。作为自己产品的代理人，他只选择那些能给他代理佣金的报纸。19世纪70年代，他是第一批在广告中使用产品图片的大广告主之一。生意兴隆之时，他将公司搬到了纽约。霍格兰买了一个绝佳的广告位置，也是他最喜欢的位置：杂志封底的左上角，印上一张罐子图片和"绝对纯净"（Absolutely Pure）的口号。到19世纪90年代初，皇家公司每年在报纸广告上投入60万美元，是当时该行业最大的一笔广告预算。

19世纪70年代中期，纽约的一家肥皂制造公司伊诺克·摩根之子（Enoch Morgan's Sons）生产了一种用于地板和有其他重要用途的灰色洗洁皂。制造商摩根家族请他们的家庭医生为这个新产品取了一个听起来很像拉丁语的名字——"萨波利奥"（Sapolio）。[25]和平克汉姆家族一样，摩根家族一开始通过向零售商分发小册子来宣传他们

第一章　广告史前史：19世纪

的产品。这本小册子由布雷特·哈特（Bret Harte）所写。哈特本人并不是一个成功的作家，生活困顿，而在构思这个产品的广告时，他将自己的故事融入其中：

夜幕迅速降临，
一个年轻人穿过东部的一座村庄，穿过灰尘和炎热，
手拿着一块板，上面写着完整的
"萨波利奥"。
家家户户的栅栏上，闪耀着
黑白相间的几个大字——"漱口油"（Gargling Oil）；①
在"比克斯比的黑"（Bixby's Blacking）② 独自竖立的地方，
他在旁边直接拍了拍自己的"萨波利奥"。²⁶

哈特之后动身去了欧洲，他的广告生涯随之结束，萨波利奥的促销活动也转向了其他广告媒体。

1884年，萨波利奥公司聘请了广告经理阿特马斯·沃德（Artemas Ward）。在接下来的二十年里，他通过各种创新手段，使萨波利奥成为当时最负盛名的商品。沃德是独立战争时乔治·华盛顿总司令的前任的曾孙（与幽默作家阿特马斯·沃德没有关系）。他在纽约长大，在摩根家族聘请他之前，从事印刷和编辑工作。在当时，萨波利奥只是一种季节性产品，在春、秋两季最为火爆。沃德

---

① 由商人漱口油公司（Merchant's Gargling Oil Company）生产的一种美国搽剂。用于治疗瘿瘤、扭伤、老茧、风疮、抓伤、疥疮、皮肉伤、肌肉酸痛等。
② Samuel Merrill Bixby 于 1860 年开始制造和销售鞋油，不久之后成立公司，专注于生产鞋油和墨水。Bixby 产品在公司 1920 年被 FF Dailey Corporation 收购后继续销售了数年。

带着 3 万美元的预算,在乡村周刊和有轨电车上刊登了一些简短的口号:"保持清洁!让萨波利奥清洗世界。"(Be Clean! Sapolio Scours the World.)沃德还散布了一个新的故事,传说埃及的一座坟墓里发现了"Oilopas Esu"标语,这个标语很神秘,但倒过来拼写,你就明白了。<sup>①</sup> 同时,沃德雇了一位水手并为他购买保险,让他驾驶着一艘 14 英尺长的单桅帆船(帆船上印有醒目的 Sapolio 的标志),从大西洋城驶向西班牙。当航行者抵达纽约港时,都能看到一个 1000 英尺高的标志迎接他们,那就是萨波利奥。当沃德把广告费增加到每天 1000 美元时,萨波利奥这一商标随处可见且并不令人厌烦。他后来说,"通过稳定和持续的广告投放,萨波利奥销售额迅速增长,以至于它不再是一种季节性产品"[27]。

当时不可能有一种到处可得且能与之媲美的肥皂和沐浴皂,因为这种肥皂由从垃圾和屠宰场废料中提取的动物脂肪制成,太容易腐烂而无法在全国销售。但如果由植物油和香水制成,这种产品则可能会走出区域市场。根据宝洁(Procter)家族在辛辛那提肥皂和蜡烛厂的传说,有一批新化合物由于混合时间过长,新化合物里充满了空气,使得这种肥皂有一个新特性,它可以漂浮在水面上。公司决定将这一意外创新作为卖点,并为之取名象牙香皂(Ivory soap)。该名字取自有一天哈利·T. 宝洁(Harley T. Procter)在教堂里听到的《圣经》中《诗篇》的某段话:"你所有的衣服都散发着没药、沉香和桂皮的气味,它们来自使你快乐的象牙宫殿。"象牙香皂于 1882 年推出,时至今日,"可以漂浮在水面上""纯度高达 99%"这两句口号也成为美国广告史上最经久不衰的广告语之一。

19 世纪末,唯一一张如莉迪亚·平克汉姆一样为人熟悉的广告面孔是马萨诸塞州布罗克顿的鞋匠威廉·L. 道格拉斯(William L.

---

① 倒过来写为 use Sapolio,意为"使用萨波利奥"。

Douglas）。与大多数广告先驱一样，他出身卑微，几乎没有接受过正规教育，并通过阿尔杰式①勇气和运气获得了成功。他七岁时就跟着叔叔当学徒，学习钉鞋钉，后来在一家棉纺厂劳作；然后又重拾第一门手艺，迅速从熟练工爬到领班，并于 1876 年创办了自己的店铺。同时，他开始为一系列批量生产、价格适中的男鞋做广告。在看到马戏团老板 P. T. 巴纳姆的肖像海报后，他决定在广告中展示出自己的形象，并附上一个签名摹本。他的光头、下垂的胡须，以及认真焦急的表情开始出名，以至于一封只贴着他照片的信就能寄到布罗克顿。

"三美元鞋匠"（the three-dollar-shoe man）把他的广告业务短暂地委托给波士顿的 S. R. Niles 广告代理公司，但很快就雇走了那家公司的 A. Q. 米勒（A. Q. Miller）担任自己的广告经理。起初，道格拉斯专注于农村周刊，以培养那些主要通过邮件订购鞋子的客户，这使他能在大规模生产和零售商店之外建立起客户群。随着生意日渐兴隆，他开始直接通过鞋店销售，并最终建立了自己的零售连锁店。每年的广告费用也从最初的每年 1 万美元增长到 17.5 万美元。至 1894 年，道格拉斯工厂是布罗克顿最大的雇主，每天生产 3600 双鞋。[28] 道格拉斯还直接收购当地报纸，并顺势从商业进入民主党政界。在新的领域，道格拉斯发挥了广告主的敏锐洞察力。他先后担任过布罗克顿市市长、州议会两院议员，最后在 1904 年共和党以压倒性优势赢得中期选举的情况下当选马萨诸塞州州长。

皇家泡打粉、萨波利奥、象牙肥皂以及道格拉斯鞋，这些在当时广告投放量最大、做得最成功的产品，标志着广告风格周期的第一次转折，展示了美国广告业最典型的特点。罗伯特·邦纳、P. T. 巴纳姆和专利药通过大规模宣传获得了成功，而像 "Oilopas Esu" 这样的新风格广告则以更安静、可信和具有魅力的方式进行推销，这种透

---

① 指贫困青年通过个人奋斗而发迹。

明方式也使人愉悦。新的广告风格并不一定意味着更好，但它与众不同，能够卖出更多的商品。当公众逐渐习惯某种广告风格后，不再有所反应，而当他们看到一种新的时尚风格时，就会兴奋起来，这一规律在后来的广告史上得到了多次验证。总结来说，广告的发展并非沿着直线前进，而是循环往复，绕着一个圈子不断演变，不断呈现出新的面貌。

19世纪80年代，可信、低调的沃纳梅克百货公司是费城当时最具影响力的商家。该公司的创始人约翰·沃纳梅克（John Wanamaker）看起来像 W. C. 菲尔兹[①] 的前世，但实际上他是一位温和的长老会教徒，曾短暂担任基督教青年会（YMCA）秘书。约翰·沃纳梅克的商店从不销售扑克牌，并坚决拒绝在周日报纸上登广告。出于牧师的身份，他开展商业活动的动机之一是传播福音。（"我一直认为，如果我成为一名商人，并获得与其他商人类似的手段和影响力，我可以在同一领域取得更多成就。"[29]）通过出售内战时期的军服，沃纳梅克迅速获利，并将每一分钱都投在传单、广告牌和报纸上做广告。由于大多数零售店的报价都有争议，而且顾客普遍都很谨慎，1874年，沃纳梅克宣布了一项固定价格和退款保证的政策。在沃纳梅克的两家服装店和他庞大的 Grand Depot 百货公司，这一政策受到公众的欢迎。1880年，他在美国零售业首次雇了一名专门负责撰写广告文案的员工，全职投入广告创作中。

约翰·E. 鲍尔斯（John E. Powers）是广告史上的最大谜团之一。作为第一位伟大的文案撰稿人，他是那个时代最有影响力的广告人。他用刻薄的玩世不恭和冷酷的尖锐为自己筑起了一道屏障，虽然深受尊敬，但既不出名也不受欢迎，不过同时也避免了记者对他的各种采访。（但他现在却引起了历史学家的好奇心。）他身材削瘦、言简

---

① W. C. 菲尔兹（1880—1847），美国喜剧演员。

意赅，在一副不可穿透的钢边眼镜后，总是用怀疑的眼光把世界拒之门外。1837 年，鲍尔斯出生在纽约中部的一个农场。至于他的家庭背景、教育程度和早年经历，目前还没有过多定论。他有过各种各样的商业生涯，曾在一家人寿保险公司工作，到过英国销售缝纫机，担任过《国家》杂志的订阅代理。[30] 19 世纪 70 年代末，他开始为纽约的罗德 & 泰勒（Lord & Taylor）百货公司撰写广告。正如他自己后来回忆所说，他的广告文案并没有给百货公司带来多少顾客，但却在约翰·沃纳梅克心中激起了一些火花。1880 年，约翰·沃纳梅克将他带到了费城。

在鲍尔斯第一天上班时，他建议老板将分店改名为沃纳梅克，"Grand Depot 是法语的误读，大多数人不会喜欢"。[31] 沃纳梅克回答说："我已经花了几千美元来宣传这个名字了。"但鲍尔斯坚持己见："您已经损失了这些钱，最好不要再继续损失了。"因此，百货公司名称被更改了。在接下来的九个月里，鲍尔斯每周六天每天在报纸上写一则广告，但他认为只有一个广告能真正与公众产生联系。在尝试了不同的广告风格之后，他最终得出结论，那些没有卖点、重复的文案行不通，因为它会使公众感到信息过载，同时降低可信度。因此，他尝试着写一些小文章，这些文章只涉及其中几个营销要点。鲍尔斯将此称为"自己的发现"[32]，即"将商店的图片展示出来，没有吸引人的标题，没有炫耀，没有夸大其词，没有欺骗和愚弄，没有商业目的，没有贩卖焦虑；只是将商品刊登在报纸上，一次一个，今天几件，明天几件"。他使用熟悉的口语化语言而非书面语，使用短句和简单的结构。他说："我的说话风格，一个孩子都能理解。"他避免使用斜体，让文字本身表达论点，还将文案全部设定为纯罗马字体，而不用夸张的字体风格。

鲍尔斯是一个极致坦诚的人。他喜欢用一种轻描淡写的方式去陈述自己的主张，从而消除公众对于销售的抵制和偏见。正如他自己所说,"我喜欢讲述商品的故事"。这种方式能更好地获得公众支持,让他们觉得那是属于他们自己的商店。[33] 比如,他形容沃纳梅克百货是一家"伟大、粗犷、不起眼的商店,这里什么商品都有,物美价廉"[34]。假设商品"看起来比实际好,我们猜值25美分"。至于另一件商品,"价格贵得离谱,但不关我们的事"。[35] 有一次,鞋履部门的经理给了鲍尔斯一则商品虚假信息,作为报复,鲍尔斯扬言一年之内不再经营任何有关鞋子的广告。不管鲍尔斯的广告看起来多么奇怪和夸张,人们还是会买账。几年之内,商店销售额从400万美元翻了一番,增加到800万美元。

鲍尔斯本人却仍然无法与他人和睦相处,他不接受别人的命令,包括他的老板。沃纳梅克有一天对他说:"你是我见过最无礼的人。"[36] 鲍尔斯回击道:"我确信你雇我不是因为我有没有礼貌,这一点毋庸置疑。"鲍尔斯喜欢按照一套公式来写作,一开始这种方法很新颖,但后来变得有些呆板。他不允许出现任何引人瞩目的标题、装饰物或展示线条。在鲍尔斯看来,就连照片也是一种空间浪费,因而被禁止。他的文章写得很温和,除了只是看到如果你不喜欢,可以拿回钱的承诺外,以至于人们意识不到那是一种宣传手法。有一则广告只谈到了市政厅的新楼梯。鲍尔斯的这种方式最终让沃纳梅克失去了耐心,"我们并不能总达成一致意见"。1883年,鲍尔斯被解雇,1884年再次被起用,1886年他被永久解雇。两起两落后,鲍尔斯之后继续从事收入颇高的自由撰稿工作,拥有了完全的自主权,每天盈利100美元,这是闻所未闻的。鲍尔斯对于过去的职业经历也不加掩饰地予以批判,1892年鲍尔斯评价前东家沃纳梅克:"他是我认识的最大懦夫。"[37]

鲍尔斯在广告业中具有独特的地位。作为一位自豪而独立的广告人,他坚持说真话,并且敢于与老板进行争论。尽管对他缺乏足够的尊重,但沃纳梅克公司仍将他视为楷模,他为未来的广告人指明了一条更受人尊敬的未来之路。像鲍尔斯的继任者曼利·吉拉姆（Manly Gillam），虽然他对鲍尔斯的广告方案做了一些修改，如基本程式和图表的制作，但仍保留了鲍尔斯的基本广告原则。鲍尔斯在后来为麦克白灯烟囱和墨菲清漆等产品所做的工作中，也充分展现了简单说明事实的有效性。（"它是用来干什么的？"这是第一个需要解决的问题。例如，他做的清漆广告，除了展示清漆的主要用途外，还坦率声明没有其他好处。）在远离纽约和费城的内陆，有雄心壮志的广告人，如查尔斯·奥斯汀·贝茨、埃尔莫·卡尔金斯和克劳德·霍普金斯（详见下一章），都受到了鲍尔斯广告风格的影响。正如霍普金斯回忆的那样，"他是所有有抱负的广告人的榜样和理想"[38]。典型的"鲍尔斯风格"，直接且事实性的文案，重内容轻方式，成为广告界的新潮流。

1895 年，新创办的广告杂志《印刷者油墨》（罗威尔的另一个创意的产物）的一名记者，在鲍尔斯位于纽约的办公室对这位传奇人物做了简短采访。鲍尔斯回答："我不想接受采访。"[39] 记者问鲍尔斯是否读过《印刷者油墨》，鲍尔斯说自己从来不看广告出版物，并称这些出版物毫无意义。记者追问鲍尔斯又是如何生产自己的创意的。鲍尔斯说，要想在广告界取得成功，首先必须要引起读者的兴趣，这就意味着内容要有趣。其次，就是要坚持真理，如果商家的业务中有任何错误便就要纠正它。如果无法直接说出真相，那就要通过复原真相来解决。这就是做广告的本质。

几个世纪以来，广告通常以三种基本形式呈现：传单、小册子一类（如像布雷特·哈特所贴的萨波利奥户外标志），以及报纸广告。19 世纪末期，随着商业的兴起和扩张，美国广告界打破了这三种传

统形式，采用了另一种主要广告形式，即首次创造了一种集信息、娱乐和销售为一体的全新广告媒介，从而开启了广告的新模式。

第一个意识到杂志具有广告潜力的企业家是一个来自缅因州奥古斯塔的神童，名叫 E. C. 艾伦（E. C. Allen）。他在距奥古斯塔 5 英里的一个农场长大，十七岁时靠兜售书籍开始了商业生涯。两年后，艾伦创办了一本杂志《人民文学伴侣》(*Peopled Literary Companion*)，用来宣传自己的肥皂粉配方。这本杂志的广告里囊括了 16 页的各种故事、时尚和家居信息，读者一年只需花费 50 美分就可以订阅。作为当时独一无二的广告杂志，它靠广告为生，低廉的价格吸引了大批读者，使得杂志的发行量迅速增至 50 万册。此时，艾伦还不到二十一岁。为了满足更大的出版需求，他还专门建造了一所六层楼的出版社来应对这么多的发行量。最终，艾伦雇了 500 名员工，出版了十几本面向家庭和农场读者的杂志。他的成功在奥古斯塔引来了很多效仿者，使得这个只有不到 1 万人口的小城被誉为"邮购期刊"(mail-order journals)之都。艾伦建造了自己的商业帝国，成为百万富翁。有可能最终他会离开奥古斯塔，在一个更大的天地里成名。但他不幸英年早逝，年仅四十二岁。随着邮购帝国的消亡，他的名字也很快被遗忘。[40]

在那个时代，一些注重品位的杂志并没有效仿艾伦的做法。因为艾伦不仅在自己的出版物上乱登广告，每年还会花费高达 15 万美元在报纸广告上宣传他的杂志。有格调的编辑们不会用这种方式来败坏自己的名誉。比如当时两大领先的女性杂志《高娣》(*Godey's*)和《彼得森》(*Peterson's*)，二者虽然将杂志封底留给了美国茶叶公司，但每期的广告版面不到一页。高雅的文学月刊——《大西洋月刊》(*Atlantic*)、《哈珀》(*Harper's*)、《斯克里布纳》(*Scribner*)，它们都由出版社赞助出版，这些出版社在封底塞满了出版社内部的书籍广告，《斯克里布纳》和《大西洋月刊》只允许刊登少许外部广告，《哈

《哈珀》则完全不允许刊登广告。乔治·罗威尔曾试图出价 1.8 万美元在《哈珀》做一个缝纫机的封底广告，遭到了直接拒绝。这些杂志的主要读者群具有更高的文化素养，可能会对过多的广告感到被冒犯，但也为广告主提供了一个比邮购期刊更有利可图的潜在市场。问题在于如何将艾伦的广告策略与这些有文化素养的读者群结合起来。关于这个问题，接下来要讲的三个人完成了使命，他们和艾伦一样来自新英格兰，也像乔治·罗威尔和威兰德·艾尔一样为了纽约和费城的机会离开了当地。

沃尔特·汤普森（Walter Thompson）从代理业务的角度推广杂志广告。1847 年，他出生于马萨诸塞州的皮茨菲尔德，在俄亥俄州长大，父亲是一名建筑承包商，曾在俄亥俄州建造了一座横跨桑达斯基河的桥梁。内战快结束时，他离家去海军服役。服役期满后，汤普森乘船前往纽约。在船上，汤普森度过了很长一段时间，大部分时间里只能以单调的猪肉和豆子为食。一抵达纽约，汤普森直接前往富尔顿街，期望在一家高档餐厅好好享受一顿美食。然而，当服务员在他身后敲着手指时，汤普森无奈地浏览了那份复杂的菜单，然后失望地说道："猪肉和豆子吧。"[41]

在纽约，汤普森学得很快并迅速掌握了业务。于是，他向乔治·罗威尔申请一份文员工作，但罗威尔与汤普森聊过之后，觉得他"作为一个广告人来说太容易气馁了"，因此雇了其他人。[42] 随后，汤普森加入了威廉·J. 卡尔顿（William J. Carlton）的公司，担任簿记员和助理，并迅速崭露头角。该公司的业务量不大，主要经营卫理公会的杂志。汤普森说服卡尔顿离开办公室，到外面去招揽新客户。环顾四周后，汤普森惊奇地发现，有些杂志每期只有一两页的广告。他回忆说："这些广告都是不请自来的，出版商几乎是在抱怨声中勉强印刷，对结果毫不在意。它们真的能给广告主带来收益吗？能否增加版面利用率？是否能更新广告内容？"[43] 这些问题并没有困扰杂志出

沃尔特·汤普森

版商的头脑。然而，这些杂志与被忽视的户外广告牌、被抛弃的传单以及每天阅读后被立即丢弃的报纸不同，它们会成为家庭中宝贵的收藏品，装饰阅读桌一个月之久，并且被人们反复翻阅。通常情况下，这些杂志是由家中的女主人选购的。汤普森表示："商业和出版界至今还未完全意识到杂志在广告业务中的潜力。"[44]

汤普森在为《高娣》和《彼得森》做石棉屋顶广告时证明了这一观点。在以往，这些女性杂志不太可能成为男性购买产品的媒介，但在汤普森的运作之下，屋顶销售量超过了公司历史上的任何促销活动。随后，汤普森在《彼得森》上刊登了一则千斤顶的广告，并重复了这一销售策略。不到二十天，商家就收到了3000美元的订单，商品单价则不超过35美分。在达到成功的巅峰后，汤普森开始进军文学类月刊，如《斯克里布纳》的广告宣传就大受欢迎。到1876年，《斯克里布纳》每期刊登20页广告，但却保留了杂志的文学完整性。他的竞争对手也在重新考虑其广告策略。通过专攻杂志，汤普森获得了该领域的垄断地位。1878年，他以500美元收购了卡尔顿公司，用800美元购买了办公家具，并以自己的名字重新命名这家公司。

汤普森还与二十五份杂志签订独家合同，推出了一份广告杂志清单，后来这份清单增加到三十份。这份清单包括《大西洋月刊》、《世纪》（Century，《斯克里布纳》杂志的后继）、《哈珀》、《利平科特》（Lippincott's）、《高娣》、《彼得森》和《北美评论》（North American Review）等几乎所有最优秀的美国杂志。这些独家资源吸引了广告主，也为更多的广告主赢得了进入市场的机会，包括受到质疑的"专利药"广告主，通过联想改善了它们的形象。1883年，汤普森自豪地对广告主平克汉姆家族说："我已经成功地把莉迪亚·平克汉姆推上了《世纪》杂志。有的人可能不喜欢莉迪亚·平克汉姆，但是那又如何，我认为她就应该在最高的位置上从事她的合法事业。"[45] 1889年，汤普森又通过邦纳的《纽约文汇》承揽了一份价值20万美元的报纸合同，进一步拓展了业务范围（当时，以前的报纸专家威兰德·艾尔也承接了一些杂志合同）。

汤普森的成功不是通过削弱竞争对手赢来的，而是靠对新领域的不断开拓获得的。也许正因为如此，汤普森没有真正的敌人。《印刷者油墨》评论道："没有人比他更有同情心，更平易近人，多年来不管是大人物还是小人物，他都可以成为他们的朋友和顾问，有时他还是和平的缔造者。"[46] 他是一个中等身材的英俊男子，留着棕色的头发和胡须。据一位同事说："他有一双我见过的最美的蓝灰色的眼睛，随他的心情或和蔼，或幽默，或严肃。"[47] 汤普森年轻的时候，有一副优美的男高音嗓子，曾在布鲁克林的教堂里唱过歌。他一生都喜欢水上运动，经常可以拍到他身着游艇服的照片。不过他有点失聪，不太喜欢参加大型的社交活动，而是更喜欢与一两个朋友一边用餐一边谈话。在办公室里，他还保留了一个房间，被称为"匹克威克俱乐部"（Pick-wick Club），销售人员可以在那里舒适地等待和工作。

他那蒸蒸日上的公司积累了足够的现金流，足以解决偶尔的财务亏损问题，从而进一步巩固了它在客户心中的地位。一位出版商指出:"我们所有人都喜欢沃尔特最重要的商业品质是他用实实在在的金钱做生意。沃尔特和其他人一样,在发放信贷方面也可能犯过错误。但是,当出现这种情况时,他从来不会给我们添麻烦。即使他没有回报,我们也能得到我们应得的。"[48] 随着客户的不断增加——如贝斯特啤酒(Pabst)、柯达、保诚保险(Prudential Insurance Company)等——公司专门设立了客户经理的职位,一个经理负责管理一定数量的客户。总的来说,汤普森从未经考验的杂志领域起步,最终将他的公司打造成了第一个现代广告公司,也是最早和最有影响力的现代广告公司原型之一。

正如汤普森是一位推崇杂志的广告人,赛勒斯·H.K.柯蒂斯(Cyrus H. K. Curtis)也是一位欣赏广告的杂志出版商。柯蒂斯在晚年成为千万富翁,在出版商界备受尊敬。有人问是什么成就了他,他回答:"广告让我成为现在的模样,我整天都在寻找那些能写出有效广告的人。"[49] 柯蒂斯本人并不是一个有天赋的作家和编辑,但他有一双慧眼,善于挑选到优秀的人才经营他的杂志。柯蒂斯发明了现代美国杂志,他的杂志广告常常引起巨大反响,吸引了众多广告主的资源。他能够毫不吝啬地聘请优秀的广告人才,这进一步提升了发行量,带来了更大规模的广告资金。他在谈到自己的广告预算时说:"这不是开销,而是投资。我们要投资的是品牌,一切迟早都会有回报。"[50]

柯蒂斯是缅因州波特兰人,1868年,十八岁的他来到波士顿,在一家干货店当店员,同时还兼职向商人售卖报纸广告版面。一年后,他离开了干货店,开始全职做广告销售。1872年,柯蒂斯创办了人生的第一本杂志《人民纪事》(People's Ledger)。在一次去费城的商务旅行中,他找到了一位印刷工,印刷工同意以低于波士顿市场价的1500美元进行合作。于是,柯蒂斯把杂志大本营搬到了费城,这样也足以维持自己的生活成本。[51] 这本杂志虽然失败了,但之后柯蒂斯从姐夫那里借了2000美元,又于1879年创办了一家农民杂志周刊《论坛与农民》(Tribune and Farmer)。他的妻子路易莎·克纳普·柯蒂斯(Louisa Knapp Curtis)还曾嘲笑他,称该杂志的女性专栏反映出他对女性真正感兴趣的东西不甚了解。此后在他妻子的指导下,女性专栏吸引了大量的关注,以至于到了1883年,柯蒂斯将一份版面达八页的副刊《女士家庭杂志》(The Ladies, Home Journal)独立出来,由妻子担任主编。一年后,这本副刊发行量达到了5万份,在艾尔广告公司的一次广告宣传之后,发行量又翻了一番。经过多次广告宣传,此杂志发行量翻了几番,最终发行量达到40万份。这一数字对于一份有文学抱负的杂志来说前所未有。

1889年,柯蒂斯妻子退休后,他聘请了一位新编辑爱德华·W.波克(Edward W. Bok)。波克有着纽约出版业的从业背景,对广告和所谓的"宣传心理学"[52]有深入的研究和浓厚的兴趣。随着波克的到来,柯蒂斯将杂志订阅费增加了一倍,以一年1美元的价格出售给订阅者。与此同时,柯蒂斯还发起了一场大胆的杂志扩张运动,并由艾尔公司提供20万美元的信贷和10万美元的票据做担保。《女士家庭杂志》的广告位几乎全部由艾尔公司的客户占据。1890年,柯蒂斯在广告上花了15万美元,几年之后又用20万美元为杂志做广告宣传,很快他就为该杂志组建起一支销售队伍。他表示:"我想让更多的商界人士在这本杂志上做广告,为了向他们表明我所信服的原则,我经常给我自己做广告。"[53]柯蒂斯是一个做再多广告也不嫌多的人。通过一系列扩张举措和销售手段,1895年,该杂志拥有75万读者,发行量几乎是其他成人杂志的两倍。作为一位勇往直前的开拓者,柯蒂斯之后又买下了《周六晚邮报》(Saturday Night Post),开创了相应的男性杂志。该报曾是一家濒临倒闭的周报,据称其历史可追溯至本杰明·富兰克林(Benjamin Franklin)。之后,在乔治·霍拉斯·洛里默(George Horace Lorimer)的领导下,《周六晚邮报》的发行量在五年内从 2200 份增加到 32.5 万份，十年后又增加到 200 万份。

这些惊人的成功并没有让柯蒂斯本人发生多大改变。他身材矮小、沉默寡言，也不会向任何人征求意见，开会时一言不发。如果有人追问，他的答案通常只有一个字。柯蒂斯买下了一处豪华庄园，经常晚餐时在偌大的餐厅里享用牛奶和稀粥。他最喜欢的休闲方式是弹奏管风琴和玩纸牌。他没有知己和密友，最亲密的伴侣是他的狗。柯蒂斯本人低调谦逊，不夸夸其谈，似乎毫不引人瞩目。波克措辞谨慎地评价"人们都觉得他很沉默寡言"，但用的是身为老板女婿的确定口吻。[54] 柯蒂斯喜欢独来独往的生活方式，很少有人能真的理解他。他给了编辑们充分的发挥空间，让他们专注在广告和销售上，也让自己的财富不断得到累积。

可以说，柯蒂斯在出版业的高速发展体现了整个杂志行业的革命性变革。在过去，那些高雅的杂志都以严肃和沉闷的风格示人，从不迎合大众，插图最多只有几幅木刻的，轻松幽默的文章几乎不存在，排版和字体样式也如同书籍千篇一律。汤普森回忆道："杂志一直以来都被视为一种严肃的出版物。"[55] 它们在公众心目中的地位介于宗教教义问答和政府公报之间。这些杂志的发行量也并不算高。例如，《世纪》在 1887 年的发行量以 22.2 万份领先，紧随其后的是《哈珀》，发行量为 18.5 万份，而《大西洋月刊》的发行量只有 1.25 万份，远远落后。每期杂志最多刊登价值约 3 万美元的广告，而每份杂志的售价为 25 美分或 35 美分。从收入构成来看，杂志大部分收入来自订阅量和报摊销售。

汤普森和柯蒂斯为杂志领域带来了翻天覆地的变化。汤普森让严肃杂志更具商业化气息，柯蒂斯让流行杂志更为专业化，两个人的路径虽不同，但殊途同归。接下来，弗兰克·芒西（Frank Munsey）进一步推动了杂志界的新革命。他不如汤普森、柯蒂斯那样具有较强的道德约束感，但又继承了他们的创新之路。芒西可以说是美国出版史上最不受欢迎的人之一。根据威廉·艾伦·怀特（William Allen White）的说法，芒西为他那个时代的新闻业贡献了精美的包装、银行业的道德和钻营者的举止，他和他的同仁把一个曾经高尚的职业变成了证券市场。[56]

芒西在缅因州奥古斯塔以北30英里的一个农场长大，他从小就很孤僻，只和母亲亲近。（芒西终生未婚，对女人和男人没有什么亲密的感情，但他把大部分财产留给了他从未去过的大都会艺术博物馆。）他十五岁开始工作，于1877年二十三岁时来到奥古斯塔，负责管理西联汇款公司的当地办事处。他工作的地方离艾伦的出版社只有半个街区。芒西住在艾伦出租的公寓里，也得以见证了艾伦的成功。他回忆说："出版业的萌芽逐渐进入我的血液。"[57] 1882年，母亲去世一个月后，芒西前往纽约，创办了他的第一份杂志。

当时，一些发明为月刊出版物开辟了新技术的可能性。如半色调技术代替了慢而昂贵的木刻，为印刷商提供了快速、简单的照片复制方法。手工印刷和排版过时了，被更快、规模更大的印刷机所取代。这些技术不仅提高了生产效率，降低了生产成本，还使得单位时间内的出版量更多，插图也更多、更精美。与此同时，新技术还缩短了文章的出版时间，从而使月刊变得更具有时效性，聚焦于有争议的政治、时事类的文章越来越多，对艺术和文学的关注则越来越少。

不管其他的限制如何，芒西比他的竞争对手更敏捷地看到了这些变化背后的商机。1891年，他创办了《芒西》（Munsey's）杂志，规定报摊价每期为25美分。杂志内容以轻松、时事性文章为主，也会刊印一些衣着较为暴露的女性照片。经过两年运营，芒西获得了成功。之后，芒西再次调整了报摊价，降至10美分，订阅费从3美元降到1美元，这让出版商们大吃一惊。显然，这一做法表明芒西并不想以订阅费来挣钱，而是打算以广告费盈利。但当时垄断杂志发行的美国新闻公司（The American News Company）认为1美元订阅费无法盈利，因而拒绝发行《芒西》杂志。为了解决这一问题，芒西推出了一系列直邮和报纸广告，并组建了自己的红星新闻公司（Red Star News Company）。他还向公众保证："我们直接与新闻经销商打交道，没有中间商，也没有垄断，这样可以帮你节省花在其他杂志上的钱。"[58] 公众当时正对垄断的顾虑越来越深，很吃芒西这一套。1895年，另外两份月刊《麦克卢尔》和《大都会》(Cosmopolitan) 也把报摊价降到了10美分。《麦克卢尔》的发行量快速增长，翻了一番，但由于早期发行量较小、广告费用缩水等，出版社难以承担大规模的出版费，以致出现亏损。

经过以上努力，上流社会杂志《世纪》和《哈珀》逐渐接受少量广告，《麦克卢尔》和《女士家庭杂志》则刊印100多页的广告，吸引着人们的眼球。在以往，很多家庭根本不看杂志，但现在至少会浏览一下，看一看《芒西》和《周六晚邮报》。1885年，只有4份杂志的读者能达到10万以上，总计可以达到60万。二十年后，读者量能达到10万以上的杂志多至20种，总发行量增长为550万份。[59] 这些正昭示着杂志界的新变化：一场由广告推动、庆祝和支付的革命。

随着广告业地位的逐渐攀升，广告也变得更加专业化，这是任何一种职业走向正轨和更高目标的必然之路。直到1892年，还没有一家公司的正式员工会把所有时间花在广告文案创作上。阿尔伯特·拉斯克（Albert Lasker）回忆他在L&T的早期时光时说："文案撰稿人花一半时间和我们一起做汉娜&霍格（Hannah & Hog）的威士忌推广，他的报酬主要来自品尝威士忌这一任务，每周能拿35美元。"[60] 许多老牌广告代理公司拒绝雇只会写作的人，但鲍尔斯已经表明，一个人不为广告公司工作，也可以靠写文案谋生。在他的模式下，文案写作首次被认为是一种有报酬的自由职业。许多传统的代理商拒绝雇用只会坐在那里写作而不做销售和文书工作的员工。1890年，阿特马斯·沃德轻蔑地说："广告作家让我很开心，他们有母鸡那种自觉的骄傲，一下蛋就咯咯地叫。他们认为鸡蛋的未来取决于世界的未来……当与其他商业素质分开时，写广告的才能并不罕见。"

最先学习鲍尔斯模式的是纳撒尼尔·G.福勒（Nathaniel G. Fowler），他曾为多家新英格兰报纸撰稿，后来在波士顿创办了自己的广告公司，并通过哥伦比亚自行车广告活动获得了成功。1891年，福勒卖掉了广告公司，专职撰写广告文案，并宣称广告应由一个人专职撰写，代理商则负责广告投放。福勒创办了一所广告学校，出版了广告操作手册，编写了一本上千页的大部头《福勒的大众推广》（*Fowler's Publicity*）对这一领域进行总结。他甚至还写了一本自传体小说《进取心》（*Gumption*）。福勒与汤普森公司的莫蒂默·雷明顿（Mortimer Remington）联手，为保诚保险公司设计了直布罗陀商标和口号（"直布罗陀的力量"）。[61] 在福勒看来，广告业还很年轻，没有人能自称专家。他表示，"知道如何做广告的人还没有出现，但那些自称擅长广告的人正在以每分钟100人的速度涌现"。[62]

广告人查尔斯·奥斯汀·贝茨（Charles Austin Bates）就没有福勒这样的疑虑。贝茨曾说："我可以用同样的钱为任何一个美国的广告主带来更好的效果，这听起来像是纯粹的利己主义，但这是事实。"[63] 贝茨是一个严肃的扑克玩家，他的广告生涯也像一场扑克牌游戏。不知从何而来的贝茨，总是带着满脸的虚张声势和那迷人的微笑，在纽约大放异彩。在纽约这座城市，他曾快速暴富，又迅速破产，最终消失得无影无踪，而这一切都在短短十年内发生。贝茨如彗星闪现般的兴衰展示了年轻广告行业的辉煌与危险。

贝茨出生于印第安纳波利斯，母亲是一位通俗小说作家，而他自己则梦想从事印刷行业。高中毕业后，贝茨开始在印刷业工作，并在二十岁时开设了自己的商店。(对于印刷业，他曾谦虚地说："我对印刷一无所知。"[64])1890年，贝茨买了一本民粹主义周刊《印第安纳波利斯领袖报》(*Indianapolis Leader*)。这本周刊合订了《印刷者油墨》，当贝茨看到沃纳梅克付给鲍尔斯每年高达1万美元的薪水时，贝茨的眼前出现了一个崭新的世界："我的天！一年1万美元！我们的邮政局局长只有每日3.5美元的薪水，都能每天早晨乘坐一辆双马车去上班！"[65]受到启发，贝茨开始为当地一家洗衣店撰写广告，每则广告收费25美分。1892年，贝茨成功说服了印第安纳波利斯一家百货公司聘他担任广告经理。他将自己的广告作品寄给《印刷者油墨》杂志，其不仅刊载了部分作品，还给予高度评价。贝茨花了2美元在该杂志上刊登了自己的五则广告，向全世界展示了他的才华，获得了足够多的反响。这些都让他坚信纽约需要他。于是1893年9月，二十七岁的贝茨带着一年多的广告经验来到了曼哈顿，信心百倍。

贝茨身材高瘦，带着一些童真气息，脸上常带着令人心安的微笑，留着乌黑卷曲的头发和胡子。后来埃尔莫·卡尔金斯(Elmo Galkins)说："我在他的微笑下工作了五年。"[66]在另一个观察者看来，贝茨像一个印度教的杂耍演员，每次看见他，她都害怕他会从口袋里掏出一条蛇。[67]贝茨喜欢虚张声势，并宣称自己是一个专业人士，一个"广告匠"，而他从事的广告业就像医学一样意义非凡。每周的《印刷者油墨》上也可以看到他的一些观点。在专栏中，他通过回顾当前的广告战提出自己的批评。他说自己是"沃纳梅克–鲍尔斯–吉拉姆"[68]的信徒，这种风格将广告视为纯粹的商业新闻，而非语法和文笔优美的高雅文学。在他看来，语法和文笔卖不出去商品。相反地，面对智商平平的受众，他建议只需要简单直接地描述商品价格和特征即可。"广告主不应该忘记，他们在和愚蠢的人讲话，"[69]他如此宣称，"一个人所知甚少，却能避开电车的轨道，这真是令人吃惊。"

在短短两年内,贝茨自称成为美国最知名的广告撰稿人,每年收入超过2万美元,并投入1万美元用于自我推广。然而,实际上,贝茨并不需要自我宣传,因为《印刷者油墨》杂志为他提供了一个免费的定期讲坛。尽管很少有人将自己视为广告专家,但贝茨兴高采烈地扮演这个角色,并提出了一些既合理又矛盾的建议。(广告是"世界上最复杂的业务",但"像日光一样简单而确定"。[70])除了经营自己的文案写作事业,贝茨还运作着一个独立机构来进行广告投放。他制定了一套定价规则,每四分之一页的杂志版面广告费用为10美元,整页广告为25美元,药品类广告为10美元,这是他的特别之处。最终,热情摧毁了他。1899年,贝茨斥巨资为一种名为Laxacola的专利药策划广告,虽然他做了自认为是最好的广告,却因无法推动销量而破产。他悲伤地回忆道:"我们能为别人做的事,难道不能为自己做吗?"随后,他退出了《印刷者油墨》杂志,放弃了广告业,并转向其他领域。尽管如此,贝茨给有抱负的广告撰稿人留下了宝贵的思想遗产。

尽管如此,广告文案人把自己所从事的工作看成一种独立的合法职业。像鲍尔斯、福勒和其他几位,特别是纽约的沃尔斯坦·迪克西(Wolstan Dixey)和芝加哥的E. A. 惠特利(E. A. Wheatley),都是这一职业的典型代表。更为典型的做法是,广告公司纳入文案人员作为专职员工,从广告主那里接下广告策划的任务,这使得广告代理机构有了更大的责任和义务来审查广告内容的真实性。这种做法在一定程度上提高了广告业的道德水准。与此同时,在19世纪90年代,广告从业者成立了行业协会,不断推动广告业增强自我监管和合规意识。例如,在纽约就有一个专门的组织协会,名为"斯芬克斯俱乐部"(Sphinx Club),内部讨论的任何事情都不能对外透露。一位早期成员回忆说,"这一行的人彼此不认识。人们认为如果他们每个月围着同一张桌子座谈一次,就不太可能会有失败和常见的不端行为。

而情况就真是如此"。

通过以上故事的叙述，可以看到广告业似乎在走向成熟，至少表明它处在一个强劲生长的青春期。任何事物都有两面性。广告虽然推动了各种家用小商品市场的革命，但对于美国重工业的发展可以说影响甚微。例如，为了避免额外的报纸广告费用，铁路公司通常将广告与运行时间表放在一起。然而现在，那些寻求跨区域乘客的大型铁路公司的广告开始大量进入杂志界和其他大众媒体，例如宾夕法尼亚铁路和联合太平洋铁路每年的广告预算都超过20万美元，还有四条铁路的广告预算也在10万美元以上。纽约中央铁路公司的昌西·德普（Chauncey Depew）曾说："每一家企业，每一笔生意，甚至每一家机构，要想取得成功，都必须依靠广告宣传。"[71]

可以说，通过广告推出新产品已成了惯例。如19世纪90年代的自行车、柯达相机（"你只需按快门，剩下的我们来做"）、可口可乐、Van Camp牌猪肉炖豆、Postum饮料①、奶油麦片（Cream of Wheat）、金宝汤罐头汤（Campbell's Soup）和英格索尔手表（Ingersoll watch）。1898年，一家新成立的国家饼干公司（National Biscuit）推出了包装饼干，为了更高的销量，他们向艾尔父子公司寻求建议。在当时，饼干通常以桶装方式为主，杂货店都是根据买家的实际需要来散装出售，对于饼干的新鲜度和清洁度并没有任何保证。因此，国家饼干公司主打的密封包装饼干是一个很新颖的概念。艾尔公司的麦金尼为之取了一个名字 "尤尼塔"（Uneeda）②，并投入10万美元的广告费。国家饼干公司收到了大量订单，以至于包装材料供不应求，不得不放弃锡纸而最后改为纸盒。[72] 这款产品用一个

---

① Postum谷物公司于1895年投产的一种由烤谷物和糖蜜制成的饮料，作为咖啡和茶的无咖啡因和更健康的替代品，2007年停产。

② 取you need it（你需要它）谐音，后面的Uwanta和Itsagood皆类似。

商标（一个穿着雨衣的小男孩）和一句口号（"别忘了，我们还是这么说，尤尼塔饼干"）大肆宣传，成了第一个百万美元的广告宣传活动。其他商家也模仿了这一方式，如乌旺塔啤酒（Uwanta beer）、伊萨谷得汤（Itsagood soup）、《尤尼塔》杂志。

随着19世纪结束，广告业取得了自内战以来令人满意的成就。广告总额从5000万美元增长到5亿美元，广告支出占国内生产总值的比例从0.7%上升到3.2%。[73] 广告人的地位也得到了很大提升，即使没有达到令人尊重的地步，也不再需要在门口躲躲藏藏。最大的广告代理公司艾尔公司有160名员工，每年可投放超过200万美元价值的广告总额。威廉·迪恩·豪威尔斯（William Dean Howells）在1893年声称："在我看来，我们蓬勃发展的广告业已经达到极限了。"[74] 很明显，这离极限还遥遥无期。广受欢迎的传教士拉塞尔·康威尔（Russell Conwell）甚至赞同做宗教广告——因为基督曾说过："你们的光也当照耀在人前，叫他们看见你们的善行，并荣耀你在天上的天父。"[75]

## 注释

1. *PI*, April 21, 1927.
2. *PI*, March 18, 1903.
3. *AA*, May 31, 1930.
4. *PI*, May 3, 1893.
5. *PI*, April 21, 1927.
6. Wood. p. 148.
7. A. D. Grabtree, *The Funny Side of Physic* (1874), p. 80.

8. Rowell, p. 389.

9. *PI*, March 22, 1893.

10. Charles H. Pinkham, "Advertising" (1953), p. 25, MS in vol. 328, PP.

11. Sarah Stage, *Female Complaints* (1979), p. 35.

12. *Warren (Ohio) Tribune* to Lydia Pinkham, October 5, 1882, PP.

13. H. P. Hubbard to Charles Pinkham, April 24, 1885, PP.

14. H. P. Hubbard to Will Pinkham, October 21, 1880, PP.

15. William James letter in *Nation*, February 1, 1894.

16. H. P. Hubbard to Charles Pinkham, August 15, 1885, PP.

17. *Chicago Mirror to Lydia Pinkham*, August 1882, PP.

18. Charles Austin Bates, *Good Advertising* (1896), opposite p. 230.

19. Rowell, p. 165.

20. Rowell, p. 164.

21. Rowell, p. 443.

22. *PI*, March 8, 1923.

23. *PI*, October 18, 1899.

24. *PI*, June 28, August 23, 1893.

25. *PI*, March 18, 1903.

26. *PI*, September 3, 1931.

27. *PI*, March 26, 1925.

28. *PI*, January 2, 1895; September 7, 1898; August 7, 1901; and September 25, 1924.

29. Joseph H. Appel, *The Business Bioprabhy of John Wanamaker* (1930), p. 39.

30. *NYT*, April 22, 1919.

31. *PI*, November 18, 1915.

32. *PI*, October 23, 1895.

33. *PI*, November 18, 1915.

34. Appel, op. cit., pp. 86-7.

35. Ibid., p. 88.

36. *PI*, May 29, 1907.

37. *PI*, October 26, 1892.

38. Claude C. Hopkins, *My Life in Advertising* (1927), p. 38.

39. *PI*, August 28, 1895.

40. *PI*, August 5, 1891; Frank Luther Mott, *A History of American Magazines* (1938), 3: 37-9.

41. *A&S*, December 26, 1928.

42. Rowell, p. 145.

43. Thompson in *Appleton's,* May 1908.

44. Ibid.

45. J. W. Thompson to Lydia Pinkham, September 13, 1883, PP.

46. *PI*, November 24, 1909.

47. *A&S*, December 26, 1928.

48. *PI*, November 24, 1909.

49. Edvzard W. Bok, *A Man from Maine* (1923), p. 220.

50. *The Americanization of Edward Bok* (1921), p. 202.

51. Bok, *Man from Maine*, p. 70.

52. *Americanization of Bok*, p. 148.

53. *PI*, October 28, 1896.

54. Edward Bok in *Cosmopolitan*, October 1902.

55. Thompson in *Appleton's*, May 1908.

56. Henry Steele Commager, *The American Mind* (1950), p. 73.

57. George Britt, *Forty Years—Forty Millions* (1935), p. 54.

58. George Britt, *Forty Years—Forty Millions* (1935), opposite p. 39.

59. Mott, op. cit. (1957), 4:8.

60. *PI*, October 13, 1927.

61. *PI*, December 5, 1918; Earl Chapin May and Will Oursler, *The Prudential* (1950), pp. 118-20.

62. Nath'l C.Fowler, Jr., *Fowler's Publicity* (1897), p. 34.

63. Bates, op. cit., p. 35.

64. Bates, op. cit., after p. 599.

65. *PI*, May 1, 1919.

66. Earnest Elmo Calkins, *And Hearing Not* (1946), p. 159.

67. *PI*, June 28, 1927.

68. Bates, op. cit., pp. 30, 39.

69. Bates, op. cit., pp. 256, 440.

70. Bates, op. cit., pp. 49, 88.

71. *PI*, July 28, 1938.

72. *PI*, April 19, 1899.

73. *PI*, October 23, 1953

74. *PI*, July 5, 1893.

75. *Fowler Publicity*, p. 72.

第二章

# 拉斯克时代

在 20 世纪的头十年里,广告公司逐渐具有了现代广告公司的雏形。随着 19 世纪末广告业的革新,除了媒介形式和预算成本,广告业开始更加注重广告本身。广告公司虽然聘用了专业的广告撰稿人,但最后还是让印刷商进行制作和印刷,整体形式较为粗糙。在广告布局和排版方面,也都由排版室领班根据喜好和字体样式来设计,而非基于特定的市场特点和营销策略。然而,艺术家和设计师的加入改变了原来较为随意的排版模式。他们宣称,广告的外观与所传达的信息同样重要。艺术家、作家具有很强的专业主义,对文字重要还是艺术重要这一问题展开了长期的争论。广告公司客户经理的角色也在争论中得以慢慢拓展,以更好地调解客户的现实需求和广告创意人的专业主义。如由汤普森开创的客户经理职能被阿尔伯特·拉斯克(Albert Lasker)进一步完善和拓展,使其在客户与广告人、传统与创意之间不停转换。在拉斯克的贡献下,这成为广告公司动态工作中的一种固定形式。如果说用一个词形容 20 世纪初的美国广告史,那就是拉斯克时代。

这一时期,广告风格和文案的时尚发生了三次大转变。第一次转变始于 19 世纪 90 年代,当时的出版业逐渐摆脱了鲍尔斯平铺朴素和不加修饰的作风。《印刷者油墨》指出:"随着使用'普通'字体人数的增加,'普通'字体的吸引力降低了。因此,标题、插图和各种字体的设计变得更受欢迎。"[1] 与此同时,在查尔斯·奥斯汀·贝茨的推动下,广告开始成为作家的职业,或者至少是作家们的一个避风港。

在那些有文学抱负的作家手中，广告的文学品质更加出彩。对此，纳撒尼尔·福勒说："作家们来自报社、工作室、酒吧和讲坛，擅长把一堆具备美感的废话融入广告，如果可以加工，这些经过修饰的废话或许可以用来装饰下午茶的杯子。"[2]

这种新风格中最具影响力的代表人物是埃尔莫·卡尔金斯（Elmo Calkins），他是一位技术娴熟的文案撰写人，然而讽刺的是，他最大的影响在于广告的艺术和设计。和大多数第二代广告人一样，他不是一个来自新英格兰的北方佬。1868年，卡尔金斯出生在伊利诺伊州的盖尔斯堡。他的父亲白天开杂货车，晚上学习法律，后来被选举为市检察官。六岁时，卡尔金斯因患麻疹而耳聋，只能沉浸在书籍和想象力的世界中。这个早熟的男孩后来回忆说，在弥尔顿那里，他学到了词汇和图像，以及对语词的感觉，这培养了他的文学修养，也让他学会了思考文字背后的隐含意义。[3] 十二岁时，卡尔金斯无意中得到了一台小型手动印刷机，在把玩中，他大胆地发行了带广告的期刊。高中时，他在当地一家周报的印刷厂工作，负责被人鄙视的专利药广告的打字工作，在那里他感受到了疾病广告的语言魅力。在家乡的诺克斯学院，他曾协助编辑文学月刊，作为回报，卡尔金斯可以免费订阅《印刷者油墨》。耳聋、爱好书籍以及早年的从业经验让卡尔金斯一生对印刷文字都拥有极大的热情。卡尔金斯说："从我出生起，我就流有印刷工的血。"[4]

由于报纸工作需要良好的听觉条件，卡尔金斯转向了广告，《印刷者油墨》也促使和吸引着他来到纽约。但因为工作上的不适应，他回到家里为皮奥里亚（Peoria）百货公司撰写文案。在这期间，他参加了由贝茨担任评委的广告写作比赛，获得优胜。随后，贝茨给他提供了一份文案工作，每周15美元。1897年，卡尔金斯再次勇敢地来到纽约，为贝茨的微笑工作。他回忆道："贝茨先生对我微笑了，我在他温暖的笑容中茁壮成长，就像朝霞中的阳光一样。"[5] 贝茨教会卡尔金斯如何精简写作，以及在客户不满意时如何辩护等技能，并告诉他"我们不要再卑躬屈膝了"。

贝茨经纪公司有一个艺术部门，这是该行业创立最早的艺术部门之一，由曾在纽约、伦敦和巴黎艺术学校学习过的乔治·埃特里奇（George Ethridge）主持工作。在与埃特里奇因为一则广告的设计发生争吵时，卡尔金斯被推到了一个新的领域。这一次，失聪没有成为他成长的绊脚石。卡尔金斯参观了普拉特学院的艺术展览，那是他一生中最激动人心的经历之一。于是他报名了普拉特学院的工业设计夜校。普拉特学院奉行着一个新观念：把艺术巧妙地运用到实际事物中。卡尔金斯认为，广告需要更多的视觉吸引力，尤其在形式、颜色和视觉效果上要给予更多关注。在贝茨广告公司，卡尔金斯开始向埃特里奇详细解说广告的外观与设计，然后埃特里奇尝试以更低的成本执行设计。贝茨回忆道："埃特里奇深知，一个艺术部门不仅要生产出令人接受的产品，还要生产出能盈利的产品。但这些，并不是卡尔金斯所要考虑的。"[6]

也许正是由于贝茨和卡尔金斯之间各执一词，当拉尔夫·霍尔登（Ralph Holden）提议卡尔金斯一起创立属于自己的机构时，他很快就接受了。霍尔顿来自费城，比卡尔金斯小三岁，主要负责贝茨代理公司的新业务。一个客户认为卡尔金斯和霍尔登是自己与贝茨公司联系的唯一桥梁，因此建议二人出来单干，霍尔登随后辞职，并向卡尔金斯发出邀请。创业之初，他们借来2000美元，在一间被分成三个小隔间的办公室里工作，只招聘了速记员和勤杂工各一名。在广告史上，他们这种广告创业模式不是个例，其动力来自创意人员和客户之间不稳定的化学反应。霍尔登踏实肯干，善于交际，他负责到外面招揽生意；卡尔金斯因为失聪和害羞，负责策划广告。卡尔金斯这样评价他的合伙人："霍尔登是一个商人，他有商业头脑，目标准确、有能力安排各项事务、擅长谈判和汇报，而我关心这项工作的创造性、想象力和艺术性,对那些琐碎的细节和事物往往不是很明白。简而言之,拉尔夫贡献的是铜钉,我贡献的是火花。"[7]

这家公司以做广告起家。最开始,卡尔金斯写了一系列面向制造商的房屋广告。卡尔金斯坚信广告是改变商业环境的关键:必须直接面向消费者销售,而不仅仅依赖零售商或经销商;广告已经成为常态,要专注于高质量的常规广告,而不仅仅追求新奇。因此,即使在艰难的环境下,卡尔金斯和霍尔登的公司也不仅仅是广告商的"单纯代理人"。偶然的机会下,一直追寻优秀文案人的柯蒂斯注意到了卡尔金斯的一则广告。为了寻找更好的文案为杂志服务,柯蒂斯一声不响地以一身与其地位不相称的装束来到了办公室。他解释说:"我所有的广告都是通过艾尔公司投放的,艾尔公司会继续为我们投放,但他们写不出我想要的那种东西。"[8] 就这样,柯蒂斯聘请了卡尔金斯&霍尔登公司(Calkins & Holden,以下简称C&H)接手一场广告活动的文案,并由艾尔公司负责在《女士家庭杂志》和《周六晚邮报》上投放广告。有了这样一个令人兴奋的开端,C&H顺利成立。当传统公司仍然宣称以实惠的价格为广告主购买版面空间时,C&H将注意力转移到广告本身。《印刷者油墨》指出:"对于他们来说,广告的投放只是次要的,广告本身才是最重要和根本的部分。"[9]

对卡尔金斯来说,文案不仅仅是指文字,而是"文字与设计的结合,正如他所定义的那样,这才是一个完整的广告"[10]。卡尔金斯认为,广告的首要职责是引起读者的注意:能抓住他们的目光,让翻阅杂志或报纸的人停下。这就要求在设计广告时更加关注广告的展示形式和展示氛围,以及外观。卡尔金斯确信自己的审美品位,而他要做的就是寻找最好的艺术家来实现他的愿景。卡尔金斯发现,真正的人才不屑于干广告工作,认为这是商业买卖。有一段时间,他带着相机花很长时间在摄影师的工作室里寻找合适的人选。最终,他雇到了令他满意的艺术家,如厄尔·霍尔特(Earl Horter),还有沃尔特·福塞特（Walter Fawcett）。厄尔·霍特以前曾为沃纳梅克公司设计价格标签，画风粗犷而简单；沃尔特·福塞特用他精致的蚀刻剪影来做补充。这些艺术家，包括工业设计师沃尔特·多尔文·蒂格（Walter Dorwin Teague）和木雕师鲁道夫·鲁齐卡（Rudolph Ruzicka）都在一个部门工作，很快就成为广告业的典范。在艺术总监汤姆·霍尔（Tom Hall）和继任者雷内·克拉克（Rene Clarke）的领导下，C&H制作了"当时纽约所有广告公司中最优秀的艺术作品"[11]。一位广告艺术界的资深人士在五十年后回忆道："我们都很仰慕这个公司的艺术设计领导力。"[12]卡尔金斯堪称"处理"艺术家棘手事务方面的专家，善于运用"冷静的、记录式的商业直觉调和他们无拘无束的想象力气质"。

艺术家和商业直觉微妙的调和最终表现出一种克制而有品位的广告风格，这就是后来的软性推销（soft sell）。这些风格也体现在不同的产品广告中。如对于箭牌衣领（Arrow collars），汤姆·霍尔发起了一则广告：为了强调佩戴该产品男士的配饰和社会背景，霍尔没有只画领子本身，而是让它待在一个时髦年轻人的脖子上，他的眼睛不可思议地清澈，下巴干净方正，周围都是华丽的财产和女人。除此之外，以《周六晚邮报》封面而闻名的约瑟夫·莱恩·德克尔（Joseph Leyen decker）画了一个"箭领人"原型。由于德克尔本人很长寿，还因此成为箭牌衬衫男性的代称。[13]对于另一家客户韦森油品公司（Wesson Oil），C&H的艺术家会定期讨论广告文案。霍尔称这些会议的讨论，使得美国家庭主妇从使用传统的硬化动物脂肪制成的起酥油转变为使用液体的、植物制作的起酥油。其卖点不再是口头劝说，而是通过画作来展现。如雷内·克拉克用韦森沙拉油烹制的诱人沙拉画作。C&H还为凯利·斯普林菲尔德轮胎（Kelly Springfield tires）、谢尔文·威廉姆斯油漆（Sherwin Williams paint）、皮尔斯箭头汽车（Pierce-Arrow cars）和托马斯·爱迪生（Thomas Edison）的实验室做了类似的关联式销售活动。

这家公司最著名的广告案例是原力（Force）早餐谷物和拉卡瓦纳铁路（Lackawanna Railway）。这两种广告风格最早在19世纪90年代开始流行。如杰迈玛阿姨、奶油小麦的黑人厨师和尤尼塔的滑头男孩这样的广告中的商业角色，没有任何卖点，但他们令人舒适的外表和熟悉感能让公众不自觉地联想起产品，润物细无声但又持久。在类似的运作模式下，广告通常被放置在有轨电车中，即使没有论证产品的具体优点，但依旧吸引了通勤者短暂的注意力。如查尔斯·M. 斯奈德（Charles M. Snyder）为德龙钩眼扣（DeLong Hook and Eye）撰写广告词时，提到了该产品的特殊功能，即钩子上有一个"驼峰"，它附着在扣眼上。但读者并不知道这个驼峰的确切作用是什么。

他起身，她就座，
"谢谢你。"那人随即倒地而死。
但是，在他还未变成一个死气沉沉的东西之前，喃喃地说："你看见那个驼峰了吗？"[14]

这些广告词没有什么实际意义，但却引起了人们的好奇心。斯奈德每周都会在80个城市的有轨电车中播放一段新的广告词，描述一些非现实情况。

乘坐街车的人
是一个公共痰盂。

## 第二章 拉斯克时代

复仇的命运,给他一个重击。

直到他不得不去看那个驼峰。

(查尔斯·奥斯汀·贝茨在谈到广告词时说:"一些最愚蠢的东西会在我们的脑海中萦绕数年,这真是令人惊讶。"[15])

1900年,阿特马斯·沃德仍然负责萨波利奥的广告。他让一位艺术家——刚从康奈尔大学毕业的詹姆斯·K.弗雷泽(James K. Fraser)设计一个新的广告。弗雷泽说:"这是萨波利奥,广为人知,但好像已经被各种可以想象的方式宣传过了。"[16] 一天晚上,很晚吃完一顿威尔士干酪后,弗雷泽梦见一个荷兰小镇,那里的居民都证明了萨波利奥的优秀品质。第二天,弗雷泽开始为有轨电车广告绘制图片和撰写广告词。

这是一位声名显赫的女仆

擦洗着无尘镇的地板。

为了找到一块污点,

需要一两副眼镜。

她的工作并不慢,

因为她用了**萨波利奥**。[17]

公众花了几个月的时间来理解这个广告情节,但很快人们就像看一部大受欢迎的连续剧一样,期待着另一个无尘镇公民的亮相。玩具、书籍、戏剧和政治漫画都借用了这个主题。现实中的城镇还通过决议,声称要变得像广告中的城镇那样一尘不染。该活动持续了六年,在同类广告活动中获得了最大影响力。

通过在广告歌风格中的贸易角色而出名的原力麦片,成为美国早餐革命的一部分。鸡蛋、肉、炸土豆和饼干是农民和体力劳动者的传统早餐,充满油脂的食物很适合一整天的重体力劳动。随着越来越多的人涌入城市,清淡的谷物早餐被宣传为因应新中产阶级久坐习惯的合理调整。麦片发明者亨利·佩基(Henry Perky)在1903年说:"谷物适合最好的阶层,拎着饭桶的人不吃这个。"谷物作为一种健康食品被卖给"最好"的人,它对神经系统有好处,帮助恢复健康和活力,特别适合脑力劳动者,容易消化。[18] C&H 的一个燕麦产品广告为:"你早餐吃得太多了,H-O 牌麦片就够了。"[19]

为了推出一种新的原力麦片,制造商聘请米妮·莫德·汉芙(Minnie Maude Hanff)制作文案。米妮·莫德·汉芙是一位为纽约报纸撰写歌曲和儿童文章的年轻女性。汉芙没有采取大多数早餐食品那种严肃的、近乎药物的宣传方式,而是决定尝试一种间接的、幽默的方式,"天哪!早餐并不是生活的全部,对吧?"她后来说:"公众看广告跟广告主看广告的态度不一样,后者是认真严肃的。对公众而言,如果广告时间只有一分钟,那么这一分钟若能给他们带来更多的快乐,则比严肃认真好得多。"[20] 因此,她创造了一个因吃原力麦片而改变暴躁脾气的老人形象。

> 吉姆·邓普斯(Jim Dumps)是一个非常不友好的人,
> 过着隐居生活;
> 在阴郁的一生中,他经历了很多痛苦和冲突;
> 直到有一天他得到了谷类力量——
> 从那时起,他们称他为"阳光吉姆"(Sunny Jim)。

汉芙的朋友多萝西·菲肯(Dorothy Ficken)还在上高中,她把阳光吉姆塑造成了一个胖胖的小个子男人,圆圆的脸和身形,扎着一条不协调的猪尾巴辫子。这场广告运动始于1902年3月,在周末报纸上刊登了整版广告。随着不同系列广告的出现,公众

## 第二章　拉斯克时代

逐渐了解到吉姆的家人、厨师、看门人，以及楼上正在上歌唱课的女孩。

> 吉姆迷住了一个着了魔的小女孩，
> 她食欲不振；"我不吃饭！"
> 孩子尖叫；
> 吉姆准备了一盘原力和奶油——她尝了尝，变得高兴——
> 她向"阳光吉姆"讨要更多的原力。

几个月后，麦片广告的制作转移到了C&H。卡尔金斯为此写了数百首广告歌，同时还收到了阳光吉姆的热情粉丝们寄来的数千首歌曲。在纽约两座11层的高楼上，耸立着一个巨大的阳光吉姆像。社会上涌现出了各种以阳光吉姆为主角的歌曲、音乐喜剧和杂耍小品。任何一个开朗且名叫詹姆斯的人都有可能被称为阳光吉姆。甚至在法庭宣判时，阳光吉姆也会被提及。如此一来，一个以原力谷物为核心的社群逐渐形成。《印刷者油墨》评论道：没有任何一部小说或戏剧能与阳光吉姆的知名度相媲美，他已经可以与罗斯福总统或J.皮蓬特·摩根齐名了。[21]

以货运闻名的拉卡瓦纳铁路公司在宣传客运服务时，马克·吐温帮他们找到了一个广告主题。马克·吐温曾乘坐拉卡瓦纳铁路，一路下来，他的白色鸭绒服一尘不染。[22] 因为这条铁路在所有的客运列车上都烧无烟煤，所以它的乘客身上不会沾烟尘。负责拉卡瓦纳营销工作的温德尔·P.科尔顿（Wendell P. Colton）把拉卡瓦纳称为无烟煤之路。温德尔请卡尔金斯就这一主题创作一系列广告词。卡尔金斯想起了他童年时的一首诗《骑在铁轨上》（Riding on the Rail），这首诗模仿了火车头的节奏。卡尔金斯在传奇故事《白雪菲比》（Phoebe Snow）中设置了这样一个场景：白雪菲比一身白衣，非常漂亮，她

每天都乘坐拉卡瓦纳火车。白雪菲比说:

即将出发
在水牛城（Buffalo）之旅中:
在无烟煤路上,我的长袍从早到晚都是白色的。[23]

卡尔金斯在广告中描述了她接下来的故事经历:吃午饭,欣赏路过的风景,与一个年轻人坠入浪漫爱河——白雪菲比一夜之间就成了阳光吉姆的对手。许多大学宿舍的墙上都张贴着她的海报。

无尘镇、阳光吉姆和白雪菲比,以上口的韵律、插科打诨的幽默和令人愉悦的情调融入人们的心灵。然而,他们并没有完成向公众推销的目的。对于像萨波利奥这样的家族产品,广告词和商业元素可能会维持相对很好的产品销售状况。但对一个新的产品,公众或许会为它的广告喝彩,而对商品本身避之不及。卡尔金斯后来说,"广告向公众推销了阳光吉姆,但没有创造市场。幽默,你看着是一个很好的仆人,但也是一个坏主人"[24]。在运行了仅仅十八个月之后,阳光吉姆就被传统文案所取代。("艰苦的体力劳动消耗脂肪,但艰苦的脑力劳动消耗磷酸盐、氮。"[25])白雪菲比持续得久一些,但她的推销力一直有争议,直到最后沃尔特·汤普森将广告侧重于拉卡瓦纳的设施和服务。

看来,大受欢迎并不一定能转化为销售力。《印刷者油墨》在无尘小镇和阳光吉姆消亡后评论:它们只是流行一时的风气,这些广告活动使C&H给公众留下了中看不中用的美誉。[26]卡尔金斯虽然没有太大的野心,但对这种说法还是颇为在意的。他一直坚持说:"我最满意的就是改善广告的外观。"[27]对于整个行业而言,广告还是要回到销售难题。

## 第二章 拉斯克时代

一则广告笑话,1901年:

"为什么一个不做广告的商人就像一个坐划艇的人?"

"我想,因为他向后划。"

"不对。因为他必须在没有销售①的情况下生存下去。"²⁸

---

广告史上有一个经典时刻:1904年春末的一天,L&T(Lord & Thomas)公司芝加哥办事处收到了一张纸条。纸条上说:你不知道什么是真正的广告,如果你想知道,让我告诉你。该公司的员工阿尔伯特·拉斯克(Albert Lasker)接待了这个留言者,留言者的名字叫约翰·E. 肯尼迪(John E. Kennedy)。在约翰从事这项业务的几年里,拉斯克一直在寻找一个广告定义。某天早上三点钟,两个人谈话后,拉斯克有了自己的定义。

肯尼迪像皈依者一样,热忱宣扬他的广告观念。肯尼迪是加拿大人,1904年时已有四十岁,据说曾是加拿大皇家骑警的成员。19世纪90年代,他以温尼伯哈德逊湾百货公司广告经理的身份进入广告业。他写过一些花哨的文案,这些文案让纳撒尼尔·福勒听得牙痒痒。("是啊,一个名副其实的仙境!"²⁹)肯尼迪把广告寄给了查尔斯·奥斯汀·贝茨,贝茨在《印刷者油墨》专栏中评价这则广告是不良文案,内容过于文学化和笼统,缺乏价格等基本信息。贝茨说:"我经常觉得太过原创不是一件好事。"³⁰ 肯尼迪却反驳说,温尼伯的读者自带英国人的语气和商业礼仪,他们喜欢的是高级英语而不是日

---

① sales 也是英文词"帆"(sail)的谐音,这里起到了一个双关的效果。

约翰·E. 肯尼迪的著作《说理销售》

常语言。此外，贝茨认为，零售广告只需要把顾客带到商店，销售商品是销售员的事。[31]

肯尼迪当时没有被贝茨说服，但他吸收了贝茨的意见，那就是要以详细、直接的风格来讲述广告。他有很多的工作经历，但每份工作时间都不长，也没有接受过很好的训练。他做过蒙特利尔一家报纸的业务经理；为波士顿的鞋业公司写过广告；经营过半成品衣柜。1903年，阳光吉姆公司倒闭后，他被召来撰写文案。几个月后，他去了波斯坦，然后又去了芝加哥的 L&T 公司，在那里，他开始展示自己的才能。

肯尼迪告诉拉斯克，广告是纸上的推销术。[32]（广告人贝茨在 1896 年曾说过，广告是印刷的推销员。[33]）肯尼迪断言，广告不只是把顾客吸引到商店，而应该在文案中准确地说出一个优秀推销员会对顾客说的话。广告应该提供一个具体的解释理由，说明该产品为什么值得购买，而不只是漂亮的图片或广告词。一个好的广告不一定是赏心悦目的，它是一个理性的、不加修饰的销售工具。所有这些都被编织成某种简单的思想，并为普通人的头脑所消化，使它更容易被理解。肯尼迪警告说，不要把文案目标定得太高，从而让公众无法掌握。普通人没有受过教育，但并不代表他们愚蠢，他们对合理的广告文案还是持开放的态度的。因此，广告需要找到一个微妙的中间地带，既要有足够的高度来理性对话，但又不能超越公众的理解范围。

拉斯克珍惜像肯尼迪这样的人才，很快就聘请肯尼迪担任首席文案。肯尼迪采用了一种独特的视觉风格制作广告，如大量使用斜体、下划线和大写字母，这些视觉风格看起来节奏生硬，会让读者不自觉地联想到乘坐在一架摇摇晃晃的独轮马车上。[34] 随后，这种风格迅速被其他机构模仿。肯尼迪认为模仿和复制的背后原因不仅仅是因为视觉形式，[35] 这其中还有其他因素，如拉斯克本人就默许模仿存在。拉斯克在一本发行量超过七千份的小册子《广告测试书》（*The Book of Advertising Tests*）中大肆宣扬了肯尼迪的观点，每周收到数百封信件。这本小册子的主要观点是：比较同一则广告文案在不同地区的效果，你会发现广告既不是艺术，也不是文学。而真正能评判广告的只有一样，那就是商品销售。[36] 正所谓，重要和正确的是要把广告当作纸上的推销术。

拉斯克后来说："我们比以往任何时候都清楚，广告文案才是产生效应的最大推手。"[37] 肯尼迪还在 L&T 公司开办了一所文案写作学校。公司办公室的一部分被隔成九个小房间，专供学徒使用，每周两次课，每次四至五个小时。但事实证明，肯尼迪无法独自完成这一任务，因为观众都听不清楚他在说什么。他让拉斯克作为纽带，负责他和学徒间的信息传递。通过这样的形式，不管是在 L&T 公司还是在其他机构，学生们都在传播着"说理（硬）销售"的广告福音。（后来被称为"印刷的推销术"。）在晚年回首往事时，拉斯克宣称这一发展是"我一生中最难忘的事情"[38]。一位学生乔治·弗雷德里克（J. George Frederick）总结道："肯尼迪划时代的文案改革可与马丁·路德的宗教改革相媲美，其目的是呼吁公众的理性和智慧，而非坚持长期以来的一种错误观念，即公众就像一群愚蠢的绵羊，他们的意愿仅仅通过图片和文字就能动摇。"[39]

广告业已经受困于历史失忆症。在急剧变化的广告词和商业环境中，说理销售只是对鲍尔斯－沃纳梅克－贝茨广告公式的再次重复。与此同时，广告业具有周期性特点，旧调重弹之下，又携带着新的革命性特征。在参差不齐的销售效果下，说理推销术显示了它顽固、严肃和务实的一面。L&T 公司花费数万美元宣传了这一广告规律，由此成为美国最大的广告公司。《广告与销售》(Advertising &Selling)杂志总结道：肯尼迪先生想法单一，但他是伟大的，是广告成功的基石。[40]

值得称道的是，肯尼迪本人很谦虚，声称自己并没有发明什么伟大的广告风格。比如，专利药广告都是按照说理销售的广告原则来运作的，他之所以有这么大的名气，要归功于良好的时机以及他与拉斯克的携手合作。肯尼迪身材高大而有力量，他执着于自己的观点，有着自己的创作习惯。为了避免文案的反复推敲，在接手一个项目时，肯尼迪会研究数天，通过采访推测潜在客户对产品的异议，并思考如何反驳这些异议，直到确定广告的卖点。在最后期限到来时，他才会坐在家里、喝着咖啡，写上整个通宵。肯尼迪要求广告必须完全按照他的方案来执行，即使不符合版面要求。[41] 肯尼迪给 L&T 公司带来了好声誉和新业务，但他还是有自己的问题所在。拉斯克回忆："他出活太慢了，他精力必须非常集中才能思考和解决所有问题，他工作压力很大，身体很硬朗，但也常会精疲力竭，而且经常什么想法都没有。"[42] 不到两年，他离开了 L&T 公司。拉斯克回忆说，肯尼迪离开的原因是什么，他不知道，但肯尼迪自己应该清楚。

之后，肯尼迪与乔治·埃特里奇经营过一家广告公司。肯尼迪为巴尔的摩一家百货公司撰过稿，还短暂回过 L&T 公司一段时间，最后成了一名自由职业者。固特异轮胎公司(Goodrich)曾付给他 2 万美元年薪，他开始变得富有。他不介意自己的声誉被其他从业者所掩盖，他在老年时说："任何人都可以分享我的荣誉，因为我有价值 200 万美元的安慰品，这可以抚慰我受伤的感情。"[43]

为了找到代替之人，拉斯克聘请了克劳德·C. 霍普金斯(Claude

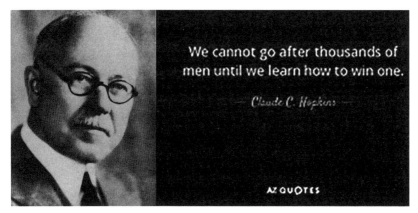

克劳德·C. 霍普金斯

C. Hopkins）。霍普金斯的写作风格与肯尼迪相似，但不像肯尼迪一样拖沓。霍普金斯工作效率很高：他可以在拜访客户后四十八小时内完成一项为期一年的广告设计活动。（拉斯克会推迟六个星期才展示广告，以免客户认为工作是仓促完成的。）霍普金斯胆小内向，从不质疑老板。"据我所知，没有人会反驳拉斯克。"[44]霍普金斯说。最重要的是，霍普金斯拥有始终如一和坚毅不屈的优秀品质。他没有任何生活娱乐，如体育、音乐、政治、书籍、戏剧。一位同事说："他的生活按照严格的时间表进行，每天都要有成果。"[45]生活中的他总是小心翼翼，也很节制，避免走极端，工作始终是他的首要任务。霍普金斯很少在午夜前离开办公室。他不参加桥牌游戏和晚宴，每当有这样的娱乐活动，他都会找借口回到打字机旁。周末对他来说没什么意义，周日就是他最好的工作日，因为没有太多分心的事。将近二十年，他一直在拉斯克的阴影下工作，但两个人性格正好互补。在伟大广告人的名单上，大多数广告史学生会把霍普金斯排在第一位。

作为一个工作狂，霍普金斯多多少少受到了家庭的影响。他父亲的家族主要从事传教工作。他父亲是一名新闻记者，在他十岁时去世。霍普金斯由母亲培养成人，并传承了母亲的保守主义观念。这种明显的保守主义深刻影响了霍普金斯的工作和生活习惯。（笔者认为广告人、商人最重要的品质就是它，否则会造成严重的影响。[46]）霍普金斯的母亲以教书为生，晚上还为幼儿园的孩子们写书，等到假期时再出售这些书籍。在这样的家庭环境下，霍普金斯需要早早承担养家的责任。他九岁时开始在底特律工作，夏日里，每天都要在家庭农场工作十六个小时。在苏格兰长老会的母亲和虔诚的浸信会祖父的带领下，霍普金斯每个星期天要参加五次教堂礼拜。他回忆说："这样的宗教生活让我变得很压抑，似乎生活中出现的快乐都是一种罪恶。"[47] 十七岁时，他开始讲道。一年后，他拒绝了母亲的基本教义主张，并宣布退出布道，那是他一生中最大胆的时刻，但也意味着他将永远与母亲断绝关系。此后他独自一人生活，很少再见到母亲。十八岁时，他已经成为一个清醒又自制的年轻人。

霍普金斯找到了一个能替代基督教的世俗事物——广告。广告让他有了新的目标，还能维持生计。讽刺的是，广告业并没有让他体会到离开教堂的快乐。他在比塞尔（Bissell）地毯清洁公司当过簿记员，阅读了鲍尔斯为之起草的宣传手册。他虽然很佩服鲍尔斯，但认为鲍尔斯对产品认识不够。为了证明他的观点，霍普金斯写了一个改进版手册，就此开始了他的广告生涯。之后他来到了芝加哥 L&T 公司，成为一名广告经理。

19 世纪 90 年代，霍普金斯提出了广告哲学的基本要素。他认为广告人需要的不是大学教育或报业培训，而是实际的商业经验；广告人不需要单纯的写作技巧，相反，广告人要对公众的审美和情绪保持高度的警觉性；大多数人喜欢的是低俗文学和流行音乐，而不是那些优秀的经典作品。霍普金斯宣称："广告人必须要以现实为依据，我们的工作是要迎合他们，获得他们的理解，而不是去说服和改变他们。"[48] 可以说，十分之九的公众没有接受过教育，广告主们不得不用耸人听闻的言论来吸引他们的注意力，这些广告语虽然很挑逗，但并未颠倒事实。除此之外，霍普金斯还认为，广告策划应该围绕一个最强有力的卖点来设计方案，而不是提及多个卖点来混淆视听。

也正是因为秉持这样的广告哲学，霍普金斯认可贝茨、肯尼迪的广告风格和观点。霍普金斯同样把广告定义为一种销售手段，而不仅仅是一支能吹能响的铜管乐队。1897年，霍普金斯就提出"广告是推销术"的定义："广告必须胜过普通的言论，就像戏剧必须比日常生活更有张力一样。"[49] 对于那些对广告心存质疑的制造商来说，霍普金斯也会拿出传教士般的热情来论证他的论点。他说，广告有能力创造新的产业、改变我们的习俗和时尚，可建立帝国，还可影响数百万人的习惯。广告并不是一场冒险或赌博，它是一门精确的科学，需要长时间的关注和研究，而广告人要为之付出最大努力。[50] 霍普金斯说："对于广告，我沉迷它、阅读，我喜欢写广告，日夜思考广告。"[51]

在芝加哥从事自由职业的时候，霍普金斯因推广一种叫 Liquozone 的杀菌剂而声名鹊起。他没有那些耸人听闻的主张，而是提出了退款保证，一个先发制人的索赔术。这个想法很奇特，也确立了该产品在市场上的独特地位。他了解到施利茨（Schlitz）用蒸气来清洗酒瓶，其他啤酒厂的做法也一样，而为了给顾客留下施利茨闪亮纯净的印象，他单单宣称其酒瓶是用蒸气清洗的。公众不知道酿酒灌装的具体工艺，对这个说法很是认可。这一广告现象也引起了广告界的注意。拉斯克回忆说，有一天，他在火车上遇到了赛勒斯·柯蒂斯。[52] 柯蒂斯作为一名广告文案的鉴赏家，递给了拉斯克一本登有施利茨广告的杂志，并建议他聘请该广告文案人。就这样，拉斯克给了霍普金斯一份兼职工作，之后又把他列入正式员工，每周1000美元。

在 L&T 公司，霍普金斯发现了邮购广告（mail order advertising）这一形式，其广告业务量在公司占比超过三分之一。他以前反对在广告方案中提供免费商品，但他发现这种优惠形式既能刺激顾客消费，又可很好地衡量广告效果。通过提供免费或廉价的样品，使得广告行为具有利他性，而非逼着顾客们从钱包里掏钱。霍普金斯同样也喜欢邮购广告中的美学：小字体的密集文案，理性的理由论证，严肃的功能性插图和图形，密集的页面和小空白边框。他的形象便永久与赠品和优惠券联系在一起。

在桂格燕麦（Quaker Oats）的广告案例中，霍普金斯采取了一系列策略。首先，他将小麦浆果产品的名称改为膨化小麦，同时提高了产品的价格，以确保充足的广告预算。然而，最初的报纸广告活动没有取得成功。随后，霍普金斯转向了杂志广告，并针对更富裕的阶层进行了定位。（广告特点是提供免费试吃装的优惠券。）在霍普金斯发起的第一次白速得（Pepsodent）牙膏营销活动中，优惠券的使用率较低，他决定改变营销战略。霍普金斯在阅读有关牙齿卫生的文章时发现了牙菌斑的危害性。于是，他将美丽作为卖点，声称使用白速得可以去除牙齿上的浊渍，从而拥有漂亮的牙齿。广告中还展示了拥有美丽牙齿的人，并提供免费的牙膏样品给公众。霍普金斯还购买了该产品的股权。随着广告活动的展开，他取得了巨大的成功，赚取了100万美元。

几年之内，他就成了"世界上有史以来报酬最高的广告人"[53]。霍普金斯在芝加哥郊外的乡下买了一块地，那块地就在他小时候工作过的农场附近。在原始森林的悬崖上，他建造了一个家，生活半径不断扩大。其中，一座半英里长的花园可以直接通向湖泊。但他仍然保留了节制的习惯，一些家庭开支还是会让他不悦。在芝加哥上下班的路上，霍普金斯喜欢早上六点步行到达格兰特公园，在那里坐下来与流浪者谈论艰苦工作的好处。

霍普金斯在办公室里贴上十五张纸条，每张纸条都详细列了一个要点。[54]白天，这些纸条被钉在墙上，成为他每天的指导教义，晚上它们再被取下来。与口若悬河、广为人知的拉斯克正好相反，他不善言辞，十分朴素，没有什么朋友。一位同事回忆："他任何时候都轻声细语，体格很健壮，拥有一张天真无邪的小学生面孔，有一丝口齿不清，但他对好作品的想法是清晰明确、令人信服的！"[55]

当独自一人坐在办公桌前，霍普金斯才会感到非常自在。他活着是为了写广告，大部分快乐都在广告中。晚年时，他说自己的工作强度是业内其他人的两倍，但他还是想看一下自己是否遗漏了什么。他不建议儿子效仿他的做法，因为生活中还有很多比成功更重要的事情，适度的工作才会带来更多的快乐。[56] 偶尔，他也会让自己产生其他疑虑。1909 年，霍普金斯罕见公开露面，在纽约斯芬克斯俱乐部发表了讲话。他提到，广告人通过作品而为人所知，当作家、演员和政治家受到赞扬和认可时，广告人却在匿名中辛勤工作，让他人出名。霍普金斯说："也许你和我一样，都渴望成为杰克·伦敦（Jack London）。但我们为人类的娱乐做出了贡献，这是一个幸福的职位。这样的人本应广为人知，受到称赞，被欢迎和被需要，他们可以解除忧虑。但事实上，那些知道我们的人，只会认为我们是财富的追随者。"[57]

在演讲的最后，霍普金斯说，他必须提到一个无论敌友都视之为最伟大的人。"十年前，这个人是个勤杂工，一星期挣十美元。在整个广告史上，没有一个人能像他十年来那样走得这么远。当我们看到他二十八岁所处的位置，我们只能去想自己四十岁时会不会到达。"[58] 霍普金斯说大家可能会认为他的认识过于主观，但他所说的这个人就是拉斯克。

拉斯克，永远的拉斯克。在 L&T 公司，他周围都是比他年长的人，但拉斯克掌管着所有人。（撇开名声不说，他赚的钱比任何人都多，包括霍普金斯。）他反复无常，变幻莫测，喜欢命令下属。每隔几年,拉斯克会对公司员工进行全面审查,清除队伍中的不合格者,这也使得幸存者时刻保持警惕。他的部门有一幅巨大的挂图,[59]上面显示了各个活动的截止日期,这些日期早于客户的预期时间。雇员们在截止日期的压力下工作。拉斯克拥有强大的自信,定力十足地经营着这家公司。他的一个手下费尔法克斯·科恩(Fairfax Cone)说:"在同样的情况下,没有人会做得比他更好。他热爱权力和影响力,在广告史上,没有人比他更具权威和影响力。"[60]

阿尔伯特·拉斯克是一个具有自我创造性的人,但也是一个双重的局外人。在盎格鲁 – 撒克逊新教徒的美国人中,他是一个德国犹太人;在新英格兰和中西部人中,他是一个得克萨斯人。他是广告业的一个异类,塑造了自己的广告模式。拉斯克的身上体现了不太相融的特点:幼时早熟,渐长时年轻;作为老板很无情,解雇员工不在话下,但却带领员工成功度过1907年的恐慌危机;他是一个保守主义者,但喜欢高风险的赌博游戏;他精力充沛,经常在办公室转悠,但又很节俭,随时留意是否关灯。在他的一生中,至少出现过三次精神崩溃。然而,如此自负的他却不渴望公众的认可。拉斯克很少接受采访或公开演讲,也很少被大众媒体报道。拉斯克的公司在行业内久负盛名,但反而是几家规模较小的公司更加声名在外。他解释道:"这是我的怪癖,我想成为王位后面的那个人,而不是坐在上面。即使在我独资的企业里,除了当秘书,我几乎没有其他职位。如果不在公众的关注下,我可以去更多的领域探索——我可以成为一个自由的骑兵,一匹孤独的狼。"[61]他想要的是不带闪光灯的影响力和不受约束的权力。在同僚看来,拉斯克难以捉摸,就像水银一样,忽明忽暗,难以控制。拉斯克创造了很多令人难以置信的轶事,但却没办法分析这个人。

如果用一句话总结,只能说他是莫里斯·拉斯克(Morris Lasker)的儿子。拉斯克的祖辈们住在波兹南省的拉斯克村,当时是东普鲁士

## 第二章 拉斯克时代

的一部分,现在属于波兰。莫里斯的哥哥爱德华·拉斯克(Eduard Lasker)是德国国会中一位著名的律师和自由派政治家,最初支持俾斯麦,后来与俾斯麦决裂。1856 年,莫里斯·拉斯克来到美国。根据阿尔伯特·拉斯克的说法,他父亲离开普鲁士是为了摆脱削弱个人主义的欧洲世界。[62] 但他当时只有十六岁,或许不是出于什么政治动机,而是初生牛犊不怕虎的一次冒险。莫里斯做过流动小贩,在马车上向家庭主妇们推销过商品。到达得克萨斯州时,他留了下来,在该州的各个地方待了十几年,1872 年定居于加尔维斯顿。莫里斯·拉斯克后来加入了一家杂货批发公司,涉足磨坊业和银行业,赚了人生第一笔财富,建造了一座大房子。

阿尔伯特·拉斯克出生于 1880 年 5 月 1 日,是八个孩子中的第三个,也是幸存的第二个儿子。有张早期照片显示了孩童时拉斯克的气质:沉稳、怪异的成年风。成长于粗犷原始的边疆小镇上,拉斯克对自己的未来之路却十分清晰。(多年后,在访问新国家以色列时,他想起了得克萨斯:一个拥有领导力和创造力的先锋国度。[63])十二岁时,因对新闻感兴趣,他创办了周刊《加尔维斯顿自由报》(*Galveston Free Press*),并宣称"做广告、把广告做好是我们的座右铭"。[64] 拉斯克坚持了一年,不仅产出了一些富有独创性的观念,还实现了定期盈利,这也预示着他未来的事业走向。

儿子取得巨大成功之后,莫里斯说他一直都知道阿尔伯特是一个特殊的孩子,是爱德华叔叔的继承者。随着拉斯克的成功,这一论断显得更为

阿尔伯特·拉斯克

正确。但在拉斯克成长的过程中，父子关系很紧张。阿尔伯特一直想取悦父亲，得到父亲的爱，但莫里斯对他的期望太高，在给他特殊照顾的时候，也会加以严厉批评。1893年，当恐慌来临后，莫里斯把家里其他人送回普鲁士，关掉了大房子，和阿尔伯特住在一间单人房里。无数个晚上，阿尔伯特总是被父亲抓挠的声音吵醒，看着父亲撕碎床边的地毯。也许在那一刻，这个男孩面对苛求自己的父亲不再那么敬畏了。

莫里斯夺回财产后，一家人再次相聚。当时，还在上高中的阿尔伯特成为一名记者。他专访了尤金·德布斯（Eugene Debs），发表了第一条独家新闻。高中毕业后，他在新奥尔良和达拉斯报社找到了第一份正式工作。为了获得更大的成长，阿尔伯特决定去纽约报社工作。但父亲阻止了他，认为新闻记者是一个混酒局的职业。

"我对父亲非常忠诚。"[65]阿尔伯特回忆说。父子二人经常发生争吵，但在去报社工作的决定中，二人各自退让了一步。莫里斯让阿尔伯特先去L&T公司工作三个月，三个月后，如果不满意，再去纽约报社试试。阿尔伯特勉强同意了这个计划，但人在曹营心在汉，他的心思依旧放在新闻报道上，三个月的工作也只是走走过场。"我会在一个从未去过的大城市里工作，刚好九十天是一个不错的半休期，之后我就要去纽约了，相信父亲会很满意的。"[66]

丹尼尔·M.洛德（Daniel M. Lord）和安布罗斯·L.托马斯（Ambrose L. Thomas）都是新英格兰的移民，他们于1881年创办公司。最初，他们专门为基督教期刊投放广告，声称完全控制了四份这类期刊的广告。[67]1898年，当阿尔伯特·拉斯克加入时，他们的运营宗旨已从广告媒体转变为广告主。L&T最大的广告客户是安海斯-布什（Anheuser-Busch）公司和专利泻药（Cascarets）公司，托马斯是后者的主要所有者。拉斯克因父亲的关系进入L&T，负责打扫地板和清空痰盂，每周10美元。当时的他在大城市里享乐，对纽约充满憧憬，结果在一场游戏中输了 500 美元，他不能向父亲坦白，而赌徒又找他要钱，该怎么办？最后阿尔伯特找托马斯借了一笔钱，因此只能留下来继续工作。可以说，广告业通过一次 500 美元的赌债得到了一个最具创造性的人。拉斯克回忆道："我从来没有做过我想做的事情，当我被迫进入其他赛道时，美国也因此失去了一位伟大的记者。"[68] 然而，父亲莫里斯很高兴他没有去过那种喝酒的记者生活。

做了一年的办公室职员后，阿尔伯特外出做销售员，在俄亥俄州、印第安纳州和密歇根州寻找新客户。他声称："我最喜欢的就是奉献我的精力，因为要通过工作来偿还债务。"[69] 十九岁时，他拿到了一个订单。之后的几个月内，他已经拉到了大约 5 万美元的新业务。当时，大多数广告公司的客户都是自己写稿，然后向 L&T 公司支付 10% 或更少的佣金来投放广告。拉斯克抓住了行业新趋势，说服一家制造商，他提供文案而对方支付 15% 的佣金。拉斯克从来没写过文案，于是聘请了一位做报纸的朋友来帮忙。客户也喜欢这种新的安排，并将广告预算从每月 3 千美元增加到 2 万美元，而 L&T 的份额则从每月 300 美元增加到 3 千美元。通过这样的方式，拉斯克开始被关注。1902 年，他成为明星销售员，年薪 1 万美元；两年后，工资增加了五倍，洛德退休后，拉斯克买下了公司的四分之一股权，这意味着他二十四岁就成了合伙人。

正如托马斯所说，拉斯克之所以能够如此迅速地崛起，是因为他有大局观，有指导下属的诀窍和创造能力。[70] 他的创新之一是成立了"记录"部门。该部门于 1900 年创立，在拉斯克的努力下，成了公司的核心机构。[71] 合同要求客户每周提交他们的广告投放动态，包括广告带来的销售量、邮购广告的回复量。这些报告被整理、归档到一个单独的记录卡上。1906 年，此部门有 8 个人负责统计，归档了高达 600 多个客户的广告报告。这些报告涉及约 4000 份杂志和报纸。报告显示，小的、不知名的媒体带来良好的回报，而大的、著名的媒体则收益不佳。因为广告投放传统上主要依赖于媒体声誉和代理商的第六感,所以投放程序会更严格。拉斯克在1906年宣称:"我们对媒体和文案有一个衡量标准,这可能是在其他地方找不到的。"[72] 在过去,一个广告失败,广告主通常不知道是该责备文案还是媒体。在L&T公司,如果不同的广告活动都在一种媒体上投放,问题就简化了。拉斯克说:"我们知道文案不可能全部出错,所以该报纸的广告效果就受到了怀疑。如果它真的很弱,我们所有的广告主在一个月内就会退出,从而节省大量的广告资金。"

一旦运营起来,记录部门就会按部就班地发布调查结果,提供稳定的市场数据,从而方便媒体和客户进行挑选。拉斯克也可以把他的注意力转移到他真正的爱好:编写文案。鉴于所谓的报道心态,[73] 他很自然地接受了肯尼迪的广告理念:广告是新闻,不要出现过分的、让人分心的华丽表述。肯尼迪说:"阳光吉姆已死,无尘镇已消失。"[74] 肯尼迪、霍普金斯以及后来的广告文案人,在创作文案时都遵循简单而不加修饰的叙述特点,只需要提出一个推销亮点就行。而拉斯克找到了会写文案的霍普金斯们。他把这种能力看作一种与生俱来的天赋,并以空前慷慨的薪水雇拥有这种天赋的作家们。一个文案策划人回忆说:"一个不能在短时间内取得好成绩的人是不会留下来的,如果他们不行,就会被迅速解雇。"[75] 拉斯克坚持认为,L&T公司是一家文案机构。他在1906年时说:"只有真正进入了这个空间,才能创造意义。在我们的机构中,90%的思想、精力和经营成本都用于文案。我们的文案成本是其他公司的四倍,没有人会反驳这一点。"[76]

该公司年度总收入也在不断攀升,从1898年的80万美元飙至1905年的300万美元和1912年的600万美元,这些功劳大部分都归功于这位"神奇男孩"。《印刷者油墨》评论:"拉斯克先生享有一定程度的自信和主动性,在他的广告事业中,没有其他人能够做到这一点。"[77] 他脸色红润，有一双大耳朵、浓黑的眉毛和闪闪发光的深棕色大眼睛。拉斯克也很会穿搭，穿衣风格正好能衬托出他苗条的身材，而且他特别喜欢刮胡子。（拉斯克在会议中抚摸着自己的脸颊，发现一根杂乱无章的胡须就会冲出房间把它拔掉。）他知道自己的影响力有多大，因此也在以极大的热情和坚持尽力扮演好阿尔伯特·拉斯克的角色。费尔法克斯·科恩回忆道："他整天都在注意自己的形象。"

同事们对拉斯克印象最深的是他那聪明的头脑和独特的个性。他只看广告材料和大众媒体。如果说知识方面，他完全不通，但他的头脑又极富惊人的敏捷性和创造性。一位观察家指出："尤其在说到某个问题时，他的思想和观点超过了他的语言，甚至可以就某个主题提出六七个不同的观点。"[78] 如果认真起来的话，他随时可以用层出不穷的话语消除在场的打断声和反驳声。他在言谈和倾听中都流露出一种活力和幽默感，以及孩童般的好奇心和无可争辩的自信。他可以被称为是世界上最重要业务的主宰者。

身处所有这些成功，拉斯克也会感到茫然和黑暗。他从来不与其他具有同等地位的人合作。卢·瓦西（Lou Wasey）说："如果你在他面前太聪明，他就会觉得你过于强势。"[79] 1912年，当他成为最大广告公司的唯一所有者时，他第一次崩溃了。从根本上说，他在心里仍然渴望父亲的认可。多年来，他无数次梦想，在取得显著成就后，他将骑着白马光荣地回到加尔维斯顿，在父亲的餐桌上跳舞。这个画面在他脑中不断重演，但也意味着他还没有完成这个壮举。[80] 1915年，父亲写信给阿尔伯特，说他的广告生涯与全人类事业相比，简直是小巫见大巫。[81] 阿尔伯特没有争辩，他回答道："我非常清楚地意识到了自己智力的局限性和浅薄的无知……到目前为止，我只能证明我能赚钱，我渴望用我的生命做更好的事情。"[82]

除了写作，拉斯克还投入了大量时间和金钱为亚特兰大谋杀案的犹太受害者利奥·弗兰克进行辩护。在接下来的几年里，拉斯克开始涉足政治领域，积极为伊利诺伊州乃至全国的共和党候选人进行宣传。1918年6月，他前往牡蛎湾拜访西奥多·罗斯福。西奥多·罗斯福曾称赞他说："有人告诉我你是美国最伟大的广告人。"[83]拉斯克谦虚地回答道："只要您还在世，就不会有人敢这样说。"在医生的建议下，拉斯克也会抽空放松和消遣。比如观看芝加哥小熊队的春季训练，并购买了该俱乐部的大部分股份。他在格伦科郊区的庄园里建了一座高尔夫球场，虽然拉斯克不太擅长打高尔夫球。他还经常与一群和广告业无关的老"友"打扑克。在城市文化和政治事务中，拉斯克是一个大人物，称得上是"芝加哥的无冕之王"。[84]

然而，这些事情并没有削弱他对广告的专注力。他能够在广告业中持续发展，正是因为他对广告从未失去热情。在他职业生涯的后期，有一天，拉斯克穿着晚礼服准备离开办公室，突然在一位新员工办公桌前停了下来。这位新员工就是后来著名的文案策划人沃尔特·奥米拉（Walter O'Meara）。拉斯克翻看了奥米拉的文案，说他需要再努努力，要把每一个想法都榨干。奥米拉也只能听着。（当伟人说话的时候，你所做的就是听着。[85]）司机提醒拉斯克已是深夜了，拉斯克咕哝了一声继续说话。司机再次打断了他的话，拉斯克准备离开，想了想又折回，之后又离开，当走到大厅的尽头时，又折回了。值得一提的是，拉斯克的客户大多身居富裕或显赫之位，但他们仍然愿意等待拉斯克谈论广告。

随着广告业日渐成熟，广告的影响力也越来越大。卡尔金斯和霍尔登的广告艺术，肯尼迪和霍普金斯的广告文案，以及拉斯克的鲁莽干劲和执行能力，共同促使广告成为一种力量。这种力量不仅可以生产商品，还可以改变人们的生活方式。然而，要想保持广告的持久影响力，就不能偏离公众既定的品味和习惯。广告能反映时代，但作为一种独立的力量，还可以塑造时代。广告和大时代是因果循环的关系，二者相互加强，彼此融合。因此，广告既是镜子，又是思想者，这两种角色的比例大小取决于各种指标。比如广告主的胆量、受众的可塑性以及广告公司创意人员的技能，还有各种变量和不确定因素。我们无法简单概括广告的双面角色，而这也是广告史上的基本难题：鸡生蛋还是蛋生鸡。

广告文案和版面设计的时尚取向既有内在动力，也有外部因素。在内部，软性销售和硬性销售具有周期性。在拉斯克时代，广告文案和说理销售被凸显，并随着行业自身规律和公众看法而发生变化。一直到20世纪，这种内部动力似乎独立于外部历史背景。但如果观察者的目光从广告的微观世界转移到时代的宏观世界，就会发现广告文案风格的周期循环似乎更像是一面镜子，而不是一种自足的独立力量。

拉斯克时代恰逢政治和社会改革期，历史学家称之为进步时代。与美国其他事物一样，为了判断广告的合理性和真实性，广告也受到了进一步审查。传统的广告人物和广告语尊重公众的审美品味，擅长用一种幽默、温和的方式隐晦地销售。L&T公司不看好这种风格，在他们看来，这种风格分散了销售亮点，转移了公众的注意力。霍普金斯说："人们就像绵羊，不能判断价值，你我也不能。"[86]因此，说理销售把它的宣传目标放在了一个较低的共同点上，而对于道德，并没有给予过多关注。霍普金斯曾将一辆汽车宣传为：发明者兰塞姆·E.奥兹①的退休告别车。奥兹自己都不知道这回事，因此对

---

① 兰塞姆·E.奥兹（Ransom E. Olds），美国汽车工业的先驱者，于1897年在密歇根州首府兰辛市创立了奥兹汽车公司。

这一欺骗行为提出抗议。为了广告业务，L&T公司还允许旗下机构可以有自己的合同。不仅如此，L&T公司的文案部门还会撰写文章颂扬那些广告客户们。"我们对道德规范没有任何担忧。"[87]约翰·奥尔·杨（John Orr Young）回忆说。可当拉斯克的方法成为行业典范时，广告也成为改革者一个更明确的目标。

医药广告是说理销售广告策略的祖先，一开始就引起了人们的注意。自1892年起，《女士家庭杂志》禁止刊登医药广告；1904至1905年，该杂志一系列文章揭露了医药广告的丑恶面目。爱德华·波克说："当今的美国，没有什么事情比医药广告更邪恶。"[88]他列了一则莉迪亚·平克汉姆的广告，声称：只要平克汉姆夫人在马萨诸塞州林恩的实验室里，就好像她比家庭医生更厉害。广告旁边还刊登了一张莉迪亚墓碑的照片，显示她于二十二年前死亡。波克公布了温斯洛（Winslow）夫人舒缓糖浆的美式标签和英式标签。根据英国法律的要求，该产品因含有吗啡被贴上了毒药标签，但美式标签上是没有的。《科利尔周刊》（Collier's Weekly）刊登了一系列揭露文章，塞缪尔·霍普金斯·亚当斯（Samuel Hopkins Adams）的《美国大欺诈》（The Great American Fraud）则揭示了数十种专利药品的化学分析结果。亚当斯指出，专利药佩鲁纳（Peruna）因含有酒精被禁止进入印度。

在这些压力下，尤其是受到妇女俱乐部和美国医学协会（American Medical Association）的敦促，1906年国会通过了《纯净食品和药品法》（Pure Food and Drug Act）。该法案要求产品标签列出有效成分。如平克汉姆药品标签显示酒精含量达18%，对治疗子宫脱垂和妊娠问题的说法也更为谨慎，至于对肾病和男女生殖器官疾病的治疗更是不再提及。[89]遗憾的是，该法案对广告只字未提。药品生产商虽改了他们的标签，宣称他们的产品在《纯净食品和药品法》下是"有保证的"，但还是继续像以前一样进行广告宣传。1902年到

## 第二章 拉斯克时代

1912年，这些药品的总销售额增长了60%。这是进步时代的典型做法，只修剪树枝而忽视树根，依靠道德呼吁和宣传，而非严厉的法律制裁。

广告监管也没有得到公众舆论的支持，广告数量和种类逐年增加，甚至还扩展到新的媒体领域，广告影响力越来越强大。自1865年以来，E. L. 戈德金（E. L. Godkin）作为《国家》的编辑，见证了广告对期刊、报纸等出版业的改造。在这些观察家看来，广告对公众舆论具有危险的影响力。戈德金指出："当报纸依靠订阅者获得收入时，编辑意见必须尊重读者群。现在的广告主代替了订阅者，成为报纸的新主人，出版商必须取悦广告主，因为没有哪家报纸能承受住大型广告主的挑战和威胁。"[90] 药品公司还在利润丰厚的新闻报纸合同中加入了一个条款，规定如果任何不利于该业务的法案在该报纸所处的州立法机构被通过，以及刊登不友好的文章，合同将失效。对于依靠药商资金生存的报纸来说，这一条款实际上扼杀了新闻自由。还有一些报纸做得更为露骨，有传闻称：凡是在赫斯特《纽约日报》上刊登价值一千美元的广告，社论版上对该公司便都是有利评论。[91]

即使没有出现这样的出版危机，庞大的广告量也依然是个隐患。1909年，塞缪尔·霍普金斯·亚当斯警告："我们的生活无时无刻不在被恳求、煽动。"[92] 广告有一千条原则，有一个目标，但却没有道德的位置。杜利先生曾疑惑，为什么当他开始阅读一则文章时，却发现自己陷入了一篇广告中！他警告，如果这种危险趋势继续下去，人们将不会再阅读杂志："没有人想在晦涩的时政文章中去找一条吊带或刮痧皂。"[93]

诚然，广告会给杂志带来更多的读者，但阅读质量如何呢？19世纪80年代的主流杂志《哈珀》与《世纪》坚持高标准，却输给了《麦克卢尔》和《周六晚邮报》，后者的广告和文章都以霍普金斯为准则。从政治角度和高级文化的标准看，这个变化坠入了庸俗。1913

年,简·亚当斯(Jane Addams)对一个广告小组说:"你们是否可以塑造公众的品味,我对此表示怀疑。广告正在被越来越多的人阅读,但一些广告并没有产生良好的道德效果。"[94]

批评家们痛心疾首,而广告主认为他们只是提供了公众所需的东西。批评家们也偶尔会获得小胜利。根据一项禁止未经当事人许可使用照片的法律,一位纽约妇女从莉迪亚·平卡汉姆那里赢得了6千美元的判决。但大多数批评者都把注意力集中在规模较小且具有明显欺性的行为上,而对广告主不闻不问。连亚当斯也只是让公众提高警惕。正如西奥多·罗斯福在1911年总结的那样,反对广告的案例主要涉及虚假金融投资和老式的备用专利药品。至于其他那些大量的广告,罗斯福并没有多加评论。[95]

或许公众舆论会支持更广泛的批评。在通俗小说和戏剧世界里,广告及其从业者往往不受尊重。如辛克莱·刘易斯(Sinclair Lewis)早期短篇小说中的兰斯洛特·托德(Lancelot Todd)一角,塞缪尔·霍普金斯·亚当斯的小说《号角》(*The Clarion*),埃德温·莱弗尔(Edwin Lefevre)的《人力资源部》(*H. R.*)。《印刷者油墨》评论小说《人力资源部》时写道:"我们不想让小说作者传播这样一种观念:广告是通过精明诡计来利用公众的一种手段。"[96]在百老汇,罗伊·库珀·梅格鲁(Roi Cooper Megrue)的戏剧《做广告是值得的》(*It Pays to Advertise*)对广告业的描述也非常尖锐,以至于谢尔曼&布莱恩公司(Sherman&Bryan)刊登了一系列广告来反驳。另一出戏亚伦·霍夫曼(Aaron Hoffman)的《只有谎言》(*Nothing But Lies*)把广告主描绘成欺诈者,是帮助腐败政治家出售垃圾的骗子。如果说某部文学作品的出现具有偶然性,那么这些作品对广告的一致谴责则具有永恒的历史意义。至少还没有哪个戏剧家或小说家在作品中来赞扬这个行业。《印刷者油墨》看到这种文学批评现象时言道:"总有一天,会出现一位真正了解广告从业者的作家,他会以他们的优点而不是小丑般的行为为描写对象。"[97]

广告人也有自己的问题。他们可能会利用幽默来掩盖批评文字和流行文学的影响。自由撰稿人弗兰克·欧文·弗莱彻（Frank Irving Fletcher）在1914年对斯芬克斯俱乐部说："广告是现代社会最多产的小说生产者。要了解广告的真相，就必须阅读这些谎言内容，这几乎成了广告界的公理。"[98] 更为典型的是，业内人士会相互保证他们的基本诚实，责怪那些批评的不公平性，并通过夸张的语言来表达疑虑，仿佛广告可以通过反复宣扬其优点而改善受批评的形象。

为了应对外部威胁，一个更有希望的解决方案是实现自我监管，建立内部约束系统。地方性广告协会最早成立于1890年代，并于1904年组建了美国广告俱乐部联合会（Associated Advertising Clubs of America，以下简称AACA）。AACA是一个由代理机构、广告主和媒体代表组成的广泛团体。1909年，可口可乐公司的塞缪尔·C.多布斯（Samuel C. Dobbs）接任主席时，该组织才真正发挥作用。作为公司的销售经理，多布斯已经成功地将可口可乐宣传成软饮料中的领导品牌。他坚信广告，并希望广告能更为纯粹。在他的推动下，1911年AACA在波士顿召开大会，一百多个地方广告组织采用了"广告中的真相"（Truth in Advertising）这一口号。多布斯在大会上说："我们是有使命感的人，我们要教育全国的广告主，只有这一种广告才能永久地胜利。"[99] 该团体还成立了一个警戒委员会，以发现和纠正广告的滥用行为。这一思想还延续至外部。如《印刷者油墨》起草了示范法，之后在各州通过了法律，并将欺诈性广告定为轻罪。

浪潮虽起，这些暂时性的努力很快就搁浅了。AACA不可能联合起所有的广告界，广告代理商、广告主和媒体都有不同的利益和支持者。1914年，AACA重组，一年后，一些大的广告主离开，并成立了美国广告主协会（Association of National Advertisers，以下简称ANA）。AACA通过资助商业书籍和讲座，开展了有益的教育工作。

但它在提高道德标准方面没有什么权力，也没有什么效果。1915 年，AACA 主席赫伯特·休斯顿（Herbert Houston）承认警戒委员会很少发挥作用："它主要靠劝说和教育，而不是起诉，除非没办法。人们希望以友好的方式指出来，而不是棍棒。"[100]《印刷者油墨》起草的示范法也是建立在同样善意的情感上。十年内，该法在二十三个州通过，但却没有产生多少判决。《印刷者油墨》写道："道德劝说是所采用的主要武器。"[101]

1917 年，广告代理机构离开 AACA，成立了自己的组织——美国广告代理商协会（American Association of Advertising Agencies，以下简称 AAAA）。《新共和国》（*New Republic*）编辑布鲁斯·布利文（Bruce Bliven）在《印刷者油墨》上记录了该会在圣路易斯成立的场面。[102] 四天时间，代表们打了三天高尔夫球，谈下了价值 2.7 万美元的生意。第二天的报纸对这场盛会进行了浓墨重彩的描述。大会期间，111 个特许会员机构成功启动该组织。大会发布了一份协会标准清单，一张标准费率卡，还强调协会会员要有道德和品质。

由于不需要美国广告代理商协会的评级，一些规模较大的广告代理机构回避了它。阿尔伯特·拉斯克曾表示："我们不知道加入该协会有什么好处。虽然很多人加入了这个协会，但他们并没有成为真正的广告代理商，我们也不想成为他们的会员，否则可能会被误认为对他们表示认同……另外一个原因是，我们得到的价格比这个行业中的任何其他人都要高得多，或许只有两三个例外，因此我们也不认为教育其他人是我们的职责。"[103] 由于最大的广告代理商和广告业主导者未参与，该协会在一段时间内缺乏信誉。尽管 20 世纪 20 年代，在几位主要广告人的领导下，该组织逐渐稳定了局面，但在监督道德规范方面，它几乎没有超越旧有的广告俱乐部联合会。ANA 和 AAAA 都有自己的组织目标，而在实现有意义的自我监管方面并没有取得重大进展。

广告界的改革者们再次陷入了一片充满希望的黑暗中。1917年，查尔斯·奥斯汀·贝茨在离开多年后开始审视这个行业。他认为，现在的广告不再是出于友谊，更多的是看结果。那些有着远大理想的热心青年都希望通过认可来获得尊严。贝茨总结道："在广告业中，大义凛然已经是一种现实，而非一种姿态，起码大家的精神态度和道德口号还是有改善的。"[104]

事实上，下一个周期的广告风格被证明是更有效的改革措施。这种新风格被称为"印象主义文案"（impressionistic copy）或"氛围广告"（atmosphere advertising）。[105]首先，它通过建议式的内容或联想的方式实现推销。其次，这种风格以华丽的艺术布局为特色，力求给人一种轻松的高级感和一流的印象。（霍普金斯坚持认为，图片或展示都是无意义的，主题才是重要的，布局和字体无关紧要。[106]）此外，新风格重视端庄、优雅的写作方式，并辅之以高度视觉化的色调搭配。（霍普金斯认为，任何分散主题的事情都会有损印象，广告风格是一种障碍物。[107]）最后，比起专利药、邮购广告和说理销售的广告文风，新的广告风格传达了一种诚实和廉洁的道德印象。

以上四个方面显示，这种新风格是卡尔金斯和霍尔登旧风格的轮回。周期再一次循环往复，一种老旧的、被抛弃的方法经过改头换面后，最终以一种新的模式面世。C&H公司为箭牌（Arrow）衬衫和皮尔斯箭头汽车所做的宣传就是印象派广告的突出例子。"它们几乎都是图片。"[108]赛勒斯·柯蒂斯说。西北大学的沃尔特·迪尔·斯科特（Walter Dill Scott）在颇具影响力的《广告心理学》（*The Psychology of Advertising*）一书中指出：广告氛围是卖点，质量是威信，正是那些富有想象力的细节将产品呈现在眼前。斯科特坚持认为，说理销售已经被夸大了，顾客有时可能会被直接说服，但更多的时候，他们购买是因为得到了暗示："现代广告的实际效果不是说服，而是暗示。"[109] 奥尼达社区银行业广告经理邓恩（B. L. Dunn）进一步发挥了这一观点。邓恩以消费者的无意识思维为目标，将他的广告活动建立在图片基础上。邓恩是弗洛伊德和荣格的崇拜者，他解释说："精神分析学家认为，几乎所有个人的重要决定都是在潜意识中做出的。"[110] 当然，卡尔金斯已经得出了类似的结论。至少在这个时代，广告心理学只是证明和阐述人们发生过的行为。有位广告人对此就嗤之以鼻："我们确实在使用这种风格，但那些高深莫测的东西大多是垃圾。"[111]

倡导印象派广告的主要支持者是西奥多·F.麦克马纳斯（Theodore F. MacManus）。作为通用汽车（General Motors）的广告撰稿人，他制作了专门的广告设计方案。他提出，像别克和凯迪拉克这样的汽车比较昂贵，消费者通常都是精打细算后购买的。因此，麦克马纳斯并不是说服他的读者去购买该产品。相反，他致力于建构一个质量可靠、经久耐用的形象，这样无论消费者何时做出重大购买决定，都会想到通用汽车。他在1910年时说："我们经常陷入困扰，但我们要把眼光放长远，要看到明年、后年以及此后的十年。"[112] 他着眼于未来，看不上那些快速销售的广告活动。他认为广告策划应该和交朋友一样，其目标是在缓慢积累的基础上建立友谊："广告要传达的是，生产产品的人是一个诚实的人，产品是一件诚实的产品，只有这样才能受到大家的欢迎。"[113]

凭借最著名的广告语"出人头地的代价"（The Penalty of Leadership），西奥多·F.麦克马纳斯成为广告业的领导者。凯迪拉克一直以四缸发动机而闻名。帕卡德（Packard）是凯迪拉克的主要竞争对手，推出了一款六缸发动机。[114] 为了提升优势，1914年秋天，凯迪拉克宣布采用英国设计的高速V-8发动机，但这种发动机起初很不稳定，容易发生短路和起火。随后，帕卡德抓住了凯迪拉克的这一小辫子，卸去了凯迪拉克苦心经营的可靠和高质量光环。为了挽回凯迪拉克的局面，麦克马纳斯上场了。一天下午，他在办公室里抽着雪茄，向秘书口述了这段话。麦克马纳斯说："在人类努力的每一个领域，第一名总是生活在世人的久久注视之中……当一个人被视为整个世界的标准时，他也会成为少数嫉妒者的攻击目标（间接提到帕卡德在宣传 V-8 的问题）。只有最好的艺术家、作家、音乐家和发明家才会得到不公平的赞美。日光之下无新事，人类的感情和世界一样古老，有嫉妒、恐惧、贪婪、野心和超越的欲望，而这一切都不重要。"真正的领导者都是不可战胜的，"那也是他们所要必须承担的"。[115]

文案没有提及凯迪拉克、V-8 和汽车，也没有插图，这则广告刊登在 1915 年 1 月 2 日的《周六晚邮报》上。在这篇文字刊登的那天，当麦克马纳斯前往底特律体育俱乐部吃午饭时，广告和汽车业的同事们戏称他写了一篇老掉牙的文章。但它奏效了。凯迪拉克大量刊印这一文案，销售人员把它拿给潜在客户，一时之间车子销售火爆。多年来，凯迪拉克平均每年应要求刊印此文案 1 万份。《出人头地的代价》被贴在墙上、印在销售手册中、用在销售会议上。凯迪拉克也会定期在邮件和报纸上使用它。对于这一现象，麦克马纳斯给出的解释是："几乎每个人都认为自己是领导者，都怀疑自己得到了不公平的待遇。"也许正出于这个原因，这则广告吸引了几代人进入竞争激烈且缺乏安全感的广告领域。[116]《出人头地的代价》问世三十年后，《印刷者油墨》询问业内的读者：有史以来最伟大的广告是什么？《出人头地的代价》以压倒性优势遥遥领先。[117]

经久不衰的人气使麦克马纳斯成为软性销售界的克劳德·霍普金斯。出生于工人阶级的麦克马纳斯来自托莱多的一个爱尔兰天主教家庭。他最生动的童年记忆是 1884 年格罗弗·克利夫兰（Grover

Cleveland）代表民主党赢得总统大选。他很早就离开了学校，在石油公司的一个部门做勤杂工。十六岁时，他开始为托莱多的一家报纸做报道，并迅速晋升为总编辑。随后，麦克马纳斯进入匹兹堡的百货商店做广告，干过咖啡和杂货批发公司的销售管理，后又回到托莱多开办自己的广告公司。《出人头地的代价》问世后，一家芝加哥公司给他开了一份六位数的聘金，但他还是选择留在底特律，住在布卢姆菲尔德山，在费舍尔大厦13层的一间办公室里工作，乘坐汽车来回通勤。

放弃芝加哥的工作机会，可能会让人觉得不可思议，但却忠实地反映了麦克马纳斯的个人风格。一位同僚回忆："他是一个真正的神秘人物，他很安静，总是与世隔绝，不参加那些热闹的广告集会，他只忠于自己的法则。"[118] 麦克马纳斯身材高大，有着一个很高的前额，戴着一副无框眼镜。与霍普金斯不同，他喜欢过非职业的生活。麦克马纳斯热爱高尔夫和钓鱼，每年有两次假期。夏天在休伦湖乔治亚湾的家里，冬天在拿骚（Nassau）。他喜欢阅读，尤其喜欢看政治哲学和经济学方面的书。他还写过商业书，私下出版了自己的三卷诗集。在知识深度上，他很像埃尔莫·卡尔金斯，他们写了类似的文案，或许这并不是巧合。麦克马纳斯说："我把公众看成一个个我自己，我还没有那么自信，能把自己贬低成驴子。"[119] 可以说，在对公众的态度上，霍普金斯选择了俯视，麦克马纳斯选择了仰视。

在大多数方面，霍普金斯和麦克马纳斯更像是彼此的镜像。霍普金斯会预先测试广告活动效果，并声称自己具有科学严谨性。[120] 麦克马纳斯则擅长用想象力来思考。霍普金斯在《科学的广告》（Scientific Advertising）一书中总结了他的方法。麦克马纳斯认为说理销售这种半科学的论点，把所有的人都看作傻瓜，并假设大众有几乎一致的反应。[121] 麦克马纳斯说他自己的方法是尊重大众思想，并为他们提供实质性的、具有美德的呼吁。但他同时也承认：虽然人可能是傻瓜和罪人，但他们永远在寻找善的东西。

毫无疑问，霍普金斯会为此争辩，L&T 公司也面临着新风格的竞争。拉斯克靠说理销售走到了行业顶端，不能接受印象派的文案和那奢华的艺术风格。拉斯克说："我讨厌看到这种巨大的力量，被打扮得像一棵圣诞树，这完全是不相干的东西。"[122] 百万美元客户固特异轮胎公司曾要求拉斯克在广告中增加气氛，减少叙述，然而拉斯克拒绝了这一要求。为此，他付出了代价：他的三个手下带着固特异轮胎客户离开了公司，成立了自己的机构 Erwin, Wasey&Jefferson，以满足客户要求。

总的来说，这两派广告可以说是在僵局中共存。说理销售派和印象派都有自己的适用价值，这取决于不同的宣传产品。说理销售广告最适合于小型的、经常购买的商品，如香烟、牙膏和肥皂。拉斯克说："我最喜欢做的广告是那些只用一次的产品。"[123] 麦克马纳斯的风格最适用于大型、昂贵、耐用的物品，这些物品具有威望性。在麦克马纳斯方法的包装下，产品会在适当的时候自动销售。如果霍普金斯坚持认为印象派文案缺乏卖点，麦克马纳斯也可以振振有词地回答说，说理销售派缺乏尊严。

20 世纪 30 年代的一天，麦克马纳斯的合伙人让他积极争取某个客户，他虽然不喜欢这种粗俗的追求，但还是跟着去了。会议快结束时，客户问他是否愿意说几句话。"关于什么主题？"[124] 麦克马纳斯问道。

《出人头地的代价》问世两年多之后，美国加入世界大战这一外部事件打乱了广告的内部周期。一方面，从日用品转向战争产品的制造商仍旧希望公众记得它们；但另一方面，以消费品生产为主的制造

商在国家危难之际又不敢直接向公众推销。对于这两类制造商来说，麦克马纳斯的方法正是解决问题的关键。其将公司名称和商标保留下来，放弃说理销售的广告描述，转而以"可靠""原则"和"体现所有真理的真理"等为标题大篇幅论述。这种风格广告不仅没有引起反感，还维持了广告预算，从而推动了麦克马纳斯广告方法的建立。

与此同时，说理销售的传统广告派加入了战争宣传运动。记者乔治·克里尔（George Creel）在为公共信息委员会（Committee on Public Information）辩护时曾向伍德罗·威尔逊总统说："一个朴素的宣传主张，就像一个庞大的销售企业，也是世界上最伟大的广告冒险。"[125] 威尔逊接受了这一提议，信息委员会也催生了无数的方法来塑造战争舆论：拍电影、做海报、组织小说家和教授来解释战争，以及组织大约7.5万名的"四分钟人物"（Four Minutes Men）①演讲等。在这些活动中，由五位知名人士领导的广告部，负责价值150万美元版面和空间的捐赠广告。私人广告主也在自己的业务中突出战争主题。

当时，公众对战争的意见几乎是一致的，也让广告业对广告有了新的、更大胆的认识。《印刷者油墨》总结：广告已经成为战争的一个重要工具和手段。[126] 最盛行的一个广告是由纽约约瑟夫·理查兹公司的考特兰·N.史密斯为红十字会撰写的。广告标题为"世界上最伟大的母亲"（The Greatest Mother in the World），广告图片展示了一位身着护士服的慈祥女性，为红十字会的化身。[127] 除此之外，查尔斯·达纳·吉布森（Charles Dana Gibson）、霍华德·钱德勒·克里斯蒂（Howard Chandler Christy）和詹姆斯·蒙哥马利·弗拉格（James Montgomery Flag）等艺术家为贷款运动、征兵、警惕叛徒和保护战争物资等主题制作海报。蒙哥马利画了一个著名的山姆大叔形

---

① "四分钟人物"是由美国总统伍德罗·威尔逊授权的一群志愿者，他们就公共信息委员会（CPI）指定的主题发表四分钟的演讲。1917年至1918年，超过7.5万名有成就的演说家在5200个社区发表了超过75万场演讲，听众达约4亿。

象，文案为：我要你为国家入伍，成为我们中的一员。（I Want YOU for U.S.Army）蒙哥马利后来回忆说："那些年纪太大或太害怕打仗的人，专用这个海报去煽动那些年轻人，可以说，我们把战争贩卖给了年轻人。"[128]

又回到了鸡和蛋的问题：广告是否塑造和建构了战时爱国主义的狂欢仪式，或者仅仅是时局的一种反映和需要？在这种情况下，或许更多的是后者。威尔逊认为战争是理想主义与侵略主义、民主与专制之间冲突的体现。然而，由于公众的默许，这一仪式演变成了美国历史上最为严重的一次侵犯公民自由权利的行动。但早在信息委员会广告部成立之前，超级爱国主义者组成的义勇团就自发地出现了，目的是铲除德国影响，加强战争投入。委员会做的只是煽风点火的工作罢了。如一本小册子《美国的凯瑟利特人》（The Kaiserite in America）就声称反对将这场冲突称为"富人战争"或"商人战争"的叛徒观念。[129]有海报警告，美国工业要赢得为人类自由而战的胜利，就必须消灭国内工业战争的培植者。[130]根据战时外国人和叛乱法，当局总共逮捕了1500多人，新闻和邮件被审查，德国麻疹和德国腊肠犬改名为自由麻疹和自由小狗。尽管美国广告业参与了这一过程，但它只是激情呐喊中的一声。广告业并非唯一主导这种情绪的声音。

克里尔在一次广告大会上表示："总体而言，这项工作只不过是一场广告活动。我承认，广告界的联合工作以及美国广告业的方法移植促成了这次成功。"[131]克里尔继续说："战前，广告业的地位并不高。但在今天，广告成了美国生活中至关重要的力量，政府看到了广告的价值，它也被公认为一种事业。"在某种意义上，克里尔说得对。由于国家推动的伟大的"十字军运动"，大多数具有进步意义的改革运动被扼杀，包括广告的批评者。但在公共利益上，广告业确实通过战争提高了地位。

然而，广告业最繁荣的阶段并不是在战时，而是和平时期。1918

年11月停战后,为恢复经济,制造商进一步提高了广告预算。在超额利润税的威胁下,公司需要迅速花掉他们的额外收入。他们大量投资广告:报纸整版刊登广告,杂志双版刊登广告,用更多插图和更宽边框来填补广告空间。仅仅两年时间,广告的年总销量翻了一番,从1918年的15亿美元增加到1920年的近30亿美元。[132] 这一激增推动着这一行业进入下一个十年。

1919年,S. N. 贝尔曼(S. N. Behrman)在《新共和国》中宣称:

> 广告人是这个时代的恶婴,在永恒面前毫不畏惧。就是战争也需要他,更不用说公司了。广告就像一个典型的年轻人,英俊潇洒,光鲜亮丽,头发柔顺,鞋子时髦。他在美国生活中的地位就像电影演员。他是最值得尊敬的美国制度的基石;报纸和杂志依赖他;文学和新闻学是他的婢女。他就是第五产业。[133]

## 注释

1. *PI*, February 8, 1893.

2. Nath'l C. Fowler, Jr., *Fowler Publicity* (1897), p. 733.

3. Earnest Elmo Calkins, *"Louder Please!"* (1924), p. 42.

4. *PI*, April 30, 1914.

5. Calkins, op. cit., p. 156.

6. Earnest Elmo Calkins, *And Hearing Not* (1946), pp. 170-71.

7. Calkins, *Louder*, p. 191.

8. *PI*, June 26, 1953.

## 第二章 拉斯克时代

9. *PI*, March 16, 1904.

10. *PI*, July 17, 1907.

11. *AA*, November 5, 1956.

12. *PI*, March 30, 1911.

13. *PI*, March 18, 1960.

14. *Fowler's Publicity*, p. 191.

15. Charles Austin Bates, *Good Advertising* (1896), p. 201.

16. *PI*, February 19, 1902.

17. Julian Lewis Watkins, *The 100 Greatest Advertisements* (1949), p. 12.

18. *PI*, December 9, 1903.

19. *PI*, November 12, 1902.

20. *PI*, September 17, 1902.

21. *PI*, September 17, 1902.

22. *PI*, June 3, 1903.

23. Calkins, *Hearing*, p. 225.

24. *PI*, February 11, 1915.

25. *PI*, September 16, 1903.

26. *PI*, July 29, 1908.

27. *A&S*, April 1, 1932.

28. *PI*, January 9, 1901.

29. *PI*, March 21, 1894.

30. Ibid.

31. *PI*, April 11, 1894.

32. *PI*, September 6, 1905.

33. *PI*, July 28, 1938.

34. *A&S*, January 25, 1928.

35. *PI*, April 11, 1906.

36. *AA*, June 24, 1935.

37. *PI*, July 29, 1926.

38. Albert D. Lasker, "Reminiscences" (Columbia Oral History Collection, 1950), p. 48.

39. *Masters of Advertising Copy*, ed. T. George Frederick (1925), p. 25.

40. *A&S*, July 1909.

41. *A&S*, February 8, 1928.

42. Lasker, op. cit., p. 49.

43. John E. Kennedy to F. C. Kendall, n.d., enclosed with Kendall to Claude C. Hopkins, June 22, 1927, box 25, RP.

44. Claude C. Hopkins, *My Life in Advertising* (1927), p. 98.

45. *PI*, October 6, 1932.

46. Hopkins, op. cit., p. 1.

47. Hopkins, op. cit., p. 9.

48. *PI*, October 30, 1895.

49. *Fowler's Publicity*, p. 114.

50. *PI*, January 20, 1909.

51. *Fowler's Publicity*, p. 115.

52. *PI*, August 19, 1926.

53. *PI*, January 20, 1909.

54. *AA*, October 17, 1938.

55. *A&S*, May 20, 1937.

56. Hopkins, op. cit., pp. 4-5.

57. *PI*, January 20, 1909.

58. Ibid.

59. *AA*, May 21, 1962.

60. Fairfax M. Cone, *With All Its Faults* (1969), p. 110.

61. Lasker, op. cit., pp. 122-23.

62. Albert D. Lasker, *The Lasker Story* (1963), p. 57.

63. Lasker, "Reminiscences," p. 164.

64. John Gunther, *Taken at the Flood* (1960), p. 30.

65. Lasker, "Reminiscences," p. 7.

66. Lasker, "Reminiscences," p. 11.

67. Lord&Thomas to Lydia Pinkham, September 5, 1882, PP.

68. Lasker, "Reminiscences," p. 13.

69. Ibid., p. 32.

70. *PI*, April 18, 1906.

71. Ibid.

72. Ibid.

73. Lasker, "Reminiscences," p. 31.

74. John E. Kennedy, "Intensive Advertising" (Associated Business Publications, 1940), p. 9.

75. *AA*, January 9, 1956.

76. *PI*, April 18, 1906.

77. Ibid.

78. William Hard in *Colliers*, March 10, 1923.

79. *AA*, January 9, 1956.

80. Gunther, op. cit., p. 28.

81. Ibid., p. 89.

82. Ibid., p. 90.

83. Lasker, *Lasker Story*, p. 57.

84. James P. Warburg, "Reminiscences" (Columbia Oral History Collection, 1952), p. 1, 594.

85. *AA*, December 26, 1955.

86. Hopkins, op. cit., p. 116.

87. John Orr Young, *Adventures in Advertising* (1949), p. 31.

88. *Ladies, Home Journal*, April 1905.

89. Sarah Stage, *Female Complaints* (1979), pp. 170, 177.

90. Godkin in *Atlantic*, January 1898.

91. Will Irwin in *Colliers*, June 3, 1911.

92. S. H. Adams in *Colliers*, May 22, 1909.

93. F. P. Dunne in *American Magazine*, October 1909.

94. *PI*, December 5, 1913.

95. *Outlook*, April 15, 1911.

96. *PI*, November 25, 1915.

97. *PI*, March 21, 1918.

98. *PI*, March 26, 1914.

99. H. J. Kenner, *The Fight for Truth in Advertising* (1936), p. 23.

100. *PI*, September 23, 1915.

101. *PI*, June 16, 1921.

102. *PI*, June 17, 1917.

103. *PI*, October 13, 1927.

104. *PI*, February 8, 1917.

105. *PI*, October 26, 1911.

106. *Masters*, ed. Frederick, p. 118.

107. Hopkins, op. cit., p. 121.

108. *PI*, January 22, 1914.

109. Walter Dill Scott, *The Psychology of Advertising* (2nd ed., 1917), p. 83.

110. *PI*, March 28, 1918.

111. *PI*, April 18, 1918.

112. *PI*, July 21, 1910.

113. *Masters*, ed. Frederick, p. 83.

114. *PI*, October 16, 1964.

115. *PI*, December 7, 1945.

116. *PI*, February 21, 1929.

117. *PI*, September 28, 1945.

118. *PI*, November 8, 1940.

119. *A&S*, March 31, 1932.

120. *Masters*, ed. Frederick, p. 119.

121. Ibid., p. 78.

122. Lasker, *Lasker Story*, pp. 48-9.

123. Gunther, op. cit., p. 154.

124. *AA*, December 7, 1964.

125. Mark Sullivan, *Our Times* (1933), 5:425.

126. *PI*, December 12, 1918.

127. Watkins, op. cit., pp. 38-9.

128. *AA*, June 14, 1930.

129. *PI*, May 23, 1918.

130. *PI*, January 31, 1918.

131. *A&S*, September 27, 1919.

132. *PI*, October 23, 1953.

133. S. N. Behrman in *New Republic*, August 20, 1919.

第三章

# 欣欣向荣的 1920 年代

1931年，弗雷德里克·刘易斯·艾伦（Frederick Lewis Allen）写了《仅仅是昨天》（Only Yesterday）一书，这是艾伦对20世纪20年代美国生活的一部回忆著作。在书的开头，他说有必要对1919年的美国家庭生活进行描述。该书以人类学和经历者的视角阐释了20世纪20年代一个他者化的文化世界。艾伦想知道，如果回到1919年，他的家庭将如何应对即将到来的这十年的冲击。这其中包括社会上出现的短暂性事物，如拳击门、麻将；包括一些永恒存在的东西，如通货膨胀和女性时尚；还有一些现有事物的延伸，像飞机、香烟、性行为、华尔街、高速公路和快速汽车；甚至一些新出现的社会现象，比如广播、小报、组织犯罪、爵士乐等。艾伦总结道："自1919年以来，美国人的生活环境整个发生了改变。"[1]

在暗流涌动的变化中，广告凝聚起新的力量。第一次世界大战后，美国社会的开放进程放缓，人们的信念感支离破碎，旧有模式已过时。1919年，一位广告人说："我们是要让广告成为战争中的一段辉煌历史，还是要重新发展它，让它在和平时期重建力量、推动社会？"[2] 即将步入成熟阶段的广告业，在此时已整装待发。那些新产品改变了美国人的生活，甚至包括最细碎的生活细节。观察家们也在摸索着、观望着那发展迅速、波及整体的广告业。

小说家和政治家一致认为战后十年是美国创业的混乱期。广告在买方市场上日益盛行，分销和营销一跃而上，成为工业发展的重要因素。在工厂和消费者的传播枢纽上，广告找到了顺从的受众，并坚信商品和服务铺就了幸福的道路。美国文化和美国广告比以往任何时候都更为和谐。当广告生活和现实生活难以区分时，这意味着广告达到了顶峰。广告似乎让生活变得干净有序，也让生活成为产品和承诺的聚集之地。这是广告史上最繁荣的时期：公众不加批判地接受，经济强劲，政府认可；贸易处于顶峰，各行各业充满生机、正在走向高潮。

智威汤逊（J. Walter Thompson）<sup>①</sup>广告公司带领广告业走向了历史上第一次大繁荣。该公司在文案风格和客户服务等各个方面，实现了多项创新，总收入位居第一，且保持了五十年之久。在一个不稳定的行业中，智威汤逊能年复一年地站在一座坚不可摧的堡垒之上，击退了一波又一波觊觎王位的人，这归功于斯坦利（Stanley）和海伦·雷索尔（Helen Resor）夫妇二人。他俩个性独特，但专业性极强，可以说是相互成就。

和大多数行业相比，广告业更能反映人的性格和天赋。尤其在创意方面，广告是极具个性化的，它通常由个人品味、灵感和分寸感综合而成。大多数广告公司都是在领导人物的带领下才走向成功。而当领导人停滞不前或选择离职时，广告公司则会因为领导人的缺席而陷入困境。即使在一个家族控制的广告公司中，子承父业也是罕见的。广告界人士的子女很少进入这个行业，即便进入了，也很少为家族公司工作，能继承父母广告事业的人则更少。因此，寻找合适的下一代是广告公司的经常性难题。

就沃尔特·汤普森而言，在从事四十年广告之后，他悄然迷失了

---

① 即沃尔特·汤普森创立的公司，按约定俗成译为智威汤逊。

斯坦利·雷索尔

方向。1907年,后来成为小说家和历史学家的W.G.伍德沃德(W. G. Woodward)进入智威汤逊时,他发现这里已经落后很多年了。当卡尔金斯和拉斯克正在关注广告艺术和文案时,智威汤逊的客户经理仍自行其是,他们随意改变文案,把文案人员当作办公室小弟。汤普森本人则置身事外,无动于衷。据伍德沃德说:"在通往成功道路上的某个地方,他迷失了自己的思想,此后在没有思想的状况下继续前进。他似乎很多年没有做任何思考了。"³ 汤普森会定期到波士顿、芝加哥和其他城市的分公司视察,主要考查员工对语法的掌握情况及其外表和举止。一次野餐会上,他斥责员工用高脚杯喝酒,因为这玷污了公司形象。

与此同时,斯坦利·雷索尔很快开始了他在智威汤逊的继任之路。1901年,雷索尔从耶鲁大学毕业回到家乡辛辛那提。他先在一家银行工作,后在一家机床公司上班。由于缺乏机械方面的技术培训,他觉得自己并不适合成为一名机床推销员,因此希望找到一份拥有话语权的职业。⁴ 他的哥哥沃尔特·雷索尔在宝洁公司,主要负责辛辛那提的一些房屋代理。在沃尔特的帮助下,雷索尔于1904年3月加入该公司,成了一名销售员。

在那里,他遇到了小他七岁、高中刚刚毕业一年的海伦·兰斯多恩(Helen Lansdowne)。海伦曾在宝洁公司当过短时间的会计,之后为辛辛那提一家报纸和一家电车公司撰写广告。斯坦利·雷索尔在宝洁工作后,很快就赢得了业内声誉。他是一个努力工作的人,榨取了下属全部精力,但同时也证明了自己是一名富有想象力的广告策划人。雷索尔为一家窗帘制造商创造了品牌名"BRENLIN",并设计了

海伦·兰斯多恩

窗帘布边缘打孔的方法。"当时,所有的窗帘材料都是没有标记的,消费者无法识别,制造商们也受制于价格竞争。"[5]他回忆道。雷索尔在女性杂志上做广告宣传,以说服女性购买价格更高、标准化的窗帘品牌。肯塔基州纽波特的希金全金属屏风公司(Higin All Metal Screen Company)也是雷索尔的广告客户之一。为了宣传该公司的屏风产品,他将宣传目标定位在中产阶级女性群体,宣称她们的卧室用便宜的木屏风来保护隐私。雷索尔说:"不到三年,这种屏风的使用就扩展到了中产阶级家中,但在此之前,屏风只是富人家庭的生活用品。"[6]在这些早期的广告策划中,雷索尔建立了他自己的广告方法:创造品牌名称,教育特定的社会阶层以模仿富人的习惯。

雷索尔本人并非广告文案的撰写者。1907年,当他需要一名文案人员时,他想起了海伦·兰斯多恩。雷索尔亲自前往肯塔基州科文顿拜访了海伦。科文顿与辛辛那提隔俄亥俄河相望。海伦的家人劝告她不要接受他的提议:"你会被累死的。"[7]在兰斯多恩调任到有轨电车纽约总部的广告公司时,她暂时答应了雷索尔的邀请。一年后,雷索尔想去更大的公司,汤普森提出可以让他管理芝加哥分公司,雷索尔拒绝了。之后汤普森雇雷索尔兄弟二人在辛辛那提开设一家分公司,海伦是办公室里唯一的文案撰稿人。

智威汤逊客户生产的商品,大多都是由女性消费者买单。"在为这些产品做广告时,我提供了一种女性的观点,看广告的创意、措辞和插图能否对女性产生作用。"[8] 1910年,兰斯多恩为伍德伯里洗面皂(Woodbury's Facial Soap)制作广告文案,八年内,洗面皂销售额增长了10倍。1911年,宝洁公司推出一款纯植物性烘焙油(Crisco)时,该公司打破二十年来的规则,向智威汤逊公司支付了一笔费用,以筹备产品的首发式。兰斯多恩五次出席宝洁董事会,向他们阐释广告方案。在接下来的几年里,她还为玉板(Yuban)咖啡(斯坦利·雷索尔创造的名字)、力士(Lux)肥皂片和蔻丹(Cutex)指甲油撰写了原创广告。兰斯多恩说:"我是第一个在撰写和策划全国性广告方面取得成功的女性。"[9] 1911年,兰斯多恩从辛辛那提分公司调任至智威汤逊纽约总部。

为了找到代替兰斯多恩的广告文案人,斯坦利·雷索尔聘请了詹姆斯·韦伯·扬(James Webb Young)。韦伯·扬是该团队的第三位关键成员,20世纪20年代,二人携手将智威汤逊推向了行业主导地位。韦伯·扬是兰斯多恩在考文顿的同学,六年级时就辍学到辛辛那提工作。韦伯·扬曾为纽约和芝加哥的图书出版商撰写邮购广告。在兰斯多恩的推荐下,韦伯·扬拜访了雷索尔。"令我吃惊的是,他给了我一份文案的工作。"[10] 雷索尔承诺每周只给他40美元的报酬,但韦伯·扬为此争辩,最终雷索尔将报酬提高到60美元。随着雷索尔在纽约待的时间越来越长,几年后,韦伯·扬接替雷索尔成为辛辛那提办事处的负责人。不过,这家分公司仍然是一个小型企业,所有的人都要参与到广告的制作中来。韦伯·扬说:"从制订计划到剪裁到

第三章　欣欣向荣的1920年代

詹姆斯·韦伯·扬

包装，直到最后一刻，每个人都要参与所有的事情。"[11]

在斯坦利·雷索尔的乘胜追击下，汤普森决定退休。1916年，以雷索尔为首的集团用50万美元收购了智威汤逊，雷索尔担任领导人。接手时，智威汤逊总收入不到300万美元，很多小项目一直处于亏损状态。于是，雷索尔将客户名单从三百多家削减到八十家以下，将客户方向调整为全国性大客户，关闭多伦多、克利夫兰和底特律的分支机构，解雇冗余员工。在加入辛辛那提办事处仅八年后，雷索尔控制了整个公司。雷索尔和兰斯多恩的职业关系也变得更为亲近。1917年3月，三十一岁的兰斯多恩和三十八岁的雷索尔在纽约结婚了。

他们继续像以前那样分工。斯坦利·雷索尔负责行政事务和客户服务，海伦·兰斯多恩专注于广告文案。他们经常非正式地讨论业务，餐桌和格林威治的通勤列车都是他们的讨论舞台。[12] 在雷索尔的领导下，智威汤逊公司没有卡尔金斯、霍普金斯、麦克马纳斯的明星系统，而是采取了一种不具名的方式。雷索尔认为广告并非关于聪明和不成熟的简单问题，[13] 一个有能力的广告公司也不是杰出个人的松散聚合体。¹⁴ 在这样的认知下，即便作为著名的文案人海伦也没有走到公司副总裁的职位。海伦本人不发表演讲，拒绝采访请求。她解释道："我不喜欢这种宣传。"¹⁵ 雷索尔不只信任海伦一人。在智威汤逊，雷索尔支持兼容并包、思想融合，拒绝僵化的组织权力体系。

雷索尔就像他那个时代的耶鲁毕业生那样，深受社会学家威廉·格雷厄姆·萨姆纳（William Graham Sumner）学说的影响。¹⁶ 萨姆纳教授认为，人类不是仁慈的神为了某种特殊目的而创造出来的受宠个体，而是在非个人的进化中，在颠簸前行的巨大群体中的无面容群体。他们不受理性支配，而是受饥饿、虚荣心、恐惧、性行为、非理性所驱使。在人类社会，民俗、社会习俗发展缓慢，改革运动被忽视。政治上，萨姆纳支持自由放任的经济学。

除了萨姆纳，雷索尔也深受亨利·托马斯·巴克尔（Henry Thomas Buckle）《英国文明史》（History of Civilization in England）一书的影响。¹⁷ 该书出版于1857年，比达尔文的进化论学说流行时间还早。而达尔文的进化论又说服了萨姆纳。巴克尔和萨姆纳都强调种群研究。巴克尔认为，在缺乏自由意志的情况下，即便没有政府或教会的干预，人类也可以按照一般的历史规律完成自己的命运。除此之外，文明取决于财富的分配，财富取决于人口，人口取决于食物，食物取决于气候。巴克尔在统计表上构建了不同层级的历史因果关系，在宏大的不自觉性的假设下，从中推断出各种各样的人类动机。20世纪初，历史学家同行们已经抛弃了巴克尔的维多利亚式的观念。但对斯坦利·雷索尔来说，这本书仍然有意义，多年来，智威汤逊的所有员工都必须仔细阅读它。

萨姆纳和巴克尔的观念在智威汤逊发挥了关键作用：广告要充分挖掘大众非理性的驱动力，通过统计数据去描述和预测人类行为。作为第一个有大学背景的广告主管，雷索尔的目标是创建一所"广告大学"，一个由学者和专家组成的团体，来为广告业提供科学和理性的标准。[18] 接手智威汤逊后不久,他就开办了培训课程,该课程超越了拉斯克在 L&T 公司创办的文案写作学校。课程要求所有高于文员水平的男性新雇员都必须在公司各个部门工作一段时间,并接受培训,然后再选择从事最适合自己的业务。为了获得消费者的直接反馈,广告文案人和艺术家们被派往现场,或到柜台前销售,或按门铃上门采访家庭主妇。

智威汤逊的市场研究采用的是巴克尔人口统计的筛选方法。早在 1912 年,雷索尔便开始运用这一模式。红十字鞋业是雷索尔从宝洁公司带到智威汤逊公司的客户之一,当时它的分销模式很混乱,部分原因在于没有人知道它的零售网点在哪里。雷索尔委托进行了一项人口及其分布的市场研究,其中按类别——杂货店、药品、五金、干货、服装——以及按州列出了各个商店。每隔五年左右,该报告会再次扩充和更新。1920 年,该报告已有 218 页,市场售价每份 2.5 美元。据智威汤逊广告,该报告被 2300 家公司使用。[19]《人口及其分布》描述了所有主要大都市中心半径内的消费人口,提供了一州所有居民数在 500 人以上的城镇名单,以及居民数在 10 万人以上的城市批发和零售店数量等。该研究连同智威汤逊的其他努力,以及由柯蒂斯出版公司(Curtis Publishing Company)的 C. C. 帕林(Charles Coolidge Parlin)调查,共同为现代营销研究的发展提供了坚实基础。

克劳德·霍普金斯宣称广告业没有大学生的位置。相比之下,雷索尔对公司的大学毕业生乃至博士员工数量感到欣慰。1922 年,曾在哈佛商学院教授了十几年市场营销的保罗·切林顿(Paul Cherington)成为智威汤逊的研究总监,他是科学管理先知弗雷德里克·温斯洛·泰勒(Frederick Winslow Taylor)的门生。他认为过剩的消费者收入和不断增长的商品带来了新的营销问题:"消费不再是需求的问题,而是选择的问题。消费者的收入不仅能支付基本的生活必需品,它还有剩余部分,可以由消费者自行决定购买什么,什么时候购买,在哪里购买。"[20] 比如,消费者是喜欢波士顿的棕色鸡蛋,还是偏好纽约的白色鸡蛋,这超出了我们的常识范围。因此,切林顿做了无数的消费者调查,并拟定了调查问卷。问卷的制定要"尽量确保真实的答案,尽可能减少主观意识造成的影响"[21]。切林顿通过亲自管理邮件,并将数据制成表格,对广告的不可估量性给出了严格量化的答案。

在营销方面,切林顿的方法是可行的。为了帮助广告建立更为科学的标准,雷索尔雇了一位心理学家约翰·B.华生(John B. Watson)。作为行为主义的创始人之一,华生声称他已找到预测和操纵人类行为的基本技术,而行为主义是最有经验的科学和实用的心理学。简单地说,行为主义的广告需要利用人类最基本的爱、恐惧和愤怒的基本驱动力。(华生找到了与雷索尔的老教授萨姆纳的共同点。)华生跟广告同事们说:"要让你的消费者做出反应,只需要让他面对基本的或有条件的情感刺激。"[22]

加入智威汤逊后,华生被派去参与培训计划。十个星期里,他向杂货店兜售了玉板咖啡,在百货公司当了两个月的店员。由于之前缺乏与产业和消费者相关的学术知识,华生意识到自己的心理学训练在实际销售场景中或多或少地被抛弃了。[23] 与此同时,他对广告资源的"巨大浪费"感到震惊。华生告诉一位心理学家:"没有人知道该用什么来吸引人,这完全是本能判断的问题。"[24] 但他对于是否能够建立某些原则还持保留态度,这需要进一步观察和实践。他的早期成功之一是进行了一项受控的蒙眼测试,结果显示人们无法分辨出他们最喜欢的香烟品牌。由此可见,香烟通过理性诉求来做广告是失败的。华生为智威汤逊做了就业、智力和业绩测试,就行为主义的用途发表了演讲。几年后,他被提升为副总裁,成为一名客户经理。在这里,华生获得了显赫的办公空间,接触到了大型的广告客户,他的努力证明了广告可以成为一门科学。随后,其他广告公司也开始关注心理学在广告中的运用。但批评家们却对这种隐秘的心理推销感到担忧。

然而，这些都是表象而非实质。1928 年，一位著名广告人指出："纽约一家广告公司有一位造诣很高的心理学家，据熟悉许多广告公司的人所知，他的存在多少有点尴尬。"[25] 即使在智威汤逊，华生的影响力也没有像一些权威人士所说的那么大。正如他当时所说，心理学在广告中的应用被夸大了。[26] 就业测试在人员选择方面的使用价值很小，最多也只是在培训员工上有点作用。多年以后，华生回忆，直到 20 世纪 40 年代，广告公司和客户都很少关注他们这些心理学家。[27] 虽然影响力有限，但华生的存在忠实地反映了雷索尔对广告公司的看法：一个严肃、安静、专业的学术研究场所。韦伯·扬后来总结说："广告吸引了约翰，但没有吸收多少心理学。"[28]

智威汤逊的广告风格和文案由海伦·雷索尔负责，她的方法本质上是靠个人直觉和审美，而不是科学。她最喜欢的广告媒体是《女士家庭杂志》和《周六晚邮报》。（1921 年 10 月，《华尔街日报》上刊登了十四则智威汤逊客户的广告。）海伦开发了一种广告编辑风格：广告文案与刊登广告的杂志编辑文案非常相似，通过视觉和文字，吸引读者眼球。在典型的海伦广告风中，通常都有一幅漂亮的图画，图画下会列出温和的销售文案和购买产品的论据，最后以提供免费或廉价的邮寄样品作为广告结束语。[29] 她将卡尔金斯的视觉吸引法则与霍普金斯的说理销售风结合起来：一个强大的组合出现了。

伍德伯里洗面皂（Woodbury's Facial Soap）广告让海伦声名鹊起，也是她广告风格运用的典型范例。这则广告以阿隆佐·金博尔（Alonzo Kimball）的一幅画作为开头：一对俊美的情侣身着晚礼服，男人从侧面拥抱女人，女人微笑着注视远方。画作下方的标题写着"你爱不释手的美肌"（A skin you love to touch）。随后的七张图片也搭配着相应的广告词，比如你的皮肤每天都在变化；随着旧皮肤的死亡，新皮肤在其位置上形成；这是你的机会；通过使用适当的治疗方法，你可以保持这种新皮肤的活性，呈现出你所渴望的可爱之处；有史以来最有名的皮肤护理方法——用伍德伯里洗面皂洗脸，把泡沫涂到皮肤上，用向上和向外的动作配合温水和冷水冲洗，最后用一块冰擦脸。接下来是产品报价：10美分，你就可以得到金博尔画作的复制品和香皂。最后，在页面的一角，有一张洗面皂图片和一行小字建议：提醒你今天去药店柜台买伍德伯里洗面皂。

这则广告内容众多，却没有忽略任何一个细节，整体呈现出开放而透亮的氛围。中央标题也极具吸引力。该产品的广告后来推出了不同的系列插图，但保留了那个柔和而吸引人的标题。《大西洋月刊》对此评论：这句话就像歌声一样飘进了记忆中，系列画作也具有扣人心弦的魔力。[30] 在此前，很多广告都喜欢利用性和美女，但并没有达到伍德伯里这样持久的广告效果。拉斯克说，广告史上有三个伟大的里程碑，第一个是艾尔引入了代理合同制，第二个是他助推了说理广告的发展，第三个是智威汤逊在伍德伯里广告中对性吸引力的使用。[31]（需要注意的是，在华生加入广告公司并开始关注非理性心理学几年前，这项广告活动就已经开始了。）

除了海伦，智威汤逊还有韦伯·扬负责文案。在除汗剂广告策划中，韦伯·扬谈到了另一个不雅的话题——腋下异味。1907年，一位辛辛那提的外科医生发明了除汗剂奥德洛诺（Odorono），他的女儿埃德娜·阿尔伯特（Edna Albert）负责向女性推销这一产品。[32] 1919年，为了避免直接提到腋窝，韦伯·扬给奥德洛诺写了一则广告语：女人手臂曲线的内部问题是一个生理事实，而被汗臭困扰的人很少能察觉它。广告发布后，《女士家庭杂志》的200名读者取消了订阅。几位女性朋友告诉韦伯·扬，广告"令人厌恶"，是"对妇女的侮辱"。[33] 然而，奥德洛诺的销售额在一年内上升了112%。

韦伯·扬以自己的想象力为基础创作广告，对社会科学家那套不是很尊崇。他并不认同雷索尔"对博士要有完全的尊重"的观点。[34]

1928年，当咖啡商麦斯威尔（Maxwell House）来到智威汤逊时，韦伯·扬回忆起自己在南方当《圣经》推销员时的经历。于是，他派遣文案作家尤恩·韦伯前往纳什维尔，让他住在麦斯威尔之家，沉浸在当地的氛围中。他们通过翻阅旧报纸档案和研究社会历史，寻找与酒店相关的趣闻轶事。随后，韦伯·扬和尤恩共同策划了一场关于酒店、咖啡和旧时光的广告活动。客户经理米尔特·布莱尔（Milt Blair）曾接受过柯蒂斯出版公司的C. C. 帕林的市场数据培训，他为这一广告策划提供了有用的建议。但韦伯·扬坚称，这些广告与社会科学关系不大，唯一的研究就是报纸档案中的旧材料，剩下的都是直觉，比如个人经验、广告经验，对编辑风格的审美趣味，对写作技巧、广告艺术和插图的把控。[35]

20世纪20年代，智威汤逊最成功的策略之一是使用了见证文（testimonial），一种古老话语的放大版。见证文与专利药有着令人不快的联系，但它从未消失，并在世界大战的推动下得到进一步发展。当时，欧洲士兵给制造商写信，称赞他们的剃须刀、牙膏和糖果。[36]为了打造商品形象，海伦采用了这种旧形式，邀请名人为产品背书。1924年，见证文有了新的突破。为了获得慈善机构的捐赠，纽约社会宠儿、著名女权主义者贝尔蒙特夫人（Mrs. O. H. P. Belmont）以她的名字命名一个新产品：旁氏冷霜（Pond）。有了这一先例，智威汤逊邀请了五位来自美国和国外的"伟大女士"，让她们朗读一则标题：她们相信自己的美丽受到同样的照顾（they trust their beauty to the same sure care）。在《女士家庭杂志》上刊登广告后，罗马尼亚王后收到了9435封回信，雷金纳德·范德比尔特夫人（Mrs. Reginald Vanderbilt）有10325封回信，黎塞留公爵夫人（Duchess de Richelieu）以19126封回信稳居第一。[37]

这一广告策略也适用于智威汤逊的其他广告客户。富铬酵母（Fleischmann）被宣传为具有丰富的维生素，可以治疗痤疮、便秘、疲劳和其他疾病。美国医学协会（The American Medical Association）警告协会成员不能以个人名义为该产品背书和声明。负责富铬酵母产品的客户经理威廉·L. 戴（William L. Day）只好来到欧洲寻找医生，并承诺支付 500 美金。这些医生心甘情愿为富铬酵母产品代言。在美国杂志页面上，那些医生留着胡须，攥着铅笔，正在为风湿病、头痛、感冒的老年人们开出酵母的医药单子。通过此广告，戴得出结论，美国消费者的平均心理年龄只有十四岁。[38]

1927 年，智威汤逊创作了一则新的广告语：十个电影明星里，有九个使用力士香皂呵护肌肤（Nine out of ten screen stars, care for their skin with Lux toilet soap）。[39] 这些明星由丹尼·丹克尔（Danny Danker）[40] 召集。丹尼·丹克尔是一个毕业于哈佛大学的洛可可式波士顿爱尔兰人，被誉为"力士花花公子"（Lux Playboy）。作为一位好莱坞名人，丹尼生活奢华，对电影行业了如指掌。在女明星还未出名时，丹尼就与她们签约，一旦她们出名了，他就邀请她们为力士香皂做广告宣传，可以此换取一箱免费的力士香皂。如琼·克劳福德（Joan Crawford）、克拉拉·鲍（Clara Bow）、珍妮特·盖纳（Janet Gaynor）以及其他女明星都曾为力士香皂进行宣传。

智威汤逊的名人策略看似是一种证言，但并不代表这些名人都真正喜欢并使用这些产品。尽管智威汤逊享有很高的知名度，也不能说明该品牌比其他广告公司更加诚实。雷索尔本人是美国广告代理商协会的创立者之一，并起草了道德标准宣言。作为行业中的正直支柱，雷索尔坚决反对拉客和投机的行为，他希望广告业能够像其他行业一样受到尊重。他说，智威汤逊出品的成果不需要声明是广告，就像 J. P. 摩根不需要表明自己是银行家一样。然而，雷索尔也允许下属采取一些不拘小节的广告策略。他的目标是在保持行业诚信的同时，为广告策划提供一定的灵活性。

事实上，智威汤逊大多数广告都利用了非理性的心理策略——虚荣、恐惧和嫉妒。雷索尔称之为"模仿精神"。他表示："我们喜欢模仿在品位、知识或经验方面比我们更优秀的人。"[41] 雷索尔把社会科学当作权威：女性的模仿欲望比男性更强烈。著名心理学家隆布罗索（Lombroso）解释说，这是因为女人的想象力通常是由外界事物来充当激发媒介的。即便没有隆布罗索的说法，雷索尔也早就坚信这一点了。如果一个女人使用了伍德伯里洗面皂，她觉得自己就会被一个穿着晚礼服的英俊男人轻吻。如果她买了一罐便宜的旁氏产品，只需要50美分，她相当于获得了欧洲贵族们的冷霜。如果她喝了麦斯威尔咖啡，她就像老南方人一样从容优雅。

这些成功使智威汤逊的年度营业额从1922年的1070万美元增加到1926年的2070万美元，十年后达3750万美元。[42] 1927年，智威汤逊纽约办事处迁入了新的格雷巴尔大楼（Graybar Building），毗邻中央车站。智威汤逊的一则广告宣告："我们将成为世界上最大的办公楼租户，对于回忆中只需要有一间办公室的广告公司来说，这是一个有趣的事实。"[43] 诺曼·贝尔·格德斯（Norman Bel Geddes）负责两层会议室的设计，海伦·雷索尔负责监督第十一楼行政办公室的装饰。临窗办公室和内部办公室用铁栅栏，而不是墙隔开，方便秘书们欣赏到大楼外的风景。行政餐厅是根据马萨诸塞州伊普斯维奇的一个18世纪的农舍重建的。广告主管们在一张古董枫木桌上吃饭，餐具是锡制的。华生办公室的锻铁门用十八块面板讲述了印刷的历史。每间办公室都根据办公者的品位进行了精心布置。参观这层楼就像是一次建筑历史之旅。

雷索尔的办公室位于大楼的西北角。他坐在那里，宛如一个仁慈的君主，经常以轻描淡写的方式做出决定，只需一个眼神，一个点头，便能传达他的意愿。他很少大声说话或发号施令，但没有人敢质疑他的权威。韦伯·扬说："在外表上，他有一点贵族气息，在性格和个人习惯上，还有一丝苏格兰盟约者的痕迹。"[44] 楼层尽头是海伦的地盘。海伦雇佣、培训了一群写广告文案的女性员工。一位"门徒"佩吉·金（Pegy King）说："海伦鼓励我从现代艺术博物馆租用绘画和雕塑，让我穿上华服，在家里、办公室与顶级装饰师一起工作。她为我们感到骄傲，也经常照顾我们。"[45] 正是这些女性，策划了大部分食品、肥皂和化妆品广告，而这些广告是智威汤逊的支柱。因此，除了与雷索尔的夫妻关系外，海伦本身就有足够的影响力来引起男性高管的注意。

尽管雷索尔是美国广告代理商协会的一位杰出人物，但他难以捉摸。他很少出现在麦迪逊大道的俱乐部和餐馆，不喜欢站在讲台上发表演讲。在正常的工作日，他会乘坐早上八点十一分的汽车从格林威治出发，穿过中央车站直接进入格雷巴尔大厦；午饭在公司餐厅吃，然后在晚饭前返回格林威治——所有这些都使他不会踏上纽约的人行道。《广告与销售》杂志上的一篇文章写道：他的独特品质让他成为一个谜，除了几个密友之外，人们对他知之甚少。[46]《财富》（*Fortune*）后来的一篇文章提及，即使是他最亲密的同事在与他共事多年后，也无法理解他的个性：他有铁下巴，说话很温柔。他很固执，也非常尊重别人。同事很少见过他发脾气，但如果雷索尔真的失控了，格雷巴尔大楼可能会被夷为平地。[47]

像谜一样的雷索尔成了小说中的虚构人物。20世纪20年代初，小说家约翰·P. 马昆德（J. P. Marquand）在智威汤逊短暂工作过。有一天，他与雷索尔一起开会，与其他人商讨卫宝（Lifebuoy）肥皂的广告语。马昆德说："每天你的皮肤上都会形成一层油脂，它扫啊，它扫啊！谁说广告中没有诗歌。"[48] 随后，房间里一片安静。雷索尔说："约翰，我不觉得你有什么商业直觉。"（他确实没有商业直觉，很快就被解雇了。马昆德后来回忆："要把你的精力全部投入到卫宝肥皂的宣传活动中，所有人坐在一旁想办法，在我看来，这是最可怕的事。"[49]）在1940年出版的马昆德小说《普汉先生》（*H. M.*

*Pulham*，*Esquire*）中，雷索尔以比尔的身份出现，二者同为广告公司老板。比尔言语间抽搐着说"玩弄文字"。小说里对比尔的刻画并没有表现得很刻薄，作者着重描写了比尔的学者形象：戴着角边眼镜，穿着双排扣西装，像一位即将发表演讲的教授。[50]

作家理查德·康奈尔（Richard Connell）在 1922 年和 1923 年《周六晚邮报》的两篇文章中刻画了一个更尖锐的雷索尔形象。第一篇文章描述了一个广告人 J. 桑福德·鲍斯（J. Sanford Bowser）的故事：鲍斯被送往一家度假村接受治疗，医生诊断他得了口号热，因为他过度制造口号。在那里，他遇到了一位深受同样折磨的广告女郎，于是二人决定在一起。女孩说："当别人真正理解的时候，'口号热'其实没那么糟糕。"[51] 他再次喊出口号以示同意："爱就是理解。"在第二个故事中，两人经营着自己的公司，工作人员、心理学家和客户们都羡慕地注视着他们。[52] 鲍斯夫妇对每个人，包括对方，都只用姓来称呼。鲍斯夫妇坐在相邻的办公室里，用备忘录沟通。他们正为给儿子取什么名字而争吵不休。鲍斯想取一个新的名字，鲍斯夫人坚持要取约翰，并最终获胜。（雷索尔夫妇给儿子取名为斯坦利。）

先不论故事之滑稽，两个不同性格的人能成为夫妻确实是一件不可思议的事情。雷索尔相信社会科学，海伦相信自己的想象力。据一位仰慕者说，雷索尔是世界上最不善言辞的人。[53] 他喜欢当倾听者，说话时犹豫不决，给了听众充足的时间去打断。海伦则拥有出色的语言能力，无论在写作还是交谈中都滔滔不绝，阅读爱好极为广泛，说话速度很快。佩吉·金回忆："海伦说话太快了，以至于你根本跟不上，你只能拿着铅笔和纸，试着把它们整理出来。"[54] 另一位文案作者南希·史蒂芬森（Nancy Stephenson）说："雷索尔是一个大脑采集器和合成器，他不需要那些华而不实的东西。而海伦拥有聪敏的女性思维，思考速度快，准确性极高。"[55] 雷索尔缓慢而严肃，喜欢在户外消遣，打高尔夫球，在格林威治的院子里工作，在怀俄明州杰克逊·霍尔（Jackson Hole）的避暑别墅里玩耍。海伦迅捷而温和，喜欢室内活动、艺术、书籍和时尚，从中找到快乐。

　　夫妻二人在成长过程中都经历过人生的低谷期，这是他们的相似之处。或许正是这一点，使得二人发展出了独特的广告模仿风格。自1819年以来，雷索尔家族在辛辛那提拥有一家厨房炉灶厂，父辈们一生都在经营这家公司。世纪之交，新型燃气灶彻底摧毁了燃煤产品的市场。雷索尔在1922年曾说："我一直希望自己成为一名制造商，但在我毕业之前，家里的工厂就从家族中消失了。"[56] 原本计划继承家族闲职的年轻人只好通过辅导学生和打暑期工来支付大学学费。他有好几份兼职工作，直到最后才做广告。"在第一年结束时，我坚信自己找到了一份正确的工作。"[57] 但他同时也深知自己的成绩下滑很快，也不知道自己还能否赶上。

　　海伦出生于肯塔基州西北部山区格雷森的一个农场，家里九个孩子，海伦排行老二。她的母亲是长老会牧师的女儿，大学毕业后曾在普林斯顿神学院学习了三年。海伦的母亲携带着那个时代的地方文化观念。海伦四岁时，母亲离开了丈夫，带着孩子们来到了科文顿，在两个兄弟家居住。由于母亲没有稳定的谋生手段，她最后去了一个兄弟那里做文员。母亲在外工作，而年纪最大的女孩则承担起家务。随后，母亲成为一名图书管理员，并卖掉了家产。海伦的家庭虽不算赤贫，但一直过着拮据的生活，他们住在租来的房子中，没有自己的房产。

　　对于年轻的海伦来说，四岁时失去父亲、母亲外出工作谋生的成长经历，让她上了一堂女性主义和如何生活的实践课。母亲曾对女儿们说："你们永远不要像我这样，你们要学会自力更生。"[58] 海伦在智威汤逊的成功以及她对女性选举权和计划生育的支持，源于母亲海伦·贝勒夫·兰斯敦（Helen Bayleff Lansdowne）的经历。特别是她写的关于提高自己、向更富有阶层的习惯进发的广告,似乎是格雷森农场女孩的逻辑表达。1923 年,爱德华·斯泰钦(Edward Steichen)为杰根斯(Jergens)做产品广告时,拍摄了一幅她手削土豆的照片。斯泰钦说:"从她切土豆的方式可以看出,这不是她第一次这么做。"[59]

《印刷者油墨》这样注解见证文广告:

现在个人化是值得的

它带来了谢克尔①——以及如何带来!

如果你想卖毒品,

或是俾路支地毯,或是左轮手枪打暴徒,或是喷雾剂杀虫你现在必须是个人的。[60]

雷索尔说:"今天的主要经济问题不再是商品的生产,而是商品的分配。生产过剩以及随之而来的失业痛苦是当前工业系统的主要威胁。"[61] 在这种情况下,广告似乎越来越成为工业过程的必要组成部分,成为和劳动力、原材料一样的标准成本。五十年过去了,广告人终于可以与蛇油等特效药说再见,将自己视为一个普通人,视为另一个商人。在1920年代的流行小说中,广告人经常以主角的身份出现:在最后一刻写出精彩的广告、诱骗客户、获得晋升和找到了心爱的女孩。[62]

声称自己是前广告人的辛克莱·刘易斯,在 1922 年的畅销书《巴比特》(*Babbitt*)中大肆宣扬广告。乔治·F. 巴比特(George F.

---

① 谢克尔(Shekels)为古希伯来的钱币。

Babbitt）证明了广告在美国生活中的新力量。书中的巴比特出售房地产，同时负责广告制作："当然，我并不是说我写的每一个广告都是真实的，也不是说我相信我说的每一句话。"[63] 但他相信他看到的大部分广告。正是那些民族品牌让他看到了新的宇宙，也提供了内心优雅的外在证据："这些标准的广告商品——牙膏、袜子、轮胎、相机、即时热水器——象征和证明他的卓越；广告首先是一种符号，其次是快乐、激情和智慧的替代品。"[64]

巴比特购买的不是产品，而是产品带给他的附加意义。20 世纪 20 年代，广告越来越强调购买的社会意义，比如是否能体现健康、幸福、舒适、爱和成功，买了没有任何用处也可以。销售的重点不再是物品本身，而是社会用途。在这个意义上，智威汤逊确立了广告的主导风格。《周六晚邮报》刊登了典型的智威汤逊式广告：插图下有一个突出的标题，内容多达半页。然后是华美的绘画、极为专业的摄影、复杂的设计和边框，以及丰富色调的使用。而这些广告素材都是阿尔伯特·拉斯克所蔑视的。一位广告艺术的拥护者说："美已经完全被注入了商业之中，那些说理销售派的使徒们只能在黑暗中喃喃自语他们的逻辑定理。"[65]

这些方法不仅适用于小家电产品，同样适用于汽车行业。在 1920 年至 1929 年期间，美国汽车产量从 200 万辆飙升至 550 万辆。然而企业兼并和裁员导致汽车制造商数量减少，经济规模缩小，市场竞争激烈，从而引发了价格下降的趋势。此时，通用汽车公司推出年度车型变更计划，并与通用汽车接受公司（General Motors Acceptance Corporation）合作，提供分期付款购买策略，以此使大多数人都能购买汽车。到 1925 年，四分之三的汽车是通过分期付款销售的。汽车广告也从专注于可靠性和机械细节转而强调造型、性能、主观和审美，这正是 1920 年代艺术性广告风格所擅长的部分。

在沃尔特·克莱斯勒（Walter Chrysler）收购麦克斯韦汽车公司

后，他聘请了麦克马纳斯作为广告策划人。1923年12月，第一则广告在《邮报》(Post)上刊登，解释了公司名称的发音，并承诺"即将发布重要公告"[66]。接下来的两个星期，更多预告广告接踵而至。最后，在一片欢呼声中，克莱斯勒六缸车亮相，同时亮相了四种车身样式。克莱斯勒本人发表声明，这是一款长、低、有力的汽车，其造型就像定制的欧洲轿车一样，时速可达75英里；当然，价格也很诱人。这款车很受欢迎，几年后克莱斯勒又推出了普利茅斯和迪索托。

20年代最著名的汽车广告是乔丹花花公子（Jordan Playboy），这是一款在克利夫兰制造的运动型敞篷跑车。1923年6月，乔丹花花公子整版广告首次刊登在《邮报》上，由爱德华·S.乔丹（Edward S. Jordan）撰写。乔丹本人也是该汽车公司创始人。广告标题为"拉勒米①西边某地"（Somewhere West of Laramie），这唤起人们对世界大战时写自"法国某地"来信的感性回忆。文案继续写道：有一个女孩，她明白我在说什么。她能感受到乔丹花花公子车有多时尚，这款车就是为她而设计的，专为那些热爱狂欢、嬉戏并在比赛结束后脸晒得褐色的姑娘而打造。[67]狂野的西部风情、女性的解放、速度、浪漫和冒险元素吸引了公众的关注。乔丹花花公子风靡一时，然后在大萧条时期销声匿迹。1920年代，这一广告主题让汽车销量大增。

在这个十年里，底特律成为美国经济的领军城市，拥有最大的汽车工业，成为众多企业发展的风向标。底特律汽车的内部机械部件——发动机、变速器和制动器运转稳定，外观每年也会进行调整。底特律的汽车广告不仅向公众推销汽车的硬件，还传达了对汽车外观的最新需求。1927年，亨利·福特（Henry Ford）也屈服了这一品牌策略：放弃了原来朴素、可靠的T型车，推出了A型车，并宣称外观更好，动力更强。十年后，社会学家罗伯特（Robert）和海

---

① 拉勒米，位于怀俄明州，始建于1868年，最初是官方指定的一个军事前哨站，用来保护新开垦的美国西部的商旅。

伦·林德（Helen Lynd）发现，相比浴缸，社区居民更渴望拥有一辆汽车。人们看重汽车代表的价值和社会地位，这在当时成为一种趋势。

20年代的广告像洪流一样席卷而来，它不断加速，激荡前进。在1925年这一中期节点上，《广告与销售》回顾了过去几年的变化：汽车注册量飙升，杂志和报纸发行量不断增长，新的娱乐和消遣不断出现。[68] 1926年10月，在美国广告代理商协会年会上，卡尔文·柯立芝（Calvin Coolidge）为广告盖上了总统印章："它是适应和改变生活习惯与模式的最大力量，影响着我们的饮食、穿着，以及整个国家的工作和娱乐。广告代表了商业和贸易的精神内涵。"[69]

20年代广告对"生活习惯与模式"影响最深的莫过于对身体的关注。乔丹花花公子和A型车问世之后，美国人仍在为一些身体问题而烦恼。

——口臭。圣路易斯一位药商J. W. 兰伯特（J. W. Lambert）发明了一种外科手术消毒剂李施德林（Listerine）。[70] 该药后来用于治疗咽喉感染，但销售情况很不理想。1922年，创始人儿子杰拉德·兰伯特找到了芝加哥广告公司威廉&康宁汉姆（Williams & Cunnyngham），希望米尔顿·费斯利（Milton Feasley）和戈登·西格罗夫（Gordon Seagrove）解决这一难题。三个人讨论了李施德林的各种新用途。有人建议围绕口臭问题，但他们一致认为提到口臭太不礼貌了，但也没有更好的想法。兰伯特询问一位化学家李施德林对口臭是否有影响。报告显示该产品有利于消除口臭。于是费斯利和西格罗夫回到芝加哥，写了一系列广告。其中一则广告语提醒道：即使是你最好的朋友也不会告诉你。费斯利称之为"恐惧式广告"（advertising by fear）或"悄悄话广告"（whisper copy）。[71] 很快这一系列广告就在八十家杂志和三百多份报纸上陆续刊登。随后，兰伯特和费斯利二人搬到了纽约，开始了他们自己的广告代理。五年之后，李施德林漱口水的年度广告预算达到了 500 万美元，净利润超过 400 万美元。[72] 费斯利对自己的成功持怀疑态度，在兰伯特家的聚会上，他还大声朗读自己的广告用来逗乐。费斯利于 1926 年去世后，西格罗夫来到纽约接管了文案工作。随后，李施德林的其他产品用途也被挖掘出来，但西格罗夫从未偏离李施德林的主要宣传内容。

——脚气。厄尔文、韦瑟＆杰斐逊（Erwin, Wasey & Jefferson）广告公司机构的文案撰稿人阿瑟·库德纳（Arthur Kudner）听说了一种真菌，其传播渠道一般为健身房和更衣室，且传播速度极快。[73] 在口臭广告的启示下，库德纳邀请了化学研究实验室的专家们，让他们在市场上寻找一种能够对抗这种新疾病的产品。库德纳被告知，马萨诸塞州斯普林菲尔德市有一种产品叫 Absorbine Jr.，用于缓解肌肉酸痛和昆虫叮咬，能对真菌进行有效治疗。库德纳将名字改为"运动员之脚"，并提议该产品公司投放广告。该产品的广告语为：她脸颊的柔软和香味，让他的心跳加快。但她的鞋子里藏着令人遗憾的运动员之脚。最终，广告公司买下了这一广告语，公众也为之买单。

——体臭。在韦伯·扬为除汗剂产品策划广告后，费城的乔治·B. 埃文斯（George B. Evans）公司加大了"MUM"除臭剂的营销。广告由约翰·E. 鲍尔斯之子（John E. Powers）创立的约翰·O. 鲍尔斯（John O. Powers）公司策划。广告文案是一个双刃剑式的口号：MUM 就是这个词！广告图片显示，一个女人把食指放在嘴唇上嘘声说：当你准备去跳舞、看戏或在其他地方过夜时，你要确保汗水和它不可避免的气味不会偷走你甜美的洁净和娇媚的魅力——MUM 就是这个词！[74] 当人们发现男人也受到这个问题的困扰时，MUM 的市场翻了一番。1928 年，鲁思劳夫·瑞安（Ruthrauff & Ryan）广告公司的埃弗雷特·格雷迪（Everett Grady）为卫宝香皂做了广告，也声称可以治疗体臭。

——卫生巾。战争期间，威斯康星州尼纳（Neenah）一家公司生产了一种用木纤维制成的"棉质"绷带，法国护士把这种绷带作为卫生巾。由于战时资源的短缺，这种一次性、更整洁的卫生巾取代了由女性自制、需反复冲洗的传统绷带。这种方式解决了部分中上层阶级家庭佣人的缺水难题。这家公司聘请了芝加哥查尔斯·F.W.尼科尔斯（Charles F. W. Nichols）公司为高洁丝（Kotex）做广告。第一则广告显示，一名护士正在照顾两名受伤士兵。该广告被《女士家庭杂志》接受，但在出版前被撤回。文案作者华莱斯·迈耶（Wallace Meyer）后来说，"男性不应该介入女性卫生讨论"[75]。1921年1月，《女士家庭杂志》刊出了广告。广告标题为：简化家务妇女的问题。文案为：高洁丝是一个很好的选择，可以养成使用习惯，价格便宜到可以随意丢弃，处理起来也很方便。它们是现代女性卫生间的必备品。[76] 为了避免尴尬，威斯康星州沃特敦的一家药店将高洁丝装在一个普通的包装袋中，放在柜台上供女性自行购买。后来的高洁丝广告继续采用了这一营销手段，只要不提及这个名字，销售额就会回升。随后，该公司添加了另一种一次性木纤维产品Kleenex，并委托L&T公司为产品做宣传。阿尔伯特·拉斯克满意地说："妇女们开始消费它了。一旦你有能力消费一种产品，它就一定会成功！"[77]

口干舌燥、牙龈发软、牙齿发黄，促使战时服兵役的数百万美国人开始使用牙刷，和平到来后，他们把这个习惯带了回家。广告利用口臭恐慌的额外优势，推出了新品牌牙刷和洁牙剂。根据一项调查，战前只有26%的美国人爱护牙齿，到1926年，这一数字上升到40%，并不断攀升。[78] 著名广告人弗兰克·普雷斯布雷（Frank Presbrey）在谈到牙刷时说："人类还没有另一创造物能让人从中世纪的肮脏泥沼中走出来，并将他置于一个新的审美层面。"[79] 另一些牙刷广告宣传更为具体直接。克劳德·霍普金斯在谈到白速得牙膏时说：这是一种科学产品，旨在达到卫生目的……商业性很大程度上被隐藏在利他主义中……广告是无私服务的。

恐慌式广告还在继续。如经常食用橙子可以防止"酸中毒"[80]或没精力（L&T公司策划了这一广告，卖点是早餐时喝橙汁，之后人均橙子消费量从每年17个增加到67个）；蔻丹指甲油有助于确保社交平衡（智威汤逊的广告称：你会惊讶地发现，一天内人们会很多次看你的指甲。事实上，这一细节是一些人了解你的基本途径[81]）；使用润滑剂（Nujol）泻药将有助于保持精神清明、容光焕发、青春洋溢。[82]

广告对身体问题的关注，让人们变得更加健康。同时，对身体私事的公开讨论也意味着维多利亚时代被否定的身体观念正在逐渐解放。某种程度上，这些广告正契合了那十年的解放精神。如电影《火焰青春》（*Flaming Youth*）、短裙的出现、紧身胸衣的消亡、对性行为和节育的公开讨论、好莱坞塑造的浪漫情人和吸血鬼，以及禁令的被蔑视。从实际来看，漱口水李施德林虽然没什么坏处，也没有多大好处，但让兰伯特发了大财。

对身体问题的关注也意味着美国社会对阶级和种族议题的重新压制。这些广告让所有的一切都变得干净，甚至到了一种非人类的干净。在这十年里，咀嚼烟草让位于吸烟草，痰盂从公众视野中消失，无声马桶出现，厨房和浴室的设计从木材、铸铁和其他相对多孔的材料转变为瓷砖、瓷器、塑料地板和双壳搪瓷浴缸。1925年，一则Crane浴室设备的广告宣称："现代浴室已经从单纯的实用性发展成为一个清洁和健康的圣地。"[83]

在这十年里，并非偶然的，崇尚卫生的时尚热潮与三位共和党人入主白宫的时间相吻合。这一时期，国会严格限制移民规模；《周六晚邮报》对扶轮社成员名字保持着高度敏感；《读者文摘》（*Reader Digest*）的创刊，以及诸如红色恐慌、萨科－万泽蒂（Sacco-Vanzetti）案和猎獗的三K党等政治/种族事件的发生，都是激进的本土主义的典型案例。此时广告对身体问题加以关注可以说是恰逢其时，它投射了盎格鲁－撒克逊人对无味、无色、无味、无汗的世界愿景。如一些少数民族喜欢香料和大蒜，但可能会忽略刷牙、除臭和洗澡，那么广告就会向这些少数群体展示如何净化自己。辛克莱·刘易斯说："在所有的个体中，我们是第一个伟大的民族，在这里，所有的个性、生活，所有的酸甜苦辣和泥土都成功地服从于工业主义统治。"<sup>84</sup>

1927年初，老进步主义者威廉·艾伦·怀特（William Allen White）在纽约广告协会发表演讲。他说："美国社会是有革命者的，但他们不是布尔什维克或外国人，真正的革命者是广告人，他们对大众欲望的刺激导致了大量生产和购买。如果我能控制这个国家的广告刊物，我就能控制整个国家。"<sup>85</sup>

在这个伟大的十年中，最著名的广告人莫过于布鲁斯·巴顿（Bruce Barton），他是著名的BBDO（Batten, Barton, Durstine & Osborn）的创始人。在雷索尔的领导下，当智威汤逊进一步发扬了霍普金斯的优惠券传统时，巴顿则致力发扬麦克马纳斯的印象派。作为一名畅销书作家和总统知己，巴顿为公众所熟知，也可能是被公众唯一认可的广告人。这种非凡的知名度使他成为广告业的代言人。巴顿并不是一开始就从事广告这一行业，他先是做了十几年的编辑和记者，之后才转行。从某种意义上说，他仍然是一个局外人。虽然巴顿会在公开场合拥抱广告业，但在私下还是保持距离。

这种矛盾心理主要源于他本人的经历。巴顿的父亲威廉·E.巴顿是一位自由派新教牧师，也是亚伯拉罕·林肯的传记作者。从父亲那里，他学习到了基督教教义。1886年，布鲁斯·巴顿出生于田纳西州乡下，父亲在那里担任巡回法院法官。<sup>①</sup> 布鲁斯经常夸大他的童

---

① "巡回法院"的制度创立于1789年，废除于1911年。在此期间，美国联邦最高法院和联邦上诉法院会定期向交通不便的特定地点派出巡回法官，为辖区民众断案。

年是多么贫穷，但事实上，其父亲很快就在波士顿和芝加哥郊区有一份舒适的公务工作。不过无论贫富，在布鲁斯看来，父母都是"我所认识的最幸福、最成功的人"[86]。这种幸福感正是源于他们的宗教信仰。巴顿父亲宣扬，上帝是严格的，但也会慢慢宽恕时间。随着年龄和经验的增长，他对教友的态度更加温和。"在呼吁人们忏悔的事上，他的兴趣越来越少；在倡导人们高兴的事上，他的兴趣越来越多。"[87]布鲁斯回忆父亲时说。强烈但不笃定的基督教精神成了布鲁斯宗教信仰的试金石。他最喜欢的《圣经》经文是《马太福音》第14章第14节。（"耶稣走出去，看见许多人，就对他们动了恻隐之心。"）巴顿表示："我是一个异教徒，做了很多卫理公会限制和道德委员会所禁止的事情。对我来说，这比任何其他经文更能解释自己。"[88]

在阿默斯特学院，巴顿被选为毕业典礼演讲人，也被认为是最有可能成功的人。1907年，巴顿在威斯康辛大学获得了历史学研究生奖学金，并期望投身于教授和撰写美国历史。但他的职业生涯出现了第一个意外的转折。他回忆说："当时我的健康状况很差，而且由于神经衰弱，情绪非常低落。"[89]毕业后，他在蒙大拿州的一个建筑营地里当计时员，慢慢地找回了自己的精神状态，但他没有进入研究生院，而是选择了纽约出版业。

他曾短暂涉足当时的进步改革运动。读完亨利·乔治（Henry George）的《进步与贫困》（Progress and Poverty）后，巴顿宣布自己是一名单一纳税人，并开始参加在纽约举行的乔治特（Georgite）会议。巴顿发现会议中都是同样的人："我不情愿地得出结论，这是一场应该成功但可能永远无法吸引足够门徒的十字军东征。"[90]巴顿曾在P. F.科利尔（P. F. Collier）出版公司工作，该公司是《科利尔周刊》的所有者。《科利尔周刊》多次对广告发起攻击。在监督图书推销员的工作时，巴顿允许他们采用一些能引起"狗仔队"注意的推销方法。巴顿表扬了一个推销员，称赞他能在家庭主妇不知情的情况下签署合同，但巴顿也希望他的手下能养成对自己和公众诚实的品质。[91]

巴顿写广告始于一次偶然。当时，《科利尔周刊》一直在为哈佛经典丛书刊登双版广告。这套丛书被文化界誉为"五尺丛书"，是一些著名书籍的合集，由哈佛大学校长查尔斯·W. 艾略特（Charles W. Eliot）挑选。然而，这套丛书的销量状况并不乐观。一天，印刷部主管告诉巴顿，那一周的杂志还有四分之一页的版面没有内容，让巴顿负责编辑。随后，巴顿打开其中一本书，随手撕了一张玛丽·安托瓦内特在死囚车中的画片，并写下了一则广告。广告标题为：此书将为你讲述玛丽·安托瓦内特（法国国王路易十六的妻子）的死亡之旅。文案继续说道：你是否愿意在伯克的伟大著作中，去经历法国大革命那激动人心的岁月，那是一本创造历史的精彩绝伦的著作……系统而明智地阅读这几部伟大的作品才是真正的读书。即使非常忙碌，每天只用 15 分钟就可以阅读哈佛大学的一本经典著作，从而变得博学。它传授的不是无用的知识，而是真正成功的钥匙。通过这种方式，一些从未上过大学的人可能会比许多大学生思考得更为清晰、说话更有说服力、挣得更多、享受更惬意的生活。[92] 或许艾略特自己都没想到广告会带来这样的效果，而这种销售论点似乎与期望成为一名历史教授的巴顿相去甚远。但它确实起了作用：正是巴顿的广告，这套哈佛经典卖出了 40 万套。

接下来，他参与了一系列的杂志编辑，偶尔写一写广告。巴顿和年轻的诺曼·罗克韦尔（Norman Rockwell）曾为爱迪生·马自达灯泡做过广告宣传。（罗克韦尔后来说："我们合作得很愉快，他负责想法，我负责插图。"[93]）尽管如此，巴顿仍然认为自己是一名记者。他写的社论还引起了特别关注。1918 年夏天，《红皮书》（Redbook）以独家合同为名，聘请他撰写社论，该杂志向读者承诺这是"最具美国特色、最明智、最有帮助、写得最好的社论"。[94]

又一次偶然，巴顿再次与广告发生交集。第一次世界大战期间，巴顿在宣传活动中发挥了作用。他为救世军创造了口号：一个人有可能倒下，但是永远不会退出（A man may be down but he is never out）。[95] 1918年秋，他帮助策划了联合战争工作运动。通过这次策划，他结识了来自布法罗的广告人亚历克斯·奥斯本（Alex Osborn）和前新闻记者罗伊·德斯廷（Roy Durstine）。后者曾在C&H公司短暂工作，并在纽约创办了自己的公司。当时，德斯廷被派往欧洲前线，这样该组织就可以制作一些真实的战争广告。（由一个曾看到、感受和嗅到战线的人制作。）正如巴顿所说："那些真实的广告代替了伤感废话，使得广告媒体捐赠了价值数十万美元的免费版面。"[96] 这场活动的目标是筹集1.7亿美元。该活动在11月持续了一周，带来了2.02亿美元的收入。

战后，巴顿希望用广告这支笔来创造一个永久和平的世界。他宣称："这是第一次笔会比剑更有力量的时刻。广告推动了战争，伍德罗·威尔逊给欧洲人民的声明就是一个有效的广告。为了避免战争，各国应该为自己做广告，这会让世界各国人民相互了解，最终他们将会彼此喜欢。"[97]

对于巴顿和大多数美国人来说，这种战时理想主义的泡沫很快就破灭了。巴顿说："我们从战争中得到的只有流感和所得税。"[98] 尽管如此，战争确实对巴顿产生了更持久的影响，至少让他走向了广告事业。1918年末，德斯廷和奥斯本邀请他加入新公司。巴顿回忆："我从未想过将广告作为一项终身工作，虽然我曾写过一些成功的文案。"[99] 考虑到既没有老板可以约束他，还可以在业余时间自由撰稿，巴顿同意了。他期望在十五年内退休，然后开始另一项事业——买一家报纸，或者教书，或者从政。

他们借了一万美元，1919年1月在四十五西街（West Forty fifth Street）开张营业。巴顿负责文案和客户，德斯廷负责管理和支付，奥斯本负责布法罗分公司。公司运营第一天，德斯廷因肺炎卧床不起，不得不离开三个月，把事情交给了巴顿。巴顿说："我当时对业务一无所知，以至于感到害怕。"[100] 在最初的几年里，公司规模很小，就像韦伯·扬领导下的智威汤逊辛辛那提办公室一样，正式的工作安排并没有什么意义："我们每个人都是撰稿人、艺术总监、客户经理和研究员，然后进进出出对方的办公室，互相询问'你觉得这个标题怎么样'。"[101]

尽管被琐事缠身，巴顿仍然是创意之星。该机构的第一批客户之一——亚历山大·汉密尔顿学院（Alexander Hamilton Institute）为商人开设了一所函授学校，巴顿为该学院撰写了他著名的广告：蝗虫啃噬过的那些岁月（The Years That the Locusts Have Eaten）。这则广告主打了努力工作的概念，即一个人在一天结束时需要额外努力来学习。之后，巴顿还为它写了另一则广告，广告效应持续了七年。"约有十分之一的人将被这一页所吸引"，文案一开始就悬出一个吸引人的"钩子"，接着文案为：十个人中有一个人有想象力，而想象力主宰着世界。[102]1923 年，在一个电力公司的会议上，巴顿发表了一篇关于宣传的演讲。他以《圣经》中的一段话为例：法老死了，埃及出现了一个不认识约瑟的新国王。巴顿说，美国在不断产生不认识约瑟的新一代消费者："他们不知道马自达灯和箭牌口香糖的区别，没有人告诉过他们象牙肥皂会漂浮，也没有人告诉过他们儿童会为卡斯托利亚哭泣。因此，广告必须不断更新。"[103] 二十年后，该公司仍然收到了索取这份演讲稿和"蝗虫"广告的请求。

一时之间，巴顿、德斯廷 & 奥斯本（BDO）成为热门广告公司，新的客户和业务不断增加。如 1920 年和 1922 年通用汽车公司、1923 年邓禄普轮胎公司，以及 1924 年利华兄弟公司（Lever Brothers）的部分业务都委托给了 BDO。在招聘新员工时，BDO 希望寻找具有销售头脑和一定写作能力的大学毕业生。巴顿指出："这种组合并不常见。"[104] 他喜欢赏心悦目的广告，还有一个快速、简洁的广告格言：美是现代广告中最重要的因素（Beauty is the most important factor in modern advertising）。[105] 有一个笑话戏称巴顿的墓碑上写着：他说文案应该更短。[106] 巴顿的办公室墙上布满了科尼岛上汗流浃背的人群的放大照片。在他看来，这有助于他想起那些听众："你不是在群众大会上讲话，你是在跟游行队伍说话。"[107]

除了经营公司之外，巴顿还擅长吸引客户。他英俊高大，身材魁梧，五官精致，拥有淡蓝色眼睛和泛着沙色的红发。他亲切友善，说话声音低沉而温和，步履矫健，展现出一种运动员般的优雅气质。有人形容巴顿就像是传播《圣经》经文的传教士，[108] 还有人说他就像一只棕色的大泰迪熊。[109] 德斯廷称赞他是一个了不起的人物。[110] 在客户会议上演讲时，巴顿会缓慢开始，等待听众安静下来，然后吸引他们的注意力。接着，巴顿进入正题，言行举止宛如传教士之子。通用汽车公司的老板在午餐会上对他说："我从你那里获得了许多对我并没有多大用处的广告和心理学知识，所以我也想给你一些建议，我希望这对你来说同样没有用。"[111]

1923 年，《女士家庭杂志》的爱德华·波克设立了一套年度广告奖，由哈佛商学院管理，并由业内专家评审团选出。第一年，巴顿是专家评审团人员之一。（"公平地说，我是公认的广告文案权威人士。"[112]）由于 BDO 提交了几份作品，他退出评审。在最终的九个奖项中，该公司获得了三个：通用汽车公司的机构宣传，梅西百货公司的报纸广告宣传，以及代表美国散热器公司进行的市场调查。BDO 印制了两千份小册子来宣扬这些胜利。在哈佛-波克（Harvard-Bok）奖颁发的七年时间里，BDO 公司赢得的奖项数目超过了其他几家公司的总和，表现十分亮眼。

当然，这种成功是以长时间工作和堆积如山的办公桌为代价的。巴顿指出："我们一直在创造、创造、创造，与汽车、卷心菜和封蜡的制造商坐在一起，所有这些制造商都把麻烦传给我们，我们必须把这些问题视为个人特别重要的事情。"[113] 仅几年时间，BDO 就发展成为一家拥有 200 名员工的大型机构。它位于麦迪逊大道 383 号的七楼，与另一家广告机构乔治·拜顿公司（George Batten Company）共用一栋大楼。乔治·拜顿公司成立于 1891 年，由著名文案策划人 F. R. 费兰（F. R. Feland）和威廉·H. 约翰（William H. Johns）领导，后者创造了二手车（used cars）一词，并帮助雷索尔创办了美国广告代理商协会。[114] 1928 年，两家公司合并，巴顿任主席，约翰任总裁，组成了 BBDO。合并后，BBDO 约有 3200 万美元的年营业总额，与智威汤逊、艾尔并称为最大的广告公司。然而，费兰本人有一些怪癖。他沉迷于波旁酒和赛马，热爱肯塔基德比（Kentucky Derbies）的赛马比赛，给他第五个孩子取名昆图斯·乌尔蒂默斯（Quintus Ultimus），每年圣诞节都给孩子们读狄更斯的《圣诞颂歌》。

在巴顿投身于公司创建时，他仍然坚持独立写作的初心。在 BBDO 的办公室通信文件中，装满了巴顿写给读者和出版商的信件。德斯廷不在时，巴顿必须负责全局，而他的写作时间只能随之减少。他曾告诉一位编辑："这是我写作枯竭的一个月，只要德斯廷在南方，我就必须做 100% 的广告人。"[115] 写作让巴顿与他年轻时的理想主义保持着某种联系。他发表了令人钦佩的采访、政治评论、短篇社论，以及关于成功和幸福生活的简短颂词。这些发表也往往带有宗教的寓意。

1923 年，他开始撰写书籍《无人知晓之人》（*The Man Nobody Knows*），以重新诠释传统的耶稣基督观点。他将这本书分批提供给一家杂志，因为内容极富争议，该杂志拒绝出版。随后，这本书在《女性家庭良友》（*Woman's Home Companion*）上连载。巴顿曾把完整的手稿拿给传奇编辑麦克斯韦·珀金斯（Maxwell Perkins）。珀金斯说："对我们而言，这本书有点太先进了，观点可能会引起大家的不适。此外，我自己确实很难像你那样看待商业。"[116]

《无人知晓之人》最终于 1924 年由鲍勃美林公司（Bobbs-Merrill）出版。该书的神学观点很大程度上来自巴顿的父亲，[117] 书中描述了一个孔武有力的耶稣。这本书提到耶稣做过木匠活，很强壮，爱笑，善于交际，是耶路撒冷最受欢迎的晚餐客人，是"有史以来最友好的人"。[118] 但同时，耶稣还是一个广告人：他说服、招募追随者，并用合适的话语来引起追随者的兴趣和欲望。总之，这些都体现了现代销售技巧的全部原则。巴顿曾说："我相信，他在今天会成为一个全国性的广告商，因为在那个时代，他就是最伟大的广告商。他的话语就是广告的文案模板，所依据的原则是，好的广告以有趣的方式来传递信息。"[119]

这本书大获成功，十八个月内卖出了 25 万册，但也遭到了一些质疑。比如天主教徒反对耶稣有兄弟姐妹的说法，这种说法否定了玛丽亚是处女的观点（无罪之身）。自由派新教徒认为书中的耶稣太世俗化，摒弃了他粗糙的棱角和严格的标准。《无人知晓之人》确实具有讽刺性意味。它提供了一种共时性的基督教教义，耶稣基督就是辛克莱·刘易斯笔下的乔治·F. 巴比特。同时，这本书的过度表达掩盖了巴顿的根本观点：并非让耶稣正常化，而是要提升日常工作的神性意义。巴顿认为现代美国人不应该过度区分普通职业和宗教职业，因为两者都是理想主义和神圣的。事实上，巴顿正在将自己的职业从理想主义上升到更高的神学层次，可这一点在前书的处理中被巴顿丢失了，直到结尾才慢慢找回。

对于回顾 20 世纪 20 年代的历史学家来说，《无人知晓之人》让它的作者成了时代的一个突出象征。巴顿对"纯正血统的美国人"有一种本土主义的不自觉热爱，他称这些人"与在纽约和其他城市的外来移民形成了鲜明对比"[120]。他为商业辩护，认为它是国家事务中最大的单一影响力，而广告则是它的助手。在 1927 年 10 月的美国广告代理商协会年会上,这位著名的真实耶稣权威家提出了"现代广告人的信条"。他说:"我从事广告业是因为我相信商业,而广告为商业说话。如果说广告让一些人过着赚得少却花得多的生活,那么婚姻也是如此。如果说广告为了影响一个人而不得不对一千个人说话,那么教会也是如此。如果广告常常喋喋不休、多此一举、令人厌烦,那么美国参议院也如此。我们还年轻,但法律、医学和神学已经老了。"[121]

这是巴顿的公众形象。私下里,他更为复杂,对广告更为挑剔,甚至对美国文明的总体进程也表示怀疑。1926年,他应邀在费城的一次广告会议上发表演讲。巴顿提到一位学术界的朋友乔治·霍奇基斯(George B. Hotchkiss),他是纽约大学一名市场营销教授。巴顿说:"不想重复那些广告老话。在我们看来,当前大部分广告都是一种浪费。比如刚开始生产汽车时,汽车广告必须告诉大众具体的技术信息和其他细节,如今,向公众宣传汽车的细节已经不再需要像宣传乘法表一样了。汽车广告其实什么都没说,多年来如此。大多数商品广告都不透明。比如关于维生素、葡萄干中的铁和酵母的健康宣传。现在,美国工业生产的商品已超出了消费者的承受能力,所以广告必须在有限的同类产品市场中把产品推销出去,我们花费了大量的广告经费,在国内市场抢夺客户,将人们的注意力从佩贝科转到伊帕纳,从威廉姆斯剃须皂转到高露洁的剃须皂。"[122]

巴顿继续说:"我有点夸大了这个观点,当然,我也不应该这样说。"不过霍奇基斯告诉巴顿,广告就像一列嘈杂的高架列车,令人生厌,但却是必要的。[123] 尽管大量的广告对个人的价值不大,但总能给人提供有用的信息。比如家庭主妇总是需要了解皇家泡打粉和金牌面粉(Gold Medal Flour)。同时,广告确实也在不断改进:相比于二十年前,外观更美,文字更好,更真实,更有指导意义,也具有更高的销售价值。巴顿感谢霍奇基斯,让他打消了疑虑,并邀请他出席费城会议的贸易庆祝活动。

在朋友眼中，巴顿是一个与公众格格不入的人。小哈福德·鲍威尔（Harford Powel, Jr）在担任 BBDO 文案策划人期间写了一本小说《处女王后》（*The Virgin Queene*）。小说中心人物是纽约一家主要广告公司的高级合伙人巴纳姆·邓恩。1928 年，《处女王后》出版。邓恩在一间精心布置的殖民地风格的办公室里工作。（巴顿的办公桌和椅子是乔治·华盛顿使用过的家具复制品。）在大学里，邓恩曾计划教书和写作，但后来他把自己的天赋出卖给了广告业。他还写了一些振奋人心的文章和社论。邓恩本来可能会写一些更重要、更深刻、不那么受欢迎的东西，但现在已经太晚了。某些时候，他仿佛在自言自语："我知道我永远不会超过一个二流的商人和二流的作家，所以我决定把这两件事加在一起，成为一个一流的广告人。"[124]

即便没有成为梦想中的作家，巴顿仍是一位了不起的读者。他的书架上有一千多卷书，主要是历史和传记类书籍，笔记和注释也做得非常认真。巴顿具有历史学家的头脑，经常根据自己的历史知识构建论据。他曾经告诉亨利·卢斯（Henry Luce）[①]："你和我在同样的家庭中长大，追求同样的目标，你相信天国可以一下子降临，而我认为人类历史中没有任何东西支持这种希望。"[125] 作为现代性特征最明显的行业代表，他在公开场合宣称"现代文明是最美妙的神话"[126]、"巨大的、快乐的、热情的生产力，使我们有别于世界上任何其他国家"[127]。但作为一名历史读者，他经常站在自己的时代后面，对这一切进行批判和审视。在给威尔·杜兰特（Will Durant）的信中，他说："我们是被科学迷惑的孩子，我们认为它会给我们一切，解释一切，并把我们置于宇宙之上。"[128] 然而它似乎破坏了宗教信仰，让人

---

[①] 亨利·卢斯（Henry Luce，1898—1967），美国出版家，《时代》周刊和《财富》杂志创办者。

类迷失在一个机械的和非个人的宇宙中。现代科技给我们带来了更多的商品和服务,提供了更多的娱乐和工具,但它真的让人们更快乐了吗?对此,巴顿说:"不知何故,前几代人享有的那种悠闲、那种尊严、那种对时间的思考和那种坚实的舒适状态,在我们这里没有了,我们似乎失去了生活。"[129]斯宾格勒(Spengler)的《西方的没落》(*Decline of the West*)和奥尔特加(Ortega)的《大众的反叛》(*Revolt of the Masses*)给他留下了深刻印象,巴顿想知道现代性在哪里出了问题。

在现代社会的撕裂下,巴顿并不是一个简单的巴比特。他努力地兼顾两个职业,推动自己前进。赫赫有名的女广告人海伦·伍德沃德评论他:"鼻子看起来有点尖,嘴唇太薄,整个脸都在紧绷着。在表面的魅力和欢呼之下,他总是在一个紧绷的弹簧上奔跑。多年来,他一直失眠。"[130]《纽约客》(*New Yorker*)评论:"他的人缘很好,喜欢滑稽表演和喝酒,但似乎总是与自己格格不入,对教堂和道德充满虔诚,并深信自己所写的东西。"[131]1928年的一段时间,巴顿住进了精神病院。

几年后,巴顿被法庭起诉,或许这可以解释他当时的精神状态。巴顿的社论会描述基督教婚姻、忠诚和道德的快乐。据《纽约客》报道,他自称是一位忠诚的父亲,与家人相处得非常愉快。[132]其实,这完美的外表下也隐藏着不为人知的惊奇。巴顿至少有过一次婚外情,和一个比他小五岁的女人,名叫弗朗西斯·金(Frances King)。弗朗西斯·金称这段关系开始于1925年,在她从芝加哥来到纽约BBDO工作后继续维持着。[133]巴顿却说,他们这段关系是在BBDO见面后才开始的,只持续了一个月,也就去了她的公寓三次。[134]但这段关系结束的时间,两个人都说是1928年。后来,弗朗西斯·金的丈夫要起诉巴顿,指控他破坏感情,巴顿支付了这对夫妇2.5万美元,以求不再被进一步追究法律责任。1932年,弗朗西斯·金写了一本广告人的小说《鲁斯·马丁》(Roos Martin),描述了他那冷酷无情的性冒险。她威胁巴顿要出版这本小说,除非付给她5万美元。巴顿以勒索罪起诉,之后案件变得人尽皆知。

当然,一个有钱又有名的已婚男人有一个情人,似乎并不是什么令人惊讶的事情。但本案引起关注在于两点。第一,巴顿使自己成了基督教道德的杰出象征,著有一本关于耶稣的畅销书《无人知晓之人》。此事一出,巴顿变成了一个基督教伪君子。第二,纽约各媒体对巴顿一事的报道,引发了人们对报纸公正性的怀疑。纽约小报经常刊登关于爱巢和三角婚姻的报道,但巴顿一事,只有《泰晤士报》和《太阳报》报道了相关审判。另外有三篇文章对其进行了简短而不充分的报道。其他四家报纸——《美国》《华尔街日报》《每日镜报》和《晚报》只字未提。[135]

庭审中,巴顿的妻子陪着他。证人席上,当被问及是否曾像弗朗西斯·金所说的那样向她求婚。巴顿说:"这太荒谬了,我结婚二十年了,非常幸福。"[136]巴顿向陪审团宣读了那本未出版的小说。宣读中,法官也专心致志地读着桌上那本书。弗朗西斯·金被判入狱,这是纽约市十年来首次以勒索罪名成立的罪状。

第二年春天,巴顿和他的家人开始了远东之旅。在印度,巴顿思考回到美国后会做什么。他在日记中说:"当然,我可以继续写作,让人们认为两加仑汽油还是不一样的。但不知何故,在我看来,在我们所知道的意义上,竞争的旧时代正在接近尾声,我应该在一个逝去时代的黄昏中努力工作。"[137]几年后,他投身到政治领域。

20世纪20年代初,当智威汤逊和BBDO开始将广告业推向新的高度时,阿尔伯特·拉斯克离开了广告界。1918年,拉斯克做了

共和党宣传部部长，以追求自己的多元化利益。在 1920 年总统大选期间，他担任哈定（Harding）的宣传经理，负责撰写演讲稿。竞选胜利后，拉斯克希望担任商务部部长，但最后由赫伯特·胡佛（Herbert Hoover）接任，拉斯克被任命为美国航运委员会（United States Shipping Board）负责人。上任后，他开展了一个以优惠券为特色的客运服务广告活动，并声称这是"汽船广告的新想法"。[138] 上任期间，他的主要任务是清理战争期间过时的商船舰队、解雇人员、处理有争议的销售谈判等。有人指责拉斯克会照顾他的朋友们，并试图通过购买广告位来游说国会，以争取国会对船舶补贴法案的支持。[139] 据他回忆，在经历了两年"我一生中最不快乐的时光"[140] 之后，他辞职回到了 L&T，或许对于他来说，能再回去还是有些宽慰吧。

拉斯克回到公司后发现，L&T 已经偏离了说理销售的广告风格和技巧。在克劳德·霍普金斯的指导下，公司成立了一个艺术部门，而这正是拉斯克一直所不屑的做法。此外，L&T 很少能吸引到新客户，内部员工分裂，充斥着争吵。纽约办公室的人想尝试智威汤逊和 BBDO 的新风格，但拉斯克认为他们宣扬的不是正统广告，是广告界的异端。[141] 为了找到新的业务，霍普金斯建议先收购公司，再做广告，但拉斯克不同意。曾经令人敬畏的团队如今却无法再一起合作。1924 年春天，霍普金斯离开了公司，开始创办自己的业务，与拉斯克成为竞争对手。不久，霍普金斯出版回忆录，引发了两人之间的斗争，拉斯克断言："你的书是一生的错误。"[142]

拉斯克在拉尔夫·索利特（Ralph Sollitt）的帮助下开始清理门户，索利特曾是他在航务委员会的助手。L&T 纽约办公室被裁掉，艺术部门被保留。拉斯克承认："很长时间，我都错了"。[143] 他注意到，在一些广告公司，一些艺术家们开始制作广告，而文案人员只负责想出合适的文字即可。但拉斯克坚称，标题仍然占据了广告的

## 第三章 欣欣向荣的1920年代

90%：'你必须先写标题，然后再创作艺术作品，艺术必须为标题服务。'[144] 对于广告业的其他新时尚，如雷索尔和海伦在智威汤逊的广告作品，拉斯克几乎不予理睬。他尖锐地指出，见证文再度回春，"得到这片土地上女性领导者的美化与加持"。模仿也许遭到温和的抗议，但总体而言，广告研究在"我们大家都知道一个混蛋有两只耳朵的时候"，只揭示出"一个混蛋有两只耳朵"。其他辅助服务，如商品销售和销售建议都被置于广告代理服务的职责范围外。拉斯克坚持认为，"广告代理服务不能代替客户经营"。[145]

1925年4月，拉斯克召集了一次会议。他自称像大学教授在上课一样。[146] 两天时间里，拉斯克讲了六个小时：回忆自己的早期生活、肯尼迪和霍普金斯的说理销售，一会儿偏离主题一会儿又回到主题。他引用了西尔斯·罗巴克（Sears Roebuck）关于《鲁滨逊漂流记》的一则广告，并进行了嘲讽："想想老西尔斯走出坟墓，说到那《鲁滨逊漂流记》的影子。"[147] 所有那些著名的新代理服务都是偏离真正原则的"加分项"。现在他又回来了，要像二十年前一样，再次引领行业向前发展。他总结道："我们必须达成一致的福音。如果我们同意这一福音，就必须充满精力和热情来传播它，这不仅是为了我们自己的利益，也是为了我们的艺术和职业理想。"[148]

事实证明，拉斯克的"十字军东征"在滚滚烟草中起飞了。20世纪20年代，广告向美国公众推销了吸烟——这无疑是该行业十年来最失败的成就。战前，烟草公司已经开发出了一种略带酸味的白肋烟和土耳其烟草的混合物，该混合物能让吸烟者在不咳嗽的情况下吸食。凭借这一配方，R.J.雷诺兹（R.J. Reynolds）公司生产的骆驼牌香烟成为第一个全国香烟品牌。继而，美国烟草公司（American Tobacco Company）推出好彩香烟（Lucky Strike）作为回应，打响了香烟销售战。一则好彩香烟广告称：它的味道很浓，堪比烟斗。[149] 香烟是一种时尚的烟草消费方式：没有雪茄那么讨厌，比烟斗更易使用，吸烟比咀嚼和吐烟草更卫生。

出于同样的原因，女性开始吸食香烟，成为了烟草主要消费者。可以说，这是新产品与妇女新解放的一次相遇。1919年，《印刷者油墨》杂志对广告违法行为持警惕态度，并发出警告称这是一场"制造女性吸烟者的阴险运动"。[150] 如穆拉德和海尔玛的香烟广告展示了身着土耳其后宫服装的西方女性，并以异国情调的方式介绍新理念。无论如何，女性都在过度承担和模仿男性行为。1925年末，女子学院布林莫尔（Bryn Mawr）取消了禁止学生在校内吸烟的规定。第二年，切斯特菲尔德公司（Chesterfield）发布了一则广告：一对年轻夫妇坐在月光下的海岸边，附近有一辆汽车，男人点燃了一支烟，火柴照亮了这对夫妇的脸。广告标题为：吹一些给我（Blow some my way）。[151] 后来的一则牙膏广告也运用了女人吸食香烟的场景。广告文案为：我丈夫反对我吸烟，直到我开始吸Pebeco。[152]

从1920年到1928年，烟斗烟草产量下降了9%，雪茄产量下降了20%，但卷烟产量每年增长123%，产量高达1060亿支。[153] 在这个新兴的高风险市场中，阿尔伯特·拉斯克遇到了一个旗鼓相当的广告主——美国烟草公司的乔治·华盛顿·希尔（George Washington Hill）。希尔被他的父亲——烟草业先驱珀西瓦尔·希尔培养成领导者。1925年，父亲去世后，希尔成为绝对的话事人。希尔对硬性销售广告的力量有着救世主般的信仰。在他的办公室里，希尔经常吓唬下属，一位观察者称他是现代的尼禄皇帝。[154] 他个子并不高，脸庞圆圆的，浓密的眉毛下隐藏着一双冰冷而敏锐的眼睛。通常他穿着蓝色西装、白色衬衫，系着黑色领结，在室内还戴着一顶奇怪的小白帽。公关人员爱德华·伯纳斯（Edward Bernays）说："进攻是他的常态，在办公室里，他摆弄着手臂大步走来走去。只要稍遇挑衅，他就怒火中烧，满脸通红。"[155] 他还喜欢给人上奇特的实物课。在讨论广告时，他把一杯水打翻到某人的腿上，说："看，你不会忘记的。"[156] 或者把某人拉到蒂凡尼珠宝店，炫耀一条翡翠项链，并宣称他希望广告也如项链一样闪亮耀眼。[157] 当希尔在办公桌前闲逛时，他会强迫别人抱着一个沉重的雕像，然后告诉那个可怜的人，他的广告文案也同样要沉甸甸的。[158]

拉斯克在谈到希尔时说："他是一个很片面的人。对他来说，人生的唯一目的就是醒来、吃饭、睡觉，这样他就有力气去卖更多的好彩香烟了……这是我的一场宗教斗争，我很难与一个这样心胸狭隘的人合作。"[159] 希尔在办公桌上放着一个烟盒，四个格子里都是好彩。没有人敢在他面前展示任何其他品牌。他的劳斯莱斯车的后窗上贴着好彩的包装，每个尾灯的中心都有香烟的包装轮廓。希尔在哈德逊河边有一处庄园，那里养了日本鹿、黑天鹅、白天鹅和两只腊肠犬，花圃里种着烟草，两只腊肠犬分别命名为"Lucky"（女子）和"Strike"（彩）。

拉斯克容忍了这个狂妄自大的偏执狂，因为希尔在好彩香烟广告上的投入超过了其他任何单一产品。也正是因为希尔这个广告主，L&T 再次回到了广告业的主导地位。1929 年，好彩香烟为 L&T 带来了 1230 万美元的收入，而 L&T 年度总收入为 4000 万美元。[160] 为了避免两个自负者发生冲突，拉斯克在自己和希尔之间留有一个缓冲区：拉尔夫·索利特。拉斯克回忆："我们会为他安排一场精彩的宣传活动，充分去表现他的吸引力和冲击力，但同时也在努力阻止他做各种破坏。他一个人待着的话，基本想法就会被各种小问题所包围，以至于整个重要想法都迷失了。"[161]

作为所有广告中最主要的那一份业务的负责人，希尔通常有自己的想法。希尔很讨厌见证文广告，拉斯克为了压制住他的厌恶，开展了一个以欧洲歌剧明星为主角的宣传活动，证明好彩有助于歌唱。之后，其他好彩香烟的见证文广告接踵而至。不过该方案的过度使用也引起了争议。在 1927 年的一期《自由》（*Liberty*）杂志上，女演员康斯坦斯·塔尔马奇（Constance Talmadge）为八种不同的产品背书。罗马尼亚王后玛丽也受到了大家的非议，不得不停止对旁氏的支持。约翰·菲利普·索萨（John Philip Sousa）曾起诉 P. 洛里亚德（P. Lorillard）在雪茄广告中未经授权使用自己的名字和照片。而在希尔的鞭笞下，好彩香烟将见证文广告推向了新的高潮。在好彩香烟广告中，一位海上救援英雄声称抽这种烟有助于他的船员处理危机。对此，《印刷者油墨》发起了一场反对见证文广告的批判运动："你认为见证式策略的使用对广告有好处吗？"其中 54 人回答有好处，843 人回答没有好处。[162]

与此同时，希尔挑衅了整个糖果行业。好彩香烟有则广告为：现代人为了保持苗条身材，与其吃颗糖，不如抽根好彩烟。女演员海伦·海耶斯（Helen Hayes）等其他人也纷纷站出来支持香烟，并宣传香烟就是糖果的替代品。愤愤不平的糖果行业对此进行了反击。纽约一家糖果连锁店在广告中宣称：香烟会让你的扁桃体发热，尼古丁会毒害你身体的每一个器官，让你的血液干涸。[163] 希尔平静地回答："我们的唯一目的是销售香烟，这取决于你的行业在卖什么产品而已。"[164] 尽管如此，希尔很感激糖果行业为好彩香烟所做的宣传。老金牌香烟（Old Gold）也推出了一个联动广告：吃一块巧克力，点一支烟，美味健康两相宜。[165]

最终，1930 年 1 月，联邦贸易委员会（Federal Trade Commission）介入并裁定，美国烟草公司必须停止此类广告行为，禁止未使用过该产品的代言人进行推荐；如果使用过，必须注明付费推荐，并且不得再声称吸烟有助于控制体重。国家商业促进局（National Better Business Bureau）也表示："广告业必须迅速采取行动来清理自己的行业，否则就让愤怒的公众来清理。美国烟草公司的广告已扭曲了广告业的审美判断和行业品格。"[166]

为此，希尔做了一些调整，但在广告之路上一去不复返。好彩也取代了骆驼，成为最受欢迎的香烟品牌。

西奥多·麦克马纳斯见证了20世纪20年代的奇观，同时也为之感到震惊。他是一名虔诚的天主教徒，拥有三所天主教学院的荣誉学位，后来在布卢姆菲尔德山（Bloomfield Hills）上建立了自己的教堂。1928年，他在《大西洋月刊》上发表了一篇文章《虚无的纳迪尔》（The Nadir of Nothinness）。[167] 他说，新教个人主义信奉的是私人判断原则，把普通公民与其社会义务分开了。永恒的道德标准让位于节育、优生学和安乐死等自由主义潮流。当代艺术、文学和哲学都得出了同样的结论：就人的灵魂而言，现代社会疯狂到完全无可救药的地步。

他对自己的领域也同样报以批判。回顾这十年，他发现没有什么值得称赞的。他指出："香烟几乎成了一种健康食品——当然是一种减重剂。肥皂已经远远超过了它谦逊的清洁使命，成为那些忠实于清洗之人的美丽礼物。汽车，一个机械的奇迹，给它的主人带来了社会威望。成功和学习可以通过购买而获得。牙刷、剃须刀、剃须膏、洗面奶、除臭剂和其他十几种包装精美的神的礼物，都让我们变得光彩照人，无比健康，令人心旷神怡。"[168] 到底发生了什么，使得广告乱套了，因为它把表面的愚蠢误认为是普通人性中的理智。

麦克马纳斯提出了一个强烈的异议，但那可能只是美国人中的少数意见。在广告业最具影响力的十年之尾，一份名为《广告时代》（Advertising Age）的杂志诞生了。它是一份新的商业杂志，其名字也普遍概括了广告人对自身行业的看法。在行业之外，能代表许多美国人心声的纽约州州长富兰克林·D. 罗斯福（Franklin D. Roosevelt）说："如果我重新开始生活，我倾向于进入广告业……这本质上是一种教育形式，文明的进步取决于教育。"[169]

## 注释

1. Frederick Lewis Allen, *Only Yesterday* (1931), p. 1.

2. *PI*, January 2, 1919.

3. W. G. Woodward, *The Gift of Life* (1947), p. 175.

4. Stanley Resor affidavit, March 19, 1924, J. Walter Thompson Archives, New York.

5. Ibid.

6. Ibid.

7. Interview with Therese Lansdowne Duble, January 4, 1983.

8. Helen Resor affidavit, March 20, 1924, Thompson Archives.

9. Ibid.

10. JWT Newsletter, September 25, 1924.

11. JWT Newsletter, September 25, 1924.

12. Interview with Helen Resor Hauge, January 3, 1983.

13. *PI*, November 29, 1923.

14. *PI*, December 17, 1925.

15. Helen Resor affidavit.

16. Interview with Helen Resor Hauge.

17. James Webb Young in *Saturday Review*, December 8, 1962.

18. *PI*, December 17, 1925.

19. *PI*, March 18, 1920.

20. *A&S*, February 22, 1928.

21. *A&S*, June 30, 1926.

22. Kerry W. Buckley in *Journal of the History of the Behavioral Sciences*, July 1982.

23. J. B. Watson, "The Ideal Executive," MS in Watson Papers.

24. Buckley in *Journal*, July 1982.

25. Roy S. Durstine in *Forum*, January 1928.

26. *PI*, April 7, 1927.

27. Otis Pease, *The Responsibilities of American Advertising* (1958), p. 171n.

28. Tames Webb Young, *The Diary of an Ad Man* (1944), p. 120.
29. *PI*, April 11, 1929.
30. *Atlantic*, October 1919.
31. Young, op. cit., p. 101.
32. *PI*, October 6, 1927.
33. Julian Lewis Watkins, *The 100 Greatest Advertisements* (1949), pp. 30-1.
34. Young in *Saturday Review*, December 8, 1962.
35. James Webb Young to Stanley Resor et al., January 6, 1959, State Historical Society of Wisconsin.
36. *PI*, March 17, 1921.
37. Carroll Rheinstrom, *Psyching the Ads* (1929), pp. 37-9.
38. *PI*, April 21, 1932.
39. Watkins, op. cit., pp. 82-3.
40. *AA*, July 10, 1944 and December 7, 1964.
41. *PI*, April 11, 1929.
42. *AA*, December 7, 1964.
43. *PI*, April 21, 1927.
44. Young in *Saturday Review*, December 8, 1962.
45. *JWT News*, January 10, 1964.
46. *A&S*, November 25, 1931.
47. *Fortune*, November 1947.
48. Millicent Bell, *Marquand* (1979), pp. 112-13.
49. *Time*, March 7, 1949.
50. J. P. Marquand, *H. M. Pulham, Esquire* (1940), p. 129.
51. Richard Connell in *Saturday Evening Post*, April 29, 1922.
52. Richard Connell in *Saturday Evening Post*, June 24, 1923.
53. *AA*, December 7, 1964.
54. *JWT News*, January 10, 1964.
55. Ibid.
56. Earnest Elmo Calkins, *The Advertising Man* (1922), p. 132.
57. Ibid.

58. Interview with Therese Lansdowne Duble.

59. Edward Steichen, *A Life in Photography* (1963), n.p., chap. 9.

60. *PI*, October 10, 1929.

61. *An Outline of Careers*, ed. Edward L. Bernays (1927), p. 25.

62. *PI*, May 19, 1921.

63. Sinclair Lewis, *Babbitt* (1922), p. 46.

64. Ibid., p. 95.

65. *PI*, April 5, 1928.

66. *Saturday Evening Post*, December 8, 1923.

67. *Saturday Evening Post*, June 23, 1923.

68. *A&S*, August 11, 1926.

69. *PI*, November 4, 1926 and *Literary Digest*, November 13, 1926.

70. *New Outlook*, January 1935.

71. *PI*, September 9, 1926.

72. *PI*, November 10, 1927.

73. *New Outlook*, January 1935.

74. *PI*, August 4, 1921.

75. Note by Wallace Meyer, September 21, 1960, Meyer Papers.

76. Ibid.

77. John Gunther, *Taken at the Flood* (1960), 155.

78. George B, Hotchkiss to Bruce Barton, May 26, 1926, BP.

79. *Outlook*, January 4, 1922.

80. Stuart Ewen, *Captains of Consciousness* (1976), p. 156.

81. *Ladies' Home Journal*, April 1920.

82. *Ladies' Home Journal*, January 1922.

83. E. S. Turner, *The Shocking History of Advertising!* (1953), p. 213.

84. Sinclair Lewis in *Nation*, March 6, 1929.

85. *NYT*, January 13, 1927.

86. Bruce Barton to Will Durant, June 18, 1931, BP.

87. Barton to George A. Buttrick, December 15, 1931, BP.

88. Ibid.

第三章　欣欣向荣的 1920 年代　　　127

89. *PI*, January 28, 1932.

90. Barton to Tax Cumings, October 16, 1958, BP.

91. *PI*, February 4, 1915.

92. Barton to J. L, Watkins, December 7, 1948, BP.

93. *AA*, March 7, 1960.

94. *PI*, August 1, 1918.

95. Leo P. Ribuffo in *American Quarterly*, summer 1981.

96. Barton to C. H. Brower, May 11, 1953, BP.

97. *Collier's,* December 14, 1918.

98. *New York Telegram*, August 17, 1928.

99. Barton to C. H. Brower, May 11, 1953, BP.

100. Barton to Norman Cousins, May 17, 1961, BP.

101. Barton Speech, February 1954, box 61, BP.

102. *100 Top Copy Writers*, ed. Perry Schofield (1954), p. 31.

103. Barton speech, June 1923, box 78, BP.

104. Barton to Donald Wilhelm, January 26, 1926, BP.

105. *NYT*, May 3, 1927.

106. Louise MacLeod to W. P. Maloney, January 20, 1944, BP.

107. Louise MacLeod to Alex Osborn, February 17, 1948, BP.

108. *Nation*, November 5, 1938.

109. *A&S*, September 20, 1931.

110. Roy S. Durstine, "Reminiscences" (Columbia Oral History Collection, 1949), p. 41.

111. C. F. Kettering to Barton, May 16, 1928, BP.

112. Barton to Wallace B. Donham, June 9, 1924, BP.

113. Barton to T. S. Trebell, March 12, 1925, BP.

114. Charlie Brower, *Me, and Other Advertising Geniuses* (1974), pp. 95-7.

115. Barton to William L. Chenery, March 21, 1925, BP.

116. Maxweil Perkins to Barton, April 8, 1924, BP.

117. Ribuffb in American Quarterly, summer 1981.

118. Bruce Barton, *The Man Nobody Knows* (1924), p. 58.

119. Ibid., pp. 140, 143.

120. *A&S*, February 10, 1926.

121. *PI*, November 3, 1927.

122. Barton to George B. Hotchkiss, May 17, 1926, BP.

123. Hotchkiss to Barton, May 26, 1926, BP.

124. Harford Powei, Jr., *The Virgin Queene* (1928), p. 110.

125. Barton to Henry Luce, March 4, 1941, BP.

126. *PI*, October 29, 1925.

127. *PI*, October 3, 1929.

128. Barton to Will Durant, June 18, 1931, BP.

129. *A&S*, July 8, 1931.

130. *Nation*, November 5, 1938.

131. *New Yorker*, November 1, 1930.

132. *New Yorker*, November 1, 1930.

133. *NYT*, July 28, 1933.

134. *NYT*, July 21, 1933.

135. George Seldes in *New Republic*, October 26, 1938.

136. *NYT*, July 21, 1933.

137. Barton Diary, April 21, 1934, box 148, BP.

138. *PI*, June 21, 1923.

139. *PI*, December 18, 1924.

140. Albert D. Lasker, "Reminiscences" (Columbia Oral History Collection, 1950), p. 122.

141. Albert D. Lasker, *The Lasker Story* (1963), p. 65.

142. Albert D. Lasker to Claude Hopkins, May 27, 1927, box 25, RP.

143. Lasker, *Lasker Story*, p. 89.

144. Ibid., p. 89.

145. *PI*, September 16, 1926.

146. Lasker, *Lasker Story*, p. 9.

147. Ibid., p. 80.

148. Ibid., pp. 72, 121.

149. "*Sold American*" (1954), p. 54.

150. *PI*, April 17, 1919.

151. Watkins, op. cit., p. 77.

152. *PI*, October 25, 1928.

153. *PI*, June 13, 1929.

154. Fairfax M. Cone, *With All Its Faults* (1969), p. 116.

155. Edward L. Bernays, *Biography of an Idea* (1965), p. 379.

156. Interview with Fairfax Cone, 1962, tape 5, page 26, in box 140, Cone Papers.

157. *Life*, September 23. 1946.

158. *PI*, October 18, 1946.

159. Lasker, "Reminiscences," p. 114.

160. *PI*, June 20, 1929 and *AA*, December 20, 1930; Gunther, op. cit., p. 163 is wrong on this point.

161. *AA*, June 9, 1952.

162. *PI*, March 21; April 18, 1929.

163. *New Republic*, February 13, 1929.

164. *PI*, December 27, 1928.

165. *Nation*, March 13, 1929.

166. *PI*, February 27, 1930.

167. *Atlantic*, May 1928.

168. *PI*, March 28, 1929.

169. *PI*, June 18, 1931.

# 第四章
# 萧条与改革

如果说 20 世纪 20 年代确认了一种由广告定义的文化，那么随后的大萧条十年则否定了这种文化。在通货膨胀与服务过剩之后，经济面临停摆。作为经济的常驻啦啦队队员，广告从业者继续在大环境下载歌载舞。但最终，麦迪逊大道也开始产生自我怀疑。

扩张趋势突然遇阻，似乎很不真实。1929 年 10 月，华尔街经济崩盘。对此，卡尔金斯在 1930 年初说："大工业机器没有任何问题，只是货币贬值了而已。"[1] 乔治·华盛顿·希尔也解释说："美国现在需要人们肩负起自己的责任，专注好自己的业务，并以历史的信心向前迈进。"[2] 但历史的车轮再也不会像过去那样旋转。

新的十年，年度广告总额从 1929 年的 34 亿美元下降到 1930 年的 26 亿美元；一年后，下降到 23 亿美元。坏形势一泻千里，失业人数也在不断增长：1930 年失业人数为 400 万，1931 年为 800 万。尽管如此，智威汤逊的研究总监保罗·切林顿还是抱有信心。他说："经济复苏就像太阳升起一样终究会来，所以我们不应该关心它什么时候会来，而应该关心当它来临时，我们是否做好了准备。"[3] 这一时期，垃圾场、铁路货场的胡佛村不断涌现，甚至一些商业人士也开始大声质疑。

作为新时代的先知，布鲁斯·巴顿在公开场合仍旧坚持旧信仰。1931 秋，他表示，银行家与其散布不实的消息，不如针对未来提出一些建设性的意见。他在质问通用电气董事长欧文·扬（Owen Young）时说："如果有五十个人敢于公开表达他们坚信世界和美国不会彻底崩溃的信念，局面就有可能会扭转。难道华尔街没有足够的勇气来实现这一目标吗？也就是说，只要每个人都言践于行的话，系统就会自行纠正。"[4]

## 第四章 萧条与改革

然而，接下来的发展事态粉碎了这种希望。联邦储备委员会（Federal Reserve Board）的制造业生产指数从 1929 年的 110 下降到 1931 年的 57。1932 年，400 万工人失去工作。广告支出不断萎缩，1933 年降至历史新低 13 亿美元，仅有大萧条前水平的 38%。1933 年，富兰克林·罗斯福接管白宫时，银行倒闭，约四分之一的工人失业。在这个暗淡的新时代，就连坚定持有旧信仰的布鲁斯·巴顿也表示："我曾是个顽固的保守派，支持稳定的货币、十诫以及传统的宗教。但现在情况已经变得如此糟糕，许多客户宁愿用假钞也不愿用健全的货币进行交易。"[5]（后来巴顿从政，成为新政的杰出批评者。）

对于这样消极的形势，即使是在客户减少、人员裁减的困难时期，广告公司也要保持积极的态度。面对大萧条，斯坦利·雷索尔召集纽约各主要广告公司开了一次会议，并提议自愿暂停挖走客户的商业行为。[6]这项提议对于像智威汤逊这样的大型老牌公司来说颇有很大优势，遗憾的是，这一提议还未实行就胎死腹中。1932 年，威廉·埃斯蒂（William Esty）离开了智威汤逊，创办了自己的机构。阿尔伯特·拉斯克将 L&T 所有人的薪水削减了 25%（他每年从该公司拿走数百万美元），之后又解雇了五十多名员工，其中包括一些高级管理人员。BBDO 试图带领员工渡过难关，结果人浮于事。在麦迪逊大道上，到处是广告公司员工从 150 人减少到 30 人、撰稿人的工资从每周 230 美元削减到 60 美元、速记员的工资从每周 40 美元削减到 15 美元的传闻。[7]主管们发现自己又回到了绘图板和文案桌前的那个时代。

广告主们持续向广告公司施加压力，要求获得回扣和特价，并期望以更少的资金获得更有效的广告。昂贵的艺术家被廉价的摄影师所取代,克劳德·霍普金斯的幽灵再次显现:标题要引人瞩目,文案要具体明了。硬性销售派重新得到青睐。困难时期也意味着销售困难,但文案周期的风格转变,令麦克马纳斯传统的拥护者感到失望。巴顿在1934年说:"在恶劣的商业环境下,理想被抛弃了,标准也沉沦了,到处都是愚蠢的广告、不诚实的广告,令人厌恶。这是给企业抹黑,使我们处于守势。"⁸

在对美国企业持普遍怀疑态度的时候,霍普金斯广告形式的回归确实让麦迪逊大道变得更加脆弱。对于一个需要救济金的时代,任何物质主义的广告都显得格格不入,一切也都是无用功。广告界重复着旧信仰,等待着好时光的回归,但复苏从未到来,长期危机使经济体系全面崩溃。正如批评家所说,那个时代的美国人需要物美价廉、耐用持久的产品,而不是奢侈劣质、华而不实的各种小玩意儿。在这一阶段,广告需要重新定位和改革,如若不行,就只好废除或由政府接管。在"消费主义"的新标签下,广告业面临了自专利药时代以来最严重的紧急情况。

消费者运动的根源可以追溯到20年代。有几本著作对20年代的表面乐观主义和物质主义风气提出了疑问,这与20年代的主流趋势形成了鲜明对比。如托尔斯坦·凡勃伦(Thorstein Veblen)的《不在场的所有权》(*Absentee Ownership*)和林德夫妇(Lynds)的《米德尔敦》(*Middletown*)。这两本书被30年代的改革者引为先例。此外,还有两本书在学术性上虽不如前两本,但也深入浅出地预测了大萧条时期消费者运动的主题。

第一本书《多面窗透视》(*Through Many Windows*,1926)的作

者是海伦·伍德沃德。这本书从企业内部的视角出发，以情感化的叙事方式写成，售出了数十万本。伍德沃德本人是一位文案策划人，也是 Presbrey & Gardner 广告公司的首批杰出女性客户经理之一。她怀有坚定的激进政治主义信念。作为波兰犹太人的女儿，伍德沃德在纽约的一间冷水铁路公寓里长大。父亲是一名雪茄制造商，也是一名社会主义者和单一纳税人。她曾说："我只能通过工人阶级的窗口来看待商业或政府。"[9] 作为广告界收入最高的女性之一，伍德沃德在四十三岁时选择退休，并前往巴黎从事写作。

《多面窗透视》于 1926 年出版。作者将读者带入了一家运作中的广告公司，揭示了这个充满狂热创造力、最后期限、胜利和灾难交替出现的地方。她形容这个领域为一个"匆匆忙忙、开玩笑、抽烟和咒骂"[10] 的商业世界。在这里，文案人员拥有最佳思维和最敏锐的洞察力。如果把他们放在另一个时代，他们也许会成为传教士或教师。而在广告业，他们将热情放在自己不信任的产品上。对于这份工作，伍德沃德嘲讽道：一想到要说服数百万人购买一罐汤，她就兴奋不已。在准备文案时，她真的相信这是最好的汤。等广告完成了，她的激情也耗尽了，她无法想象自己会去喝这种汤。在保持狂热的创造力和完事后疲惫的交替状态下，大多数文案人员在四十岁时已经失去了兴趣。一些人选择退休，有的选择晋升，还有一些人开始酗酒或者打打高尔夫。总之，他们有足够的时间来反思。伍德沃德总结说："在广告业，我们都觉得自己很重要，我们知道自己在做什么，不管是下周还是明年的计划，都了然于胸。然而，我渐渐意识到我们其实无关紧要，我们轻如鸿毛。广告并非邪恶的力量，只是盲目、愚蠢和不真实。"[11]

第二本书《金钱的机制》(*Your Money's Worth*, 1927) 对美国推销员的控诉更为严厉，于 1927 年出版。该书由斯图尔特·蔡斯 (Stuart Chase) 和弗雷德里克·J. 施林克 (Frederick J. Schlink) 合著。斯图尔特·蔡斯是一名自由派经济学家，因政治问题被联邦贸易委员会解雇。施林克是一名机械工程师，曾在美国标准局（Bureau of Standards）和私营企业工作。这本书宣称："我们如同梦游仙境的爱丽丝，周围充斥着相互矛盾的销售主张、虚假的承诺、华而不实的包装、高高在上的言辞，以及几乎无法理解的无知。"[12] 该书还指责：大规模生产降低了制造商的成本，而产品价格因广告预算居高不下。名牌并不能确保质量，只会造成垄断。专利药、杀虫剂和收音机是最明目张胆地欺诈消费者的产品。面对这一切，消费者可以做什么？1906年，食品和药品法并未对广告进行规范，而依赖广告收入的报纸和杂志也不敢得罪广告商。因此，联邦政府必须介入，对产品进行标准化测试，并公布结果。这样一来，美国政治经济体系无须进行系统性变革，消费者就可以享有知情权，从而做出明智的消费选择。

在非冒犯性的政治框架里做出各种愤怒指责，让这本书受到广泛关注。巴顿说："这本书很有趣，而且某些部分是非常合理的，但整体架构还没有完成，因此不能说是写出了真相。"[13]《金钱的机制》由每月图书俱乐部（Book-of-the-Month Club）发行，十几年内售出了十多万册。[14] 1929年，施林克和斯图尔特呼吁成立消费者研究组织（Consumers Research），致力于测试各式产品，发布商品指南，指导人们选购。大萧条时期，该组织蓬勃发展，成员数量从1929年的1200名增加到1931年的25000名，两年后已有45000名成员。事后，罗伯特·林德（Robert Lynd）把《金钱的机制》称为"消费者运动中的《汤姆叔叔的小屋》"。

可以说，20世纪30年代的普遍经济危机与消费者日益增长的抗拒情绪紧密相连。在进步时代，广告批评者通常只会指责一些滥用行为。到了大萧条时期，批评范围进一步扩大：广告本身被攻击了，因为在无钱可花的时候，广告被视为造成普遍浪费的元凶。少数流行文

## 第四章 萧条与改革

化作品对广告进行了更全面、激进的攻击。如在1931年发行的电影《误闯亚瑟王宫》(*A Connecticut Yankee in King Arthur's Court*) 中，威尔·罗杰斯 (Will Rogers) 扮演的美国佬如此定义广告："它让你花钱买你不想要的东西。"[15]

除了电影，《大吹大擂》(*Ballyho*) 杂志也表明数百万美国人同意这一描述。1931年，一家造纸商和电影杂志共同创立《大吹大擂》。该杂志毫不留情地揭露了广告宣传的真相，发行量达200万份。《大吹大擂》采取了一种独特的方式：先刊登虚假广告，再刊登真实的广告，以让读者自行辨别真伪。一位名叫埃尔默·齐尔奇 (Elmer Zilch) 的人在《大吹大擂》中宣称："如果你能造出一个糟糕的捕鼠器，再花1000万美元为它做广告，全世界都会为你开辟一条道路。"[16] 他的合伙人哈维·K.波普 (Harvey K. Poop) 是第一个从统计学上证明，世界上有十分之九的人相信五分之四的人患有脓毒症。[17] 该杂志还提出了广告十诫。（第十条：你应觊觎邻居的汽车、收音机、银器和冰箱，以及属于他的一切。[18]）

1933年，施林克与电气工程师阿瑟·卡莱特 (Arthur Kallet) 合著《1亿只豚鼠》(*100,000,000 Guinea Pigs*)。这本书是《金钱的机制》的激进版本，重点关注食品、药品和化妆品。作者声称，这些产品不仅毫无价值，而且很危险。这本书提供了因贴错标签、商品掺假而导致死亡或毁容的可怕案例。对《金钱的机制》置之不理的《印刷者油墨》，再也无法无视外面的喧嚣。《印刷者油墨》评论：施林克在上流社会中的追随者，对印刷商和有信誉的广告主都是一个严重的威胁。[19]《1亿只豚鼠》的受欢迎程度超过了《金钱的机制》，六年内印刷了32次，超过25万册。这一现象反映出公众对这一议题的意识在不断提高。

与此同时，《多面窗透视》的激进版本也出现了。作者詹姆斯·罗蒂 (James Rorty) 在广告行业工作了十几年，为 BBDO 等广告公司撰写过文案。同时他还是一名社会主义者，经常在马克思主义左派期刊上发表言论。罗伊·德斯廷这样评价他："他很勤奋、可靠，他撰写的广告也很让人满意。大家都知道他是一个共产主义者，但他大多把这些主义藏在心里，偶尔会用嘲讽的笑声表达出来。"[20] 1934年，罗蒂离开广告业，出版了《我们主人的声音》（*Our Master's Voice*）一书。他说，在从事广告业的头三天，他已经学到了所有文案写作的知识。他对自己写出数百万字的文案并不骄傲："谢天谢地，这些都是不具名的，我永远不会认领其中的任何一句话。"[21]

和伍德沃德一样，罗蒂认为广告人比大多数商人更聪明、更老练。"但在日复一日的小齿轮转动时，他掏空了自己的精神。每天在欺骗中穿梭，逐渐贬低了自己。"[22] 罗蒂指出，两代人以来，美国人一直像服从神谕一样听广告的指令，吸收它的价值观，遵循它的指示。但现在，大萧条让广告与整个系统陷入了更深的危机。自1929年以来，广告都流行低俗风，这是陷入困境的绝望挣扎。罗蒂总结道："这些时日，广告人确实不开心，他们很紧张，好像在等待世界末日的到来。不过我大胆预测，当法西斯运动在美国发展起来时，广告人将会冲在最前面。"[23]

这本书仅售出3000册，但在紧张不安的广告界引起了轰动。《印刷者油墨》评论：由于以内部人士的身份写作，罗蒂的批评具有很强的穿透力，其中的推论也让广告人感到惶恐。[24] 蔡斯认为这本书是对一个已经注定失败的系统的解剖。[25]《广告时代》将它视为一个时代的征兆。（所有的商业都在受到攻击，而广告是机器时代商业的一个突出特征。）正如《广告时代》所指出，罗蒂的争论与其说与广告有关，不如说与资本主义本身有关。[26] 罗蒂在1935年时说："不要试图改革广告，它是文明中错误的部分，我们必须运用马克思主义的革命公式，从底层开始做起。"[27]

罗蒂的出现，让其他广告改革者显得节制和保守。在消费者研究组织的员工发起一场罢工后，① 阿瑟·卡莱特离开了，他后来创办了消费者联盟（Consumers Union）。这两个组织不断发展壮大，给麦迪逊大道带来了不小的压力。消费者运动也吸纳了女性团体，如妇女选民联盟（League of Women Voters）、美国家政学协会（American Home Economics Association）以及妇女俱乐部总联合会（General Federation of Women's Clubs）。除此以外，还有一大批无组织的个人：教师、办公室工作人员、工会成员、自由派公职人员等。这些无组织的个人阅读了大量的消费者文献，对消费者运动给予同情。

大萧条时期，国家救济局（National Relief Administration）和其他消费者委员会针对广告发布了系列新政（New Deal）。其他官员以及政府组织也加入了广告监管的行列。罗斯福总统的亲信哈利·霍普金斯（Harry Hopkins）说："从我看到的一些广告来说，政府接管广告业务并不是一件坏事。"[28] 多年来，联邦贸易委员会未能采取实质性行动，甚至将权力交给了农业食品和药物管理局。农业部助理部长雷克斯福德·图格威尔（Rexford Tugwell）同意从联邦贸易委员会手中接过广告监督权。纽约参议员科普兰（Royal Copeland）发起了一项法案，并于1933年获得国会通过。按照最初的起草，科普兰法案将为所有食品建立等级和标准，赋予农业部长对食品、药品和化妆品生产和销售的广泛权力。该法案还将监管范围从产品标签扩大到广告，宣布任何含误导性、含糊性或暗示性广告为虚假广告。

面对这些威胁，广告界也发起了反击。C. C. 帕林代表全国出版商协会发言。他警告科普兰法案中的等级标签条款威胁美国报纸和杂志的生存。[29] 布鲁斯·巴顿表示，正在进行的社会革命让广告业变得很规范，以至于美国人都看不到什么广告，这个情形和希特勒的

---

① 因工作时间长、工资低，消费者研究组织的几名员工要求加薪，但被创办人施林克立刻拒绝。1935年，三名员工组建了工会，施林克知道后解雇了他们。此举激怒了众人，大家决定罢工，并另起炉灶。

德国、墨索里尼的意大利没什么两样。[30] 拉斯克对于科普兰法案也很气愤。对此,他发表了一次罕见的公开演讲,并预测:生活水平降低,没有竞争,新闻界受到束缚,最糟糕的是,广告的戏剧性和情感吸引力被剥夺。拉斯克说:"就算是普通消费者也不会理解政府的标准。虽然广告有其滥用之处,但这个行业可以自己照顾自己,怎么能为了赶走老鼠而烧掉谷仓。"[31]

事后看来,广告界似乎有些过分担心了。这反映出广告人的焦虑和绝望,以及政府控制的潜在危险性。广告业在大萧条时期暴露了各种问题,对此,政府是否会阻碍麦迪逊大道的发展?在这个恐怖气氛下,连拉斯克都站在了讲台上。当时,科普兰法案的阴影笼罩着整个行业,甚至侵入了拉斯克的度假计划。在1933年到1934年期间,当前往佛罗里达州时,拉斯克一边期待着享受阳光和海滩,一边向朋友坦言:"幸好,政府还没对这里的阳光进行管制。"[32]

为了避免联邦政府的进一步干预,广告业再次强调了自我监管的重要性。1934年,非处方药协会(Proprietary Association)通过了一项道德准则,并成立了一个委员会,以监管非处方药。广告界也开始关注消费者运动。曾是AAAA董事会主席的阿西(Arcy)说:"潮流已经对我们不利,红灯正在闪烁。"[33]《印刷者油墨》也发表了相同的意见:这是一场无人预料到的消费者反叛,而且正在蔓延。[34] 消费者运动得到了文化程度较高人群的支持,虽然这部分群体并不是广告的主要目标受众,但广告界也不敢冒犯这些在政治上善于表达的活跃公民。《印刷者油墨》继续说:危机已经来临,如果广告主想继续生存,最好正视这个问题。[35] 整个20世纪30年代,随着科普兰法案的提出,消费者运动不断扩大,广告人也时刻小心谨慎。

在广告界,没有人能够与时代隔离开来,只按照自己的方向行走致远。但雷蒙德·罗必凯(Raymond Rubicam)是个例外,他是广告史上伟人理论的有力论据。大萧条十年里,在其他广告公司纷纷倒闭和裁员的情况下,罗必凯引领着广告公司从一家无名小卒爬到了市场第二,仅次于智威汤逊。在硬性销售的主流时代,罗必凯则倾向于时尚、间接的宣传技巧,并以强有力的视觉形式和幽默的广告风格为策划原则。在行业被广播

雷蒙德·罗必凯

新技术吸引的同时,罗必凯则偏爱印刷媒介,在经济大萧条下,罗必凯坚持道德克制。他和斯坦利·雷索尔一样,不会利用投机活动招揽客户。消费者联盟的德克斯特·马斯特斯(Dexter Masters)说:"当雷蒙德·罗必凯在房间里时,人们可以把广告看作是一种职业。"[37]

罗必凯以卓越的技能逆袭了历史的巨浪。他以文案起家,作为一名年轻的广告人,他创造的活动和口号持续影响了几十年。罗必凯曾向奥格威这样谈起他的文案工作:"我有一些杰出的作品,但并不多产,也不善于变通。"[38]当广告公司达到一定规模后,罗必凯就不再写作,主要负责监督文案。他对奥格威说:"比起独立策划,我觉得自己在担任文案主管和创意指导的角色上表现更为出色。"尽管罗必凯享受着创作广告带来的喜悦,但他也尊重研究,这是文案的克星。他把乔治·盖洛普(George Gallup)从西北大学挖来,开发了民意调查的方法。随着公司的不断发展,罗必凯最终放弃了担任文案主

管，专注于行政管理、招揽客户，扮演了广告政治家的角色。后面的这些身份，即便他不适应，但他的表现仍然令人瞩目。

此前的广告领袖都只在一两个方面表现出色，而罗必凯是一个全才，性格温和、沉着稳重。他综合了卡尔金斯的文案写作才能、海伦·雷索尔的教学监督天赋、斯坦利·雷索尔的社会科学认知、阿尔伯特·拉斯克的帝国视野以及西奥多·麦克马纳斯的道德观。罗必凯不仅是他那一代人中最伟大的管理人，还是广告史上最全才的从业者之一。在取得所有这些辉煌成就之后，年仅五十二岁的他选择了退休生活。退休后，他不爱指责别人，也很少受到麦迪逊大道老手们的指责。

罗必凯在广告界是一个传奇。但从成长背景来看，罗必凯的成功实在令人难以置信：早期没有远大理想，没有学习榜样，家庭生活不稳定，也没有伯乐为其指引。这一切都是罗必凯自己创造的。在无数份工作后，罗必凯找到了自己的领域，选择在广告界落地生根，坚定着自己的标准和道路。

1892年6月，罗必凯出生在费城，父亲属德国路德教派，母亲属法国胡格诺派。不幸的是，罗必凯的祖父在去世时将财产留给了已故妻子的姐妹，导致家庭失去了经济来源。此后，罗必凯的父亲成为一名贸易记者，母亲则为《高娣》杂志撰写诗歌。父母的文字基因也悄然融入了罗必凯的成长历程。在他五岁时，父亲死于肺结核。作为八个孩子中最小的一个，罗必凯只能借住在兄弟姐妹家中。某种意义上，罗必凯失去了双亲，也开始了背井离乡的生活。有时他住在姐姐俄亥俄州的家，有时住在哥哥得克萨斯州的家，更多时候，罗必凯住在哥哥哈里在丹佛的家。从小没有双亲的陪伴，造就了一个不羁的男孩。他在学校经常惹麻烦，至少离家出走过两次，八年级就辍学了，之后在一家杂货店做全职店员。[39]（后来当被问及他的大学背景时，他可能会随口提到一个不存在的"泽西大学"。[40]）

## 第四章 萧条与改革

对故土的眷念把罗必凯带回了费城，一个他不太了解的家。年仅十八岁的他踏上了东方之路，历经种种职业，从服务员、剧院招待员、电影放映员，到推销员和工人，甚至与流浪汉一同度过一段时间。或许出于模仿欧·亨利的原因，这段旅途让罗必凯亲身感受到了人生的艰辛与苦难。[41] 婚后，罗必凯曾跟儿子讲述偷盒饭的故事。[42] 然而，这次人间漫游让他看到了亲戚的友好，也让他回归到了传统的家庭生活。他在费城的一家报纸上撰写过自由报道，之后成为报社小记者，每周12美元。他还从事过汽车销售工作，在此期间，他经历了爱情的降临。但微薄的收入无法支撑起一个家庭，他表示，"我听说广告是一种特殊的业务，有自己的世界"[43]。广告发挥了他的写作和销售特长，最重要的是，广告的报酬要高得多。

当他涉足这个新领域时，这个曾经任性的年轻人表现出了坚持不懈和勇于奋斗的一面，这也是他走上职业巅峰的重要品质。他开始翻看广告，寻找广告，研究广告。他曾为费城两种产品撰写了广告语：一种采用美国著名体育记者林·拉德纳（Ring Lardner）的俚语风格，用于塞式烟草；另一种采用著名新闻评论家沃尔特·李普曼（Waiter Lippmann）的语言风格，用于一家卡车公司。由于对广告公司没什么了解，他联系了广告主："我打电话给两家公司总裁，告诉他们我有非常有价值的东西给他们看。"[44] 尽管罗必凯没有直接与任何总裁取得联系，但烟草公司将他推荐给了广告代理机构阿姆斯特朗（F. Wallis Armstrong）。罗必凯将他的广告文案留在阿姆斯特朗办公室后，第二天便回来了。他本来希望能与老板面谈，但被告知需要等待。

阿姆斯特朗是一个老派的暴君，身材高大，声音洪亮，经常欺负员工，对客户也不苟言笑。一个客户曾说："所有为他工作的人都讨厌他、鄙视他。"[45] 他拥有两个主要客户的股份，金宝汤和惠特曼（Whitman）糖果。当时年仅二十三岁的罗必凯一无所知，他在办公室的大厅里开始了漫长的等待。直到午后，阿姆斯特朗才走出来，说他太忙了，明天再来。第二天罗必凯又来了，连续九天，阿姆斯特朗都在这样的把戏中玩弄他。罗必凯回忆说："我坐在大厅的一张长椅上，至今我还能感受到它的硬度。在这期间，老板三次叫过我的名字，但都说不能见我。到了第九天，我已经无法忍受了。"[46] 于是，罗必凯给阿姆斯特朗写了一封信，亲手送了出去，表达了他的愤怒。回家后，罗必凯感到大快人心。送信第二天，阿姆斯特朗终于同意与他见面。他说："你的那些广告没有什么价值，但这封信有真正的东西。"[47] 经此，罗必凯被聘为文案学徒，每周20美元，但有一个条件，他只能利用非工作时间去洗手间。

作为19世纪未经改革的广告人，阿姆斯特朗将重点放在广告媒体上，广告制作对他来说并不重要。他表示："文案就是罪恶，艺术总监就像一个没什么用的奢侈品一样。"[48] 他对员工很不尊重，甚至于到了羞辱的地步。阿姆斯特朗规定，员工不能在办公室接待私人访客或打私人电话，也不能有公事之外的社交。阿姆斯特朗见不得他们聚在一起吃饭或者在工作之外一起玩，他经常让职员在办公室墙边排成一排，气势汹汹地痛斥："我付给你们的钱难道不比你们的价值高吗？"[49] 尽管公司环境恶劣，罗必凯还是从两位叫苦连天的文案人员那里学到了技艺，他们是沃尔斯坦·迪克西（Wolstan Dixey）和威廉·贝尔（William Baer）。再加之对智威汤逊广告的研究，罗必凯为不同产品撰写出了好评文案。公司付给罗必凯不等值的奖金和加薪，并给了他一些口头承诺。但阿姆斯特朗背叛了商业信任，罗必凯因此决定辞职。这是他和老板间的最后一次冲突。与阿姆斯特朗共处三年，罗必凯说："一个公司健全的简单程式，就是推翻阿姆斯特朗所做的一切。"[50]

罗必凯本想加入智威汤逊，但碍于费城没有分支机构，选择了艾尔父子广告公司。艾尔父子是他家乡最好的广告公司，每周给他125

美元。(阿姆斯特朗问:"去艾尔,嗯?他们要你干什么?"[51])艾尔公司创办于五十年前,威兰德·艾尔作为创始人,仍时不时会来到公司,是一位仁慈的独裁者。艾尔公司是广告界的一股清流,坚守着道德和公平:不和客户有私下交易,员工关系友好,鼓励员工敢于创新。遇到阿姆斯特朗之后,这个地方对罗必凯来说就像一个天堂,可以让他全身心投入到工作中。罗必凯的首要任务是完成钢琴商施坦威的广告制作。多年以来,施坦威公司主要靠声誉和口碑来维持业务,很少做广告。罗必凯被告知,要按照以前的宣传形式,准备三个完整的杂志版面。在撰写文案时,罗必凯翻阅了施坦威的旧广告,他注意到自钢琴品牌瓦格纳(Wagner)以来,施坦威一直备受众多伟大钢琴家和作曲家的青睐。

作家都知道,灵感的事不能强求。当大家千呼万唤时,缪斯女神偏偏不现身,恰恰是在无意中,她才突然降临。罗必凯也是如此。他焦头烂额地审视着施坦威的文案,直到他无意中注意到桌上的一张纸,才让他分散了一会儿注意力,灵感来了!他回忆说:"不费吹灰之力,我脑海中浮现出'不朽乐器'(The Instrument of the Immortals)这句话。我把文案写在一张黄纸上,沉醉其中,然后把它放在书桌抽屉里。"[52]几天后,这一文案依旧生动有力。对于广告图片的选择,罗必凯找了一个类似于钢琴家弗朗茨·李斯特(Franz Liszt)的模特,让他触摸着键盘。图片中,阳光透过窗户,模特轮廓清晰可见。在"不朽乐器"这一标题下,罗必凯添加了一则简短的段落:"音乐史上只有一架顶级钢琴。在李斯特和瓦格纳、鲁宾斯坦和柏辽兹的时代,施坦威的卓越地位就像今天一样毋庸置疑。它和现在一样,都是大师们选择的乐器,是理解和尊重伟大音乐的首选之地。"然而,客户认为这一"口号"有失尊严,反对把它作为整个广告活动的基础,但同意用一次。二十年来第一次,施坦威的广告引起了较大反响,客户也重新考虑了立场。1920年代,在收音机和留声机的冲击下，施坦威的销售额上升了70%，"不朽乐器"也成为施坦威钢琴几十年来的标志性口号。

除了施坦威，罗必凯还撰写了施贵宝（ER Squibb）广告文案。施贵宝以处方药而闻名，1921年决定为非处方药产品做广告。出于对专利药的警惕，施贵宝拒绝了艾尔提出的前四个广告文案。罗必凯接手了这一任务，同时需要满足以下要求：不要图片，页面底部只需要小号字体的产品列表，要利用施贵宝的好名声。五十多年后，罗必凯写道："为了写出那些有效的东西，我做过很多努力，现在脑海中都是痛苦的画面。"[53] 他经常在晚上写作，上午很少产出。他说："一天晚上，凌晨两点，我准备睡觉。当我收拾好黄页时，又看了一眼我写的标题。突然，我从两个不同的标题中发现了两个不同的词语组合，一个是'无价之成分'（Priceless Ingredient），另一个是'荣誉和诚信'（Honor and Integrity）。"罗必凯融合了这两个标题，最终生产出"每个产品的无价之成分就是制造者的荣誉和诚信"（The Priceless Ingredient of every product is the honor and integrity of its maker）的著名文案。挑剔的广告主不仅接受了这句话，还将其作为公司的口号，一直沿用至今。1945年，《印刷者油墨》调查读者眼中最伟大的广告时，排在"出人头地的代价"之后的就是罗必凯的"无价之成分"和乔丹的"拉勒米西边某地"。[54]

在艾尔的三年半时间里，罗必凯为劳斯莱斯、国际函授学校和艾尔自身等机构策划了著名的广告文案。很少有人能在如此短的时间内接连产出如此多的佳作。后起之秀罗必凯被一家中西部广告公司所青睐，一夜之间，年薪达到12000美元。但他不满足于此。1922年，威兰德·艾尔去世后，公司继任者是艾尔的女婿。新任老板不仅自满无知，还没有领导能力。更有甚者，继任者不重视艺术和文案的重要性，更不会从创意部门寻找合伙人。艾尔在纽约的手下经常把智威汤逊的广告从杂志上剪下来，带到费城，把它们摊在文案部门的地板上

## 第四章 萧条与改革

质问:"为什么我们不能这样做?"⁵⁵1923年,艾尔公司放弃了罗必凯和乔治·塞西尔(George Cecil)这两位最优秀的文案人,并任命了一位年龄较大、关系较好、能力较差的人担任文案主管。罗必凯再次决定离开。在阿姆斯特朗和艾尔的两次经历,让罗必凯有了更为明确的想法。

在阿姆斯特朗,罗必凯结识了约翰·欧尔·扬(John Orr Young)。两个人曾共用一个办公室。约翰·扬是一名会计兼商人,性格开朗、善于交际。罗必凯曾帮助扬跳槽到艾尔公司,两个人成为亲密的朋友。1923年春,他们决定成立自己的广告公司扬罗必凯(Young & Rubicam)。

扬来自爱荷华州的一个小镇。大学毕业两年后,他在L&T芝加哥公司的克劳德·霍普金斯手下担任广告撰稿人。信奉文案派的霍普金斯,不喜欢扬为新奇士(Sunkist)制作的多汁橙子图片。扬在办公室曾四处传递讽刺霍普金斯的纸条,这加快了他离开L&T的步伐:

**大声 & 承诺**⁵⁶

*不良广告*

AD Rascal,总裁　　　　　　　电报地址:掠夺性

欺诈·霍普金斯,副总裁

随后,约翰·扬在芝加哥和纽约从事各种广告工作。约翰擅长招揽客户,他回忆说:"我从来没有感觉到那种捕猎的本能,这种本能促使销售人员取得了巨大成功。我希望自己也有这种本能。"⁵⁷

约翰·扬为扬罗必凯带来了第一个重要客户。他拜访了通用食品

公司的纽约办事处。他声称："我们敢于让广告主把最棘手的那部分交给我们。"[58] 他谈下了一款销售量很低的饮料波斯特（Postum），该产品不含咖啡因。罗必凯为该产品写了一系列广告。不过，他并没有强调不含咖啡因的老套说法，而是声明波斯特能舒缓紧张和失眠。比如男人为什么会崩溃（Why Men Crack）、铁人也会生锈（When the Iron Man Begins to Rust）。这些广告不仅提高了产品销售，赢得了哈佛 – 波克奖，还使扬罗必凯成为一家正式的广告代理公司。为了奖励扬罗必凯公司，通用食品公司把大销量产品葡萄果仁（Grape Nuts）的业务交给了他们，并承诺如果扬罗必凯公司搬到纽约，将会有更多的业务合作。1926 年，该公司按照承诺搬到了纽约，在接下来的几年里，通用食品公司把果冻（Jell-O）等其他产品都交给了他们。

随着扬罗必凯的业务增长，公司员工人数也迅速增加。第一批新成员之一有塞缪尔·谢尔（Samuel Cherr）、罗伯特·沃克（Robert Work）等人。扬罗必凯将谢尔从《纽约美国》（New York American）杂志社聘来，担任商品部负责人，他的薪水比扬和罗必凯都高。由于本人非常较真，且好争论，谢尔很快就被称为不先生（Mr. No）。[59] 他的一个手下说："谢尔有一种能力，他是我认识的人中，最会给别人灌输最高要求和标准的人。"[60] 罗伯特·沃克则从办公室小弟做起，最终凭借技能做到了文案主管一职。后来成为《假日》（Holiday）杂志编辑的特德·帕特里克（Ted Patrick），于 1928 年开始为扬罗必凯撰写文案。到 1930 年，扬罗必凯又增加了两位文案大将：约翰·罗斯布鲁克（John Rosebrook）和路易斯·布罗克韦（Louis Brockway）。

扬罗必凯还挖走了老雇主艾尔公司的优秀人才。如查尔斯·勒罗伊·惠蒂尔（Charles Leroy Whittier）于 1924 年加入，三年后成为文案主管。由于没有发际线，惠蒂尔被称为秃鹰。他拥有一副敏捷的头脑。一位同事说："他有着丰富的想象力，对一般人都有点瞧不上，不过一般人也有点怕他。"[61] 他曾写过一本长达五百页的广告学畅销书。另一位文案人员哈罗德·西德尼·沃德（Harold Sidney Ward）于1926年加入。1929年，客户经理西格德·拉蒙（Sigurd Larmon）也从艾尔公司来到扬罗必凯，拉蒙之后还接替罗必凯成为扬罗必凯的负责人。1930年，扬罗必凯公司通过提供高薪、副总经理职位和公司股票的方式，以2.5万美元的价格从艾尔公司聘请了沃恩·弗兰纳里（Vaughn Flannery）。弗兰纳里是广告界公认的顶尖艺术总监，自称为广告设计师。他认为，广告设计师不是简单地将艺术转换为商业，而是对广告和设计都要有持久的兴趣。弗兰纳里说："就像建筑师一样，我们必须接受手艺的限制，但同时要将这些限制转化为更有效的结果。"[62]

一群来自非传统背景的非传统人士聚集到扬罗必凯公司。作为一个出身不好、几乎没有受过正规教育的人，罗必凯看重的是才华和思想，而不是简历上的常见履历。据统计，在扬罗必凯的老员工中，只有三分之一完成了大学学业，[63] 还有三个人高中肄业。卢·布罗克韦（Lou Brockway）于1930年来到扬罗必凯时，他发现该机构的七名高层人员都没有上过大学。他曾表示："因为我上过大学，我还有了自卑感。"[64] 与智威汤逊和BBDO相比，扬罗必凯对古怪行为容忍度更高。像罗必凯本人，中午之前是不太可能工作的。特德·帕特里克也经常迟到，午餐都要吃很长的时间，偶尔还会溜到网球场。除此之外还有非传统人士惠蒂尔和弗兰纳里。惠蒂尔的父母是歌舞杂耍演员，五岁时惠蒂尔就开始演出，并通过创作短剧学习了写作。他为波斯特发明了一个卡通形象"咖啡神经先生"（Mr. Coffee Nerves），一个有胡子的舞台恶棍。惠蒂尔爱好广泛，但都是三分钟热度：骑马、弹钢琴、耕作、减肥。而弗兰纳里则喜欢画赛马场景，退休后，他选择在马里兰州的养殖农场生活。还有杰克·罗斯布鲁克（Jack Rosebrook），他是辛辛那提本地人，对美国内战前的南方很着迷。他

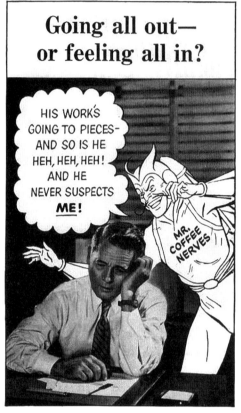

非传统人士惠蒂尔设计的"咖啡神经先生"广告形象

的图书馆有 500 多部内战时期的藏书。罗斯布鲁克在夏洛茨维尔郊外有一个种植园,每年都会举办一次南方军团将军服装的足球赛舞会。他喜欢被称为上校,给儿子取名杰布·斯图尔特·罗斯布鲁克（Jeb Stuart Rosebrook）。

扬罗必凯创造了一个开放、友好、非正式的办公氛围。很多工作都是在大厅里或者路上交涉。罗斯布鲁克说："除了秘书,九点半前没有人会来,谁要是在十点之前召开会议,那真的愚蠢。"[65] 只要工作完成了,罗必凯对于这些细节根本不会在意。在这里,以神经质和脾气著称的艺术家和撰稿人掌握着一定的话语权。有一天,一位秘书告诉一位艺术总监,她不需要减肥,因为她学的是芭蕾舞。为了证明她的观点,她还请对方摸她的大腿肌肉。就在这时,罗必凯带着一位客户走进来了,罗必凯赶紧说："嗯——艺术家,你知道。"[66] 然后退出了房间。

每当临近截止日期或客户想要更改方案时,就意味着大家要开始与时间赛跑了。这时,只要有时间的人都会加入"团伙作案"（gang ups）,开一个紧急会议,给大家点上咖啡、三明治和香烟,然后大家以迅雷不及掩耳之势制作出广告。罗斯布鲁克回忆说："虽然没有听到发令的哨声,但我们投入了很多的加班时间。罗必凯最喜欢在下午四点召集人手,那么我们就要一直工作到晚上。"[67] 即使不加班,罗

第四章 萧条与改革

必凯也很少在晚上七点半前离开办公室，工作结束后，他还会找一个饭搭子。有天晚上，他在无线电部门找到了一个新人，他打了声招呼："晚上好，我叫罗必凯。"新来的人说："噢，我叫约翰·扬。"[68] 尽管如此，罗必凯还是请这位开玩笑的新人吃了晚饭。

扬罗必凯的快节奏也给罗必凯带来了一些遗憾。在公司创办早期，罗必凯怀着文学抱负，想全职写小说。约翰·扬深知公司离不开罗必凯，曾劝他放弃文学家的梦想，但也提醒他放弃的代价。罗必凯选择继续留在公司，之后他接任总裁，拥有了公司的控股权。权力、话语也都流向了罗必凯。而约翰·扬本人更喜欢享受生活的乐趣，他认为富有不是夜以继日的工作借口："记住，当你拜倒在成功偶像的脚下时，最美好的年华正在逝去。"[69] 罗必凯的女儿凯瑟琳和约翰·扬的女儿是最好的朋友。当凯瑟琳去扬家时，总能看到约翰·扬叔叔和孩子们在一起。她回忆说："我的爸爸总是在工作。"[70]

罗斯布鲁克指出："一段时间以来，公司重要人物都在背后嘀咕扬没有承担他的责任，但却从大额股票中获得了高红利。约翰喜欢休长假，工作时也不太努力。他总是抱怨自己身体不好，我认为他并非欺骗大家，但我也肯定，他早已对工作感到厌倦。"[71] 作为一个随意的管理者，约翰·扬对分管业务也不太重视。一个客户还告诉罗必凯不要带扬参加广告展示。1934 年，约翰·扬被逼离开了公司，西格德·拉蒙取代了他的位置，成为了新业务负责人。

当然，即使是罗必凯也不会一直高负荷运转。作为费城的一名小记者，他曾评论过戏剧。尽管所受教育有限，但他博览群书，对语法和标点符号十分谨慎。（他曾教自己的孩子学习如何使用分号。）他读书是为了放松，而读历史、传记和社会评论则是为了思考。作为一个思想家，他没有受到任何正统商业观念的限制。罗必凯对布鲁斯·巴顿说："我们商界的大多数人都犯了一个错误，那就是把商界的批判性审查留给了它的敌人，而自己只满足于为它辩护。"[72] 作为独立的共和党人，罗必凯两次投票给罗斯福。从性情上讲，他喜欢辩驳，敢于质疑任何没有根据的断言。有时，他在社交中还会挑起激烈的争论，让在座的妻子们感到尴尬。他喜欢游戏，好胜心也很强。他喜欢打高尔夫，成绩一直都是六杆，直到在宾夕法尼亚州巴克斯县买下一个农场，他又把注意力转移到饲养动物上。农场也释放了他安静、沉思的一面。偶尔，罗必凯会参加巴克斯县的贵格会教派的祈祷会，其他时候，只是在椅子上打坐沉思。

罗必凯周围是一群超强人才。可一旦罗必凯宇宙爆发，同事们无不畏惧。在底特律的一次客户会议上，罗必凯停下来喘口气时，其中一位客户联络人插话说，罗必凯先生想说……回纽约的火车上，罗必凯解雇了联络人，因为抢走了他的风头，但这个插曲并不时常发生。[73] 一般情况下，罗必凯说话还是很温和的。罗必凯本人是中等身材，有着淡褐色的眼睛和一张椭圆形的脸，五官平淡无奇。他从不哗众取宠，也不拉帮结派。一个文案人员曾评价："没有人能超过雷蒙德·罗必凯。"[74] 另一位文案人员表示："有的时候，一个贸易广告，我们会研究一整个星期。想象一下！整整一个星期，不过这很正常。"[75]

罗必凯以自己的设想，把扬罗必凯打造成了一家创意机构，这也是他在艾尔的从业教训。在同时代，很多广告技巧主要以推荐式文字事实为主，但在罗必凯看来，这些技巧都是不入流的。他曾经说："很多广告文案人，都应该去挖下水道。"[76] 1928 年，在美国广告主协会的一次演讲中，他认为广告业最需要的是对文案有热情的好作家们。[77] 在扬罗必凯公司，他将创意控制权交给艺术家和撰稿人，而非行政人员和客户经理。在 20 世纪 30 年代的大多数广告公司，为了适应客户需要，客户联络人有权修改广告，而扬罗必凯是第一家改变这一古老传统的大型广告公司。扬罗必凯的艺术和文案明星也经常成为合伙人，还能得到股票分红。

霍普金斯的理性广告学派，擅长抓住一个亮点，然后不断重复。相比之下，罗必凯强调新方法的使用，希望呈现一种与众不同的广告风格。他经常说："一个想法的价值与使用次数成反比，我们的工作就是要抵制反复使用的常规做法。"[78] 典型的扬罗必凯广告风格不会大量重复，而是轻巧地使用间接标题和耐人寻味的文案线索：要学会用胡萝卜代替棍棒。① 比如，惠蒂尔广告手册的标题为《创意广告》（*Creative Advertising*），这意味着文案首先需要想象力，其次是逻辑。惠蒂尔说，说服的艺术要使人们在不被逼迫的情况下，自己做出决定，支持产品。[79]

总的来说，霍普金斯传统信任研究和计算，而罗必凯拥护的麦克马纳斯传统则信任直觉和创造性。沿着这一学派，罗必凯开辟了自己的道路。1920年代，西北大学广告与新闻学教授乔治·盖洛普（George Gallup）针对印刷媒体做了一项调查，以找出最受观众关注的内容。经调查，最受关注的是图片，占比85%；其次是漫画，占比70%，社论漫画为40%—50%；而头条新闻和社论的表现就差远了。从性别差异来看，女性群体不太喜欢运动内容，男性群体对社会和烹饪类文章不感兴趣；百货商店类广告吸引了10%的男性和55%的女性。[80]

这次调查结论都在常识范围之内，但盖洛普在1931年夏天的读者调查却令人惊讶。为了找出最有效的广告技巧，调查将四个周刊的广告制成表格。调查发现，经济和效率排名第一，质量第五，性和虚荣并列第九，也是最后一位。盖洛普面试官访问了1.5万户家庭，调查人们印象较深的广告作品。事实证明，男性最注重广告的产品质量，第二才是性。女性注重的点依次是性、虚荣和质量。[81] 可见，广告商最不常使用的诉求实际上是公众最关注的层面。

---

① 这里的意思指，罗必凯讲求间接说服的广告风格，而不是直接的硬性推销方式。

盖洛普的调查引起了广告界的注意。1932年3月,《广告与销售》杂志评价,盖洛普这一名字在过去一年迅速进入了公众的视野,作为广告和营销界的新秀,他为大家提供了最热门的话题。[82] 各大广告公司都想把他从学术界挖走。1932年4月,罗必凯在芝加哥见到了他。盖洛普回忆说:"雷蒙德·罗必凯对广告如何运作的兴趣远远超过与我交谈的其他人,他为我提供了完全的自由度,这在商业世界中不可想象。"[83] 盖洛普同意学期结束时全职加入纽约的扬罗必凯公司。

与华生在智威汤逊相比,盖洛普对扬罗必凯产生了更重要的影响。[84] 当他有新的想法时,罗必凯会召集高层人员,不断推敲。鉴于盖洛普的调查,惠蒂尔为葡萄坚果发明了一个卡通人物形象小阿尔比(Little Albie)。卡通人物就产品进行对话,广告宣传选择图片形式。盖洛普还表明,读者更喜欢短段落,段落末尾要留出空白,使用斜体、粗体、副标题分解文案。此外,观众更喜欢矩形图片,而不是奇怪的形状和未裁剪的照片。

不仅如此,盖洛普的影响力扩展到了扬罗必凯之外,如有更多的广告呈现裸体、性感、连环画以及其他读者偏好的相关内容。AAAA前研究主管丹尼尔·斯塔奇(Daniel Starch)与盖洛普几乎是同时期研究广告的两位学者。作为公认的营销心理学家,1932年,斯塔奇创办了自己的公司,与盖洛普成了竞争者。1930年代享有盛誉的美国汤逊(Townsend)兄弟,通过研究提出了广告的二十七点原则。[85] 盖洛普在扬罗必凯待了十六年,从不后悔离开学术界。他说:"我有足够的钱,可以用来做我想做的任何一种实验,而且没有人要求我做不符合道德的事。"[86] 有一次,一个年收入达200万美元的除臭剂客户,要求他改变研究结果,证明该产品是该领域中最好的。不仅盖洛普拒绝了,扬罗必凯也拒绝了这个客户。

盖洛普的加入让扬罗必凯在业内独树一帜:一个以犀利、原创、专业、实用研究而闻名的机构,它的存在充分论证了广告既是一门艺术又是一种科学的观点。在经济萧条的大环境下,扬罗必凯的收入从 1927 年的 600 万美元增长到 1935 年的 1200 万美元,1937 年为 2200 万美元。这一阶段,新的广告主与扬罗必凯加强了合作,包括 Travelers 保险公司、Gulf 石油公司、Packard 汽车、四玫瑰威士忌(Four Roses)和百时美施贵宝公司(Bristol-Myers)等蓝筹股企业。在此期间,扬罗必凯曾两次宣布它无法再承担新的客户业务。

1930 年,当亨利·卢斯开始出版《财富》时,扬罗必凯与该杂志达成了长期互惠互利的合作关系。首期杂志刊登了一则宣传扬罗必凯公司的机构广告,该广告由罗必凯撰写、艺术总监沃尔特·尼尔德(Walter Nield)设计。广告标题为"影响"(IMPACT)。标题下方的广告图片显示了一张极其扭曲的脸:眼睛向上翻,下巴被一拳打中。照片下方,有两个简短的段落文案:根据韦伯斯特的说法,一个运动中的物体会对另一个物体产生瞬间的撞击。根据扬罗必凯的说法,广告会突然撞击冷漠的读者,并使其头脑活跃,接受销售信息。在这则广告出现的当天,好莱坞制片人山姆·戈德温(Sam Goldwyn)告诉纽约代理人,势必要签下扬罗必凯。

这些年来该机构的其他著名广告活动包括:

——圣保罗旅行者保险公司广告由西德尼·沃德制作。广告标题为:三十九岁时的思考(Thoughts at Thirty-Nine)。[87] 广告画面表现为:一个完成了年轻时梦想的男人靠在乡村的栅栏上,对着他的烟斗"反刍",思考着未来。广告文案为:我可能永远不会富有,但我不会为此而失眠……因为我已经解决了一些问题,所以我确信我永远不会变穷……那是因为:我在圣保罗旅行者保险公司投保了。

——箭牌衬衫系列广告表现得就比较幽默了。广告中呈现了一个普通人形象,他说:"即使是我穿上箭牌衬衫也很好看。"在另一则由乔治·格里宾(George Gribbin)撰写的广告中,一个男人与一匹拴在运奶车上的马正在交谈,标题是:我的朋友,乔·霍姆斯,现在是一匹马。去世的乔一直想成为一匹马,现在他以马的形式回来了。[88]乔说:"有生以来第一次戴上了舒适的项圈,因为我的衬衫领子过去总是缩水,感觉要谋杀我似的。"这位男人想,应该告诉他有箭牌衬衫,因为它永远不会缩水。

——博登公司(Borden)。扬罗必凯为不同产品制作了风格统一的广告方案。这个方案由爱德华·德克斯特(Edward Dexter)设计。20世纪30年代,农民和奶制品加工商之间掀起了价格战,从而破坏了大型奶制品工厂的形象。德克斯特给公司创造了一个卡通形象:艾尔西(Elsie)奶牛。德克斯特说:"她具有人类友好、善良、可靠的品质。"[89]广告图片展现了一头奶牛和一头小牛在牛奶仓里交谈。这则广告后来成为扬罗必凯公司鉴赏家们的一个会心玩笑。

——四玫瑰威士忌公司。扬罗必凯给它设计了一个清凉提神的视觉形象。一天深夜,亨利·兰特(Henry Lent)沿着梅里特公园大道驾车时,突然萌生了一个想法。他问妻子,"你觉得把四玫瑰威士忌冻在一块冰块里怎么样?"[90]妻子说:"我觉得这听起来有点不可思议。"广告摄影师安东·布鲁尔(Anton Bruehl)在执行想法时遇到了一个技术问题:当冰块冻实后,酒瓶被压扁了,但是当冰块悬空时,其中的威士忌就显得非常漂亮。每年夏天一到,这一漂亮的广告就会循环播放。

这些著名的广告,罗必凯本人虽没有直接参与,但他为创意部门定下了创作基调,也营造了良好的氛围。罗必凯让格里宾担任文案主管时,告诫他不能随意编辑和修改别人的文案。相反,主管要对各个文案进行比较,最好能和文案创作者进行讨论,而不是批评。[91]然后让作者自己进行修改,以保留作者的广告所有权和自豪感。

注重创意使得扬罗必凯成为艺术家和撰稿人的圣地。二十年后,专家小组挑选出业内最优秀的100名文案人员时,其中有24人在扬罗必凯公司待过,19位专家最喜欢的作品都来自扬罗必凯。[92]在扬

## 第四章 萧条与改革

罗必凯工作的人会被其他公司抢着要，但他们还是留在了扬罗必凯。即便是离开了，他们最终也会选择回来。比如，在杰克·罗斯布鲁克为劳斯莱斯写了一则广告后，Lennen & Mitchell 公司给他开出了2.5万美元的薪水，而罗斯布鲁克当时在扬罗必凯公司的工资是9000美元。罗必凯颤抖着跟他说："我们无法达到这个数字，也不会给你开出同样的薪水，但杰克，我不想看到你离开我们。"[93]（罗斯布鲁克后来说，这是他与罗必凯共事多年来唯一一次感到很亲近的时刻。）最终，罗斯布鲁克留下来了，而大多数同事也选择了相似的道路。在公司最初发展的二十五年里，没有人带着客户离开。扬罗必凯公司也会全力培养公司员工，给他们创造发展和晋升的平台。罗必凯曾表示，一个公司如果要从外部雇领导，要么是雇的员工不好，要么是没有好好培养他们。[94]

当扬罗必凯与美国烟草公司的乔治·华盛顿·希尔展开合作后，一场较量发生了，这是最好的广告公司和最难伺候的广告主之间的一次角逐。希尔把波迈（Pall Mall）香烟广告交给了扬罗必凯，当然扬罗必凯的广告宣传也提高了香烟销售额，但希尔还是一贯地不满意。之后，希尔给了罗必凯一个装有各种齿轮的装置，告诉他应该如何营销。罗必凯不为所动，也没有觉得这个装置给了任何营销上的启示。希尔还要求罗必凯必须每两周见他一次。每次见面，希尔都会发表什么是好广告的演讲内容：通过展示他的手表、小刀，以及怎么用他的牙来逗他的孙子等。希尔告诉罗必凯："公众对娱乐和广告的反应没有什么不同，你只是不了解广告业。"[95]罗必凯只能说自己对广告还是有一点了解的。希尔多次坚持要用一个全新的团队来取代为波迈香烟工作的团队。前三次，罗必凯同意了，第四次的时候，罗必凯态度变得强硬。他回忆说："扬罗必凯的大多数人都感觉到，当希尔过度介入我们的专业时，乱七八糟的东西就太多了。我们没有必要这么伺候他。"[96]于是他找来希尔，辞掉了300万美元的烟草合作项目。当这个消息传到扬罗必凯公司时，人们纷纷把酒言欢，过道上都是跳着舞的人群。

有人说："扬罗必凯公司是天堂，或者说天堂就在它的隔壁，上帝的名字叫雷蒙德·罗必凯。扬罗必凯是全世界最好的地方。这里更像是一个宗教场所，而不是一家广告公司。"[97]

20世纪30年代，广播逐渐成熟，成为继杂志之后的第二大媒体。无线电先驱卡罗尔（Carroll）回忆说："你无法想象，无线电对所有的广告公司进行了游击式攻击，所有的人都做好了打造它的准备。"[98]

电台广播给麦迪逊大道带来了一系列前所未有的问题：广告完全没有视觉效果，重新强调文字，但同时也增加了音效。广播广告以口头形式为主，一经播出，转瞬即逝。但它无法在闲暇时被下一位读者再次注意到。对于不识字的儿童和成年人群体，电台广告也能顺利传播。可以说，这一媒介扩大了目标受众。（美国宝洁公司依培纳牙膏广告自称为"红色和黄色管中的那个"。）最重要的是，电台广告侵入性极强。人们听百事可乐的广告，就像电视时代在看电视剧《阿莫斯与安迪秀》（Amos 'n Andy Show），他们是被俘虏的观众。除了地铁或杂志上的干扰信息，广告也变成了家庭中一个活生生的声音，比以往更亲密，甚至更不可避免。正如一位广播人所说："广播电台广告像火车，人们不得不把它视为生活中的一部分。"[99]

就像扬罗必凯公司，无线电在20世纪30年代以与时代不相协调的方式发展和繁荣，仿佛大萧条没有发生。如果历史学家只通过广播来了解这十年，那么他对经济危机的真实面目就知之甚少。这最好的十年里，广播家杰克·本尼（Jack Benny）在为钱太多而发愁，乐队正在演奏动人的音乐，这一吊诡处也许就是广播的最终魅力所在。30

年代的现实生活无比艰难,可当人们打开收音机时,他们可以逃避现实。广播带来了解脱,广告商们也带来了信息。

关于美国无线电广播的起源,一直流传着一个神话。在这个神话中,广播一开始是纯粹的,没有商业腐败,如果没有麦迪逊大道的加入,它可能会继续纯粹下去。传说中,广告把这个无辜的少女变成了一个俗气的妓女,以金钱为重。广播没有带来好的音乐和娱乐,却沦为迎合美国人口味的流行品。因此,一个本应具有巨大潜力的强大媒体变成了推销物质主义愿景的另一个工具。

为了找到解决方案,这个神话模仿了英国广播公司(以下简称BBC)的手段:倡导政府密切监管,听众要支付年费才能获得收听权等。美英两国的政治现实本身就不同,在美国自由企业传统中,这种方案忽略了美国文化多元化的特质。早期美国无线电广播最主要的问题是没有一个像BBC那样的中央权威。许多不同的手——无线电制造商、电话公司、新生的广播网、广告公司、广告主、杂耍演员和好莱坞明星——都在搅动着这盘大杂烩。这些多元化的利益集团又衍生出一些大大小小的网络、电台和节目,整个系统反映了美国多元化的社会结构。回想起来,很难想象美国的广播是如何取得发展的。

20年代初期,无线电作为新生事物,没有人知道它是什么。从技术上讲,它来自电报—电话—无线发明链,是远距离个体之间的口头传播。广播跟杂志、报纸等印刷媒体不同,但跟电话很像,所以被称为无线电话或广播电话。当耳机成为扬声器时,无线电增加了一个新的变革层面。广播可以抵达整个家庭,还能再现音乐。人们可以跟着音乐跳舞。收音机不像电话,也不像杂志,但具备了杂志的某些吸引力,这其中就包含了广告潜力。

从1921年秋开始的六个月内,美国共售出了50万台无线电设备。1922年春,《印刷者油墨》杂志指出:谁会想到,今天的无线电居然有这么多的广告!商界能迅速关注这种新的通信手段,捕捉到新形势，令人感到震惊。¹⁰⁰ 为了扩大广播销售市场，广播制造商开始播放电台广告。美国电话电报公司（American Telephone&Telegraph，以下简称AT&T）拥有无线电专利技术，但由于专利协议，无法生产收音机产品。为了从无线电热潮中获利，AT&T考虑开放广播，直接播放商业信息。对此，《印刷者油墨》在1922年4月宣称：这种做法还是挺激进的，毕竟家庭不是一个公共场所，广告没有必要闯入那里。很多时候，一首钢琴奏鸣曲之后直接插入一则广告：不到四十岁的你，有四分之一的概率得脓毒症！这在此前是不能想象的。¹⁰¹

AT&T决定冒险一次。1922年8月，AT&T纽约电台WEAF规定，只要支付100美元，就能获得十分钟的广播时间。随后，一家长岛房地产公司购买了广播史上第一笔广告，售出了两套公寓。WEAF开始定期播放"阅读通知"，其中五十五份以软性推销的新闻风格发布。到1923年3月，该电台已有二十五家广告赞助商，包括梅西百货、高露洁和大都会人寿保险公司。

《印刷者油墨》对这一现象感到震惊，但也反对广播广告的蔓延趋势。《印刷者油墨》警告说，如果报纸将广播视为竞争对手，他们将停止刊印广播节目表，广播广告会自缚于商业贪婪的定时炸弹上。¹⁰²《印刷者油墨》作为公认的广告《圣经》，专为印刷媒体代言。曾经在该杂志工作的E. B. 韦斯（E. B. Weiss）后来说，《印刷者油墨》的编辑原则是"发行平衡"：报纸是《印刷者油墨》的最大广告主，因此获得了大部分版面报道；杂志排第二，获得了次要报道；再次是其他广告商。¹⁰³虽然《印刷者油墨》经常在社论上谴责广告主控制编辑政策，但它实际上是按照自己的广告主节奏行进的。在反对广播广告的声浪中，它虽然摆出了高姿态——家是一个神圣的地方，任何进入家中的人都应该被邀请，¹⁰⁴但也确实出于实际的自身利益。如果知道这一点，广告界大可以忽视它的建议。相对而言，另外两本期刊，《广告与销售》和1930年后的《广告时代》对广播的态度更为公正一些。

在无政府监管的情况下，广播以市场和大众口味为导向，按照自我的规律野蛮生长着。WEAF 的先例为其他广告主打开了通道。例如，1924 年末，William H. Rankin 广告公司说服固特异轮胎公司赞助了一个小时的广播节目。仅仅过了几个星期，这个节目就收到几千封表示欣赏的听众来信，固特异对这一效果很满意。固特异在节目中使用了间接的广告方式，只在开始和结束时提及赞助商。之后，银城乐队（Silvertown Cord Orchestra）节目与广告主进行了合作，其他节目也采用了同样的做法。尽管无线电制造商会提供自己的节目内容，但正如《印刷者油墨》在 1926 年 4 月所说，最受欢迎的节目一般都由广告主赞助。[105]

这一结论并非毫无缘由。最大制造商美国无线电公司（Radio Corporation of America）放弃了反对商业节目的政策主张，于 1926 年从 AT&T 手中收购了 WEAF，将电台重新命名为 WNBC，随后成立了美国广播公司（National Broadcasting Company，以下简称 NBC），并配备了广告价目表。为了推销广播广告，NBC 专门聘请了广告人弗兰克·阿诺德（Frank Arnold）。六年来，阿诺德周游全国，宣传广播是继报纸、杂志和户外广告牌之后的第四媒体，它在视觉吸引力之外增加了声音，具有接触整个家庭的独特潜力。1927 年，第二大网络商哥伦比亚广播公司（Columbia Broadcasting System，以下简称 CBS）开始运营，一年后被威廉·佩利（William Paley）收购。

阿诺德在周游期间，发现许多广告公司对广播持抵制态度。卡尔金斯由于耳聋，与新媒体隔绝，很快就从广告界退休。即使是那些早期涉足广播领域的广告公司，如艾尔、BBDO 和智威汤逊，对新形式也很谨慎。晚至 1928 年时，罗伊·德斯廷还在反对直接、侵入性的广播广告。就在广告界对广播保持警惕之际，广播引入了歌舞杂耍和好莱坞等更富活力的商业元素。卡罗尔回忆道："我刚加入智威汤逊时，除了我们这些广播小鸡，其他人都穿着硬领、背心、表情严肃，而我们穿的是软领，没有背心。直到下班，我们才有时间进入办公室。我们穿的袜子也显得与众不同。"[106] 如海伦·雷索尔会议上的广播广告人穿着菱形花袜，随后，这位广播广告人就收到了三双纯黑色袜子。

刚愎自用的希尔，又一次带着自己的想法冲进了电台。1928 年 8 月，在好彩香烟的广播广告策划中，他要求乐队演奏熟悉的曲子，不能有分散注意力的人声，音乐时长至少要拉长到八分钟，以让人们尽情摇摆。他表示："我想要真正的舞曲，让人们喜欢跳舞，我不希望他们的注意力被转移。我们要给公众提供他们想要的东西，不要想着去教育他们，而且不能只关注那些新奇的东西。"[107] 好彩香烟舞蹈乐团的节目名义上是由 L&T 公司制作，但从节目形式、播音员、曲子乃至管弦乐队都由希尔决定。为了测试广播的推销效果，1928 年 9 月，该节目在全国广播公司的 39 个电台上首次亮相后，希尔便停止了其他媒体的广告宣传。希尔在每个房间里都放了一台收音机，以监控所有节目和广告。同年 11 月和 12 月，好彩的销售量上升了 47%，电台又找到了一个销售冠军。然而，当好彩香烟演变成一场"大游行"时，广播节目遭到了反对。NBC 总裁收到了一份电报："除非内容独一无二，否则广播中的任何东西都不值得花钱购买，没有什么能永远保持清流，在我们看来，广播公司只对客户有明确的责任和义务，醒醒吧。"[108]

在希尔之后，其他香烟公司也开始进入广播领域，并将原本用于户外广告的预算转移到了新媒体上。好彩香烟的主要竞争对手骆驼最初以每周一次的形式赞助广播节目，后来改为每天一次。在持续的努力下，骆驼销售量超越了好彩。可想而知，广播成了一个利润丰厚的市场，是同类产品互相角逐的赛场。由此，卷烟制造商开始将产品名称嵌入广播节目，并推动了广播广告的大量出现。其中，沃尔特·罗利爵士剧团（Sir Walter Raleigh Revue）在一个小时内成功提及了 70

次赞助香烟名。对此,《印刷者油墨》称：有了这些穿插的话语,我们屈从于广播热潮,也不觉得赞助商的插播令人反感,至少它没有偏离节目内容。[109]（该节目没有背离沃尔特·罗利这一核心任务。）希尔抓住了新媒体的侵扰特性,在节目中全天候地重复口号：原始大自然很少是温和的、唾液是一个可怕的词（赞美 Gremo 雪茄,由无唾液工艺制成）、乐天知命—随遇而安（Be happy-Go Lucky）,以及后来神秘的"LS/MFT"。① 这些节拍式的文案风格不间断地推销香烟,刺激了许多听众。1932 年,NBC 的一名工作人员指出："这些盛况都是由好彩香烟广播广告引发的。"[110]

广播网、广告主、广告代理公司和公众的媒介偏好,综合在一起促使广播成为不可逆转的商业媒体。1930 年,美国广告代理商协会和美国广告主协会联合发起了克罗斯利（The Crossley）评级系统,该系统能够粗略衡量节目的听众数量。通过研究,广播广告的媒体预算成本与收听率成正比,为了维持广播广告,广告主只能不断削减印刷预算成本。正如《印刷者油墨》所预测的那样,各大报纸对广播的围攻进行了短暂的报复,拒绝印刷广播节目表。斯克里普斯·霍华德（Scripps Howard）打破了这种局面,恢复印刷广播节目表。罗伊·德斯廷指出："局面一打破,随之而来的是一连串的洗牌声,其他报纸也纷纷倒戈。"[111] 既然报纸无法打败广播,那么只能选择加入这一阵营。到 1932 年,30 家电台由报纸拥有所有权,43 家电台由报纸拥有经营权。1500 万台收音机中,有 1000 万台每天都在收听运转。1932 年 9 月,NBC 和 CBS 向广告主让步,同意广告主在广播上播报产品价格。威廉·佩利认为,此举意味着广告时长将进一步缩短："因为在过去,需要使用数百个单词来替代产品价格的空白。"[112]

广播广告播出仅仅十几年,麦迪逊大道上出现了一个新的巨婴。

---

① "Lucky Strikes Mean Fine Tobacco"的缩写,意思是"好彩香烟是优良烟草"。

撰稿人学会了专为耳朵写作的广告文案原则[113]：简单的对话式语言，过度使用标点，使用短句和少量代词，尽量少用在发音上容易混淆的s、f、m和n。同时，广告公司还承担了戏剧制作业务。通常来说，大多数受欢迎的节目都由一个赞助商赞助，由广告公司担任节目制作人。因此，对于广告公司和广告主来说，新的不确定性产生了：当客户购买杂志版面时，可以根据杂志的发行量预测广告效果。变量与其说是媒体，不如说是广告的拉动力。在广播中，客户购买了一个不可预测的节目，可能成功也可能失败。这里的变量是媒体，而不是广告。对于渴望科学的广告业而言，广播媒体是一场赌博。麦肯埃里克森公司广播部（McCann-Erickson）的多萝西·巴斯托（Dorothy Barstow）指出："没有别的，广播就是表演业务。归根结底，节目表演才是最重要的，如果不是什么天才品牌，一切都无济于事。"[114]

最初，广播广告最活跃的两家广告代理公司是L&T和智威汤逊，这两家都是大型公司。正所谓实力决定广播市场的格局。L&T公司负责好彩香烟节目，后又为百事可乐制作了系列剧《阿莫斯与安迪秀》，并获得了首次成功。一个月后，智威汤逊推出了由鲁迪·瓦利（Rudy Vallee）主演的《弗莱希曼酵母时光》（*Fleischmann Yeast Hour*），这是最早的音乐综艺节目之一。由于智威汤逊在好莱坞的关系，更多电影明星加入了NBC的大型综艺节目，如《蔡思和桑伯恩时光》（*Chase & Sanborn Hour*）和《克拉夫特音乐厅》（*Kraft Music Hall*）。根据NBC的一份内部备忘录，斯坦利·雷索尔被认为是"广播媒介最重要的热心支持者之一"[115]，他的广播思想在他的组织中产生了深远的影响。智威汤逊广播总监约翰·雷伯（John Reber）的办公室与雷索尔办公室相邻，可见其地位之高。1933年，智威汤逊在NBC办了9个节目，成为NBC最重要的收入来源。为此，智威汤逊获得了NBC演播室的私人电话线，要知道，此外只有L&T公司享有这种特权。

## 第四章 萧条与改革

随着时间的推移，其他年轻机构取代了这两家早期广播领导者。雷蒙德·罗必凯作为一个未被改造的印刷人，决定把公司的广播计划交给执行副总裁切斯特·拉罗切（Chester LaRoche）。在后者的领导下，扬罗必凯公司制作了一个时长十五分钟的早晨节目《广播家庭研究所》（*Radio Household Institute*）。该节目由通用食品公司赞助，主要向家庭主妇们教授厨艺等家用技巧。1934 年，扬罗必凯为 Jell-O 果冻公司制作的喜剧综艺节目首次登上了黄金时段。路易斯·布罗克韦回忆说："像威尔·罗杰斯和埃迪·坎托尔（Eddie Cantor）与我们都有长期合同，杰克·本尼虽然不是我们的第一选择，但他是可用的，而且口碑也不错，在跟客户商定他时，我们也很坦诚地说了选择他的真实原因。"[116] 之后，通用食品公司同意每周花费 7500 美元用于节目制作。三个月后，Jell-O 果冻的销售有所回升。无论如何，这场赌博成功了。节目中，本尼用轻松又自嘲的方式提及了赞助商名字（又是 Jell-O，我是杰克·本尼）。扬罗必凯公司更倾向于用温和的方式吸引消费者。据《印刷者油墨》一项调查发现，绝大多数听众认为 Jell-O 广告是最好、最有趣的广播广告，其产品也得到了有效推广。[117] 正如本尼所说，粉丝们不用动脑子就知道谁在赞助这个节目。[118]

扬罗必凯陆续制作了其他热门节目，主演包括凯特·史密斯（Kate Smith）、弗雷德·艾伦（Fred Allen）和阿瑟·戈弗雷（Arthur Godfrey）。但这些节目都没有给罗必凯留下深刻印象，即使为公司带来了三分之一的收入。之后，切斯特·拉罗切接替罗必凯成为公司总裁。罗必凯始终认为广播是一种庸俗化媒介，内容时间和控制权交给了广告。他很少听扬罗必凯的广播节目。当电视媒介出现的时候，他希望电视不要重蹈广播模式。

B&B 公司（Benton & Bowles）的负责人也有同样的矛盾心理。威廉·本顿（William Benton）和切斯特·鲍尔斯（Chester Bowles）在 BBDO 相识，1929 年，在股市崩盘前夕，二人合伙经营广告公司。九个月后,他们就面临破产。在这种情况下,由鲍尔斯监督的广播综艺节目《麦斯威尔演艺船》(*Maxwell House Showboat*)拯救了公司。1934 年,该节目取代《弗莱希曼酵母时光》,成为收听率最高的节目。B&B 公司的另外两个节目——高露洁 - 棕榄的轻歌剧系列和依培纳(Ipana)牙膏的《市政厅》(*Town Hall*)也进入收听率前四。所有这些节目都将赞助商自由地融入内容中。在《麦斯威尔演艺船》节目中,表演者不停地喝咖啡、咂嘴、敲打杯子。一年内,麦斯威尔咖啡销售额上升了 85%。

到 1934 年,B&B 营业额稳步增长到 800 万美元,但本顿和鲍尔斯一直在考虑退出这项业务。本顿抱怨说,广告主愿意花更少的钱培养自己的明星,而不是高薪聘请知名演员:"他们偶尔会有收获,但一般来说,培养明星的成本也很昂贵,毕竟是新人。如果没有足够的钱,那就不要做广播广告。"[119] 尽管 B&B 公司取得了成功,但在经济大萧条的整体环境下,公司人员规模也不敢贸然扩大。鲍尔斯回忆说:"因为不敢雇用太多人,我们的工作都是在玩命。"[120] 在负责公司的热门节目时,鲍尔斯发现自己已被牢牢地拴在工作中,他所面对的都是无法推延的期限,以及如影随形的客户和节目压力。1936 年,本顿在他三十六岁生日时辞职,几年后,鲍尔斯也辞职了。离开广告业后,两人都坚持不听广播。

在广播的新世界里,广告的两个基本传统也以特有的方式运作着。扬罗必凯和 B&B 的广告仍然保持着高雅的品味。然而,他们也对广播广告的道德问题感到担忧,因为没有柯蒂斯、波克等核心人物来担任守护者的角色。另一边,主导电台的广告公司 B-S-H(Blackett-Sample-Hummert)则遵循霍普金斯的说理销售原则。希尔·布莱特（Hill Blackett）和弗兰克·赫默特（Frank Hummert）都曾在霍普金斯和拉斯克手下的L&T受训。通过这种直接继承，他们为新媒体注入了说理销售方式，发明了肥皂剧，并将公司推向了广播代理公司的首位。

B-S-H的关键人物是赫默特和他的助手安妮·阿申赫斯特（Anne Ashenhurst），二人后来成为夫妻。作为广告业的夫妻团队，他们的影响力一度可与海伦和雷索尔相提并论。赫默特夫妻不喜欢个人宣传，甚至聘请了新闻代理人专门阻止他们的名字出现在报纸上。赫默特为自己打造了一个神秘的形象。他很少出现在公众面前，经常在家工作，进出公司都是从私人入口，说话也不太清楚。据说，有一位员工因为在洗手间和他说过话被解雇。赫默特与下属之间的沟通都由阿申赫斯特出面解决。他对自己的早年经历讳莫如深，说自己出生于1890年之前，也从不提自己的青年时代。[121] 传说，他年轻时曾在得克萨斯骑兵队待过两年。[122] 这些含糊不清的浪漫起源赋予了赫默特更多的神秘色彩。

除了扬罗必凯制作的《广播家庭研究所》外，日间广播并没有吸引到其他赞助商。在人们的观念里，家庭主妇们是没有时间听广播的。1929年，当时在芝加哥B-S-H工作的赫默特决定以人性化的故事来接近听众：报纸每天都有流行的、长期的故事，为什么不把这种方法应用于广播呢？赫默特想出了主要人物和一般情节线，并将这些概念交给了阿申赫斯特。

由克莱特（Kolynos）牙膏赞助的肥皂剧节目《公正的比尔》（*Just Plain Bill*），讲述了一位理发师的艰辛经历。由金牌面粉（Gold Medal Flour）广告商赞助的《贝蒂和鲍勃》（*Betty and Bob*），描述了一个无能的富二代和一个圣洁女人的故事。这些肥皂剧在叙事上呈现了一些共同特点：夸张的对话、缓慢的节奏，以及那些熟悉又可爱的人物。故事情节也都大同小异，描绘了巨大压力下，剧中人不断受到威胁并被救出险境的桥段。家庭主妇是节目的特定目标听众。赫默特保留了这些节目的所有权，B-S-H 公司则从中抽取部分佣金。

到 1933 年，B-S-H 制作的广播节目数量超过了其他公司。随之，B-S-H 将整个业务从芝加哥转移到纽约。在第一任妻子因癌症去世后，赫默特和阿申赫斯特开启了缘分。他们一起散步、交谈，彼此欣赏，最终于 1935 年结婚了。夫妻二人建立了肥皂剧剧本工厂，聘请作家专门写作，并给予详细指导和禁忌清单。剧本单价为 25 美元。随着节目范围的不断扩大，家庭主妇不再是指定听众。为了向儿童出售麦片，B-S-H 打造了美国男孩杰克·阿姆斯特朗（Jack Armstrongs）。在这个帝国中心，阿申赫斯特掌握着话语权，代替丈夫上传下达，部署编剧、导演、演员和音乐家等工作。格伦·桑普（Glen Sample）说："她是个小姑娘，很漂亮，但她很坚强，举止文雅。你可以看看她是如何管理人才的。"[123] 到 20 世纪 30 年代末，B-S-H 节目每周吸引了高达一百万封的粉丝来信，十四位作家每周创作五十个剧本，一年共创作了约 650 万字。

对赫默特而言，这是财富、权力和自由。1937 年，他成为广告界收入最高的人，基本年薪为 13.2 万美元，另外还有奖金和节目份额。[124]（同年雷索尔的基本年薪为 9 万美元，罗伊·德斯廷为 8.4 万美元，罗必凯为 6.75 万美元。）但他并不喜欢节目赞助商，也不关心广播的任何内容。他曾对奥格威说："所有的客户都是猪。"[125] 当竞品阿司匹林与赫默特的广告产品拜耳隔空叫价时，赫默特警告广播公司："如果这种情况继续下去，我个人将确保我们与 NBC 之间的所有关系都会受到损害，你应该知道我的手段。"[126] 随后，NBC 让战斗人员偃旗息鼓，并通过谈判达成和解。但这招对赫默特不太管用，他还承诺未来会向 NBC 动用他作为节目拥有者的权力，并将这些节目带到 CBS。[127]

在广播领域内，赫默特夫妇可谓是最富有和最具影响力的人。夫妻俩喜欢一起散步、交谈，共同经营着自己的帝国。一次，NBC 新总裁邀请他们到电视台共进午餐，赫默特说："我担心 NBC 的氛围对我来说太过压抑。"[128] NBC 员工真的不介意和赫默特一起吃饭吗？只要意识到权力关系，他们是不会介意的。

作为广播领域的领先机构，B-S-H 的实力可以与广播公司抗衡。但对其他广告公司而言，与广播公司争夺节目控制权几乎是不可能的任务。总的来看，收视率最高的节目通常由广告公司和赞助商共同制作。相比之下，广播公司制作的连续性节目主要面向文化素养更高、经济实力更强的精英阶层，但收视率也较低。赞助商通常会选择收视率更高的节目。因而，广告公司制作的节目利润率显然高于广播公司制作的节目。NBC 的约翰·罗伊（John Royal）指出："对于鲁迪·瓦利来说，销售汽车可以像销售酵母一样轻松；对保罗·惠特曼（Paul Whiteman）来说，销售无线电管和销售奶酪一样容易。这些节目之所以受欢迎，是因为一群有表演天赋的演员们，而不是制作公司的功劳。为什么广告公司把我们所有优秀的制作人都拿去创作他们的节目？"[129] 然而，广告公司也面临着日益高涨的广告支出。正如智威汤逊的伦纳德·布什（Leonard Bush）所说，对于印刷媒体而言，只有在好内容带来了更大发行量的情况下，他们才有理由提高广告费用。但在广播中，如果外部各方（赞助商和广告公司）创造了高收视率，广播公司反倒要向各方索取更多的费用。[130]

广告公司和广播公司也常发生冲突。审查员会对广播广告进行审核，如果发现广告是夸大说辞，则会遭到审查员的反对。更有甚者，审查员还会改动开播前的节目剧本。某种意义上，广播公司的审查员和节目编剧互不喜欢。CBS 的审查员马克斯·怀利（Max Wylie）说："大多数好编剧，要么是变态的笨蛋，要么是女性。"[131] NBC 审查员珍妮特·麦克罗里（Janet MacRorie）是个老古板。[132] 她会仔细审查广告是否有过度性暗示、种族诽谤、性别歧视和宗教侮辱等内容。1939年,她发现赫默特肥皂剧有一个共同的故事走向:引入分娩、疾病、死亡、谋杀、违反承诺等情节。[133] 像《年轻的寡妇布朗》(*Young Widder Brown*)就是一个纯粹的性故事,人物结婚多次,讲述的全是男女关系。

时光流逝,这些琐碎的细节逐渐被淡化,真正的利害关系在于广告公司和广播公司对大笔资金的激烈争夺。1938年,广播首次超过杂志,成为广告收入的主要来源,二者差距还在不断扩大。在这十年结束时,B-S-H(1210万美元)、B&B(770万美元)、扬罗必凯(650万美元)、Compton(530万美元)和智威汤逊(460万美元)的广播收入超过了主要广播公司。[134] 要知道在几年前,这些收入完全可以维持一个大规模广告公司的运作。

当被要求解释她如何成功时,演员莎莉·兰德(Sally Rand)说:"这一切都归功于广告,要遵循大量留白的制作原则。"[135]

20世纪30年代,J. 斯特林·格切尔(J. Stirling Getchell)在广告界画下了一道独特的轨迹。他突如其来,翱翔于空中,又迅速降落。在他短暂而激动人心的征程中,他对这十年的广告业产生了深远的影响。

格切尔出生于1899年7月,父亲是一名丝绸销售员,母亲是一位教师。他在纽约郊区度过了童年时光。十一岁时的一次风湿热使他的心脏受损。[136] 格切尔和母亲关系很好,尽管母亲十分严厉,但他本人却极具个性。在他十几岁的时候,家里买了一辆越野汽车,为了理解汽车的工作原理,格切尔迅速将其拆解开来。一连几个晚上,他都在检查汽车碎片。他的父亲想知道格切尔能否把它重新组装起来,格切尔母亲却说:"我不知道能不能,但我知道他正在学习很多东西。"[137] 由于太过不安分,格切尔十七岁时跑到了墨西哥,加入了潘乔·维拉①的追击部队。格切尔谈到这段经历时说:"我们玩得很开心。"[138] 第二年,美国加入世界大战后,他应征入伍,在海外服役。1919 年,他带着一位英国妻子回来。之后由于某种原因,他决定进入广告业。

在接下来的十二年里,格切尔从事过十几份广告工作,要不就是辞职,要不就是被解雇,总是匆匆忙忙。十九岁时,格切尔得到了第一份工作,但他声称自己已经二十一岁。纽约一家小公司负责人被他那股认真劲儿所说服,于是雇他为文案策划人。[139] 负责人很快注意到,格切尔对广告拥有极高的热情:"不仅仅是文案和布局,还有艺术风格、排版、雕刻方法、商品销售,他对学习的渴望是无法满足的。"[140] 名义上,格切尔是一名文案策划人,但他总是被视觉形式所吸引。

因为薪水待遇问题,格切尔先后在费城、托莱多、底特律和纽约各广告公司工作,专门从事汽车行业的广告宣传。纵然年岁和阅历增长,格切尔还是保有着那份不安分的赤子之心。对于未知领域,格切尔总是不顾一切地冲进去。他曾经在一次重要的客户会议上,发表了第一个公开演讲;在一次公司野餐聚会时,他第一次出海;当火警警报响起时,他以最快的速度奔了过去。有一年冬天,格切尔在尼亚加拉大瀑布附近招揽客户。临近傍晚时分,他走到瀑布边,翻过了护栏,来到瀑布边缘,折断了一根巨大的冰柱,把它扔进了激流中。

他非常擅长自我推销。1924 年,格切尔从 L&T 获得了他的第一

---

① 潘乔·维拉为墨西哥革命家,被人们铭记为民间英雄。

份大公司工作。当时，他携带了一本精美的皮革装订样书，其中收录了布鲁斯·巴顿、雷索尔、罗必凯等广告大师的作品。[141]他解释说，如果有机会，他也可以写类似的广告。对于重要的广告人物，他一边研究他们的方式，一边开始谋划自己的广告公司。有人建议他放慢脚步，他指了自己的心脏说："我没有时间这样做，我必须在四十岁之前赚到所有的钱。"[142]

在 B&B，格切尔与鲍尔斯共用一间办公室，负责为本顿工作。在为高露洁制作广告时，他用照相机拍了一张照片，称高露洁可以快速软化胡须（照片中的胡子实际上是浸泡在一碗泡沫中的细齿梳子）。[143]在制作高露洁的另一款产品棕榄香皂（Palmolive soap）广告时，客户要求格切尔在其中放大优惠券提示。格切尔拒绝了客户要求，撕毁了广告草图，把碎片扔到一边，之后断然辞职了。他称："我必须保持快速发展，医生说我能再活五年、十年，最多十五年。"[144]

格切尔曾三次应聘智威汤逊，但都失败了，第四次申请时，他终于被录用。[145]格切尔完全无视公司规定，不仅穿着古怪，还在大厅里抽烟。在比尔·戴（Bill Day）的庇护下，他成为公司常驻明星之一。格切尔本人是个可怕的掌舵者，他为固特异轮胎公司组织了一次银城安全联盟（Silvertown Safety League）的安全驾驶宣传活动，超过250万人参与其中。为了宣传这一活动，他派出了十五辆汽车，组成了一个车队，在全国进行为期一年的巡回宣传。格切尔让摄影师把这次旅途当作新闻来报道。格切尔是一个相信直觉的广告人，对广告界的社会科学家嗤之以鼻。他表示："他们谈论的那些研究调查，总是用统计数字和其他胡言乱语来证明观点。如果我说超过六七个广告公司对广告核心的创意生产、文案和布局一无所知，我肯定会遭到谴责。"[146]

当 Lennen & Mitchell 广告公司以 5 万美元的薪资雇格切尔时，他带走了智威汤逊的秘书海伦·博伊德（Helen Boyd）和艺术总监杰克·塔尔顿（Jack Tarleton）。三人在丽兹酒店共进午餐时决定创办自己的广告公司。在1931年初，也就是大萧条的第三年，他们的广告公司成立。格切尔对一位广告界的老朋友说："虽然我们无法选择一个更好的时机来开始我们的事业，但情况也不会比现在更糟糕。"[147]格切尔抵押了他的房子，塔尔顿卖掉了汽车。他们在两室一厅的办公室里开始营业。第一年，他们承接了一些特殊任务才得以生存下来。他们为通用轮胎公司拍摄了一个车祸现场：弄乱了摄影师的头发和衣服，摆出一副憔悴的表情。对于仍在销售草本混合物的莉迪亚·平克汉姆，他们用同种方法，展示了一位痛苦的妇女，这让人想起19世纪末的平克汉姆文案。广告中，一位妇女告诉她的丈夫："对不起，今晚不行。"这一方案并没有获得平克汉姆家族的一致同意，但在执行后，前一年亏损了26万美元的广告主在1931年盈利了40万美元。[148]

这些成功吸引了第三位合伙人——奥林·基尔伯恩（Orrin Kilbourn）的加入。基尔伯恩为公司带来了克莱斯勒旗下汽车品牌德索托（DeSoto）业务，这是公司的第一个大客户。1932年，该公司承接了新的广告产品：普利茅斯。在此前，普利茅斯的广告宣传由一家底特律广告公司负责。普利茅斯是克莱斯勒生产线的底层产品，市场地位不如竞争对手福特和雪佛兰等品牌。格切尔力求改变这种看法。

一天深夜，在一堆头条标题和版面设计中，塔尔顿划掉了一些不必要的词。最终，广告文案为："货比三家！"（Look at All Three）[149]这一文案并没有给克莱斯勒高管们留下深刻印象，其中一人问："我为什么要卖福特和雪佛兰？"[150]但该方案混在其他方案里提交给了沃尔特·克莱斯勒，遭到无情否决。塔尔顿拍着桌子说："我才不在乎，我就想投放那个广告！"[151]最终，广告表现为一张克莱斯勒靠在普利茅斯汽车引擎盖上的照片，标题用黑色粗体字写出。该文案强调了克莱斯勒汽车的技术优势，并解释了为什么选择这款车而不是其他未具名的竞争对手。1932年4月，广告首次投放时，恰逢福特和雪佛兰推出新车型。该广告巧妙地避开了比较性广告的非正式禁令，没有明确说出另外两大品牌，但指代显而易见。到 6 月为止，普利茅斯的销售额比去年同期增长了 218%。几个月后，在考察了二十二家代理商的销量后，克莱斯勒将整个普利茅斯业务交给了该公司，随后的宣传活动也扩展了第一个广告主题，普利茅斯的市场份额从 1932 年的 16% 跃升到 1933 年的 24%。[152] 格切尔公司也成为热门广告公司之一。

随着第二大石油公司 Socony-Vacuum 的加入，格切尔独特的广告视觉风格和方法引起了麦迪逊大道居民的热议。在该公司的广告制作（ad-making）原则中（格切尔喜欢这一术语），照片被视为核心，字体和标题都围绕照片建立，文案则是最后的补充。最终，该公司建立了一个图片交叉索引文件库。格切尔不仅聘请了最好的摄影师，对于预算问题也从不担心。有一次，为了普利茅斯的广告拍摄，他派遣了两个模特、一个摄影师和一个司机到佛蒙特州。十天后，他们只带回了一张照片，但这张照片足以满足需求。格切尔喜欢具有"张力"的广告，正如他所说的，能"快速从页面上脱颖而出"。[153] 这意味着广告风格要遵循小报格式，标题要响亮，布局要呈直线型，文案要简洁而有力，尤其是照片。他解释道："我们相信今天人们需要的是现实主义，照片要如实描绘事件，说清楚人物和地点。因为一张简单的照片可以迅速被眼睛阅读，并被头脑所理解。"[154]

一如既往，广告周期开始转向，将旧风格奉为了新时尚。曾在 1920 年代绘制广告插图的艺术家不再受宠，在这个困难时期，他们只能向更便宜的相机妥协。然而，只要长期从事广告的人员就会发现格切尔风格并非原创。海伦·伍德沃德指出："这是我们早期使用的东西，格切尔的新颖之处在于他对现代照片的巧妙运用。"[155]

格切尔仍然在奔波之中，也没有时间停下来思考。1935 年，在白磺泉举行的美国广告代理商协会春季会议上，格切尔发表了自己的广告哲学。(由于不好意思上台,他让别人代为发言。)他宣称:"现在的广告业没有任何规则或模式,广告也受到人为、噱头等各种因素的影响。对于模式,我们必须回到肯尼迪和霍普金斯时期,他们是有新闻意识的推销员,参观工厂、研究产品,找到亮点,然后以直截了当的方式讲述……今天,我认为我们已经远离了这一点。那么,广告必须要有新闻意识。对此,麦迪逊大道或许可以模仿亨利·卢斯的做法,他在《时代》杂志上挖掘事实并提供细节。"最后,他说:"我们相信,所有广告中最无价的成分是热情,伟大的广告总是在热情似火中生成。"[156]

格切尔的公司像一团火。他为公司设定了一种基调:新员工一进来就要迅速适应疯狂而紧张的工作节奏。有一次,格切尔聘请了一位老朋友担任总经理,希望能建立起公司秩序。这个人回忆说:"我没有做到,没有将冷静带入那里。"[157]一年后他离开了。在创意会议上,格切尔喜欢挥舞着双手,大喊大叫,其间还伴随着咒骂、威胁。有时,格切尔会在深夜批准一项活动,第二天早上又改变主意,再迫使大家重新开始。不管时间合不合适,他希望命令能立即得到执行。在家等待伴侣的员工配偶们也讨厌他。一天凌晨两点半,一个撰稿人说他累了,要回家了。格切尔回答:"你在沙发上躺着不就行了,为什么人们总是想回家?"[158]即使在家里,他的手下任何时候都等待着电话。他很少雇女性,大多数雇员也都是短暂停留。很多人都声称自己是被伟大的格切尔训练出来的。

格切尔是中等个头,留有淡褐色的头发,一双鼓鼓的蓝色眼睛,皮肤苍白,牙齿不好,看上去显老。昂贵的西装穿在他身上也总是皱巴巴的。格切尔走路驼着背,步履蹒跚。[159]他那富有表现力的双手和凶狠的目光是他的典型特征。可以这样说,格切尔的力量不是来自身体,而是来自凶猛的意志,对自己和他人都是如此。直到1936年第二次结婚后,他的生活才变得稍微有些规律:晚上七点离开办公室，几分钟后其他员工也跟着离开。[160]

和之前相比，他放松了一点，但还不够。在不到十年的时间里，他将公司营业额累积到 1000 万美元，公司员工 200 名，在底特律、堪萨斯城、旧金山和洛杉矶都设有分支机构。1940 年春天，因压力和疏忽，他的血液发生感染——原因可能是牙齿病变；九个月后，他患上了亚急性细菌性心内膜炎，这是他童年风湿热的最终后果。[161]1940 年 12 月，格切尔去世，享年四十一岁。两年后，格切尔的公司倒闭了。

20 世纪 30 年代后期，已退出十二年的海伦·伍德沃德重返广告业，想看看行业是否因消费者运动发生了变化。她的调查写成了一本书《这是一门艺术》(It's an Art)，这是一本关于麦迪逊大道的消费者指南。她发现广告业的自我调节与以往一样毫无意义。例如，美国广告代理商协会虽然禁止投机活动，但每个人都在这样做，借口无非是新客户们的要求。伍德沃德指出："没有人相信这些话，但在公开场合，每个人都把它说得好像是绝对的、庄严的事实一样。"[162] 香烟、牙膏、化妆品和专利药广告让伍德沃德感到厌恶。广告对报纸编辑有一种隐性的权力。广播广告也以欺骗的方式潜入节目。她说："我对广告研究得越多，就越觉得它很不可靠。我知道这行业的人都很讨人喜欢、很能干，而且很有才华。但除了少数例外，他们所做的工作是微不足道的，这显然是因为它的目标不是好的，它没有强调更好的生活标准。除了赚钱外，它什么都不是。"[163]

1938 年，国会通过科普兰法案。根据伍德沃德的说法，这是一个对广告没有约束力且知识含量不高的法案。[164] 该法案规定了食品和药物管理局对药品的生产和销售具有管理权，但并未强制规定食品等级。类似 1906 年的法律，该法案对广告没有任何具体规定。然而，消费者们在1938年通过的联邦贸易委员会的惠勒·李修正案中，发现了更多值得赞赏的地方。这些修正案明确商业欺诈行为是非法的，并增加了强制执行的权力。在接下来的两年里，联邦贸易委员会下达了十八项禁令，如要求弗莱希曼酵母公司停止宣称能治疗歪牙、皮肤、便秘和口臭等；禁止卫宝和力士香皂宣传更好、更年轻的肤色口号；要求依培纳牙膏终止粉红色牙刷运动等。这些禁令引起了麦迪逊大道的震荡。后来成为共和党议员的布鲁斯·巴顿说："联邦贸易委员会的工作人员已加入了绝对反广告和反商业的行列。"[165] 对此，《印刷者油墨》评论：在过去的几个月里，文案写作界发生了一场革命，因为委员会言出必行，从业者不敢再愚弄人。[166]

随着这十年的结束，消费者运动声势也逐渐强大。消费者联盟达八万名成员，消费者研究组织超过六万名成员。1939年春，《商业周刊》(Business Week)调查了二十二个全国性消费者团体和四十五本书，得到的结论是："今天，消费者运动是必须被考虑的理性现实因素。"[167] 同年，盖洛普公司对五千名成年人进行民意调查。调查发现四分之一的人（含83%的教师）阅读过消费者运动书籍；81%的人认为广告引导人们购买不需要或买不起的东西；59%的人（含87%的教师）呼吁要制定更严格的法律。[168]NBC的一份内部备忘录引用了这些调查结果，并警告说："对整个运动掉以轻心的广告代理商不知不觉地面临了一门上膛大炮。"[169]

处于高潮的消费者运动也正与第二次世界大战相撞。全面战争吞噬了一切。有组织的消费群体虽然还在活跃，但已转向了战时保护措施。联邦贸易委员会停止了对麦迪逊大道的攻击。例如，1944年，联邦贸易委员会放弃投诉李施德林声称可以抵御头皮屑和感冒的虚假宣传。在1943年《读者文摘》的系列文章中，虽然偶尔会有广告批评，但作为一种政治力量的消费者运动已经衰亡了，直到三十年后才恢复。

广告再次为一场世界大战提供了服务。广告界发起成立战争广告委员会（War Advertising Council），为战争而努力。罗必凯指出："对于战争人员、资金招募等工作，广告界并非全力支持。"[170] 在广告界，一些人希望政府承担广告费用，而另一些人一想到实际上是为罗斯福工作，就噤若寒蝉。除了广告界，还有一些人坚持认为在战时应该由作家和记者，而不是广告人员为政府发声。当财政部规定广告可以在战争期间以合理数量进行宣传时，麦迪逊大道才变得更加积极。最终，广告业为战争捐赠、投入了价值约十亿美元的广告。很多产品广告都含有战争信息。战前孤立主义者布鲁斯·巴顿在谈到广告的贡献时说："我们当然不是直接说出真相，我们只是用图片和文案阐述了政府的论点。在战争期间，这是合理的、爱国的和道德的。"[171]

"二战"广告支出从1941年的22亿美元增加到1945年的29亿美元，这与"一战"期间广告总量下降形成了鲜明对比。智威汤逊增加了价值1000万美元的营业额，国际总额达到了7200万美元。扬罗必凯以4300万美元位居第二。在这期间，总共有九家公司的营业总额达到了2000万美元以上。[172] 放在以前，这份殊荣只属于智威汤逊。就整个经济而言，战争对广告业来说是一笔好生意。

与此同时，广告界的两位著名上将在战争期间相继退休。多年来，阿尔伯特·拉斯克一直在寻找继任者。1920年代，拉斯克合并了L&T与汤姆斯·F.洛根（Thomas F. Logan）两大广告公司。拉斯克后来说："我相信洛根会及时接替我。"[173] 合并后仅两年，洛根不幸英年早逝。随后，拉斯克任命拉尔夫·索利特（Ralph Sollitt）担任总裁，但后者很快就从广告业退休了。接着，拉斯克选择唐·弗朗西斯科（Don Francisco）接任，然而弗朗西斯科却决定离开，加入智威汤逊公司。拉斯克的一生都孜孜不倦。据他的一个手下说，拉斯克经历了一生的征战，他"就像一头良性的狮子"[174]，向新一批充满希望的征服者传授智慧。当拉斯克儿子告诉他不会继续经营广告时，

# 第四章 萧条与改革

拉斯克彻底作罢。最终，拉斯克以 1000 万美元的价格清掉了股票，他的三个手下在 1943 年 1 月以博达大桥广告公司（Foote, Cone & Belding）的名义重新开张。(拉斯克希望名字按字母顺序排列，但乔治·华盛顿·希尔坚持要把他的客户经理福特列在第一位。[175])

拉斯克的对手罗必凯后来回忆道："我感觉自己就像机器上的一个齿轮，虽然我是最大的那个。后来我很少再参与广告的策划和制作，更多的时间都花在拜访首席执行官上，尽管其中很多人对广告并不关注，也知之甚少。"[176] 由于在计划之外生了一个儿子，1940 年，罗必凯娶了第二任妻子，再次组建了新的家庭。经历了前期的艰苦努力，以及此前对家庭的忽视，罗必凯渴望拥有更多属于自己的时间。1944 年 7 月，罗必凯退休后到了亚利桑那州。在那里，他开始过着从事慈善、房地产开发和打高尔夫球的生活。[177]

## 注释

1. *Review of Reviews*, March 1930.

2. *PI*, August 7, 1930.

3. *PI*, January 15, 1931.

4. Bruce Barton to Owen Young, October 1, 1931, BP.

5. Barton to Arthur Ballantine, March 28, 1933, BP.

6. Chester Bowles, "Reminiscences" (Columbia Oral History Collection, 1963), p. 37.

7. *Nation*, December 20, 1933.

8. *PI*, July 5, 1934.

9. Helen Woodward, *Three Flights Up* (1935), p. 165.

10. Helen Woodward, *Through Many Windows* (1926), p. 200.

11. Ibid., pp. 385-86.

12. Stuart Chase and F. J. Schlink, *Your Money's Worth* (1927), p. 2.

13. *PI*, November 3, 1927.

14. *Business Week*, April 22, 1939.

15. *PI*, May 7, 1931.

16. E. S. Turner, *The Shocking History of Advertising!* (1953), p. 243.

17. Ibid., p. 243.

18. Ibid.

19. *PI*, January 11, 1934.

20. *A&S*, May 10, 1934.

21. James Rorty, *Our Master's Voice* (1934), p. 219.

22. James Rorty, Our Master's Voice (1934), p. 19.

23. Ibid., pp. 209, 394.

24. *PI*, May 10, 1934.

25. *Nation*, May 26, 1934.

26. *AA*, May 26, 1934.

27. *AA*, October 14, 1935.

28. *AA*, December 16, 1933.

29. Arthur M. Schlesinger, Jr., *The Coming of the New Deal* (1959), p. 357.

30. *AA*, June 30, 1934.

31. *AA*, September 29, 1934.

32. Albert D. Lasker to M. H. Aylesworth, December 26, 1933, file 15-67, NBCP.

33. *PI*, May 31, 1934.

34. *PI*, March 15, 1934.

35. *PI*, April 5, 1934.

36. Turner, Shocking History, p. 243.

37. Dexter Masters, *The Intelligent Buyer and the Telltale Seller* (1967), p. 222.

38. Raymond Rubicam to David Ogilvy, April 16, 1954, OP.

39. interview with Bettina Rubicam, Stephen Rubicam, and Kathleen Rubicam Witten, August 25, 1981.

40. *AA*, February 28, 1949.

第四章　萧条与改革

41. *Current Biography* (1943), p. 638.
42. interview with Stephen Rubicam.
43. *AA*, February 9, 1970.
44. *AA*, February 9, 1970.
45. *AA*, October 31, 1966.
46. *Current Biography* (1943), p. 638.
47. *AA*, February 9, 1970.
48. *AA*, February 16, 1970.
49. *AA*, March 2, 1970.
50. *AA*, March 2, 1970.
51. Ibid.
52. *AA*, July 7, 1975.
53. *AA*, July 28, 1975.
54. *PI*, September 28, 1945.
55. *AA*, July 28, 1975.
56. John Orr Young, *Adventures in Advertising* (1949), p. 106.
57. Ibid., p. 65.
58. Ibid., p. 44.
59. John B. Rosebrook, "Madison Avenue Legacy" (MS, 1962, at Young & Rubicam, New York), p. 50.
60. Stanley Arnold, *Tale of the Blue Horse* (1968), p. 21.
61. Draper Daniels, *Giants, Pigmies, and Other Advertising People* (1974), pp. 63-4.
62. *PI*, December 17, 1931.
63. Rosebrook, op. cit., p. 58.
64. *PI*, May 15, 1950.
65. Rosebrook, op. cit., p. 36.
66. *PI*, May 24, 1946.
67. Rosebrook, op. cit., p. 37.
68. *AA*, July 25, 1977.
69. Young, op. cit., p. 189.
70. interview with Kathleen Rubicam Witten.

71. Rosebrook, op. cit., p. 199.

72. Raymond Rubicam to Bruce Barton, July 25, 1945, BP.

73. Rosebrook, op. cit., p. 107.

74. *AA*, March 22, 1965.

75. *PI*, July 17, 1953.

76. *AA*, January 18, 1930.

77. *PI*, November 8, 1928.

78. Charles L. Whittier, *Creative Advertising* (1955), p. 7.

79. Charles L. Whittier, *Creative Advertising* (1955), p. 34.

80. *A&S*, March 31, 1932.

81. *PI*, March 24, 1932.

82. *A&S*, March J 6, 1932.

83. George Gallup, "Reminiscences" (Columbia Oral History Collection, 1972), p. 39.

84. Rosebrook, op. cit., p. 137.

85. *PI*, February 27, 1948; and see W. S. Townsend to Bruce Barton, June 26, 1935, box 67, BP.

86. Gallup, op. cit, p. 53.

87. *100 Top Copy Writers*, ed. Perry Schofield (1954), p. 33.

88. *AA*, March 22, 1965.

89. Schofield, op. cit., p. 122.

90. Ibid., p. 54.

91. *AA*, July 25, 1977.

92. Daniels, op. cit., p. 97.

93. Rosebrook, op. cit., p. 101.

94. *AA*, May 29, 1944.

95. *AA*, May 29, 1978.

96. *AA*, February 22, 1960.

97. Daniels, op. cit., pp. 38-9.

98. Carroll Carroll, *None of Your Business* (1970), p. 8.

99. Alexander Kendrick, *Prime Time* (1969), p. 115.

100. *PI*, April 13, 1922.

第四章 萧条与改革

101. *PI*, April 27, 1922.

102. *PI*, February 8, 1923.

103. *AA*, April 3, 1972.

104. *PI*, April 24, 1924.

105. *PI*, April 1, 1926.

106. Carroll, op. cit., p. 242.

107. "Lucky Strike Audition," MS, August 30, 1928, file 2-28, NBCP.

108. G. W. Hill to M. H. Aylesworth, February 2, 1932, file 6-16, NBCP.

109. *PI*, April 24, 1930.

110. Don Gilman to M. H. Ay les worth, March 3, 1932, file 6-16, NBCP.

111. Durstine in *Scribner's*, May 1928.

112. *AA*, September 17, 1932.

113. *The Advertising Agency Looks at Radio*, ed. Neville O5Neill (1932), p. 69.

114. *PI*, February 8, 1931.

115. D. S. Shaw to R. C. Patterson, Jr., May 17, 1934, file 32-65, NBGP.

116. *International Report*, autumn 1975.

117. *PI*, May 13, 1937.

118. *PIM*, October 1934.

119. *AA*, March 5, 1932.

120. Bowles, op. cit., p. 25.

121. *AA*, August 16, 1943.

122. Thomas Whiteside, *The Relaxed Sell* (1954), p. 41.

123. *AA*, May 7, 1962.

124. *AA*, April 17, 1939.

125. David Ogilvy, *Confessions of an Advertising Man* (1963), p. 65.

126. E. F. Hummert to M. H. Aylesworth, February 1, 1934, file 24-16, NBCP.

127. E. F. Hummert to M. H. Aylesworth, February 16, 1934, file 24-16, NBCP.

128. E. F. Hummert to Niles Trammell, October 31, 1940, file 74-78, NBGP.

129. John Royal to R. C. Patterson, Jr., September 10, 1934, file 23-60, NBCP.

130. Leonard Bush to Niles Trammell, September 6, 1939, file 67-37, NBCP.

131. Max Wylie to John Howe, June 25, 1940, Benton Papers.

132. *New York World-Telegram*, January 28, 1938.

133. Janet MacRorie to Lenox Lohr, January 25, 1939, file 66-46, NBGP.

134. *AA*, January 13, 1941.

135. *AA*, May 19, 1934.

136. interview with Mildred Locke Getchell, February 19, 1983.

137. Ibid.

138. *AA*, July 31, 1967.

139. *PI*, December 27, 1940; next two quotations from ibid.

140. Ibid.

141. James Kennedy and Jack Tarleton, "The Ad Man" (MS in custody of James Kennedy), p. 13.

142. Ibid., p. 12.

143. *AA*, July 22, 1974.

144. *A&S*, January 1941.

145. Kennedy and Tarleton, "Ad Man", pp. 37-8.

146. *PI*, December 27, 1940.

147. Ibid.

148. Charles H. Pinkham to Lydia P. Gove, February 16, 1932, PP.

149. James Kennedy's notes on Getchell.

150. *AA*, September 4, 1961.

151. Ibid.

152. *AA*, September 17, 1932 and February 17, 1934.

153. Kennedy's notes on Getchell.

154. *AA*, March 18, 1948.

155. Helen Woodward, *It's an Art* (1938), pp. 87-8.

156. *AA*, March 18, 1948.

157. *AA*, April 1, 1946.

158. *A&S*, January 1941.

159. Kennedy and Tarleton, op. cit., pp. 38-9.

160. Kennedy's notes on Getchell.

161. *PI*, August 21, 1959.

162. Woodward, op. cit., p. 31.

163. Ibid.

164. Ibid.

165. Richard S. Tedlow in *Business History Review*, spring 1981.

166. *PI*, August 25, 1938.

167. *Business Week*, April 22, 1939.

168. *AA,* October 30, 1939.

169. Ken Dyke to Margaret Cuthbert et al., March 25, 1940, file 76-11, NBCP.

170. *While You Were Gone*, ed. Jack Goodman (1946), p. 426.

171. Bruce Barton to James Webb Young, September 19, 1946, BP.

172. *AA*, June 5, July 3, 1944.

173. Albert D. Lasker, "Reminiscences" (Columbia Oral History Collection, 1950), pp. 46-7.

174. *AA*, July 15, 1963.

175. *AA*, December 24, 1973.

176. *AA,* July 1, 1974.

177. Interviews with Stephen Rubicam and Kathleen Rubicam Witten.

第五章

# 第二次繁荣

工作日下午五点，一个穿着灰色法兰绒西装的男人从市中心写字楼的办公室里走了出来。他乘坐电梯下到底楼，然后坐进了一辆汽车。他在城市景观中穿梭，进入一条分叉的高速公路，奔向一个有着草坪和树木的房屋。那里是他的家，妻子和三个孩子正等着他共进晚餐。夜幕低垂，全家人聚集在客厅里，男人关了灯，伸手按下一个大木箱上的旋钮。伴随着暗淡的光，一个声音从盒子里传来："现在，德士古（Texaco）公司很荣幸地介绍……"全家人目不转睛地盯着，一个穿着古怪的年老杂耍演员出现了。这个演员被称为米尔蒂大叔（Uncle Miltie）。

第二次世界大战结束后的十五年里，美国广告业实现了自"二战"以来的最大繁荣。摆脱了大萧条和战时的长期紧缩，短短五年内，广告总支出翻了一番，从1945年的29亿美元增加到1950年的57亿美元。[1]然而，根据人均收入和消费者购买量等其他衡量指标来看，广告只能说是保持了它的地位。1950年，广告占消费者总支出的2.9%，仅与战前1940年的比例相同。

在人口、地理等因素推动下，直到20世纪50年代，美国才迈入了另一个真正十年繁荣期。婴儿潮和产业迁移促进了建筑业的繁荣发展，每年的新住宅超过100万套。高速公路和购物中心也在不断修建。通用汽车公司超过宝洁公司成为全国领先广告主，汽车取代香烟成为投放广告最多的产品。1956年，雪佛兰（3040万美元）和福特（2500万美元）的广告预算占据行业高位。[2]只有可口可乐公司以1090万美元挤进了前十，打破了汽车行业在前十中的主导地位。这一时期，机动车登记数从1945年的3100万辆跃升至15年后的7380万辆。以汽车行业为风向标，十年间，广告总额增长了75%，增速超过了国内生产总值、个人收入等经济指数。1956年,《财富》杂志评论:曾实现了历史上最大繁荣的广告业,依旧在燃烧它的能量,正步入第二个十年繁荣期。³

1945年,《广告时代》发布了各公司上一年的年度总收入估算。1947年,智威汤逊成为第一家营业额达到1亿美元的广告公司。1951年,BBDO和扬罗必凯营业额也达到1亿,1954年,麦肯(McGann-Erickson)紧随其后加入了这一行列。这一数字还在不断攀升,到1960年,即便是前十名垫底的博达大桥公司,收入也仅略低于1亿美元大关。

然而,这些年度排名被智威汤逊的总裁斯坦利·雷索尔所不屑。站在广告人的最高位,雷索尔认为一个广告公司的总收入并不代表对等的服务。作为广告业最后一位伟大的先驱者,七十一岁的雷索尔仍是一位完美主义者,在担任智威汤逊总裁的第三十五个年头里,他的目标和理想从来没有动摇过。一个观察家说他就像一台不间断运转的机器,有着不变的饮食习惯和不曾改变的梦想,没有爱好,不玩游戏,十年如一日。⁴ 在智威汤逊办公室里,人们在一种严格的非正式气氛中走动。刘易斯·芒福德(Lewis Mumford)为公司挑选了数百本书籍装饰智威汤逊的接待区,各种颜色和排列方式让人赏心悦目。稳定是智威汤逊的本色,在罕见的重大客户损失事件中,智威汤逊避免了大规模裁员,为每个受影响的人找到了新工作。1955年,雷索尔卸任总裁一职(《广告时代》称之为"一个时代的终结"⁵),接替他的是诺曼·斯特劳斯(Norman Strouse)。从1929年起,斯特劳斯就一直就职于智威汤逊。

20世纪50年代,智威汤逊能持续繁荣,其中部分原因是该公司在国际舞台上占据主导地位，而当时的美国正在全球范围内进行扩张。在这十年里，美国在欧洲的投资增加了三倍，达到 50 亿美元。1899 年智威汤逊在英国设立了办事处，这是美国第一家在海外设立办事处的广告机构。20 世纪 20 年代，智威汤逊在欧洲大陆建立了良好的声誉，随后被通用公司客户推向了拉丁美洲。到"二战"结束时，智威汤逊在国外已有十五个办事处，很快又增加了十四个。在雷索尔的引领下，这些前哨站的管理就像一个殖民帝国，工作人员由当地人担任，运营和管理由美国派人专门负责。智威汤逊国际业务负责人塞缪尔·米克（Samuel Meek）说："我们希望每个人都能感觉到，在专业的创意业务中，地理界限是不存在的。我们可以找到很多会说这种语言的人，也在寻找那些具有引领作用的人们。"[6][7] 智威汤逊在世界各个地方的办事处成为一种标识，海外办事处的工作经历也成为人才选拔的一种方式。到 1960 年，智威汤逊的海外业务量达到 1.2 亿美元，达到了公司国内业务总量的一半。

除了智威汤逊，四大巨头中的其他广告公司也在海外拓展业务。BBDO 和扬罗必凯的海外业务主要在加拿大和英国。在西格德·拉蒙的领导下，扬罗必凯紧跟扩张步伐。拉蒙以善待创意人员而享有声誉。创意总监乔治·格里宾说："这家公司最大的资产之一，就是一个人可以充分表达自己。"[8] 即便是退伍军人也能在扬罗必凯找到工作。只要在扬罗必凯工作了三年的员工都会自动分享到一份信托基金。1949 年，一份贸易杂志评论：该公司的团队精神令人敬佩。[9] 扬罗必凯有一个小规模的新业务部门，从不向潜在客户做投机性介绍。它也不需要这么做，因为从 1945 年到 1960 年，扬罗必凯年营业额从 5300 万美元增加到 2.12 亿美元。

BBDO 的成绩更为显著，年营业额从 4000 万美元增加到 2.35 亿美元。与扬罗必凯不同的是，BBDO 能够实现跨越式发展，主要是因为该公司背离了以往的传统。BBDO 在广告风格上是克制的、绅士的，还有点过于平淡。就连公司全名——Batten Barton Durstine & Osborn 的韵律也显得稳重而庄严。（弗雷德·艾伦说，全名听起来就像一个树干掉在楼下一样。）布鲁斯·巴顿在1940年竞选参议员失败后，重新回来任BBDO的总裁一职，并继续为BBDO的发展定下基调。

1946年，本·达菲（Ben Duffy）接替巴顿。一位BBDO的员工回忆："他散发着爱尔兰人的魅力，每个人都喜欢他。"[10] 本·达菲是第一代爱尔兰裔美国人，一个虔诚的天主教徒。高中辍学后，本·达菲就在BBDO做信差。他对自己的成长经历有一种反常的自豪感。他说："在一个健康的社区，每个人都会帮助别人。如果全世界都采用地狱厨房①的准则，就不会有人挨饿了。"[11] 作为一个最共和主义的机构负责人，他总是喜欢提到自己的背景。谈话时，本·达菲经常使用糟糕的语法，喜欢说脏话，脾气也很火爆。[12] 他把街头智慧的自信加注在了自己的工作中，这在以前的BBDO大楼里是看不到的。1948年，当博达大桥广告公司推掉价值1000万美元的好彩香烟广告代理时，达菲获得了该公司的广告项目。其他公司项目也接踵而至：康宝浓汤公司、利华兄弟、通用磨坊（General Mills）、百时美施贵宝公司、露华浓公司（Revlo）。按照达菲的风格，BBDO要精益求精，致力于畅销。

其他广告公司尽管在收入上无法和四大巨头比肩，但都尽量与广告业的总体趋势保持一致。战后几年，广告客户不仅需要广告宣传，也希望得到广告公司的更多服务。广告公司开始在市场研究、商品销售和宣传等领域雇用更多的人。《广告时代》在1947年指出：公共关系是当今的时尚，也是时代的需要。[13] 如1955年，麦肯建立公关子公司；1956年，康普顿（Compton）建立子公司；1957年，B&B建

---

① 地狱厨房（Hell's Kitchen），正式行政区名为克林顿（Clinton），又俗称为西中城（Midtown West），是美国纽约市曼哈顿岛西岸的一个地区。

立子公司。

销售部门同时为客户和代理商双方提供服务。对于客户,销售部门协助产品开发,提供包装、分销、定价和销售策略等建议;对于代理商,销售部门提供产品卖点,介绍客户销售策略,并根据产品的潜在市场推荐适合的广告媒体。沟通部门跨各个部门,主要负责制定时间表,推进文案进度,确保广告顺利发布。沟通部门会就文案提出改进建议,另同时负责与广告客户进行有效的沟通和协调。一个出色的沟通员就是一个完美的外交官。为了找到合适的广告版面,广告媒体部在媒体圣经《标准广告费率和资料服务》(*Standard Rate and Data Service*)的帮助下,需要列出所有重要出版物的广告费、发行量和印刷要求。广告媒体人员再据此估算广告成本、预订广告版面、检查广告外观、支付广告费用。为了成为广告公司的媒体客户,媒体销售人员还需要与广告媒体部门的人员建立良好的合作关系。

以上所有辅助服务都需要资金投入。然而,由于佣金制度仍为传统的15%,工资和管理费用却在不断增加,导致广告公司的利润率开始萎缩。当初那些退出大型广告公司创立了业务的年轻人们,也不得不屈从于兼并整合的行业形势。20世纪50年代繁荣之前,几家公司按照旧有广告公司的模式启动了。1946年,鲁思劳夫·瑞安公司三名雇员与智威汤逊一名雇员各自从公司分离出来,共同成立了SSC&B(Sullivan, Stauffer, Colwell & Bayles)公司。成立之初,SSC&B带走了鲁思劳夫·瑞安公司的两大客户。SSC&B的创始人之一说:"我想走出去,建立一些东西,并从中获得一些乐趣。"[14] 这一时期,除了SSC&B,没有大型机构再以这种方式启动重组。部分原因可能是因为杜安·琼斯(Duane Jones)案的寒蝉效应。琼斯是一家中型公司的所有者,当他的三名雇员带走了一个大客户并开始自己的业务后,他提出了诉讼。1952年,琼斯在诉讼案中赢得了30万美元的胜诉。

但本质上，行业合并趋势还是源于市场对多元化的服务需求。一个小型的广告公司很难在收入上突破300万美元，而一般的市场业务又超出了小型公司的业务范围，因此各广告公司不得不合并或缩减，否则就面临倒闭。芝加哥的一个广告客户曾说："广告主对广告公司的要求越来越高，我一个人根本没有精力来完成研究、销售分析、包装设计、宣传，以及所要求的其他东西。"[15] 同样的情况也困扰着更高层的广告人员。纽约一家中型机构的负责人指出："我们要么服务不足失去了客户，要么过度服务选择破产。"[16]

在大环境下，合并意味着广告业稳定性更强、影响力更大。观察家们再次表示，广告正在达到一个新的成熟度。艾森豪威尔的国防部部长尼尔·麦克罗伊（Neil McElroy）是第一位具有广告和营销背景的内阁官员。[17] 美国著名历史学家大卫·波特（David Potter）在1952年说："现在广告的社会影响力和规模堪比学校和教堂。它主宰着媒体，在塑造大众标准方面拥有巨大的力量，是行使社会控制的机构之一。"[18]

1960年，李奥贝纳（Leo Burnett）广告公司的德雷珀·丹尼尔斯（Draper Daniels）在《广告时代》发表了一系列关于广告公司生活的小故事。开头是这样的：

鲨鱼皮装订豪华版
是广告人的终极野心，
他是最后的话语，是首脑，
是说最后话的人。
所有人的君王，独立自主，
没有人对他说不，除了每个客户。[19]

广告业依旧充斥着混乱的形式和风格,任何总结和概括都经不起深度推敲。随着大环境的普遍繁荣,消费信贷的增长和自由支配收入的增加,非生活必需品的竞争也越来越激烈。1950年代,宝洁公司的销售额突破10亿美元大关,其中一半的销售额来自新产品。"二战"结束以来,通用食品公司每年销售额超过3亿美元。大多数观察家认为本·达菲强加给BBDO的硬性推销再次回归了。然而,由于没有真正推出新产品,并且市场竞争越来越激烈,广告必须迅速应对这种形势。

为了快速吸引消费者,文案需要变得更短、更简单,视觉也要更加生动。麦肯公司的玛戈·谢尔曼(Margot Sherman)指出:"无疑又进入了眼球时代,我们很少花时间来阅读、浏览和思考,信息从四面八方冲击着我们……只有图片信息才能在有限的时间里深入人心。"[20]

广告界开始向艺术界倾斜,摄影师们负责将广告语言呈现出来。对于那些擅长使用相机的广告艺术家们来说,这是一个有趣的时期。1953年,扬罗必凯为Jell-O拍摄的一系列广告备受赞赏。然而,像诺曼·罗克韦尔这样的老插画家即使受到委托,他们所享有的表达自由和工作机会也越来越少。罗克韦尔在1960年回忆道:"在我开始做广告的早期,艺术总监只是个办公室的小弟。但如今,艺术总监会告诉你该怎么做。艺术总监负责布局,而插画师们则被降级为绘图员和复印师。"[21]这一时期最引人瞩目的广告——万宝路男人、哈撒韦衬衫、宝丽来相机,都是在单一的摄影图像中展现了它们的力量,并非偶然的是这些图像几乎没有文案。

这些广告很少出自老牌广告公司。20世纪50年代,许多老牌广告公司的作品都显得相对平庸，缺乏独特之处。没有了得力的竞争对手，这些广告显得更加卓越。在这一鼎盛时期，当马歇尔·麦克卢汉（Marshall McLuhan）称现代世界是知识和艺术努力的主要渠道时，[22]行业也开始自我反省。整个 50 年代，广告人都在为缺乏创造力而感到遗憾：

太多人在模仿，太多广告主拒绝探索新的路径，他们都在"适应"而不是创造。[23]（《广告时代》，1952）

广告行业确实缺乏真正有创意的人，我经常思考这个问题。如今，客户管理业务被认为是更有魅力的一个层面。[24]（费尔法克斯·科恩，1954）

无论你是在谈论产品、广告创意、布局处理、包装设计还是其他，我们都处在猴子做给猴子看的最伟大时代。[25]（西格德·拉蒙，1956）

有创造力的人已经失去了筹码和火光。成功使他听话、谨慎。他搬到了郊区，买了一艘船，小心翼翼地不让它摇晃。[26]（惠特·霍布斯，1959）

这一连串的自我嘲讽反应了一个普遍问题：创意缺失。然而，在解释原因和提出解决方案方面，广告行业并没有达成共识。有的批评者指责战争打断了大多数广告人的创意生涯，这正是他们获得创意经验的关键时期，而没有什么创意背景的人却在监督着创意部门的工作。另一些人提到，这一时期开始崇尚专业化知识。比如文案人员被雇用不是因为写作技巧，也是因为对特定产品的知识掌握。与此同时，说理销售的广告宣传不利于文案的充分发挥，即使是视觉技术也往往忽视了文字的重要性。沃尔特·奥米拉在 1957 年指出："在任何创造性写作中，当外部因素变得过于重要时，形式就会退化。"[27]（作为一名小说家和老文案人，奥米拉自然把除语言之外的一切都视为外在因素。）

要解决这一问题，不可避免地取决于个人偏见：艺术还是文案？创意还是行政？大公司还是小公司？在BBDO，为了解决困局，公司鼓励原创性思维，开发了头脑风暴的讨论形式。该形式由亚历克斯·奥斯本于1940年发明。1950年代，在弟子威拉德·普莱思纳（Willard Pleuthner）的带领下，这一形式得到了充分发挥。奥斯本将创造性思维[28]与判断性思维（judicial mind）区分开来。创造性思维侧重想法的提出，判断性思维对前者加以评判，但也可能抑制前者的产生。BBDO的头脑风暴旨在创造一种不加批判的会议氛围。来自公司各部门和各层级的人聚在一起，互相激发灵感。房间里的松木家具、桌子摆设、便笺和铅笔都是大致相同的灵感色调。所有的人都在思考问题，提出各种想法，无论这些想法多么幼稚。判断性思维仅仅起了积极推动的作用，以使不同参与者加入互动。内部等级秩序在这里没有任何意义，每个人都是平等的。事后，那些具有判断性思维的人对会议记录进行整理。1956年，BBDO开了401次头脑风暴会议，产生了34000个想法，每次会议平均产生85个想法，总共2000个想法可用。

面对潮水般涌来的灵感，最终只由一两个人来完成真正"有创意"的部分。但头脑风暴的产出与成本也并不是充分对等的。头脑风暴的批评者认为这是浪费时间。大卫·奥格威认为，头脑风暴会议是那群毫无生气的懒汉们的乐趣所在，他们宁愿在会议上消磨一天，也不愿关上门认真工作。[29]对于观察者而言，头脑风暴并不被视为解决创意困境的有效手段，而更像是大型机构在创意枯竭时的一种无奈之举。在缺乏创意的情况下，他们只能求助于这种混乱而无序的策略，这实际上是一种创意产能枯竭的表现。

创意问题中最常被提及的是市场和文案研究，但要找到创意枯竭的原因和解决方案也言人人殊。研究在蓬勃发展，创造力在衰退，

## 第五章 第二次繁荣

这是显而易见的，但两者之间的因果关系仍然很模糊。1930年代，乔治·盖洛普为扬罗必凯展开了文案读者调查。1939年，智威汤逊启动消费者小组，向付费客户报告了5000个家庭的消费习惯。直到1948年的总统选举调查，人们才意识到研究的局限性。在当时，研究部门规模很小，民意调查和抽样技术也很初级。主要民意调查都预测杜鲁门会失败，但最后显示，盖洛普与最终投票结果相差5.3%，罗珀相差12.3%。《广告时代》称这次调查是广告和营销业务的噩梦。[30] 这次选举的笑话，也让盖洛普公司慢了下来。[31] 随后，十五家报纸放弃了盖洛普专栏，罗珀的业务量也减少了五分之一。

随着研究技术的完善，后续的选举调查很少再重蹈上述尴尬境地。此外，研究方法的改进与20世纪50年代广告公司的服务扩展相辅相成，广告人开始声称他们的调查具有科学精确性。他们的工作建立在人口统计学和确凿的统计数据之上，而非仅依赖某位文案人员的直觉。所有大公司都在不断扩展研究部门。像丹尼尔·斯塔奇和阿尔弗雷德·波利茨（Alfred Politz）这样的外部顾问也发展得蒸蒸日上。1953年，刚刚成立不久的广告研究基金会很快就有了自己的季刊。媒体部门也是广告公司服务扩展的受益者，他们对媒体受众有了更精确的概念。

不管在哪个公司，上升期的研究人员与艺术家、文案人几乎没有共同点。前者认为广告是一门科学，说着一口数学行话。后者认为广告是一门艺术，或者至少是一门手艺，是对创作灵感的回应。鉴于当时的趋势，创意人感到流离失所，也把这一切归咎于研究。BBDO的莱斯·佩尔（Les Pearl）说："营销人员和研究人员正在将创意人员统计到死。"[32] 沃尔特·威尔（Walter Weir）也言："还没有人能够通过设定研究报告来成功地制作一个广告。"[33] 博达大桥公司的雪莉·波利科夫（Shirley Polykoff）回忆，创意人只能在"研究和营销部门管理的枯燥会议上蠕动"[34]。会议不断地重复着相同内容，他们只要在

雪莉·波利科夫

虚线上签字就行了。50年代的大多数广告都反映了这种沉闷氛围。

只要研究能够进行有效性的统计测量,那些批评者就有理由认为研究在缺乏创意方面负有责任。扬罗必凯的乔治·格里宾指出,研究对广告业的发展设定了一种模式。然而,由于创意正在枯竭,广告需要的是新的模式,而非旧有模式。格里宾进一步表示:"比起模式的设定,我们更需要打破模式。你需要打破过去才能获得个性。"[35] 传统的广告研究强调广告的量化回报,因此通常会使用过去的有效方法。相对而言,重复传统研究模式也隐含了一种保守的偏见。

## 动机研究

与此同时,定性分析为广告主提供了新工具。从社会科学中借来的动机研究(MR)概念取代了旧有民意调查和计数统计分析。动机研究强调,不要把消费者当作理性的人,如果想知道他们想要什么和为什么要这样做,就要深入研究潜意识的、非理性的动机,从而能事先建议广告应该瞄准哪里。一位动机研究爱好者说:"如果你不能理解人们头脑中的想法,你怎么能策划出触动人心的广告?人们有些想法和信念是无法言说的。"[36] 现代广告研究人员还会运用深度访谈、投射技术、单词关联、句子完成游戏以及主题感知测试等方法。

自20世纪20年代华生行为主义全盛时期以来，心理学在广告界享有盛誉。动机研究的先驱推销员欧内斯特·迪克特（Ernest Dichter）出生于维也纳，他是一位严格意义上的弗洛伊德主义者。迪克特因发现克莱斯勒敞篷车销量少于轿车的原因而闻名——男性将敞篷车视为情妇，而稳重、舒适的轿车则象征妻子。1945年，分析师赫塔·赫尔佐格（Herta Herzog）为麦肯公司进行了动力驱动的动机研究。在推动新方法方面，一位非心理学家、《芝加哥论坛报》（*Chicago Tribune*）的研究主任皮埃尔·马蒂诺（Pierre Martineau）尤为热心。马蒂诺将文案统计学的倡导者描述为"极度理性但缺乏敏感性的人"[37]。马蒂诺宣称，过去的直接推销和硬性文案方法不再适应这个富裕的消费时代，因为生计不再是首要问题，广告主必须将呼吁转移到更深层次："对我们产生最大影响的不是我们说了什么，而是我们如何说。"如果消费者能理解广告中的文字，他们自然会无意识地寻求文字背后的符号意义。

20世纪50年代初期，芝加哥几家公司开始使用动机研究方法。李奥贝纳、博达大桥广告公司成立了独立的动机研究部门。芝加哥广告公司Weiss & Geller则将整个业务定位在所谓的社会科学广告方法上。该公司的动机研究小组发现，女性购买内衣是为了得到其他女性的认可，而不是为了取悦男性；男性和女性购买房屋的动机不同；口香糖不能仅以健康为诱因来吸引青少年购买。总裁爱德华·H.韦斯（Edward H. Weiss）表示："多年来，我们大多数广告都过于关注事物，而对人的关注不够；我们过于关注产品，而不关注人们购买或不购买的原因。"[38]换言之，动机研究不是从产品入手，而是从买家需求入手。

当然，自广告业早期开始，广告人就一直试图猜测他们的受众希望听到什么。这种方法本身并不新颖，即使它有特殊的营销策划和深奥的行话，特别是现在，广告还被科学外衣所包裹。在此之前，广告人认为人们购买产品是出于复杂的动机。在科学权威的推动下，动机研究将这些动机简化为两个：性和安全。随着世界愈加复杂，迪克特说："我们已经被从安全的基本模式连根拔起，作为广告人，你要么提供安全，要么失败。"[39]

一些广告人的说法也证明了迪克特的观点。1953 年，一位广告人指出："严格来说，这是一个噱头，它成为年轻人向上爬的工具。"[40] 一年后，BBDO 的查尔斯·布劳尔（Charles Brower）敦促同行们避免成为巫医和胆怯者。[41] 但动机研究的流行趋势是显而易见的。另外两家大型公司扬罗必凯和鲁思劳夫·瑞安也开始使用动机研究方法。精信（Grey Advertising）公司根据对美国人心理的了解，发现人们可以接受对驾驶的批评，但不接受对汽车的批评时，从而为灰狗公司（Greyhound）设计了一个新广告语：你乘坐公共汽车，把驾驶交给我们（Take the bus and leave the driving to us）。[42] 这个口号既宣传了选择搭乘灰狗的便利性，又避免了对一个男人的妻子（或情妇）①进行贬低。

对动机研究最尖锐的批评来自心理学家兼广告咨询公司负责人阿尔弗雷德·波利茨。波利茨属于古老的克劳德·霍普金斯学派，主张直接的说理销售风格。1955 年，他重新出版了霍普金斯的《科学的广告》一书，并在序言中宣称：当今的广告研究要达到克劳德·霍普金斯的贡献水平，还有很长的路要走。[43] 作为一名心理学家，波利茨对动机研究者不以为然。他声称这种研究是伪科学，只是给人一种进行科学活动的假象，[44] 动机研究只是在告诉广告主们已经知道或希望被告知的东西。波利茨认为这些自命不凡的心理学家用虚假言辞迷惑了公司高层，却掩盖了一个基本的逻辑空洞：要从个人身上提取隐藏

---

① 见内斯特·迪克特的上述发现，即男性将敞篷车视为情妇，而轿车则象征妻子。

动机需要进行详细的精神分析,但在大众层面上推断出这些动机是困难的。但波利茨也有自己的隐藏动机,因为攻击动机研究意味着为他可以为自己的工作进行隐性辩护。正如迪克特所说,波利茨是"替代研究技术的既得利益者"[45]。

1957年,万斯·帕卡德(Vance Packard)的《隐形说客》(The Hidden Persuaders)一书出版后,引发了对于动机研究的辩论。这本书在畅销书排行榜上停留了十八周,连续六周排名第一,第一年卖出了十几万册,是20世纪30年代以来最受欢迎的一本广告批评类书籍。帕卡德指出:大量的努力正在通过精神病学和社会科学的方法,去引导我们的习惯、购买决定和思维过程,而且取得了巨大成功。[46]帕卡德承认大多数广告主还是在理性的、光明正大的层面上运作,但他随后带领读者参观了动机研究的外围方法,包括催眠、精神分析和生物控制。对此,帕卡德表示,一百个大型广告商中,三分之二都在使用动机研究技术。他预测未来将是一个暗淡的奥威尔式世界:"只要有推销的机会,没有人会被动机分析家的眼睛放过……但是,当动机分析家在操纵的时候,未来将在哪里停止?谁来改变这一现状?"[47]

似乎为了证实帕卡德最可怕的预测,一位名叫詹姆斯·维卡里(James Vicary)的顾问带着他的"潜意识"广告问世了。在新泽西州的一家电影院里,屏幕上闪现了爆米花和可乐的信息,时间非常短暂,甚至无法被公众所理性感知。但这些商品的销售量上升了。在潜意识信息上,人们可能在不知不觉中被操纵。随着《隐形说客》的畅销,潜意识享有一时的恶名。(迪克特说:"他们让整个动机研究领域背上一个坏名声。"[48])1958年1月,维卡里向华盛顿国会议员、监管机构和新闻界听众提供了一个潜意识样本。没有人看到任何东西,但这就是问题所在。《印刷者油墨》指出:看到了不被意识所识别的东西,他们才满意。[49]维卡里为洛杉矶的一家广播电台策划了一次潜意识营销,但由于公众的负面反应,该计划未能播出。

《隐形说客》为期六个月的奇迹,让动机研究成了时代的某种象征。帕卡德从迪克特和维卡里那里获得了大部分信息,但仅从字面上理解了他们的宣传主张,因此夸大了动机研究的使用范围和重要性。诚然,它发起了一些著名的活动,但有多少人习惯性地使用了动机研究?与没有使用动机研究的类似活动相比,动机研究活动的效果如何?那些从动机研究衍生出来的想法又是什么?帕卡德并没有回答这些问题,但他给人一种扭曲的印象:动机研究和心理销售在50年代的广告中是多么典型。

《隐形说客》之所以成功,并不仅仅因为它呈现了真实的广告情景,更重要的是它揭示了深层次的潜意识动机:一个有自由意志的美国人害怕被黑暗的、看不见的力量所操纵。这本书所揭示的公众心态以及公众对广告的态度比广告本身更多。

德雷珀·丹尼尔斯这样谈研究人员:

他来了,带着大量的图表和一个奇妙的计划,看,那就是研究人员。给他四百二十个学者,再给他两万块钱,两个月内他会带来你已经知道的事实。[50]

尽管在20世纪50年代进行了很多讨论,但动机研究——强调隐藏、非理性驱动、间接文案和形象塑造——并不能代表当时的大多数广告。典型的50年代广告会重复一个简单的主题,并带有一个清晰的视觉演示:万德牌面包用十二种方法帮助你强身健体;M&M巧克力不溶在手,只溶在口;高露洁清洁牙齿,清新口气。其中,最著名的是安诺星（Anacin）广告。广告描绘了一个头疼欲裂的患者脑袋里的三个图像，第一个是弯曲的弹簧，第二个是大锤，第三个是锯齿状的霹雳。然后，安诺星的小气泡从胃中升起，缓解头痛。这些广告由代理公司达彼思（Ted Bates）制作，根本没有使用动机研究。达彼思公司的主导人物罗瑟·瑞夫斯（Rosser Reeves）解释说：“与其他公司不同，我们将理性诉诸广告宣传，而不是盲目追求性和安全感。”[51]

罗瑟·瑞夫斯

罗瑟·瑞夫斯是20世纪50年代最有影响力的广告运作理论家。他认为，消费者不是被非理性驱动力所困扰，而是被大量的广告信息所淹没。这些信息从各个方面包围着他们，使之眼花缭乱，记忆负荷过多。为了突破这一困境，一则有效的广告必须提供一个独特销售主张（USP）才能吸引新客户，被围困的消费者只能从给定的广告中保留一个强有力的主张或概念，而任何细化都会使广告杂乱无章，毫无效果。即使增加性吸引力也只能分散目标注意力，文案和艺术作品不应该是艺术性的和有趣的，唯一的标准是有效。瑞夫斯说：“一则硬性销售广告就像一台柴油发动机，必须根据能否完成设计这一标准来判断。”[52] 瑞夫斯后来回忆，安诺星的头脑盒"是广告史上最令人讨厌的广告"。[53] 但在十八个月内，他们将安诺星的销售额从1800万美元提高到5400万美元。

为了更准确地衡量广告有效性，达彼思进行了传统采访和数字研究。[54] 每年，它在全国范围内联系约5000人，就达彼思及其主要竞争对手的广告问两个问题：第一，有多少人记得某个广告；第二，有多少人实际使用了该产品。然后根据这两个数字得出实际效果。瑞夫斯表示："这是我们首次对广告进行审计的方法。"[55] 达彼思调查显示，至少在瑞夫斯看来，具有最高渗透力的并不是那些拥有最大预算或最具创意的广告，相反，最有效的广告重复了单一的主张。没有一个活动是过时的，除非一个产品的独特销售主张过时了。在特定产品领域内，自己的渗透率与竞争对手的渗透率是相反的。渗透率是一个有限的宇宙，被围困的消费者在同一时间只能保留有限的独特销售主张。因此，明智的广告主找到了一个独特销售主张后，会持续使用它。

从创造性角度而言，典型的达彼思广告直截了当、平淡无奇。在大多数公司，创意人员儿乎都是四十岁以下的年轻人。相比之下，达彼思三分之一的创意人员超过五十岁，另外三分之一人员在四十岁左右。[56] 瑞夫斯后来表示："我从来没有尝试过制作有趣的广告，一旦你找到了独特的销售主张，任何人都可以写出好广告。其余的只是文字加工。"[57][58] 这种做法激怒了将广告视为一门艺术的批评家，但其实际成功是不可否认的。达彼思的收入从 1945 年的 1600 万美元飙升至 1960 年的 1.3 亿美元，仅比四大巨头低一个档次。

在达彼思，瑞夫斯扮演着主导角色，他亲自撰写了大部分文案。一位同事回忆道："在这个机构里，罗瑟·瑞夫斯儿乎没有停止过工作。他是一个真正的核心成员。他的头脑似乎永远在不停地涌现着想法。"[59] 瑞夫斯高大健壮，满头黑发，戴着厚厚的眼镜。他的声音响亮低沉，总是投射出一种积极、压倒性的态度。他在演讲时特别有激情，他最喜欢的独特销售主张说教被称为黄金十字架（Cross of Gold）演讲。据同事说，罗瑟·瑞夫斯总能让客户从他开始说话的那一刻起，就大声同意他的观点，客户的抵制情绪瓦解在了罗瑟·瑞夫斯的理性话语中。

1910 年，瑞夫斯出生于弗吉尼亚州的丹维尔，是一名卫理公会

（Methodist）牧师的儿子。他是书呆子，十岁开始写小说和诗歌，偶尔在一些报纸和杂志上发表文章。他早年生活受到了父亲的影响。瑞夫斯从父亲那里汲取了对世界的热情，但儿子却无法与父亲的宗教热情和道德行为保持一致。达彼思的约翰·莱登（John Lyden）后来回忆说："罗瑟的父亲每说三句话都要引用《圣经》。罗瑟在浓厚的宗教氛围中长大，并由此形成了对宇宙论的意识。他一直在追求某种概念上的意义，需要一个系统帮助他获得终极解决方案，他是卫理公会的缩影。"[60]

瑞夫斯就读于弗吉尼亚大学，最初梦想成为一名律师。在法国大革命的一次课上，瑞夫斯受天才教师斯特林费洛·巴尔（Stringfellow Barr）的影响，开始考虑教授历史。然而，正值他大二时，股市崩盘，大萧条爆发，他不得不离开学校去找工作。瑞夫斯一心想从事新闻写作工作，因此加入了里士满一家银行的内部机关报。期刊停刊后，瑞夫斯调入银行广告部。他的动力和写作天赋很快将他引向了纽约的广告代理业务领域。通过银行的一位董事，瑞夫斯与Cecil, Warwick & Cecil 公司取得了联系。1934 年，二十四岁的瑞弗斯到达纽约，负责撰写文案。

瑞夫斯的老板是詹姆斯·肯尼迪（James Kennedy）。肯尼迪在智威汤逊受训于斯特林·格切尔，是瑞夫斯接受霍普金斯硬销售传统的第一位导师。肯尼迪说："他算是我的宝贝，是我接触到的第一个真正出色的作家。"[61] 瑞夫斯天生就是一个狂热的人，对生活有着异乎寻常的精力和热情，对新职业充满期待。他研究各种案例，写了成堆的稿件，有时会边喝酒边谈广告，直到深夜。瑞夫斯住在格林威治村，是新时代各种文化产品的合格消费者。在托马斯·沃尔夫（Thomas Wolfe）的影响下，他开始构思一部伟大的美国小说。肯尼迪回忆道："他的目光极具穿透力，有一个伟大的发烧头脑，每小时以 100 英里的速度运转，我们担心他会崩溃。"[62]

1930年代后期，瑞夫斯在B-S-H工作，在这里，瑞夫斯继续着自己的广告事业。秉承霍普金斯模式的杜安·琼斯和弗兰克·赫默特，成为他的另外两位导师。瑞夫斯从未对雷蒙德·罗必凯的广告风格表现出太大兴趣，尽管在同一时期，罗必凯的广告成绩更加杰出。相反，瑞夫斯将自己的注意力集中在硬性推销和强调优惠的营销策略上。在B-S-H的两年时间里，他告诉赫默特："我学到了我所知道的所有广告知识。"[63] 与此同时，他认为约翰·E.肯尼迪的销售技巧仍然是广告的最佳方案："如果一个文案撰稿人不是一个推销员，那么他就是一个糟糕的撰稿人。"[64]

1940年，客户经理泰德·贝茨（Ted Bates）离开B&B成立了自己的广告公司。泰德·贝茨不仅带走了万德牌面包和高露洁广告客户，还带走了瑞夫斯。之后的二十五年里，这个搭档团结一致地经营着新公司。贝茨是一个缅因州扬基人，来自贵族家庭，在安多弗中学和耶鲁大学接受教育。他身材瘦削，沉默寡言，通常独自用午餐，备忘录是他与员工沟通的主要方式。相比之下，瑞夫斯是一个巴洛克式的弗吉尼亚人，喜欢享乐，行事也较夸张。不管在哪里，瑞夫斯都占据着主导地位。他们两个就像一对行走的矛盾体——贝茨是一个内向的会计人员，瑞夫斯是一个外向的作家。两个人在办公室开会时，通常关着门，同事们只能通过瑞夫斯的脸色来判断会议的进展情况。如果瑞夫斯出来后脸色显得既坚硬而凝重，那么事情一定不顺利。瑞夫斯偶尔会威胁贝茨要退出公司，每到这时，贝茨就会让步，瑞夫斯至少会得到一些他想要的东西，而机构的事务又会恢复到正常状态。

1950年代，瑞夫斯的广告事业取得了巨大成功，但他仍然有着广泛的爱好和副业：从台球到国际象棋，从赛车和到水上飞机。虽然他不再打算写一部伟大的美国小说，但依旧陶醉在那八千本藏书的个人图书馆中。他不仅尝试写诗，还反思地球：

## 第五章 第二次繁荣

> 不安分的人的奇怪结局，
> 在银河系时间的一秒钟内，
> 他飘浮在一粒宇宙尘埃上，
> 围绕着一个小太阳旋转。[65]

一位同事收到瑞夫斯的诗歌后曾说道："你让我感到惊讶，这种永恒品质的诗句与我经常面对的那个戴着领结的麦迪逊大道面孔并不兼容。"[66] 瑞夫斯解释说："诗歌是我的个人爱好，我不会以自己的名义发表它。"[67]（多年后，瑞夫斯写了一本关于格林威治村怪人的小说，一个穿着蓝色牛仔裤和网球鞋的大胡子诗人，他抛开了优越的背景和家庭，喜欢在街上游荡，宣讲宗教、无限、宇宙和生命目的。"你可以说这本书是我的秘密自我。"[68] 瑞夫斯说。）

这个秘密的自我并不会出现在瑞夫斯的工作状态中。他似乎是两个截然不同的人。在家里，他善于反思，文采飞扬，是第一个访问苏联的美国国际象棋队的组织者和队长，是懂得欣赏帆船之韵的人。在工作中，他活跃而无情，喜欢大声疾呼，是一个苛刻的任务主管。20世纪50年代，《印刷者油墨》和《广告时代》刊登了几十位广告人，由于某种原因，瑞夫斯从来没有入选过。1962年，《时代》杂志封面上刊登了十几位广告人，瑞夫斯也不在其中。[69] 由于他不为人知的一面，瑞夫斯的社会声誉与事业成就似乎并不匹配。

与以往一样，人们对广告行业的道德标准感到担忧，而达彼思的广告尤其令人怀疑。安诺星广告在谴责阿司匹林的同时，也在宣传安诺星是"医生最推荐的止痛药，即阿司匹林"。达彼思的许多广告都有一个穿着白大褂的演员，看起来像个医生。然而，独特销售主张可能并不是该产品所持有的。瑞夫斯说："这些说法可能适用于所有品牌，不仅仅是我们自己的，但我们会告诉人们这些说法。"[70]（瑞夫斯钦佩的霍普金斯可能会对这一观点表示同意。因为在多年前霍普金斯曾指出，客户的啤酒瓶用蒸气清洁的做法，适用于所有啤酒瓶。后来 L&T 公司宣称好彩香烟的烤制方法也适用于其他香烟品牌。）

然而，广告人喜欢的海盗时代已经一去不复返了，取而代之的是更高的道德规范。达彼思的广告营销代表了一种回归。在美国广播电视协会（National Association of Broadcasters）电视法规禁止推广个人产品的禁令下，达彼思依旧在 150 多家电视台投放了痔疮膏广告。这个禁令只是美国广播电视协会的规定，他们并没有执法权。20 世纪 50 年代末，联邦贸易委员会要求达彼思在卡特小肝丸（Carter's Little Liver Pills）的广告中删除有关"肝脏"的说法，并投诉了达彼思的其他四个广告：高露洁牙膏广告声称有保护涂层，蓝宝石人造黄油广告关于"风味颗粒"的虚假描述，香烟广告展示了过滤嘴具有阻挡有害物质的优势，以及一个快速剃须广告中展示刮砂纸的虚假情节（实际上只是一个涂有砂子的有机玻璃面具）。其他广告公司也相继收到了投诉，但达彼思的投诉量最多。瑞夫斯对此并没有一丝悔意，他花费了 2.3 万多美元，在七家报纸上刊登了反驳文章。他宣称："这些破坏性的媒体指控建立在不可靠的基础上，仅仅是主观意见，他们把一些小道具和技巧当作可怕的欺骗。"[71] 但在接下来的几个月里，达彼思悄悄撤回了所有违规宣传。

瑞夫斯拒不承认这一指控罪行，他在《实效的广告》（Reality in Advertising）一书中给出了详细回答。这本书最初是瑞夫斯写给达彼思高管的一份扩展备忘录，1961 年春天由诺夫公司出版，六个月内卖出了 3.2 万册，被翻译成七种外国语言。瑞夫斯指出："广告开始时是一种艺术，太多的广告人希望能保持这种艺术，他们可以说'这是正确的，因为我们觉得它是正确的。'"[72] 瑞夫斯认为广告是一门像工程一样的科学，附带审美潜力，但本质上是一种工具，是建立在实际问题上的商业工具。瑞夫斯对动机研究（"弗洛伊德的骗局"）和隐形说客（"最纯粹的废话"[73]）嗤之以鼻，同时也解释了独特销售主张和达彼思的消费者调查。瑞夫斯强调，如果客户产品与竞争对手相同，公众仍然可能被告知产品中的一些新东西，这些新东西并不代表产品的独特性，但它假定了独特性。[74]作为一种销售主张，独特销售主张将自己掩盖在独特性外衣中。广告人应该不惜一切代价去避免广告中最危险的词：原创性，这对独特销售主张具有致命性。[75]

《实效的广告》一书宣传了达彼思的广告营销方法。此书不仅得到了其他广告人的积极回应，还为达彼思带来了1800万美元的收入。费尔法克斯·科恩说："瑞夫斯坚信广告应该毫不含糊地提出主张，不必考虑他人的感受。他证明了这种直接的广告方式是有效的，尽管它可能会激怒一些人，但他认为这并不重要。"[76]一位广告评论家指出：这本书给广告的敌人提供了足够的攻击材料，能让他们在未来几年内持续对抗。[77]

也许，这才是瑞夫斯真正的罪过。他的硬性销售方法在当时并不少见。除臭剂、肥皂等广告都是这样的营销策略。瑞夫斯只是用非常直白的语言阐述了这种传统智慧，从而向外界揭示了广告界的隐秘短板。当有人批评瑞夫斯时，他选择用销售数字来堵那些批评者的嘴。他曾说："当然，我们的一些客户会用金钱的蛮力来推销商品，但是，哦，他们卖的是肥皂？"[78]

1958年的一天，瑞夫斯收到了一只白鸭子。一张卡片显示这只鸭子的名字叫"独特销售主张"。"独特销售主张不能像你一样呱呱叫，但声音够大。"[79]瑞夫斯相信这是SSC&B公司的总裁布朗·博尔特（Brown Bolte）所为，于是将一颗鸡蛋装在蒂芙尼盒子里，并附上一条留言：亲爱的布朗，你还憋着什么蛋？[80]

德雷珀·丹尼尔斯这样谈论文案人：
现在……最后……新的惊人
天才的宝石慢慢燃烧。
这个人，毫无疑问，
知道这项业务是关于什么。
尖叫的人，当言语改变时，
所有的改变者都疯了。
不过，如果他更安静或更礼貌，
他就不会成为一名文案人。⁸¹

战后，广告公司朝着合并、规模扩大、国际市场扩张、服务拓展以及研究等方面迈进，广告营销策略也变得更加简洁而有力。这些趋势在麦肯公司及其总裁马里昂·哈珀（Marion Harper）身上得到了充分展现。瑞夫斯是20世纪50年代典型的理论家和文案撰写者，哈珀也是典型的执行者和帝国建设者，他是这个时代的阿尔伯特·拉斯克。

在四大竞争者中，只有BBDO公司的业务增长率能与哈珀的公司相当。50年代中期，麦肯在十二个月内获得了价值高达4500万美元的新业务，客户包括西屋（Westinghouse）电器和可口可乐。可口可乐给麦肯带来了1500万美元的收入。随后，更多广告客户也很快敲定了合作。1957年，麦肯公司携带着1100名员工迁至列克星敦大道485号的一座14层楼的豪华新址。一篇新闻报道称："这是广告公

## 第五章 第二次繁荣

司有史以来最大规模的办公室搬迁。"[82] 1959 年，它在美国国内的营业额仅次于智威汤逊。麦肯公司是广告业的一个独特典型，它的独特性在于有胆气挖走其他公司的广告人才，但也因此而备受争议。麦肯被称为"研究机构"和"组织者的机构"。

更准确地说，麦肯是"哈珀的集市"。作为美国广告界曾经的奇迹，马里昂·哈珀是一个完美的组织者，代表了他的时代。哈珀看起来很平静，没有什么古怪的脾气，是一个态度冰冷的知识分子。他个子很高，秃顶了，戴着深色的龟甲眼镜，看起来像个大学教授。他看书的速度很快。深夜或早晨是他固定的读书时间。哈珀喜欢从后往前阅读，边看边做笔记。心情好的时候，哈珀喜欢穿一件棕色西装，平常都是穿灰色西装。他的午餐总是吃一样的食物：一个汉堡包，加点西红柿，喝点茶，只有和客户在一起的时候才会喝酒。

哈珀以超高智慧和超长能力管理着整个公司。他工作起来很努力，有时一连工作三十六个小时甚至四十八个小时。他很害羞，不喜欢开玩笑，也不会在办公室跟大家闲聊。一般在会议结束后他会快速小睡一下，然后再洗个澡，让自己精神振作起来，再接着参加下一个客户会议。会议上的哈珀很沉默，直到结束时才冒出一句权威性的话。一位同事评价："马里昂就像巨大压力下的一条深海鱼，他创造了自己的那片深海。"[83] 德雷珀·丹尼尔斯曾在麦肯公司短暂工作过，他不太喜欢哈珀。他回忆说："我认识两三位准总统，但都比不过马里昂·哈珀给我留下的深刻印象，三十五岁后的哈珀被盲目自信和乐观洗礼了。"[84]

哈珀是业内的稀有人物，是第二代广告人。1916 年，哈珀出生在俄克拉荷马城，父亲是《俄克拉荷马日报》（*Daily Oklahoman*）的广告总监。在五岁的时候，哈珀父母就分居了。哈珀之后移居到纽约，在通用食品公司工作。哈珀是独生子，患有哮喘病，由母亲抚养长大。他早熟自律，自制力很强，担任过卫理公会主日学班的主席,十岁时在联邦众女联合会州立大会(United Daughters of the Confederacy)上发表首次演讲。十五岁时,他去纽约探望父亲,观看了 NBC 的电视节目,由此对电视和广告产生了兴趣。哈珀以优异的成绩从安多弗中学毕业后(以《圣经》研究获荣誉奖),进入耶鲁大学。暑假期间,哈珀为父亲公司做了挨家挨户的消费者采访,并主修了心理学,这些都为他从事广告业做了充足的准备。毕业后,哈珀先后去了六家广告公司面试。麦肯公司的面试官回忆:"他很有礼貌,被录用为办公室职员。"[85]

此时,麦肯公司在哈里森·金·麦肯(Harrison King McCann)的领导下进入了第二十六个年头。麦肯是一个来自韦斯特布鲁克(Westbrook)的苏格兰-爱尔兰洋基人,与拉斯克、雷索尔并称为广告公司的奠基者。他曾在标准石油公司(Standard Oil)的广告部工作。1911 年,标准石油公司被最高法院解散后,他组建了一家广告公司,为标准石油公司业务服务。作为负责人,麦肯不参与广告制作。会议上的麦肯很少发言,也不太写备忘录或商业信函。作为鲍登学院的毕业生,他为很多校友谋到了工作。他不喜欢下达命令或随意解雇员工。如果有人被提升为副总裁,但旁人对此有怨言,他可能会将这些人都提升为副总裁。在温文尔雅的礼貌之下,他也有强硬的一面。在与顶级客户接触时,他有着灵巧的触觉和出色的谈判天赋,没有人敢低估他的能力。据报道,他的赚钱能力堪比拉斯克。

哈珀刚来麦肯时在收发室工作,负责跑腿、装水工作。(哈珀说:"我从来没有意识到广告人员会喝这么多水。"[86])每天工作结束时,他会顺便拜访公司的研究部门,向那些有想法的人讨教。很快,哈珀晋升到研究部门,每周加薪 20 美元,负责预测广告的有效性。两年后,他掌握了这项技术,可以在广告播出前预测广告的效果等级。二十六岁时,哈珀被任命为文案研究经理,二十八岁被任命为副主任,三十岁被任命为研究主任。在他的带领下,研究部门成为广告公司的前沿之地。1948年,他在三十二岁生日时,成为麦肯的继任者。在这个高管云集的公司中,仅仅九年之内,哈珀就从办公室小弟变成了总裁。

作为老板,他不断扩张自己的权力。在公司内部和外部的贸易会议上,他会宣扬社会科学的福音,并敦促将心理学和一般语义学纳入研究领域。麦肯是第一家拥有心理学研究人员的广告公司。哈珀认为广告人应该把工作建立在严谨、冷静的科学基础上,而不是在创意的五朔节花柱上跳来跳去:广告人不需要花费数十亿美元来装饰媒体,广告信息也不是装饰品。[87]他反对广告是一种艺术。这并不是因为他想诋毁广告,而是因为他对真正的艺术有一定的了解。他说:"观众能从广告中得到的东西才是最重要的,它不属于创造性的艺术。在创造性的艺术中,艺术家的灵感是最重要的,可以完全对观众的回馈漠不关心。"[88](哈珀的办公室墙上挂着一幅画:墨西哥的旋转斗鸡。他说,那是广告业的历史。[89])

哈珀延续了麦肯公司在海外业务方面的传统。20世纪20年代,客户标准石油公司将该公司业务带入欧洲,在随后的十年,麦肯业务又向拉丁美洲延伸。20世纪50年代,麦肯的国际客户包括百时美施贵宝、高露洁-棕榄、W. R. 格雷斯(W. R. Grace)、雀巢、西屋和可口可乐等。可口可乐看到了麦肯在国际业务上的能力和市场,于是将业务转移给麦肯。哈珀对国外业务有一种传教士般的爱国热情。在他看来,国外业务在促进美国经济和政治利益方面起着重要作用。《广告时代》评论:国际公司的管理是一件棘手的事情,传统上被秘密所笼罩着。[90]作为拉丁美洲和欧洲大陆上领先的国际公司,在收购澳大利亚第三大公司后,麦肯首次进军远东。到1960年,麦肯的海外业务量已接近1亿美元,仅次于智威汤逊。

哈珀在其他方面也敢于打破哈里森·麦肯所创立的绅士风度。麦肯会抢夺其他机构的人才。(麦肯的一位主管说:"近年来,我们邀请了许多人加入麦肯。"[91])更具争议性的是,1958年初,该公司推掉了与克莱斯勒公司合作十五年、价值2700万美元的合约,以承接价值2400万美元的别克广告,并期望获得通用汽车的其他业务。在过去,像BBDO为了得到好彩香烟时推掉酷儿(Kool),B&B为了高露洁放弃百时美施贵宝,这些都是为了大客户而放弃小客户的案例。可麦肯却反其道而行之,放弃了有着良好销售业绩的克莱斯勒,选择了别克,这给当时正在寻求稳定好形象的行业带来了一定冲击。《广告时代》的社论表示:我们对本周的广告业务感到可耻。[92]

这位天才领袖怀揣着帝国的野心。他渴望超越智威汤逊,不仅希望在业务规模上取得突破,还决心建立一个广告帝国。1954年,麦肯公司收购了小型广告公司(Marschalk & Pratt),他表示:"我们已经按照传统方式组建了最佳广告公司,但是在我三十八岁时,我的内心告诉我,你不能满足于已有的最佳状态。"[93]因此,哈珀没有将Marschalk & Pratt并入麦肯的公司结构,而是将其作为一个独立的实体。在接下来的几年里,他吞并了更多的广告公司。1960年,他宣布将整个业务重组为一个名为"埃培智"(Interpublic)的新联合企业。埃培智最初设立了四个部门:McCann-Erickson,负责处理国内业务;McGann-Marschalk,是第二个传统广告机构;McCann-Erickson Corp,负责处理近五十个海外办事处;最具异国情调的Communications Affiliates,主要提供研究、公共关系和促销服务。通过这种架构,埃培智完全可以在自己的公司内部处理各种客户问题。哈珀说:"我们所做的,就是把垂直管理转向水平管理,利用这个附属原则,埃培智将在1970年达到10亿美元的总收入。"[94]

但有些客户并不这么认为。有人指出:"我们并不关心马里昂·哈珀所珍视的组织体系,重组之后,我们看到的是同样的人,得到是同

# 第五章 第二次繁荣

样的服务。"[95] 还有人表示："马里昂虽然拥有这么多附属公司,可以随意掌控他们,但我们并不关心。"[96]

在竞争激烈的哈珀公司里,有人散发了一份备忘录,描述了这些新部门:一个处理盈利客户的世界部门(World division),一个处理慈善客户的享乐部门(Good Time Charlie division),以及一个处理小型客户的青少年-威恩斯(Teensy-Weensie)部门,在这里,工作人员的身高不超过 5 英尺。[97]

德雷珀·丹尼尔斯这样谈论策划委员会:

小印第安人,在野蛮的彩绘酋长面前传播你的信仰。伴随着狂野的战歌和神秘的舞蹈,伴随着鼓声和催眠的幻觉,他们会把你烧死在火刑柱上。他们会把六个月的工作撕碎,把碎片塞进你的心脏。然后,撒下他们那份悔恨离开,把工作留给你。[98]

在最繁荣时期,美国广告业保留了惯常的自我怀疑和批评,无论是内部还是外部。广告在美国生活中越来越普遍,在蓬勃发展的同时,它同时也伴有一些疑虑。1956 年,玛格丽特·米德(Margaret Mead)宣称,这个行业的整体审美就像是"一只蚕从自己的内部纺出丝来,然后把自己包裹在里面"[99],美国大部分生活所呈现的不是美国的文化,而是麦迪逊大道的文化,广告界的一切都在自娱自乐。同时,有人对广告业的道德和信誉问题提出了指责。1950 年,电影演员协会(Screen Actors Guild)主席罗纳德·里根(Ronald Reagan)说:"我不相信世界上会有人相信电影广告,即使没有《读者文摘》对广告的批评，其他杂志也会定期刊登广告批评文章。"[100]

民意调查显示，这些批评不仅仅是一些随机的抱怨。1946年，41%的美国人认为有一半或更多的广告具有误导性，54%的人认为它太过于玩弄观众的情绪；1950年，80%的人批评广告经常诱导让人购买非必需品或买不起的东西；81%的人呼吁政府要进行更严格的监管；1952年，68%的人拒绝接受不真诚的推荐式广告。[101] 尽管有传言说广告业有丰厚的工资、高收入和高昂的生活费用，但年轻人对广告的职业认可度依然很低。1958年，1.1万名高中生的职业选择调查显示，广告和公共关系在二十种职业中排名第十八。[102]《广告时代》在1959年的社论中指出：如今，人们流行拿广告的愚蠢和不可信进行戏谑，因为广告本身就是用吸引孩子的方式来捕捉大众的注意力。如果相信广告是诚实、体面、明智和有尊严的，并且值得公众信任，那么这样的信念实在是太天真。[103]

几乎所有的大众媒体都呈现了对广告人的刻板印象。广告人是个粗鲁的物质主义者（在电影《成功之道》中，消费目标是给广告人一把通往行政洗手间的金钥匙），而且不太聪明（在电影《十二怒汉》中，陪审团中的广告人是一个愚蠢、爱开玩笑的傻瓜）。广告人说的是一种奇特的英语：让我们把这个放在旗杆上，看看谁会敬礼；让我们把它放在沙发上，看看它有什么破坏性倾向；让我们把它涂在猫身上，看看猫会不会把它舔掉。[104] 广告人总是穿着制服，还喜欢不加区分地使用后缀wise。在一幅漫画（*Abbie an' Slats*）中，一个年轻人在Button, Bustin, Stitch & Screech公司找了一份工作。他得知，要在广告界取得成功，就必须得有溃疡，穿纽扣衬衫、打针织领带、搭配科尔多瓦鞋和灰色法兰绒套装。如果你穿的是其他衣服，他们会认为你在生意场上是个笨蛋！[105]

斯隆·威尔逊（Sloan Wilson）小说《一袭灰衣万缕情》（*The Man in the Gray Flannel Suit*, 1955）的主人公在一家大型广播公司

从事公共关系工作。（威尔逊住在康涅狄格州的新迦南，在小说构思期间，他听到广告人抱怨紧张的工作节奏：在车站排队时，广告人调侃自己像穿着灰色长袍的士兵。）书中主人公对自己的未来感到绝望，于是想转行做广告："我会写文案，让人们多吃玉米片，抽越来越多的烟，买更多的冰箱和汽车，直到他们幸福地爆炸。"[106] 主人公还批评了一篇演讲，因为演讲内容将心理健康问题简化为廉价的广告口号。这就好像将心理健康和销售香烟等同起来。[107] 最终，他退出了职业轨道，选择与家人共度时光。

威尔逊的小说贡献了一个广告人的叙事模式和语言风格，这种模式可以追溯到弗雷德里克·瓦克曼（Frederic Wakeman）的小说《广告员》（*The Hucksters*，1946）。小说的中心人物名叫维克多·诺曼（Victor Norman），在金伯利 & 马格（Kimberly & Maag）广告公司工作，负责的客户是专横的埃文·L. 埃文斯（Evan L. Evans）。埃文斯有一个1200万美元的碧婷（Beautee）肥皂项目。主人公诺曼是个颓废的愤青，冷漠无情，他不喜欢自己的工作和毫无意义的生活："在这个行业里，我们都是一群骗子……我们不偷东西，可能是怕对生意不好，但我们肯定会为客户做其他的事情。一个广告人只喜欢表面打交道，总是在阴影和欺骗中潜行。一个人看起来要聪明，即使他不聪明，也要表现得像个网球俱乐部的成员。每年能有两到三个简单又好的想法，学会一直说'是的，先生'，偶尔才说'不，先生'，并且有足够的胆量去敲打客户的桌子，告诉他事情就是这样的。"[108] 随后，诺曼与一位已婚妇女发展了婚外情，这使他找到了救赎和意义。在她的影响下，他放弃了广告业，但以一种难以解释的高尚姿态离开了她，而不是破坏她的婚姻。

《广告员》之所以如此畅销，可能是因为它是一部充满浪漫情怀的小说。小说中埃文斯的性格与乔治·华盛顿·希尔有相似之处，他在书中的观点与希尔的广告理论一脉相承，都坚持认为一个简单又好的主意就是不厌其烦地重复。埃文斯说："所有的专业广告人都害怕强奸公众，可我觉得公众喜欢这样，只要你掌握了让他们放松和享受的诀窍。"[109] 瓦克曼在博达大桥广告公司工作时写了这本书，他当时正与希尔一起处理好彩香烟广告。因此，他有足够的经历来写一个真实的内部业务版本。该书是当时的第一畅销书，印刷了75万册，由每月一书俱乐部发行、《读者文摘》编辑，最后以25万美元的价格卖给了米高梅（MGM）。《广告员》对公众的看法产生了不可估量的影响，并激发了众多文案人员加入写作行列的热情。

1946年，阿卡迪·莱奥库姆（Arkady Leokum）的《请给我送来绝对免费的……》（*Please Send Me Absolutely Free…*）问世。这本书也描写了类似的主题和结局。吉恩·温特（Gene Winter）是20世纪30年代的一个富有理想主义的年轻人，为了谋生，漂流到了广告业。最初，他喜欢"尖锐的、有说服力的、有分量的"[110]的语言创作风格，他一路向上，品味着成功带来的权力和财富。之后，他遇到了一个女人，她劝他放弃广告，要开始"真正的写作"。吉恩尝试了一段时间，但以失败告终，而且女人在分娩时去世，他不得不重新回到广告业。他不再享受为客户撰写广告文案的过程，所写之物也不再符合他的风格："所有富有想象力的工作，所有创造性的努力，都有目的。但这里没有……他的头脑中出现了一个又一个的想法，但每一个想法都像一片云，一股空气就把它冲散了。没有任何东西留下。"[111]所以他再次辞职了，走向了一个不确定的未来。他说："能再次感到干净和自由是件好事。"[112]作者莱奥库姆也是一位业内人士，在Lennen & Mitchell公司负责文案工作。九年内莱奥库姆在五家广告公司工作过，他认为广告是"一个混乱的行业"[113]。当儿子发誓要跟随他进入这个行业时，莱奥库姆说："我所想到的都是我那死去的灵魂！"

赫尔曼·伍克（Herman Wouk）的第一部小说《曙光》（*Aurora*

*Dawn*，1947）也代入了自己的从业经历。伍克曾为弗雷德·艾伦的广播节目担任文案撰写工作。这本书写于《广告员》问世前。《曙光》描写了一个恶棍广告公司，刻画了一个乔治·华盛顿·希尔式的人物。小说中，一个被出卖的艺术家抨击了这个行业：广告贬低语言，说谎，引导人们渴望他们并不真正需要的东西，只关心销售，"广告用一种可怕的扩散性霉菌轰击这片土地上一切美好的东西——语言、青春、爱情、自然、艺术。他们都被广告绑在商业上！"[114] 小说的主人公最终辞去了广播网的工作，站在大街上大喊"自由！自由！"[115]（伍克后来解释，他并不觉得这本书对广告进行了严厉的道德审判。他说："但也许对它的一些滥用行为的抨击是有益的，这些滥用行为与其说是畸形的或邪恶的，不如说是愚蠢的，因为它不属于成年人的文明。"[116]）

以上提到的三本小说中，毅然辞职是一个重要主题。另一位小说家埃里克·霍金斯（Eric Hodgins）提供了一个稍富同情心的故事版本。他对广告业的直接经验仅限于他职业生涯早期的一个短暂代理期。在小说《布兰丁斯先生建造他的梦想之屋》（*Mr. Blandings Builds His Dream House*，1946）中，因为一种泻药打出三字标语而闻名的文案主人公憎恨他的工作：他感到某种扭曲的快乐，他所做的事情当然是可怕的，但他不得不承认，他做得非常好。[117] 他只能通过在乡下建造梦想之屋来寻求成就感。在续集《布兰丁之路》（*Blandings' Way*，1950）中，他开始与自己的良心进行斗争，有时在夜里醒来思考自己对社会的责任："整个国家都要崩溃了。没有人再诚实了。当地社区正在失去它的意义。家庭正在瓦解。到底谁比广告文案人员更有责任？"[118] 为了寻求简单，回归朴素，他在梦想的房子里安家，买下了当地报纸。他很快就被当地的问题所纠缠，而他发现以前的广告生活似乎并没有那么糟糕。公司老板同意继续给他提供一份工作。他说："也许在要求命运给我带来快乐时，我要的太多了，我将继续攀登我的高峰，一次三个字，一次三个字，直到最后达到顶峰。"[119]

电视剧编剧罗伯特·阿兰·奥瑟（Robert Alan Aurthur）在《艾尔·图鲁姆的荣耀》（*The Glorification of Al Toolum*，1953）中再次响应了辞职主题。主人公最初对广告既不抱幻想，也不抱疑虑。他对一位持怀疑态度的女性朋友说："我当然相信它，相信它是我的工作。我的工作就是鼓动它、发明它、培养它、呵护它。为什么呢？为了每年能有一万五千元的奖金。"[120] 但任何辩解都会遇到一堵反麦迪逊大道的偏见之墙。他的救赎始于一场寻找和操纵美国"最普通的平民"的活动。一位公司负责人说："那些普通人是完全可以预测的，广告就建立在这一原则之上，这比其他任何原则都重要……如果没有这种可预测性，我们的整个结构就会动摇。"[121] 但事实证明，人是无法管理的，他具有复杂性，不是人口学上的简单抽象概念。最终，在女性朋友的影响下，主人公被唤起了一种道德感，促使他退出了广告业。他说："我这辈子从来没有感觉这么好过。"[122]

在杰拉尔德·格林（Gerald Green）的《最后怒汉》（*The Last Angry Man*，1956）中，伍德罗·威尔逊·斯拉舍是一个小公司的副总裁。向妻子解释他为什么要找一个情人时，他说："我们所做的一切都是妥协，特别是婚姻，不再有大风险、大刺激、大爱和大恨。每件事都中规中矩。"[123] 他说自己的作品只涉及虚构和幻觉，更像是在玩过家家，而不是真正的工作。但他也有苦衷，尽管感到被压迫，他还是坚持了下来。这时，一个正直坦率的局外人把斯拉舍从萎靡不振中摇醒。他放弃了情人，修补了婚姻，并发誓要做得更好："我不再是过去的斯拉舍，而是一个重生和被救赎的斯拉舍。虽然我不能去佛蒙特州创办一份日报，但我想我们还是有收获的。"[124]

哈罗德·利文斯顿（Harold Livingston）的《底特律人》（*The Detroiters*，1956）的核心人物大卫·曼宁也有道德重生的情节。利文斯顿在底特律和纽约广告公司当过撰稿人,他在书中描述了一个高度紧张和无下限的广告世界,一个最类似于卖淫的事业。书中的曼宁不相信任何事业理想。他说:"生活成本不断上升,我宁愿继续做一个高价的妓女。"[125] 有人说,如果一个人保持了创造的完整性,广告业是有价值的,也是诚实的。曼宁却说:"我的创造性基本每隔一周就会重现一次。不过那是在银行。我清楚地知道我的报酬来自哪里,因为我做了该做的事情。"[126] 他的女朋友是一个时髦的妓女,这强化了广告业的卖淫性。但当为了得到一个大客户而勾搭上朋友的妻子后,他的精神世界崩溃了。他们一直保持着婚外情,已是人妻的女人深深地爱着他,他后悔了。他反思说:"我在这个行业里待了十年,我得到了什么?钱,汽车,昂贵的衣服,还有什么呢?"[127] 最终,他得出结论,他起码还可以有道德地过活。最后,他辞职了,创立了自己的公司,选择用更干净的方式运作下去。

爱德华·斯蒂芬斯(Edward Stephens)的小说《柠檬的扭曲》(*A Twist of Lemon*,1958)是一个从纯真到腐败、再到回归纯真的循环故事。斯蒂芬斯是一家广告公司的客户经理,负责处理宝洁公司的项目。主人公斯科·威洛比是一名海军退伍军人,在西北大学获得硕士学位后去了麦迪逊大道。在这个虚构的公司里,威洛比负责一个肥皂客户(这是对宝洁公司的双关语)。起初,这看起来是一个理想的环境:一个人可以通过努力工作、参加夜间课程获得成功。但威洛比注意到,他的老板只需穿戴整齐,只要看起来在工作就能维持现状;高级主管把办公室当作一个巨大的棋局,和敌人对打,直至对方濒死挣扎。在这种环境下,威洛比开始迷恋权力,他失去了自己的原则,虐待了几个情人,甚至从一个下属那里窃取了一个创意,最后患上了溃疡,身心俱疲。当压力难以忍受时,他突然爆发,对广告业的"廉价、虚假、恶毒、杀人的喧嚣"进行了猛烈抨击:"双关语和洗稿是最受欢迎的广告灵丹妙药,都是大剂量的语义学,只要你吞下广告公司的观点,你就会得出像屎一样的逻辑……在这个疯狂的行业中,我们都被毁了,我们已经被毁了很久了!"[128] 他崩溃了,溃疡穿孔,事业也停摆了。最后,他搬到了凤凰城,在一个安静的、只有一个办公室的机构里工作。

还有两部没有完美结局的小说。《广告人》(The Admen,1958)是谢泼德·米德(Shepherd Mead)辞去 B&B 副总裁职务后的第一本书。二十年来,他一直提前上班,从事自由写作。《广告人》一书对广告公司的生活做了严肃、平衡的处理。负责人科·托里(Branch Torrey)是个诚实正派的人。他的妻子和他的雇员奇普·斯特林有婚外情,但他不以为然。托里拥有杰出的外表,那也是他的主要资产。身为一个酗酒的文案策划者,他一直在酝酿逃跑计划:买一个岛,学习耕作或研究鱼肝油。当他和斯特林合作开展一个富有想象力的策划时,托里三言两语打破了他们的想象:"或许你会用它赢得一些艺术奖,但是你觉得我会关心这个吗?那些人会看这个吗?如果它不能让人想买这个东西,那就没有什么好处。"[129] 托里是每个广告策划活动的最终仲裁者,是整个行动的情感和智力核心,是一个老派的广告人,他坚信广告业只是为了打动人。作家米德总结说,广告公司就像一颗钻石,坚硬而闪亮,但却有一条脆弱的裂缝,他们可以抵御任何东西,除了尖锐的打击。[130]

纽约艾灵顿(Ellington)广告公司副总裁詹姆斯·凯利(James Keliy)在《内幕者》(The Insider,1958 年)中同样描写了广告的脆弱性。凯利写道:"疯狂大道,疯狂的人,这是一个疯狂的联盟,不管他如何否认,每个人不是投球就是接球。当你落魄的时候,这是一个丑陋的地方;当你高歌猛进的时候,这变成一件美丽的事情。"[131] 反面人物莫蒂默·诺伊斯因为娶了客户的女儿,一直保持着客户经理职位。他是个彻头彻尾的卑鄙小人,喜欢撒谎,喝酒成瘾,欺骗妻子,不关心孩子,连工作都是扔给别人做。对于广告业,诺伊斯把它看成一个标记游戏:"在纽约,没有人种玉米,没有人盖房子,也没有人做任何你可以用手触摸到的东西。他们所做的就是卖东西……对他们中的大多数人来说,最重要的是让自己受欢迎。远离真正的争论,掩盖真实的想法,你可以和任何人一起思考,或许这样还能做成一笔生意。"[132] 小说最后,诺伊斯为他的罪孽付出了代价,又被不太现实的转折情节所拯救,最终以胜利的姿态出现在人们面前。

在这些书中,有一半的小说由广告人所写,但这十几部小说都呈现了步调一致的广告界图景:虚假的语言、紧张的节奏、空虚的生活、自我的迷茫,以及过度的性爱。

早在1946年,一些广告人就把《广告员》看作广告业的真实面相。正如沃尔特·威尔所说,这本书是对这一行业基本弊病的专业分析。[133] 广告文案人兼作家斯蒂芬·伯明翰回忆道:"我们知道这不是广告人的真实形象,但我们比较喜欢被这样描述,一是能体现硬朗,二是有点魅力。"[134] 但历代的"广告员"类文本都在同样的点上大做文章,也让这个行业变得越来越敏感。伯明翰在1957年指出:"现在已经失控了,如果在小说中想要一个反派,你就把他变成一个广告人。"当广告人阅读这些小说时,他们发现小说中的麦迪逊大道与他们自己的经历并不吻合。欧内斯特·琼斯说:"我已经在这个行业工作了二十年,我反正是不知道那些流氓、狡猾大师和闺房运动员的。"[135] 埃德温·考克斯也表示同意:"我们不是浪子或魔鬼,我们也不会玩浪漫——就像一些小说描述的那样。我们只是乏味罢了,月亮出来了,我们还在工作。"[136]

某种程度上,广告人的形象是有延续性的。这些小说的累积自然而然地强化了文本中的偏见。其他来自行业外的小说家,由于不了解直接情况,只是传递着已经熟悉的广告生活概念。至于有行业背景的小说家也没有一位留在了广告业。瓦克曼、莱奥库姆、利文斯顿和米德离开广告业后从事的都是全职写作。斯蒂芬斯在西北大学教广告学，凯利住在墨西哥一个村庄的没有电和自来水的土坯房里。他们并不代表广告人的"典型"，他们的小说也不代表典型的广告业。也许这些书只是表达了当时的怨恨和不安，同时也将这些作者推向了其他领域。

此外，这些小说所控诉的可能并非广告本身，而是一种生活方式。这种批评在一系列多样化的当代作品中得以体现，例如《推销员之死》(Death of a Salesman)、《孤独的人群》(The Lonely Crowd)、《组织人》(The Organization Man)、《郊区居民》(The Exurbanites)和《地位寻求者》(The Status Seekers)。当时的许多作家和社会评论家都通过广告小说来描述商业压力和个人价值的解体。在韦斯特波特或威彻斯特县，养家糊口的人们无论如何努力赚钱，都普遍面临郊区生活的消沉现象。在纽约，广告人并不是唯一忙着吃午餐、护理溃疡的高管。从更广泛的背景来看，麦迪逊大道上的生活似乎并不那么奇特和典型。

也许这些小说是按要求写的，以符合《广告员》的设定模式。鉴于这种模式，出版商和大众可能只对广告小说中包含性和纸醉金迷的生活部分感兴趣。BBDO的罗伯特·福尔曼（Robert Foreman）认为，广告人其实很正常，他问道："关于这样的人，谁会写一本书或拍摄一部电影？"[137] 1957年秋天，詹姆斯·凯利（James Kelly）为《周六评论》(Saturday Review)写了一篇文章。凯利对"狂人小说"的泛滥表示遗憾，声称这些小说纯粹是为了金钱，描绘了一个冷酷的行业漫画形象。[138] 一年后，凯利为了顺应这种商业压力，出版了他自己的小说《狂人》(Madman)。

电影版《广告员》很有启发性。克拉克·盖博（Clark Gable）饰演的诺曼角色比书中更绅士，他的女友由黛博拉·科尔（Deborah Kerr）饰演。因在战争中丧偶，他们并不是婚外情。电影中的对话也被精心净化过。女友告诉诺曼，他可以光荣地留在广告业："你为什么不成为那些只卖自己相信的东西的人呢？卖好东西，卖人们应该拥有的东西，而且还可以卖得有尊严，有品味。这对任何人来说都是一份事业，一份值得骄傲的事业。"[139]这番话让诺曼受到了启示，最终诺曼选择和女友幸福地生活在一起。尽管电影中有悉尼·格林斯特里特（Sydney Greenstreet）、阿道夫·门朱（Adolphe Menjou）和艾娃·加德纳（Ava Gardner）等强大的演员阵容，但公众对这种高尚情节并不感兴趣，电影票房惨淡。这本书随后以平装本形式出版，被宣传为"电影没有讲述的全部故事"[140]。

商业、历史等因素使得虚构的广告故事置于一个温和的视角下，但这些小说也揭示了麦迪逊大道的某些关键要素。比如，广告业的不稳定、难以预测性，以及李·布里斯托尔（Lee Bristol）对广告人的定义："是的，先生！不，先生！溃疡！溃疡！"[141]在1957年的一个纽约电视节目中，精信广告公司总裁声称他使用佳洁士牙膏，结果精信在三十六小时内失去了克莱特牙膏的广告合同。1945年，米尔顿·比奥（Milton Biow）广告公司在年度收入排名中位居第九。1953年，比奥作证说，为了获取持有专利的客户，他曾向加利福尼亚的一位说客支付了超过9万美元的佣金。三年后，比奥的收入下降了50%，最终该公司倒闭。《广告时代》评论：又一颗钉子被钉进了广告业的棺材里。[142]

小说中描述的长时间工作和高度紧张也都是真实的广告业面相。1957年的一项调查发现，十个广告人中，九人会把工作带回家。[143]一位广告人说："还有什么行业有这么多年轻人急于闯入，但同时有这么多年长者急于离开？"[144]在广告行业里，三十多岁的人平均每三年换一次工作，四十多岁的人每四年换一次。1956年，纽约生命延续检查员（Life Extension Examiners）进行了一项研究，比较了制造业、银行业和广告业高管的健康状况。在十八个健康指标类别中，广告人有十个表现最差，包括高血压、器质性心脏病、前列腺疾病，以及异常的血细胞数。[145] 从 1949 年到 1959 年,白人男性的预期寿命为 67.1 岁,《广告时代》讣告中的平均死亡年龄为 59.9 岁。[146] 71 岁的卢·瓦西说:"这是一个杀人的行业,大多数与我一起做生意的人都去世了,而且他们比我还年轻。"[147]

其中,高层人员压力最大。BBDO 的本·达菲深陷工作,被形容为"福特底盘的劳斯莱斯发动机"。[148] 他说:"我只有在非常高兴的情况下才会打电话回家吃晚饭。"[149] 年仅二十八岁,本·达菲就患有消化性溃疡,接受了八次相关手术,好像还经历了三次心脏病发作、一次脑出血。五十五岁时,本·达菲不得不退休。罗瑟·瑞夫斯工作量也很大,每周工作九十小时。他表示:"我的孩子们说在二十五岁之前从未见过我。"[150] 原本计划在三十五岁时退休的马里昂·哈珀指出:"我一直被我所追逐的事物所束缚。"[151] 哈珀晚上十点以后才回到家,可是他的孩子已经睡着了。作为一个狂热的爵士乐唱片收藏家,他曾两次放弃了全部收藏。他说:"如果你的时间有限,保持现状的唯一方法是与时俱进,把它们全部清掉,然后用新东西重新开始和填满。"[152] 1960 年,他度过了二十二年来的第一个假期。

当受到外来者攻击时,麦迪逊大道居民会为自己辩护。1958 年,一项针对 1100 名广告人的民意调查发现,如果有第二次机会,85% 的人会选择同样的职业;只有 8% 的人表示他们会向孩子推荐这一职业。[153] 有人指出:"在大多数职业中,父母都希望他们的孩子能追随他们的脚步,但从来没有听说过广告人希望他们的后代在一个伟大的家族王朝中继续发展下去。"[154]

德雷珀·丹尼尔斯这样描写广告制作协调员:

独自一人,无人问津,他在这里流汗。被夹在两股无垠的怒火中,他是所有广告人中最勤奋的海狸,是忙碌的协调员。面前的怪物被称为广告文案人,对他抗拒不已;身后的怪物被称为广告客户,需要他坚持不懈。他困惑地站着,心悸不安;想知道哪个面包才能带来黄油的味道。<sup>155</sup>

电视像一颗延迟的定时炸弹,轰动了美国舞台。电视有一个漫长的酝酿期。20 世纪 30 年代,相关基本技术初具雏形。1939 年,美国广播公司定期播放商业电视。"二战"期间,商业电视暂停。1945 年后,商业电视缓慢发展。1948 年,联邦通信委员会拒绝向新电视台发放许可证,直到 108 家电视台信号干扰问题得到解决。次年,《印刷者油墨》开始统计电视的广告收入。1950 年,一位广告人指出:"广告公司不能忽视电视,不过电视为广告公司带来的利润微乎其微,因为与其他媒体相比,电视所占的份额太小。"[156] B&B 的克拉伦斯·戈索恩(Clarence Goshorn)声称:"我们不知道它是否有回报,尽管有很多零散的成功案例,但即便以最不完美的标准来看,也谈不上有持续的成功。"[157]

有人看到了扩张的机会。到 1949 年,本·达菲将 80% 的广告转移到电视媒体上,只保留了 20% 的广播广告。一年后,BBDO 电视部门员工人数从 12 人增加到 150 人,BBDO 的电视支出为 400 万美元。即便是在联邦通信委员会的禁止下,电视广告业务总额也在不断增加:1949 年达到 1230 万美元,1950 年为 4080 万美元,1951 年为 1.28 亿美元。[158] 相比之下,广播媒体用了十六年才达到同样的盛况。1952 年春天,联邦通信委员会解除禁令,电视行业开始蓬勃发展,每个月都有数以千计的电视零售店开业。1953 年,CBS 公司电视业务首次实现了净利润,一年后,该公司成为世界上最大的广告媒体,垄断了最高收视率的节目。短短三年内，李奥贝纳公司的电视广告收入份额从 18% 上升到一半以上。1958 年，曾经观望不前的 B&B 有 60% 的收入来自电视广告。

电视对麦迪逊大道来说意味着一种新的广告形式，携带着新的技术特征。为了寻找能运用这一新技术的创意部门，数十家大客户更换了广告公司。电视将印刷品和广播相结合，同时具备印刷品的视觉形式和广播的侵入性特点，传播力量广泛而直接。乔治·盖洛普指出："电视，就如俗话说的'我们已经抓住了你的眼球'[159]。你可以直接进入销售文案，进入兴趣和欲望的建立轨道……解决观众的问题。"[160] 与广播广告注重语气和速度的传递方式不同，电视广告似乎在冷静而低调的呈现方式下效果最佳。可以在使用过程中展示产品，并辅以画外音进行描述。本·达菲说："电视不仅能展示产品本身，还能展示如何使用。"[161] 就像扬罗必凯公司早期的电视广告一样，它们像是"戏剧性演示"[162]：固特异轮胎被压后毫发无损，雷明顿（Remington）剃须刀将桃子上的绒毛刮掉，创可贴将鸡蛋吸走。正如玛戈·谢尔曼所揭示的，20 世纪 50 年代是眼球的时代，因为它带来了强大的视觉效果。扬罗必凯公司的乔治·格里宾表示："我认为电视文案人员不需要对文字有特别的敏感度。"[163] 因为文字可能会扰乱广告的秩序，分散目标受众的注意力。

在早期电视的"黄金时代"，广告公司和电视广播公司的界限变得模糊。高级管理人员在两者之间来回穿梭。大多数电视节目由赞助商和广告公司共同制作和控制，节目通常以广告主名字命名：卡夫电视剧院（*Kraft Television Theater*）、固特异电视剧院（*Goodyear TV Playhouse*）、德士古明星剧院（*Texaco Star Theater*）。赞助商和广告公司负责节目内容，电视广播公司提供设施、确定播出时间，同时也对内容进行偶尔的审查。

然而，该系统也存在滥用和腐败问题。演播室的技术人员为个别

## 第五章 第二次繁荣

雇主工作,因此广告公司有时不得不支付额外的贿赂费用以获得特殊照顾的机会。在一个赞助商支持整个节目的情况下,销售推广的内容可能与娱乐节目融为一体,两者没有什么明确的界限。《纽约客》指出:一个女孩唱起了歌,在当下,你无法确定她的激情来源。她可能在歌颂爱情,也可能在歌唱罐子里的东西。为了产品推广和宣传,节目上的明星可能还会戴一顶滑稽的帽子亮相。[164] 但一些明星觉得这有损尊严。1953年,格劳乔·马克思(Groucho Marx)抱怨说:"今天,赞助商拉着线,我们就像他们的木偶,广播和电视的播音员都是骗子。"[165]

赞助商还以荒诞的方式干扰节目。在由德索托公司(DeSoto)赞助的格劳乔·马克思节目中,一位参赛者名叫福特(Ford),为了不影响比赛进行,他被要求改用一个不同的名字。在另一个节目中,罗德·塞林(Rod Serling)被要求将"American" and "lucky"改为"United States" and "fortunate",因为节目赞助商与美国烟草公司的好彩香烟是竞争关系。塞林虽然妥协了,但他也从剧本中删除了自己的名字。塞林说:"这是一个作家在电视上唯一能抗议的事情。"[166]

然而,由广告公司和赞助商联合制作的电视节目体系也有特殊的优势。观众会不自觉地把节目与赞助商联系起来,并因为这种心理联系而倾向于购买相关产品。1953年,二十个电视节目的"赞助商认同"率达到或超过80%,而广播的认同率为60%。在这一情况下,明星也完全服从于制度优势。

为了确保节目的完整性,一些有原则的赞助商会采取措施,使节目不受其他商业利益的干扰。比如,麦斯威尔咖啡为《我记得妈妈》(*I Remember Mama*)提供了八年赞助。《我记得妈妈》是一部强调个性和家庭价值观的优秀作品。为了保持戏剧内容的纯粹性,赞助商的广告仅在节目开始和结束时播放。卡夫剧团每年上演五十二部三幕剧,由智威汤逊负责制作。节目广告强调食谱等产品信息,但不会硬性规定文案内容。阿姆斯特朗环形剧场（The Armstrong Circle Theater）推出了时事问题的纪录片剧目。阿姆斯特朗公司的广告总监表示："我们不想给人留下一个转瞬即逝的印象，重要的是'影响力'，这比曝光率更重要。"[167] 美国铝业公司（Alcoa）是爱德华·R. 默罗（Edward R. Murrow）《现在请看》（See It Now）节目的赞助商。1954 年 3 月，默罗在节目中对乔·麦卡锡（Joe McCarthy）进行了不留情面的剖析之后，美国铝业公司仍然与这一节目续签了合同。一位美国铝业公司的人说："赞助商对新闻的影响是不合适的。这是默罗先生的节目，我们购买的是他所提供的内容，并希望他能吸引更多广告目标受众。"[168]

电视早期系统的最大优势在于多样性。电视制作由多个参与者承担，以满足各种审美和经济需求。产品公司致力于树立良好的形象，这种形象取决于节目的质量，而不是通过硬性的重复广告来建立。他们最关心的不是总收视率，而是内容标准和特定观众。因而，收视率不是主导节目制作权的单一因素。菲利普·莫里斯公司（Philip Morris）曾放弃了连续三年收视率最高的节目《我爱露西》（I Love Lucy），因为它没有吸引足够的吸烟者。

整个 20 世纪 50 年代，电视广播公司和广告公司为控制电视节目而斗争。NBC 的帕特·韦弗（Pat Weaver）发明的"杂志式"节目概念领导了电视网。NBC 将电视时间卖给许多不同的广告主，就像杂志一样，电视网则保留制作编辑权。韦弗自己的节目——《你的节目》（Your Show of Shows）、《今天》（Today）、《今晚》（Tonight）和《广阔天地》（Wide World），开创了这种新方法。韦弗说："这些节目的理论基础是，如果你的节目得到大量的观众，那么你可以在几个广告主之间分配成本。"[169] 韦弗是个有远见的理想主义者，他拥有广博的知识，并相信他的杂志概念将改善电视，这不仅能使内容多样化，还能吸引广告主。他曾在扬罗必凯公司从事广告工作。

战斗打响了。1952年底,为了打造顶级的制作设施,CBS在好莱坞建立了电视城综合大楼。与此同时,为了追随NBC的脚步,CBS制作了由多个赞助商和电视网包装的"特别节目"。一个广告主购买十五分钟的节目,每分钟的费用比购买一整个小时时的预算成本要更高,这样四个赞助商分包的一个小时给电视网带来更多的收益。随着电视节目承销成本不断上升,电视广播公司提高了播出价格。节目投入开始超过除最大赞助商外的其他赞助商的广告预算。1955年末,(Hazel Bishop)公司指控NBC试图主导节目,于是将350万美元的广告拨款从电视转向广播和报纸。公司董事会主席雷蒙德·斯佩克特(Raymond Spector)解释说:"在这个行业中,大多数高收视率的节目都是由独立机构创作的……但当广播公司是唯一的决定者时,那就意味着政府监管的日子就要来了。"[170]

1956年,韦弗与NBC分道扬镳。随着电视广播公司的控制加强,购买电视时间的广告主越来越少:1956年为321家,第二年为293家,第三年为269家。当赞助商控制了整个节目时,它会对广告的方式和频率负责。但当赞助商只是众多赞助商中的一个时,它就不会承担这种责任,从而导致节目质量和多样性下降。一些声誉良好的节目,如《火石之声》(*Voice of Firestone*)、《阿姆斯特朗－凯撒环形剧场》(*Armstrong-Kaiser Circle Theater*)和《美国铝业公司－古德伊尔剧团》(*Alcoa-Goodyear Playhouse*),因低收视率被电视台取消,尽管这些赞助商都愿意继续支持。到1958年,广播公司控制了75%的节目,大部分决定权留给了尼尔森(Nielsen)。[171]

《最难回答的问题》(*The $64,000 Question*)问答节目成为电视广播公司和广告公司的斗争高潮。《最难回答的问题》及其模仿节目是广告公司独立制作的最后堡垒。1955年夏天,由Norman, Craig & Kummel广告公司开发的《最难回答的问题》取得了52.3%的收视率,在当时电视史上排名第二。但它的模仿节目,特别是《多特》

（Dotto）和《二十一》（Twenty-One），都没取得同样的播出效果。1957 年，《时代》和《观察》（Look）杂志揭露了这些节目的丑闻。然而，广播公司对这些指控却置若罔闻。

1958 年秋天，关于这些节目的公开丑闻爆发了。查尔斯·范·德伦（Charles Van Doren）坦白了他在《二十一》中的欺骗行为。一年后，当广播电视公司官员面对国会调查者时，他们表现出一问三不知的态度。[172] 当被问及《时代》的文章时，NBC 的罗伯特·金特纳（Robert Kintner）解释称："我在 1957 年没有读过《时代》杂志的文章，所以我没有这个信息。"NBC 同事没有告诉他这件事吗？"没有，我也不会特别期待。"那《观察》的文章呢？"我不知道，在我面前也没有讨论过。"一位议员说："我确信，以 NBC 的高效组织，高层有人知道《时代》《观察》的报道。"但不知何故，没有人追究这件事。

CBS 的弗兰克·斯坦顿（Frank Stanton）被问及："直到 1958 年 8 月 8 日，您才察觉到贵公司的问答节目存在任何异常吗？"斯坦顿回答道："我不会说我没有任何察觉，但察觉与采取行动之间还有很长一段路要走。"他知道《时代》杂志的文章吗？"嗯，我知道这篇文章，但我在 1957 年并不知道它。"是否有人提请他注意《观察》这篇文章？"没有。"CBS 的任何官员是否讨论过这篇文章？"我不知道。"

金特纳和斯坦顿不可能对刊登在全国性杂志上的文章毫不知情。多年来，广播公司一直试图挤掉广告公司和独立制片人。或许，当第一次出现整治的传闻时，广播公司就已经预先设下陷阱，要让外来者自取灭亡。当丑闻曝光时，广播公司可以指责外来者，并发誓要成为"自己家的主人"[173]。正如斯坦顿所说："在未来，只有我们才能决定 CBS 电视网上播出什么内容，以及如何播出。"[174] 之后，电视广告的标准和时间变得更加明确。并非偶然的是，外来者也受到了广播公司的冷待。

## 第五章 第二次繁荣

20世纪50年代,电视质量下降并非完全归咎于广告业。在电视最具创意和最大胆的黄金时代,广告主对节目的控制权比以往任何时候都大。相反,电视腐败只是美国企业垄断史上的又一篇章。

1960年8月,匿名电视评论家罗德尼·埃里克森(Rodney Erickson)在《广告时代》披露了自己的身份,并宣布放弃他的专栏。他指出,电视已经变成了另一个行业,他已经无话可说了。[175] 三个月后,备受尊敬的电视评论家约翰·克罗斯比(John Crosby)也宣布放弃对电视媒体的严肃批评:"电视已经不再值得我们每天付出如此认真的批评了。"[176] 独立制片人大卫·苏斯金德(David Susskind)曾经能将自己的创意卖给数十家代理商和广告主,他在1961年宣称:"今天,你只能卖给三个人,因为广播公司控制着整个视觉版图。如果这三个人和他们的爪牙拒绝你的节目构思,你就不能播出。"[177]

德雷珀·丹尼尔斯评论媒体人:
媒体人免费食午餐,
他的生活是一棵满载的圣诞树。
他能让一杯干马提尼消失得比胡迪尼还快。
他没有大脑,但这并不重要,
只要有标准利率和数据。[178]

所有20世纪50年代的新趋势再次验证了广告历史的周期性理论。从硬性销售到软性销售,从艺术到文案,广告公司继续维持了以往的行业风格:奖励年轻和无畏的人,粗暴对待年长的人。关于广告是艺术还是科学的争论也在持续着。客户经理和创意部门依旧是天然的敌人。在会议上，广告人一如既往地谴责过去的坏日子，赞扬今天更高的道德标准，并不断鼓励每个人要做得更好。当外界发起攻击时，麦迪逊大道为自己进行辩护。1956年初，《财富》杂志派人询问韦伯·扬过去二十五年的行业变化。扬回忆说："当我告诉她没有任何变化时，她差点从椅子上摔下来。但这是事实。"[179]

最后，广告再一次表明了自己是美国社会的晴雨表，充分展示了它与时俱进的特点。20世纪50年代的美国正处于经济狂热和不受约束的扩张时期，美国人对技术进步和物质资源充满信心。在这种扩张中，广告扮演着仆人、啦啦队和宣传员的角色。1959年，BBDO公司的惠特·霍布斯（Whit Hobbs）说："我们经历了神奇的50年代，那是超级高速公路、超市、家庭娱乐室和电视晚餐的十年。天空曾经是我们的极限……但突然间没有任何极限了，我们甚至无法想象极限会是什么。"[180]

## 注释

1. *PI*, October 23, 1953.

2. *Fortune*, September 1956.

3. Ibid.

4. *Fortune*, November 1947.

5. *AA*, July 11, 1955.

6. *AA*, March 9, 1959.

7. *AA*, March 16, 1959.

8. Martin Mayer, *Madison Avenue*, U.S.A. (1958), p. 68., March 16, 1959.

9. *A&S*, December 1949.

10. Charlie Brower, *Me and Other Advertising Geniuses* (1974), p. 6.

11. John McCarthy in *Catholic Digest*, May 1955.

12. *PI*, November 1, 1957.

13. *AA*, March 10, 1947.

14. *AA*, October 27, 1947.

15. *PI*, January 10, 1958.

16. Mayer, op. cit., p. 101.

17. *PI,* August 16, 1957.

18. David M. Potter, *People of Plenty* (1954), p. 167.

19. *AA*, February 8, 1960.

20. *AA,* February 9, 1959.

21. *AA*, March 7, 1960.

22. Marshall McLuhan in *Commonweal*, September 11, 1953.

23. *AA*, September 22, 1952.

24. *PI*, April 2, 1954.

25. *AA*, December 17, 1956.

26. *AA*, July 6, 1959.

27. *PI*, January 18, 1957.

28. *AA*, February 27, 1956.

29. *PI*, November 29, 1957.

30. *AA*, November 8, 1948.

31. *AA*, November 15, 1948.

32. *AA*, January 21, 1957.

33. *PI*, March 14, 1952.

34. Shirley Polykoff, *Does She ... Or Doesn't She?* (1975), p. 72.

35. *PI,* March 6, 1959.

36. *PI*, July 19, 1957.

37. *AA*, June 3, 1957.

38. *AA*, March 29, 1954.

39. *Business Weeks*, June 23, 1951.

40. Robert Graham in *Reporter*, October 13, 1953.

41. *AA*, October 25, 1954.

42. *PI*, February 7, 1958.

43. *PI*, April 1, 1955.

44. *AA*, September 19. 1955.

45. Ibid.

46. Vance Packard, *The Hidden Persuaders* (1957), p. 3.

47. Ibid., pp. 236, 240.

48. *Newsweek*, October 14, 1957.

49. *PI*, January 17, 1958.

50. *AA*, March 7, 1960.

51. Mayer, op. cit., p. 47.

52. *AA*, December 21, 1959.

53. Thomas Whiteside in *New Yorker*, September 27, 1969.

54. *AA*, February 14, 1953.

55. Rosser Reeves, *Reality in Advertising* (1961), p. 12.

56. *AA*, September 19, 1955.

57. Whiteside in *New Yorker*, September 27, 1969.

58. Mayer, op. cit., p. 123.

59. Whiteside in *New Yorker*, September 27, 1969.

60. Martin Mayer, "The Story of Ted Bates&Company" (unpublished MS, 1965), p 121.

61. Ibid., p. 122.

62. Martin Mayer, "The Story of Ted Bates&Company" (unpublished MS, 1965), p. 123.

63. Rosser Reeves to Frank Hummert, May 19, 1960, RP.

64. Rosser Reeves to Ruth L. Laguna, September 6, 1957, RP.

65. Rosser Reeves, *Popo* (1980), p. 87.

66. Kenneth Arrington to Rosser Reeves, January 22, 1956, RP.

67. Rosser Reeves to George Roche, October 23, 1962, RP.

68. *Publishers' Weekly*, August 1, 1980.

69. *Time*, October 12, 1962.

70. *Business Week*, October 10, 1959.

第五章　第二次繁荣

71. *Time*, February 8, 1960.

72. Reeves, *Reality*, p. 153

73. Ibid., pp. 70-1

74. Ibid., p. 55.

75. Reeves, *Reality*, p. 114.

76. *PI*, June 16, 1961.

77. *Newsweek*, April 17, 1961.

78. *Business Week,* October 10, 1959.

79. *AA*, November 10, 1958.

80. *AA*, December 1, 1958.

81. *AA*, February 1, 1960.

82. *AA,* January 28, 1957.

83. Spencer Klaw in *Fortune,* January 1961.

84. Draper Daniels, *Giants, Pigmies, and Other Advertising People* (1974), pp. 120-21.

85. *AA*, February 28, 1949.

86. Ibid.

87. *Klaw*, op. cit.

88. *AA,* October 31, 1960.

89. *Newsweek*, March 30, 1964.

90. *AA,* July 30, 1956.

91. *AA*, April 28, 1958.

92. *AA,* February 17, 1958.

93. *Klaw*, op. cit.

94. *Newsweek*, March 30, 1964.

95. *AA,* January 18, 1960.

96. *Klaw*, op. cit.

97. *AA*, January 25, 1960.

98. *AA*, February 22, 1960.

99. *AA*, April 30, 1956.

100. *PI*, July 7, 1950.

101. *PI,* March 7, September 5, 1952.

102. *AA*, October 20, 1958.

103. *AA*, December 14, 1959.

104. *AA*, January 21, 1957.

105. *PI,* January 20, 1956.

106. Sloan Wilson, *The Man in the Gray Flannel Suit* (1955), p. 180.

107. Ibid., p. 201.

108. Frederic Wakeman, *The Hucksters* (1946), pp. 7, 88, 11.

109. Frederic Wakeman, *The Hucksters* (1946), p. 24.

110. Arkady Leokum, *Please Send Me, Absolutely Free ...* (1946), p. 121.

111. Ibid., p. 309.

112. Ibid., p. 337.

113. *PI*, August 9, 1946.

114. Herman Wouk, *Aurora Dawn* (1947), p. 110.

115. Ibid., p. 231.

116. Herman Wouk, *Aurora Dawn* (1956 edition), p. 8.

117. Eric Hodgins, *Mr. Standings Builds His Dream House* (1946), p. 119.

118. Eric Hodgins, *Blandings' Way* (1950), pp. 46-7.

119. Ibid., p. 314.

120. Robert Alan Aurthur, *The Glorification of Al Toolum* (1953), p. 45.

121. Ibid., p. 97.

122. Ibid., p. 241.

123. Gerald Green, *The Last Angry Man* (1956), p. 180.

124. Ibid., p. 490.

125. Harold Livingston, *The Detroiters* (1956), p. 207.

126. Ibid., p. 207.

127. Harold Livingston, *The Detroiters* (1956), p. 327.

128. Edward Stephens, *A Twist of Lemon* (1958), pp. 444-45.

129. Shepherd Mead, *The Admen* (1958), p. 306.

130. Shepherd Mead, *The Admen* (1958), p. 227.

131. James Kelly, *The Insider* (1958), p. 367.

132. Ibid., p. 257.

133. *A&S,* June 1946.

134. *Holiday,* December 1957.

135. *AA,* July 13, 1959.

136. *AA,* April 28, 1958.

137. Robert L. Foreman, *The Hot Half Hour* (1958), p. 13.

138. *Saturday Review,* September 21, 1957.

139. *PI,* July 11, 1947.

140. *AA,* June 14, 1948.

141. *PI,* December 9, 1949.

142. *AA,* April 16, 1956.

143. *PI,* May 11, 1957.

144. *PI,* February 15, 1952.

145. *PI,* February 10, 1956.

146. *AA,* February 15, 1960.

147. *AA,* January 9, 1956.

148. *PI,* November 1, 1957.

149. *Time,* March 6, 1950.

150. *Publishers Weekly*, August 1, 1980.

151. *Newsweek*, March 30, 1964.

152. Ibid.

153. *Newsweek*, October 20, 1958.

154. *AA*, May 5, 1948.

155. *AA*, February 15, 1960.

156. *PI,* April 21, 1950.

157. *AA,* June 5, 1950.

158. *PI,* March 21, 1952.

159. *Business Week,* October 10, 1959.

160. *PI,* November 6, 1953.

161. *Business Week*, June 11, 1949.

162. *AA*, September 6, 1954.

163. *Mayer,* op. cit., p. 132.

164. *New Yorker*, February 19, 1955.

165. *PI*, January 9, 1953.

166. *Problems and Controversies in Television and Radio*, ed, Harry J. Skornia and Jack William Kitson (1968), p. 390.

167. *PI,* May 1, 1959.

168. *AA,* March 15, 1954.

169. *AA*, June 22, 1953.

170. *PI,* November 18, 1955.

171. *AA,* March 31, 1958.

172. House Committee on Interstate and Foreign Commerce, *Investigation of Television Quiz Shows* (1960), pp. 1042-43.

173. Ibid., p. 1054.

174. Ibid., p. 1093.

175. House Committee on Interstate and Foreign Commerce, *Investigation of Television Quiz Shows* (1960), p. 1097.

176. Ibid., p. 1090.

177. A. Frank Reel, *The Networks* (1979), p. 71.

178. *AA,* May 3, 1960.

179. *Mayer*, op. cit., p. 21.

180. *AA,* July 6, 1959.

第六章

# 创意革命

在总销量和收入方面,就如惠特·霍布斯所展望的那样,广告有一个无限的未来。到1970年,智威汤逊的全球销售额达到7.73亿美元。20世纪60年代,广告的历史周期再次出现转折:从大规模合并到小规模运营;从注重辅助服务到以创意为重心;从科学研究到艺术、灵感和直觉的再现。当西奥多·麦克马纳斯和雷蒙德·罗必凯的继任者崭露头角时,克劳德·霍普金斯和阿尔伯特·拉斯克再次退居幕后。广告世界越来越大,本质却没有什么不同。

但唯独一个除外。60年代,匿名让位于个人表达,广告故事和人的联系更为紧密,越来越具人情味。新广告业的三位领军人物李奥·贝纳(Leo Burnett)、大卫·奥格威(David Ogilvy)、威廉·伯恩巴克(William Bernbach)都为广告作品注入了个性化色彩。这三个人虽都是外来者(分别来自芝加哥、英国和布鲁克林),没有一个

大卫·奥格威

汤力水广告中的指挥官怀特海德形象

人的长相或行为符合大众对广告人的刻板印象,但理解了这些人,就能理解他们催生出的"创意革命"。

李奥·贝纳长相并不出众,一个如此平凡的人能在专注外观的事业领域获得巨大影响力,多少有些匪夷所思。李奥·贝纳身材矮小,呈梨形,肩部倾斜,还驼着背。他的脸看起来不太对称,右耳歪斜,头发向后梳理,使得他的脑袋显得特别突出。他嘴唇凸起,下巴凹陷,总是戴着一副黑框眼镜。在观察家们眼中,李奥·贝纳没有广告人的气质,倒像是银行出纳员、图书管理员,或是一个来镇上参加会议的扶轮社成员、一个来自平原州的拖拉机经销商。

贝纳不善言辞,经常迷失在各种广告问题上。贝纳说:"我一直认为我没有一些人聪明,但如果我足够努力,也许我的成绩会很好。"[1] 在讲台上，他总是低头轻声讲话。贝纳并没有什么威严，但以某种莫名的领导力统治着整个公司。文案主管威廉·泰勒（William Tyler）曾毫无顾忌地宣称："李奥·贝纳至今能发出的最有气势的声音，就是中低度的咕哝声。"[2]

泰勒在公共场合的说辞揭示了贝纳公司的某种氛围。在斯坦利·雷索尔、马里昂·哈珀的公

李奥·贝纳

司，没有雇员敢发表这样的评论，但贝纳并不在意。贝纳管理公司的方式、制作广告的风格以及他在大时代中蹒跚前行的职业路线，表明了贝纳一种隐晦的谦虚和缺乏自信的姿态。

贝纳来自密歇根州的一个小镇，在家里干货店帮忙时，贝纳看到父亲曾在餐桌上放置广告："他写好稿子，第二天早上交给报社的查理·克拉克（Charlie Clark），然后等着顾客上门。"[3] 贝纳在印刷厂工作过，在学校教了一年书，1914年从密歇根大学毕业。毕业后，贝纳在皮奥里亚当了一年记者，专务采访警方消息，之后涉足广告业，担任凯迪拉克汽车公司寄给经销商的内部刊物编辑。

《出人头地的代价》问世几个月后，麦克马纳斯成为贝纳的导师。麦克马纳斯与客户、雇员相处的时间很少，贝纳作为他的门徒，想必也是在一定距离内完成职业训练的。麦克马纳斯对时间的高度敏感[4]和坚信真相可以简化呈现的朴素真理[5]，正是贝纳最为钦佩的地方。贝纳继承了麦克马纳斯的广告传统、道德标准和礼貌礼仪。在短暂接触到"有史以来最伟大的广告人之一"[6]的五十年后，贝纳自陈："我被他的思维以及他在文案中运用的巨大才能深深吸引。"麦克

马纳斯认为自己与大众有着共同经验，而广告作品需要在更广泛的范围内找到能引起大众共鸣的普遍符号，这也是贝纳从他那里学到的最宝贵的经验。

第一次世界大战后，贝纳搬到了印第安纳波利斯。贝纳在拉斐叶（Lafayette）汽车公司短暂工作后，在当地一家广告公司安顿下来。三十多岁的贝纳一直在原地踏步，享受着他记忆中的"幸福的生活"：[7]生活舒适，年薪1.5万美元，三个孩子在那里出生。贝纳没什么野心，偶尔会向纽约大公司投递简历。四十岁生日临近时，贝纳决定离开这片小池塘。他回忆道："我和妻子商量过，如果我想在广告行业有所作为，最好离开印第安纳波利斯。"[8]于是，他给纽约俄纹·威西（Erwin Wasey）广告公司的阿特·库德纳（Art Kudner）打了个电话，他被聘用了。

四十岁，正是撰稿人退休到楼上从事行政和会计工作的年纪，此时的贝纳前往了芝加哥，担任俄纹·威西广告公司当地办事处的创意主管。在新的岗位上，贝纳得以拓宽视野。在库德纳和O. B. 温特斯（O. B. Winters）的领导下，芝加哥办事处以高写作标准而闻名。大萧条时期，由于许多人才离开芝加哥前往纽约，芝加哥的创意产出受到影响。贝纳意识到芝加哥正面临着创意真空的问题，但他明白，如要解决现状，还需要外部力量的推动。

贝纳来芝加哥时带来了一位文案策划人德维特·奥基夫（DeWitt O'Kieffe）。奥基夫性格温和，喜欢阅读荷马和维吉尔的作品。1935年夏天，奥基夫告诉贝纳，除非贝纳愿意创办自己的公司，否则他将前往纽约工作。贝纳回忆说："同事和我看到了中西部地区创造性服务的机会……我卖掉了房子、所有的保险，毅然跳入了这个冒险之中。"[9]李奥贝纳广告公司成立时只有5万美元的启动资金、几个妇女类产品客户，以及来自芝加哥办事处的少数员工。这些人都来自创意部门，没有一个是商业部门的。

四十四岁的贝纳不再是一名年长的广告撰稿人,转而成为一家年轻广告公司的负责人,他将自己的地盘定位为一家创意机构。他在1936年时说:"广告太沉闷了,读者花了时间阅读它,又没有任何回报。"[10]他呼吁,不要使用竞赛、奖金、性、技巧类等时髦的广告文案,文案要关注产品本身,并通过良好的艺术表现、真实的信息,以及不同的语言和幽默感来表达。他从未偏离过这一方法,但在很长一段时间里,他的呼吁没有引起共鸣。十多年来,其公司年收入均低于1000万美元。战后广告公司的扩展服务并没有引起他的兴趣。他认为很多都是寻常的炫技,且一直被"大"这个词所束缚,这有可能将代理公司变成百货营销公司,最终营销目标指向单个客户而非公众。贝纳说,企业应该采用老式的解决方案:简单化地制作好广告。

经营小型创意公司的人可能都对扩展服务的行业风气感到痛惜,哪怕只是出于嫉妒。对创意热情的真正考验出现在20世纪40年代末,当时贝纳公司的业务量正处于增长期。1946年,贝纳公司收入为1000万美元;1950年为2200万美元;1954年为5500万美元。这一阶段,贝纳公司正与大公司进行合作。贝纳从底特律聘请了一位推销员理查德·希思(Richard Heath)。理查德·希思高大英俊,社交能力极强,他的推销技巧推动了公司的迅猛发展。德雷珀·丹尼尔斯说:"李奥写了福音书,希思把福音传给了异教徒。他们一起做了两个人都无法单独完成的事情。"[11]希思带来的新业务包括皮尔斯伯里(Pillsbury)、凯洛格(Kellog)、金宝汤、茶叶公会(Tea Council)以及宝洁公司的大部分业务。

然而,经典的困境又出现了:大型广告公司如何保持创意火花。整个20世纪50年代,广告业把重心转向了市场和研究,贝纳却一直把产品本身放在首位。他在1955年宣称:"创造性人才应该得到尊重,广告公司都应该围绕着拿笔的人转。"[12]他坚称贝纳公司能运转下去,依靠的是文案部门的想象力和简单的广告原则。这些原则包括：在产品本身中找到内在的戏剧性，[13]像新闻一样可信地展示它；使用非语言的原型和符号。[14]比如在美国历史和民间传说中找到灵感，并使广告符号渗透到公众的头脑中，从而让公众产生欲望和信念。换言之，贝纳强调用朴实的语言来传递信息，传达"友好的人性"[15]。通过这样做，广告不再被人们所厌恶，而是在广泛的意义上展现了有趣的人文性。这些原则并非来自研究成果，而是源自李奥·贝纳自身的业务经验。

贝纳公司为早期客户之一，明尼苏达谷罐头公司创造了著名的广告形象——绿巨人乔利（Jolly Green Giant）。这个形象源于一则民间传说，以纪念保罗·班扬（Paul Bunyan）①。乔利是一个友善的巨人，来自北方森林，一经问世就引起了公众的共鸣。贝纳公司将这一地区性的民间符号变成了全国性的象征符号。由于绿巨人乔利的形象，公众对产品产生了强烈的认同感，明尼苏达谷罐头公司甚至将自己的名称改为绿巨人公司。此外，贝纳广告公司还创作了许多为人喜爱和熟知的广告形象。

贝纳公司打造了另一个民间传说人物——牛仔。为了推销万宝路香烟，1954年，菲利普·莫里斯公司代表团考察了贝纳广告公司。一位高管回忆道："李奥在办公室门口迎接了我们，他在周围的地板上散放了一些广告，向我们介绍他做的广告，别的没有说太多。"[16]最终，贝纳得到了代表团的认可。在当时，万宝路香烟被认为是面向女性的商品，因此销售的关键在于如何将其打造成男性品牌。通过重新设计，万宝路香烟的包装从温和的白色变成了大胆的红色V形图案。对于广告中的人物设计，他们需要确定什么样的男性形象最具男子气概。经过一番讨论，答案确定为牛仔。1955年1月，第一则广告展示了一个阳刚的牛仔形象。自此，万宝路香烟打开了市场。后续

---

① 保罗·班扬是美国民间传说中的巨人樵夫，力大无穷，伐木快如割草。

广告还出现了其他类型的男性角色，但广告宣传最终还是回到了牛仔身上，牛仔形象也成为广告史上持续时间最长的成功案例之一。

贝纳公司销售额不断攀升，1959年收入超过1亿美元，其开设了分支机构。贝纳和他最亲密的助手对创意输出有着绝对的控制权。广告文案和艺术方案由芝加哥公司制作，且必须通过折磨人的策划委员会会议的拍板。开会时，贝纳会坐在前排中心位置。如果贝纳对方案不满意，他的下嘴唇就开始突出，人们根据他的"嘴唇突出指数"[17]来判断作品成功批准的概率：指数从1到10，如果超过5，意味着作品还需要更多的漫长夜晚。策划委员会会议上，围绕广告方案的各种意见层出不穷。贝纳说："在这里，作者没有自豪感，也没有人知道我们的广告具体由谁制作。"[18]

但一些下属对贝纳有不同的看法。斯特罗瑟·卡里（Strother Cary）认为他并不是一个随和的老板。[19]也有人说："对于文案部门的大多数成员而言，创意工作只是一项观赏性运动，你的大部分时间都是在贯彻别人的想法。"[20]德雷珀·丹尼尔斯对策划委员会的残酷行为写了一首打油诗（见前文），其中特别记述了他在贝纳公司的经历。一位文案策划人因自尊心多次受到打击，为了报仇雪恨，他曾想象了一次著名广告的会议。会议发生在20世纪20年代。会议上的第一个广告标题是乔丹的"拉勒米西边某地"。贝纳先生认为这则广告没有告诉他拉勒米发生了什么，而扬先生说他并不关心发生了什么，要不调整为一只老鼠躺在那里。格里利先生指出，向拉勒米以西的客户发出宣传，限制了产品销售市场。库尔森先生表示赞同，并进一步补充说，拉勒米并不是一个主要市场区域。班克斯先生认为这个广告没有强调电视媒体。扬先生建议将标题改为：现在-波士顿西部的某个地方。希思先生将其修改为：现在-最后-波士顿西部的某个地方。最后通过营销数据的进一步研究，大家暂时同意将标题改为：现在-最后-波士顿大都会区西部的某个地方。[21]

尽管贝纳对员工要求严格，但他巧妙地化解了这种矛盾。除了最困扰他的员工外，其他人对他并没有太多不满。贝纳非常努力，在公司建立之初，他让两个秘书忙得不可开交。他通常五点钟起床，早餐前会去他的书房待几个小时，八点十三分到达办公室，然后开始一天的连续工作，直到午夜才搭上出租车回家，腋下还夹着文件。周末的时候，贝纳把自己埋在书房里。威廉·泰勒评价："对于三个高智商孩子来说，只有在晚上碰巧起来喝杯水的时候才能看到他们的父亲。"[22] 一个人的成功除了成本投入外，同时也伴随着其他方面的损失。民间传说，贝纳唯一的假期是圣诞节。贝纳会看电视、读杂志和报纸，但主要是为了监测广告。他从不闲聊，除了广告外，没有其他兴趣。

不过，他也有两个消遣方式。在离芝加哥四十英里的乡间别墅里，他喜欢开着卡车在土地上行驶，监督树木种植情况。贝纳建造了一个人工湖，以妻子的名字命名为纳奥米湖（Lake Naomi），湖的大坝被妻子称为李奥大坝。星期六，贝纳偶尔会在家附近的阿灵顿赛马场赌马。贝纳戴着一顶色彩斑斓的帽子，穿着休闲服和一双黑白相间的鞋子，嘴唇上挂着一根烟，周围堆满了纸、铅笔和小费单，看起来像个小贩。他设法让自己的注意力从生意上移开，贝纳说："你总不能在赛马场上做广告吧。"[23]

直到六十多岁，贝纳仍在坚持工作，对广告充满热情，即使在晚年也从未间断。20 世纪 50 年代，贝纳在芝加哥观察了纽约的竞争对手，对他们的做法表示不屑。贝纳允许公司设研究部门，研究部门由约翰·库尔森（John Coulson）领导，但贝纳把消费者调查称为"找出库尔森的白痴们说了什么"[24]。他认为，像马里昂·哈珀的埃培智公司，一个麦迪逊大道的巨头公司，对于创意产出并不重视。他对罗瑟·瑞夫斯关于原创性的危险言论感到震惊（"有点像让通用电气公司说我们最不关心的是进步"[25]）。

在办公桌抽屉里，贝纳保存着一个文件夹，里面都是他所谓的"蹩脚的语言"。每当听到一个特别令人回味的表达方式，他就把它记下来。每年他都要翻阅三四次文件，写一份备忘录，并敦促员工要写出最好的广告文案。他永远像一个传教士那样，用简洁的小短语宣扬"芝加哥广告学派"：简洁、清晰、口口相传，直截了当但不平庸，热情但不矫揉造作。正所谓触摸越轻，冲击力越大。²⁶贝纳指出："大胆的表达方式、宽容的表达立场和广阔的文案视野，使我们更容易创造出属于大多数美国人的广告。我们芝加哥广告公司的广告人都是工作狂，芝加哥的文案人员总是拿着又大又黑的铅笔不停地创作着。"²⁷

由于创始人的缘故，李奥贝纳广告公司是十大广告公司中的独角兽。贝纳是一个简单的人，他坚持做简单的广告。但贝纳的广告风格代表了20世纪50年代广告业的主要趋势之一。也正如此，西奥多·麦克马纳斯的广告风格也得以在芝加哥继续存活和延伸。

大卫·奥格威在1952年时说："我是一个广告经典主义者，我相信广告曾有它的伟大时期，我想让它回到这个时期。"²⁸他的办公室墙上挂着二十个经典广告的复制品。多年来，他承认自己受惠于多位广告前辈，包括乔治·盖洛普、詹姆斯·韦伯·扬、约翰·卡普尔斯（John Caples）、斯特林·格切尔、海伦·雷索尔、杰拉德·兰伯特和罗伯特·厄普代格拉夫（Robert Updegraff）。但他真正的导师是广告史上两大流派先驱："形象"学派（艺术学派）的麦克马纳斯和罗必凯，"主张"（文案）学派的拉斯克和霍普金斯。奥格威在这两个派别之间来回穿梭，努力吸收精华，摒弃糟粕，也使得广告业的历史周期在他的职业生涯中得到重新诠释。

作为一个多重矛盾体,奥格威完美地适应了这个分叉式的探索。他是一个非常英式的英国人,但对美国终生着迷。奥格威是一个有着丰富的研究背景的著名文案策划人。他自称是一个带有牛津文化色彩的势利小人,对语法和拼写的掌握并不完美。他在形象派中写下了他最有名的广告,但又渴望与主张派相一致。他从不吝啬表达自己的观点,观点既明确又尖锐。奥格威很容易受到周围环境的影响,是一个英雄的崇拜者和父亲形象的追求者。如果用航海术语来形容的话,他说自己缺乏一架深龙骨(deep keel):"我总是带着太多的帆。"[29] 他在现代性最典型的行业中工作,却选择在宾夕法尼亚州的阿米什人中隐居,退休后更是退隐到了 12 世纪的法国城堡。所有这些都以某种方式汇集在一起,构成了他那个时代的广告个性。1960 年,罗瑟·瑞夫斯称他是"当今广告公司中最引人瞩目的人"[30]。

这些矛盾和野心源于奥格威的童年经历。1911 年,奥格威出生在英国,家中排行老四,母亲是爱尔兰人,父亲是苏格兰人。在爱德华时代,他的父母既是费边社会主义者,又是好战的不可知论者。对于爱意和表扬,父母总是羞于表达。奥格威多年后说:"奥格威家族的性格中都有一个怪癖,我们很难说出让人愉快的话,老是喜欢用讽刺和诋毁来掩饰我们的内心。"[31] 作为排行老四的小男孩,他比不过自己的哥哥弗朗西斯,也比不过大他四岁的姐姐玛丽。奥格威觉得自己是个无用之人:"我长大后都觉得自己是个蠢货。"[32] 奥格威的父亲是一位和蔼的古典学者,生意场上失败后,一家人在上流社会中勉强度日。

弗洛伊德的理论让奥格威找到了一个解释,让他开始正视男性的身份问题。在家里,奥格威被一个无所不能的兄长所笼罩,被父亲所吸引,但又无法在父亲身上找到强大的榜样力量。在奥格威的成长环境中,他总是害羞又胆怯。他后来向姐姐玛丽吐露:"我们家里总是有一股反男人暗流,母亲也有这种情绪,她贬低了几乎所有男人。"[33]

## 第六章 创意革命

八岁时，奥格威被送往寄宿学校。思乡心切的他读了《哈克贝利·费恩历险记》(*Huckleberry Finn*)，这也让他憧憬着美国大地。奥格威说："这本书占据了我的灵魂，我决定一有机会就去密西西比河。"[34]

进入青春期，奥格威暂时摆脱了哥哥的阴影。在第二所寄宿学校就读时，奥格威成功地反抗了住校生的霸凌，取得了更好的成绩，赢得了奖学金，并得以进入牛津大学的基督教堂学院。进入大学后，由于专注于现代史，奥格威的化学学得一塌糊涂，而且也不太勤奋，最终被开除了。(他的哥哥以优异的成绩从剑桥毕业。)他半开玩笑地说："除了酗酒和不正当的爱情，没有什么比出生在贫民窟更能吸引苏格兰人的感情了。我放弃了牛津的隐居宁静，努力在贫民窟里寻找自己的位置。"[35]

尽管大多数家人反对，在父亲朋友的推荐下，奥格威在巴黎的一家豪华酒店做了厨师。这是他第一份工作，每周工作65个小时，工资只有7美元。下班后，奥格威与一位沙拉女郎谈谈恋爱，打打网球，晴朗的夜晚还会爬上蒙马特高地观看巴黎灯光。在美琪酒店(Hotel Majestic)的这一年，即使不是在贫民窟，这里的生活也确实与牛津大学形成了鲜明对比。奥格威在这里留下了太多回忆和故事，这些回忆他讲了一辈子。当家人召唤他回家后，他在苏格兰负责推销炉灶。在这份工作中，奥格威很快掌握了推销技巧，并将相关想法写成了一本小册子《销售阿加炊具的理论与实践》(*The Theory and Practice of Selling the Aga Cooker*)。之后，奥格威在伦敦广告公司Mather & Crowther获得了一个职位，他哥哥是那里的客户经理。

二十多岁时，奥格威找到了自己的专长。他回忆说："我没有历史学家的头脑，在所有向我开放的事情中，广告就是最好的，这是我一生唯一擅长的事情。"[36] 狂野的日子过去了，奥格威开始朝他的新职业进攻，阅读他能找到的一切，每天工作到凌晨三点。他仍然迷恋着美国，为此订阅了芝加哥的一份剪报服务，可收到美国最新的广告活动信息。奥格威为英国客户"复制"了最好的美国广告宣传。美国是他的圣地,他说服 Mather & Crowther 公司派他去那里学习一年广告技能。在离开之前,他拜访了 NBC 伦敦办事处,希望通过引入美国的方法来提升英国的商业广播。NBC 伦敦代理人在信中说:"奥格威是一个非常能干和有吸引力的年轻人……一个最好的'能手'。"[37] 该代理人意识到奥格威的旅行是一件惠及双方的好事情,因此敦促纽约方面要好好待他。纽约方面回信表示:"很高兴他来访问我们,他可以百分之百地把我们这里当成自己的家。"[38]

为了再次摆脱哥哥的阴影,奥格威来到美国,开始了新的冒险。这一年,奥格威二十七岁,还有了新的角色名字哈克·费恩(Huck Finn)。当奥格威看到曼哈顿的摩天大楼时,他喜极而泣。通过表妹丽贝卡·韦斯特(Rebecca West)的引荐,他认识了新朋友亚历山大·伍尔科特(lexander Woollcott)。[39] 周末的时候,奥格威就在佛蒙特州的小岛上度过。奥格威进入了纽约的文学和艺术圈,NBC 让他开阔了眼界。他在麦迪逊大道上走来走去,灵感肆意迸发。他回忆说:"当我看到扬罗必凯公司的广告,或在广播中听到它们时,我就会感到敬畏。"[40] 奥格威是一个英俊的年轻人,在美国,他吸引了所遇到的每个人。

在新认识的人中,对奥格威影响最大的是罗瑟·瑞夫斯。奥格威来到美国时,是英国软性推销形象学派的代言人,在布莱特－桑普尔－赫默特公司负责写稿。瑞夫斯把克劳德·霍普金斯的《科学广告》一书借他看,还跟他讲述了产品独特销售主张(USP)的优势。[41] 奥格威说:"这两个截然不同的流派让我分裂,我花了很长时间来调和我从他们那里学到的东西。"[42] 在相处期间,奥格威与瑞夫斯之间形成了一种紧张的兄弟关系。瑞夫斯虽然只比奥格威大一岁,但在这个行业已经有了成就。当他们谈论广告时,瑞夫斯主持发言,奥格威只能听着。在其他方面,奥格威也扮演着瑞夫斯门徒的角色。在与瑞夫斯的相处中，奥格威见到了瑞夫斯的妻子，并表示希望见一下她的妹妹。不久之后，奥格威与瑞夫斯的妹妹结婚了。这段婚姻也加深了两人之间的联系。

奥格威长达一年的美国考察变成了永久居住。他曾为乔治·盖洛普的研究机构工作，在短短三年内进行了超过 400 次全国性民意调查，这使他对美国人的审美和文化有了宝贵的洞见。但并非所有的东西都让他满意。他对伍尔科特说："我越是深入了解美国人的思想，越是觉得回归雅典民主将是把这个国家从野蛮政客手中拯救出来的唯一途径。"[43] 在盖洛普研究机构，奥格威从中获得了关于新闻、编辑格式、服务和照片运用的启示。这些方法在他以后的广告创作中出现，并推动他从艺术形象学派转向科学主张学派。

战时在英国驻华盛顿大使馆服务后，奥格威带着妻儿搬到了兰开斯特县的一个阿米什农场。奥格威被 19 世纪的"安全和稳定氛围"[44]所吸引。虽然他仍旧是美国现代社会的拥趸，不过，在这个由农民和工匠组成的墨守成规、反现代的社会，奥格威感到无比自在。他留着满脸的阿米什人胡子，在一百英亩的石灰岩土地上定居下来，种植些烟草，草地上有一条鳟鱼小溪流过。但奥格威并不是农民出身，无法从事繁重的手工劳动，不会使用农业机械，不懂畜牧知识。他说："在兰开斯特县度过的那几年是我一生中最富有的时光，但我无法以农民的身份谋生。"[45]

泰德·贝茨再次回到广告业。1947 年初，他组建了一家全明星机构，[46] 韦伯·扬担任董事会主席，泰德·贝茨担任总裁，本·达菲负责媒体，盖洛普负责研究，瑞夫斯负责文案。（很少有人会否认，瑞夫斯是克劳德·霍普金斯的直接传人和继承者。）这个集结了顶级人才的团队朝着科学主张派的发展方向迈进，就像贝茨为 Mather & Crowther 起草的"39 条信仰"清单所表达的：广告要有"独特销售主张"（如 USP）；研究的作用在于声明主张；而广告的实际创作则属于"纯粹技术"层面的东西。奥格威跟瑞夫斯说:"大部分内容看起来似乎是幼儿园的学问,但即使是最优秀的英国广告公司也需要这些。"[47]

然而,当奥格威实际工作时,他仍然将扬罗必凯广告公司的形象派准则作为首选。离开行业十年后,奥格威在纽约成立了一家英国广告公司。创办资金来自三部分:奥格威本人投入 6000 美元,Mather & Crowther 公司和另一家伦敦公司提供了主要的资金支持。总裁一职计划由瑞夫斯担任,但瑞夫斯提出异议,随后安德森·休伊特(Anderson F. Hewitt)被聘为总裁。安德森·休伊特是智威汤逊的一名客户经理,曾经是格切尔公司广播部门负责人。奥格威担任副总裁,负责研究工作。1948 年 9 月,Hewitt, Ogilvy, Benson & Mather 公司成立。该公司成立之初只有几家规模不大的英国客户。奥格威对此提出:"我们要善于在有限的空间中施展拳脚,这是必须做到的。"[48]

在为早期客赫莲娜·鲁宾斯坦(Helena Rubinstein)和健力士(Guinness Stout)制作广告时,奥格威的宣传重点主要放在新闻媒体上,采用了传统的邮购广告和产品广告语的营销策略。1951 年,在为缅因州的小型服装公司哈撒韦策划广告时,奥格威尝试了新方法。为了销售价格适中的衬衫系列,他设计了一则广告,营造出一种高雅和昂贵的氛围。他让艺术总监文森特·德贾科莫(Vincent DeGiacomo)找到一位出众的模特,要求他看起来像海明威或威廉·福克纳:"一个中年人,留有小胡子。我不介意在一只眼睛上戴优雅的黑色眼罩或者眼镜。"[49] 多年前,一位戴着眼罩的校长给十岁的奥格威留下了时尚的印记;最近,他看到美国前驻英国大使刘易斯·道格拉斯(Lewis Douglas)在一次钓鱼事故后戴上了眼罩。这些戴着眼罩的中年男性都给他留下了深刻的印象。奥格威说:"我一直对这些东西有轻微的迷恋。"[50] 一天晚上,他坐在浴缸里,决定把这个形象运用在广告中。

一个名叫乔治·兰格尔（George Wrangell）的白俄罗斯人做了衬衫模特。兰格尔是一个留着小胡子的中年人，形象与福克纳很像。在拍摄路上，奥格威买了一个眼罩，以比较有眼罩和没眼罩的区别。奥格威说："我做了桩非常离谱的事情。"[51] 眼罩为广告带来了故事感，人们想知道为什么他要戴眼罩，同时也让模特看起来更真实和有趣，而不是传统的平淡形象……这个小细节虽然微不足道，但却具有巨大的意义。客户最终同意了这一广告方案。1951年9月22日，《穿着哈撒韦衬衫的男人》（The man in the Hathaway shirt）在《纽约客》上推出。很快，哈撒韦工厂的衬衫供不应求。

《穿着哈撒韦衬衫的男人》广告

奥格威不再自限于研究，他为这一创意人物构想出了一系列生活情境。无数个广告都出现的戴着眼罩、穿着哈撒韦衬衫的傲慢男子——兰格尔男爵（Baron Wrangell）被展示为一个"演奏双簧管、绘画、指挥乐团"[52] 的形象。四年来，只要这一形象出现在《纽约客》上，其产品的社会经济规模就会获得进一步提升。这一系列广告就像一部长篇连续剧，读者每翻开新一期的书页，就会看看哈撒韦人这周在做什么。《纽约客》的广告经理说："我们在这里工作了二十七年，从来没有见过这样的广告宣传。"[53] 该系列的第一个广告列出了五段详细的推销文案，到1956年，奥格威可以在没有文案甚至没有产品名称的情况下，只发布一张戴着眼罩的照片。说到底，客户购买的是一个形象，而不是一个推销文案。

哈撒韦人广告的成功营销使得哈撒韦公司的年销售额翻了三倍。这一成功同时也驳斥了主张派一贯的理论，即形象广告无法有效地推销商品。有了这一先例，奥格威开始重新思考两个学派关于伦理问题的争论。1952年夏天，奥格威拜访了形象广告界大佬罗必凯。罗必凯退休后住在缅因州的图森和布斯贝港，在那里，奥格威与罗必凯夫妇度过了一个周末。罗必凯就伦理问题对着奥格威侃侃而谈。几周后，奥格威写信给罗必凯："我脑子里边都是您对拉斯克和霍普金斯的评论，您证明了广告没有必要撒谎和欺骗公众，但是霍普金斯写了一本回忆录，而您还没有，这就是为什么很多年轻一代包括我自己倾向于接受霍普金斯及其同好的原因。"[54] 尽管罗必凯本人没有出版专著，但接下来的五年里，罗必凯与他的新弟子奥格威保持着通信联系。罗必凯会在信里对奥格威表达有分寸的赞美，日复一日，罗必凯得到了奥格威崇高的敬意。奥格威对他说："美国最好的文案策划人竟然成为广告公司历史上最伟大的管理者和领导者，这是一个了不起的事实，但不管是作为文案人还是作为领导，我都无法与您比拟。"[55]

尽管这种声明有一丝谄媚的意味，但奥格威却是真心实意地赞美。再者，罗必凯已经退出了这一行业，除了提供建议外，奥格威没有迎合巴结的意思。作为广告经典主义的信奉者，奥格威一直在寻找最佳先例。在罗必凯这里，奥格威找到了典范，并把"伟大的扬罗必凯传统"[56]作为自己的标准。罗必凯的广告传统挑战了广告认知的刻板印象，不但制作了完美的形象，还突出了产品"卖点"。奥格威的广告目标不是阐明销售主张，而是为客户打造出"最有利的形象和最鲜明的个性"[57]，此中典范即他制作的哈撒韦广告。在经营广告公司时，奥格威吸收了罗必凯的箴言：只有一个人可以领导。奥格威与安德森·休伊特最终分道扬镳，公司更名为OB&M（Ogilvy, Benson & Mather）。

## 第六章 创意革命

选择罗必凯意味着放下瑞夫斯。1952年9月，刚刚结束了布斯贝港的周末拜访后，奥格威在一次演讲中提出了关于广告公司历史的周期性理论。他提到，一家新的广告公司，一开始充满了雄心壮志和创造性活力，制作了伟大的广告。随着岁月的流逝，创始人变得疲惫不堪，但公司依靠其名称和既有的客户仍在蓬勃发展着。广告公司越变越大，但广告风格却开始走向沉闷和常规，直至成为一台官僚主义的"香肠制造机"[58]。然后，广告公司开始失去客户，被新锐公司抢走，如此循环往复。瑞夫斯认为这个理论很难与事实相符，两周后，他提出了反驳。[59] 他列举了智威汤逊、艾尔、BBDO以及其他仍在生产优秀作品的"也许"五十家老牌广告公司，并暗指OB&M继续说道，一个年轻的广告公司通常是围绕着一个人建立的，不过随时有可能被一辆不听话的出租车消灭掉。

对于瑞夫斯的发言，奥格威私下争辩道："你说的话你自己都不信。你已经告诉了我一千次你对艾尔、BBDO的真实看法。至于经营一家自己的广告公司，OB&M有一百零七名员工，其中还包括一些了不起的人，与其像老牌的、过气的公司增加无用的附带服务，不如把重点放在准备广告上，你曾经也赞同这种观点，我想你现在也是赞同的。"[60] 这次公开争吵之后，两个人在社交场合仍然是朋友，但造成了私人关系的裂痕。每次聚会，两个人都要把控主导权。如果瑞夫斯穿着晚礼服来，奥格威就穿着苏格兰裙出现，互相争夺注意力。瑞夫斯参加了当时的反共产主义运动，还向奥格威发送了反共产主义的小册子，显然奥格威这个政治自由主义者没有被说服。奥格威对瑞夫斯说："让我们生活下去吧，起码保持家庭的和平。"[61] 然而，在奥格威离婚和再婚后，两人连家庭和平都没有了。后来，奥格威虽然没有具体点名他的前连襟，但把克劳德·霍普金斯的追随者斥为"不择手段的强盗"[62]。

与此同时，奥格威的另一场形象宣传活动再次取得成功。当史威士公司（Schweppes）带着汤力水找到他时，奥格威并不愿意接手。在奥格威看来，史威士只能支付1.5万美元，而且还缺乏增长潜力，他本人也不想再做小规模的橱窗客户广告。奥格威跟哥哥弗朗西斯说："最大的问题就是要避免陷入这些琐事之中。"[63] 但他的英国合作伙伴执意坚持。最终，奥格威接手了这一项目，并策划了一个新闻性的宣传活动[64]，强调"在美国每瓶只需15美分"的广告文案，但客户史威士并不满意。史威士建议奥格威可以塑造一个指挥官——爱德华·怀特海德来到美国的广告形象。[65] 于是，在"穿着哈撒韦衬衫的男人"的成功基础上，怀特海德开始在《纽约客》上露出他迷人的微笑，并获得了巨大成功，多年来这一形象一直出现在广告中。奥格威说："怀特海德的大胡子抓住了美国公众的想象力，让所有人感到神秘。"[66] 在一个脸刮得干干净净的时代，怀特海德那浓密的、刺眼的毛发使他像哈撒韦人的眼罩一样具有异国情调。人们对他的反应是一样的：他为什么要蓄大胡子？他是谁？这种好奇心转化成了产品销售增长的动力，虽然许多饮酒者认为这种产品只是稍微好喝一点。

在哈撒韦和史威士广告之后，以研究为导向的公司被确立为一个炙手可热的创意店，奥格威成了常驻天才。1953年，《印刷者油墨》评论：在有史以来伟大的广告作家中，奥格威的地位毋庸置疑。[67] 奥格威发表了许多演讲，宣扬了创意作为广告福音。各种广告媒体对这个异国情调的外国人大加关注，斯坦利·雷索尔还试图雇用奥格威到智威汤逊工作。仅仅四十出头，奥格威就在美国混得风生水起。奥格威说："当有人说我有创造力时，我的兄弟姐妹都感到很惊讶。"[68]

奥格威每周工作7天6夜，工作时长大约75小时。办公室是奥格威进行管理和参加会议的地方，他所有的写作都是在家里完成的。奥格威任职期间，他很少表扬他的员工。一位同事说："我一直劝他要对人好一点。"[69] 在公司内部，奥格威挑选员工时看重那些有野心和有激情的人。[70] 他希望这些人在大学里学的是文科，而不是广告，他瞧不上本科的广告学课程。新员工进入广告公司后，就要开始接受奥格威的广告规则：标题中要包括品牌名称，避免使用类比和叠词，每个句子要少于12个词，每100个词至少提到14个人，避免使用幽默文案，使用照片而不是艺术作品等。[71] 他要求员工遵守这些戒律，但有时也因此被指责为过于僵化和扼杀创造力。然而，在与客户接触等方面，奥格威确实表现了自己的能力。奥格威会把沟通时间严格精准到9分钟、13分钟或22分钟。利华兄弟公司的亨利·沙克特（Henry Schachte）回忆说："在他给自己安排的时间内，他总是出色地完成了演讲，而这些内容明显是经过深思熟虑的，每次都令人印象深刻，并且很有帮助。他的谈话都与广告有关，他拥有一个这样的舞台，他知道该如何利用它。"[72]

奥格威最擅长写广告。如他所说，那是一个艰辛的过程。在正式构思之前，他需要长时间的准备工作，先是翻出先例，研究几年前的竞品广告；然后召集研究部门，收集关于产品的每一个可以想象的事实和销售理念；接着与客户确定产品的销售卖点；最后写出各种广告语。一个广告至少要想出二十则文案。奥格威说："构思文案宜早不宜迟，我一回到家就坐在桌子前。如果我完全没有想法，脾气就会不好，遇到妻子走进房间，我会对她咆哮。"[73] 面对顽固的空白页，他忍受着所有作家都知道的恐惧。灵感有时来得很容易，但如果没有灵感，奥格威需要时时保持一个开放的头脑。正如他所说："我需要听大量的音乐，洗很长时间的热水澡，或者与好友约翰·巴雷科恩（John Barleycorn）交谈一下，或在凳子上坐一个小时，去花园里逛逛，和阿米什人一起聊聊天，看看鸟儿，在乡下散散步。"[74] 他也会想象自己在晚宴上如何给一位询问某种产品的聪明女人提供建议。有了初步设想后，他常用第二人称来讲述广告文案。为了文案更加成熟，他会改稿四五次，再把稿件交给客户。奥格威提出："如果客户修改文案，我会很生气，因为我花了很多心思去写，我写的东西都是经过精雕细琢的。"[75]

客户一般都会听从他的意见。奥格威就像一位牛津大学教授，一位历史学家，塑造了一个完美的品牌形象。在美国生活了二十年后，他还说着家乡西霍斯利的方言，口音不变。每天下午四点半，他在办公室喝茶。冬天他穿斜纹软呢，夏天穿着浅色西装。启发灵感时，他会听巴赫、亨德尔和莫扎特的音乐作品，偶尔也喜欢军事进行曲。在作家和知识分子面前，奥格威很自在。他不喜欢麦迪逊大道上的同行，更喜欢与波士顿的学术界朋友为伍。（"我希望我住在那里，因为我更喜欢那里的人，他们更适合我。"[76]）他在《纽约客》上的广告宣传，塑造了一个具有国际化品位和高雅文化的奥格威形象。

当然，完美的奥格威形象也有瑕疵。毕竟，哈撒韦人只是奥格威生活幻想的一种投射。在紧张的工作日程下，他没有时间寻找高雅的爱好，没有时间提升自己。他很少阅读小说或诗歌，《读者文摘》是他的最爱。但奥格威阅读杂志主要是为了跟上广告业的步伐。他不参加任何运动或游戏。他要求员工举止绅士，[77]但他自己经常在社交场合上不辞而别。他光鲜亮丽的文案意味着对语言的精准掌握，但他也有失误的时候。比如，奥格威在哈撒韦公司的一则广告中使用了"不可言喻"（ineffably）一词，但却无法给它下定义——"我认为它的意思是极好的（supremely a lot）。"[78]此外，奥格威拼错了"grisly"，还误将 like 当作连词使用，这些都让他受到了批评。奥格威将语法视为"任何学校课程中最无聊和愚蠢的科目"，但同时也承认自己对英语的滥用是可恶的。[79]

按照高级英语的标准，确实如此。然而掌握完美的语法和丰富的词汇量并不意味着你能写广告。尽管奥格威学问有限，但对文案有着敏锐的洞察力。同样，霍普金斯和罗必凯也不是知识分子。奥格威跟小说家罗尔德·达尔（Roald Dahl）说："一个好的广告人并不一定具有出色的写作能力，大多数广告人伟大是因为他们的广告推销了商品，但其实他们可能是文盲。在广告业，良好的写作能力通常是一个障碍，因为大多数消费者是没有受过教育的家庭主妇。都按照你们的标准的话，我的大部分文案都很糟糕。"[80] 与20世纪50年代的大多数广告相比，奥格威的广告文案不仅出类拔萃，还反响热烈。

也许，对于那个时代来说，广告要达到高级英语的标准太高了。文案同人们纷纷向奥格威靠拢，认为他是50年代创意沙漠中的一片绿洲。奥格威赢得了奖项和媒体关注，但他被标记为一个古怪的英国人，一个只能为《纽约客》写软性销售文案的人。他最著名的作品几乎无法被广告公司所支出的费用覆盖。四年里，哈撒韦公司只花了30万美元的广告费。因此，奥格威的公司不得不转从史威士公司找补回年度损失：1953年为2万美元，1954年为3.8万美元，1955年为2.5万美元。这些广告都很成功，客户卖出了大量的衬衫和汤力水。模仿者们也开始塑造自己的视觉噱头：银行广告出现一个巨大的蛋巢，酒类广告出现一匹马。奥格威对于这些模仿并不惊喜，反而，他蔑视这些行为，将其视为剽窃，认为这都是不费心编写文案的销售行为。他在1956年感叹道："我已经成为一个我所痛恨的广告流派的象征了。"[81]

在最初五年里，其公司年营业额在1953年迅速跃升至1070万美元。展望未来，奥格威否认了任何帝国主义的设计。他说："就像30年前的扬罗必凯一样，我们只有一个雄心壮志，那就是成为美国最好的广告公司……也许3000万美元账单是我的理想目标。"[82] 事实上，即便朝着这个适度的目标，OB&M的步伐也如此蹒跚。1954年，该公司营业额下降到1010万美元，接下来两年，营业额恢复到1180万美元和1410万美元。一些大型产品客户对著名的奥格威方法持有怀疑。从风格来看，奥格威仍然倾向于形象派传统，出于实际原因，他需要向主张派传统转变。

1956年，奥格威聘请埃斯蒂·斯托威尔（Esty Stowell）为执行副总裁，负责客户管理。斯托威尔曾在 B&B 从事销售，来到奥格威公司后，他打算给公司树立一个更硬朗的形象。"我想我们都会戴着眼罩进坟墓。"[83] 他后来说。斯托威尔给公司带来了第一个大型包装商品——麦斯威尔咖啡，公司收入开始攀升。对奥格威而言，现阶段创意的任务是将形象派的广告风格和主张派的销售宣传结合起来，这也是他自 1938 年以来在两个学派间一直寻找和摸索的最佳方案。

1957 年，当劳斯莱斯首次向 OB&M 提出合作需求时，斯托威尔劝说奥格威拒绝，因为这只会给自己添加上流社会的标签，吓走有油水的大订单。几个月后，劳斯莱斯公司提出了一个更有吸引力的报价，奥格威开始心动。他表示："我对这个客户的渴望几乎超过了我们曾经争取到的任何一个客户。扬罗必凯公司在我们这个阶段时就有了劳斯莱斯，但他们也没有受到什么影响。"[84] 他的合伙人最终屈服了。奥格威负责文案写作，连续四天早上五点起床，汗流浃背地撰写稿件。同事们在 26 个标题中挑选出了这则文案：当一辆崭新的劳斯莱斯以每小时 60 英里的速度行驶时，车内最大的噪声来自电子钟（At 60 miles an hour the loudest noise in this new Rolls-Royce comes from the electric clock）。这一文案是广告史上的一个回声。1933 年，BBDO 的查尔斯·布劳尔写了一则皮尔斯箭头汽车的广告，标语是：在新的皮尔斯箭头中，人们能听到的唯一声音是电子钟的滴答声（The only sound one can hear in the new Pierce-Arrows is the ticking of the electric clock）。[85] 奥格威回忆道："我在英国汽车杂志的一篇文章中找到了这个标语，这真是一件令人着迷的事情。"[86]

在这一著名标语下，奥格威写了一段很长的硬销售文案。广告风格没有视觉上的噱头，做到了主张和形象相结合，这是奥格威七年里的第三次成功。1958 年，劳斯莱斯的汽车销量增加了 50%。奥格威说："人们不再谈论眼罩和指挥官的胡子就好了，它们只是小把戏。"[87]

第六章　创意革命

奥格威为劳斯莱斯撰写的著名广告

劳斯莱斯广告宣传为客户增加了收入，但并未给广告公司带来更多盈利。OB & M 公司每年从劳斯莱斯公司得到的收入从未超过 25 万美元，四年里总共损失了 2.6 万美元，最后不得已中断了合作。

奥格威擅长为小客户做最出色的工作，这并非巧合。对于大客户，他把创意工作留给了同事。同事们制作常规广告，为公司赚取更多的钱。他说："我在自己身上发现了一种趋势，当广告预算低的时候，我就会有勇气和创造力，但当预算高的时候，我就会在安全的公式中寻求庇护，然后失去勇气和创造力。"[88] 这意味着当处理一些小客户时，奥格威可以冒着非正统的风险去挖掘自己的才能，即使达不到理想效果，也不会有大的损失。而这种两难境地再次提出了问题：如果一个机构开始出现增长、扩大规模，是否会丧失集体创造性？

奥格威决定再次冒险。1951年到1957年，OB&M公司增长缓慢，而达彼思公司营业额在瑞夫斯的硬销售浪潮中增长到1.034亿美元。或许被这一数字所触动，在这十年的末期，奥格威再次向瑞夫斯方向靠拢，并减少了与罗必凯的通信次数。1958年11月，在为《电视杂志》(*Television Magazine*)撰写的一篇文章中，他把霍普金斯、赫默特和瑞夫斯列为他的文案导师，而没有罗必凯。[89]奥格威与瑞夫斯的妻妹离婚后，两个人没有在社交场合见过面，直到1959年，双方实现了和解。伴随着关系的修复，奥格威将自己的理论与瑞夫斯的主张派广告联系起来。[90]奥格威对瑞夫斯说："我们本来相信同样的事情，可是这么多人把我看作你现实销售哲学的主要反对者，而实际上我是你最狂热的弟子，这很怪诞，但对我来说也挺可悲的。"[91]（至于瑞夫斯，对于这些比较，他自己并没有太放在心上，他开玩笑说要用奥格威的方式为安诺星做一个广告，塞西尔·比顿或杜鲁门·卡波特穿着维耶拉浴袍躺在床上，标语是：如果你用安诺星刷牙，你永远不会知道你喝了那杯杜松子酒。[92]）

在20世纪50年代的大部分时间里，特立独行的奥格威在广告领域依旧是一个象征性的存在。在贸易会议上，他敦促同行们要随时听取反叛者和改革者的意见，告诫他们要加强道德规范，提升专业素养，特别是要制作出更好的广告。对于那些认为他只是在唱小型创意店之歌的反对意见，他有自己的反驳理由。奥格威给希思写道："你们建立了一个非常伟大的广告公司李奥贝纳，这是唯一一个得到我尊重的公司。"[93]（两家公司在1955年合并。）贝纳表明创造性活力可以与大规模共存，作为一个广告史的学生，奥格威希望在20世纪60年代做出同样的示范。他说："我们在这里要做的，就是回到广告业永恒的真理，一个广告公司的首要任务是制作伟大的广告。"[94]

## 第六章 创意革命

1949年6月,内德·多伊尔(Ned Doyle)、马克斯韦尔·戴恩(Maxwell Dane)和威廉·伯恩巴克(William Bernbach)开设了他们的广告机构,名为DDB(Doyle Dane Bernbach)。机构名中间没有逗号、破折号。这家公司在创办之初,只有十三名员工和五十万元广告收入的账单,工作地点在麦迪逊大道350号的顶层办公室。

内德·多伊尔在公司成立时已经四十七岁了,他是会计人员,从事过杂志销售和广告业务。多伊尔在新泽西州长大,依靠足球奖学金在汉密尔顿学院学习了两年。

威廉·伯恩巴克

多伊尔漫游过欧洲,在纽约定居。他曾直言不讳地说:"没有什么广告主能欣赏我们这种广告公司,我们的营业额也无法超过2000万美元。"[95] 另一创始人戴恩在公司成立时四十三岁,负责行政和财务。他曾在纽约做过短暂的报纸推销员,在斯特恩百货公司从事广告工作。1939年,作为《观察》杂志的促销主管,他认识了广告经理多伊尔。多伊尔很欣赏戴恩,他回忆说:"戴恩愿意做所有的工作,而且让我很信任。"[96] 戴恩温和谦逊,就像大众眼中一个乖乖待在幕后的会计师。

除了戴恩,DDB的文案主管和艺术总监都有广告公司背景。在纽约长大的菲利斯·罗宾逊(Phyllis Robinson)一直梦想成为一名作家。当其他小女孩梦想着成为金格·罗杰斯(Ginger Rogers)时,

菲利斯·罗宾逊

她想成为的是多萝西·帕克（Dorothy Parker）。她对政治感兴趣，在巴纳德大学学习社会学，后在公共住房管理局工作，又进入精信广告公司的推广部门。（她说："回过头来想，你才知道自己是如何进入这个行业的。"[97]）罗伯特·盖奇（Robert Gage）也是一个土生土长的纽约人，曾在《时尚芭莎》（Harper's Bazaar，美国版时尚芭莎）的阿列克谢·布罗多维奇（Alexey Brodovitch）手下学习艺术和设计，同时受到设计师保罗·兰德（Paul Rand）的影响。20世纪40年代末，盖奇对广告艺术有了明确的想法。他回忆说："在那些日子里，他们并没有做直接的相关工作，处理的都是各种琐碎细节，然后把这些没有任何意义的东西拼凑在一起。我所追求的是一个极简的、强大的图像风格，以及那些配合完美的线条。"[98]

尽管公司人才济济，但使DDB与众不同的是伯恩巴克。他对设计艺术有着独创的见解，是一位灵感创作人。可以说，伯恩巴克是他那个时代最具创意的广告人。他开创了60年代的创意革命。

1949年，伯恩巴克三十八岁。他出生在纽约的布鲁克林，父亲是一名女装设计师。伯恩巴克就读于纽约大学，学习英语、音乐和哲学等。他的身上有一种轻松的折中主义，这些主义也融入伯恩巴克的广告生涯。1939年，伯恩巴克在纽约世界博览会上获得了一个写作职位。他回忆说："我从来没有做过广告，但我觉得为一些产品做广告可能是个好事情，它既能获利，又挺有趣。"[99]伯恩巴克对广告史没有什么兴趣，再加上没有广告业的从业背景，这让他有一副不受干扰的头脑，可以接受不同的想法。作为文案策划人，他与艺术总监保罗·兰德一起制作设计了杜邦尼（Dubonnet）和艾威克（Airwick）的广告活动。他们利用午餐时间参观艺术馆，顺便讨论两种工艺的相互作用，以及如何将这些古老艺术融入广告创意中。

1945年，伯恩巴克成为精信广告公司的文案主管，并与盖奇建立了共生关系。在他们见面的那天，盖奇跟妻子说他将与伯恩巴克一起做生意："我明白他在说什么，他也理解我。他非常有启发性。"[100]他们为第七大道上的廉价商店策划了零售活动：衬衫、手表、酒类、时装。这是一项严格的历练，客户要求速度快、数量大、图像功能性强，以及当天的即时反馈。作为文案主管，伯恩巴克采访了未来的文案人，但发现他们中的大多数都被当前流行的研究和科学技术所迷惑。1947年，他给老板发了一份备忘录，这是他在余下的职业生涯中所重复主题的第一声。他写道："我担心我们会落入巨大的陷阱，我们崇拜的是技术。我不想要院士，不想要科学家，不想要那些做正确事情的人，我想要的是鼓舞人心的人……让我们开辟新的道路吧。"[101]

这就是恒美广告公司DDB的创始故事。在没有电梯的办公室里待了几年之后，他们搬到了西四十三街，离麦迪逊大道只有一个半街区，但精神上却离麦迪逊大道更远了。DDB没有打动客户的炫耀性装饰，艺术家和文案人员混杂在同一层楼。多伊尔和戴恩住的是曼哈顿公寓，伯恩巴克与妻儿住在布鲁克林湾脊区的一栋灰泥房子里，每天乘地铁上班。伯恩巴克说："我们的娱乐活动可能比这一行的任何公司都少，我们三个都是生活非常简朴的人，我们不会因为想要钱就去迎合别人。"[102]

所有这些都呈现出DDB和伯恩巴克的某种独特性。伯恩巴克身材矮小，五官普通，有一双温和的蓝眼睛和一头泛白的金发，走路和说话都很轻柔。他的朋友、作曲家威廉·舒曼（William Schumann）

说：" 抽象地看待伯恩巴克，你绝对不会说广告是他的职业。"[103] 伯恩巴克非常理智，也很冷静，说话做事不以他人意志为转移，有着强烈的自我意识，但有时候显得很沉闷。有人问他是否有过写小说的冲动，他回答道：" 没有，我没有要挤的疮。"[104] 工作日结束后，他会立即乘坐海滩快车回到湾脊的家中。他说：" 我是个懒汉，我白天会非常努力地工作，之后就要轻松一下。"[105] 他喜静，不爱运动，热爱阅读和听音乐。伯恩巴克的文学品味广泛，涉及哲学、社会学和小说，喜欢刘易斯·芒福德和伯特兰·罗素（Bertrand Russel）这样的多面手。他经常引用罗素的一句话：即使在最纯粹的逻辑领域，也是灵感首先发现了新东西（Even in the most purely logical realms, it is insight that first arrives at what is new）。[106]

伯恩巴克就是他自己的策划委员会。每个广告都要经过他的审查，但他的审查氛围非常轻松。他办公室的门敞开着，里面有一张圆形柚木工作桌，桌子周围有五把椅子。这种安排意味着一种横向的等级制度：在这里，大家都是同行。伯恩巴克平易近人，大多数员工都叫他比尔。他在挑选员工时很少考虑从业资格和背景，而且很少解雇人。DDB 的一则招聘广告写道：我们不关心那些通常普遍之事。[107] 例如，你有过什么样的客户，你在哪个机构工作，你的年龄、性别、受教育程度或其他问卷调查的内容。伯恩巴克也不认可创意能力可被测试的观点，他经常雇用没有广告背景的人。他说：" 我把他们从各处拉过来，关于广告的知识，可以以后再教。"[108]

作为一名教师，他尽了最大的努力。尤其是早年，他经常到创意楼层四处游荡，钻进小隔间审查工作，或者与人讨论艺术和文案如何相结合等问题。他说：" 有时他们讨厌看到我进来，因为我往往会引导他们想出广告语。好吧，我不应该这样做。不过我会提出问题，引导他们，让他们去做。"[109] 工作中，他不会强加自己的个性和喜好，而是试图发现每个人的特殊才能，并给予他们自然发展的自由空间，而这也是伯恩巴克对广告公司管理实践的突出贡献。正如菲利斯·罗宾逊描述的:"不要把他们赶走,要给他们一个机会,让他们以自己的方式成长,而不是试图制造更多相同的东西。"[110] DDB 文案策划人保拉·格林(Paula Green)说:"他允许你个人成长,他会指导你,他鼓励人去闯。"[111] DDB 的罗恩·罗森菲尔德(Ron Rosenfeld)指出,伯恩巴克把进步教育理论应用于创意部门,让公司变成了"成人的夏日山庄(Summerhill)①"。[112] 就像 A. S. 尼尔的教育实验一样,它惩罚的是那些没有天赋或自我激励能力差的人,不给他们留下任何借口或推卸责任的空间。对大多数在那里工作的人而言,它提供了冒险试错和表达个性的机会,让他们在没有策划委员会的干涉下,创造出自己的最佳成果。

伯恩巴克教的是一套一般原则,而不是一系列具体规则。他引用了 AAAA 研究的一项发现,即 85% 的广告会被消费者忽略。他说:"我们不能质疑公众是否爱我们,他们只是对我们感到厌烦。企业花钱做广告,也以典型的美国效率让人厌烦。"[113] 在信息爆炸的时代,手头上的阅读和观看材料比以往任何时候都多,加上暴力新闻和时事报道,广告只能用出其不意的想法打破僵局。对于瑞夫斯而言,这意味着他需要提出独特的销售主张,并通过重复的方式不断植入。伯恩巴克颠覆了这一方法,他认为人类心理会厌烦重复的文案,人们渴望新奇,而且只对令人心动的信息做出反应。伯恩巴克表示:"我对一些广告机构的建议和策略感到震惊,他们认为一旦确立了销售主张(Selling Proposition),工作就完成了。"[114]

因此,形式至少和内容一样重要,但这不仅仅是技术问题。伯恩巴克指出,帕德莱夫斯基(Paderewski)在音乐会上弹出了很多错误的音符,但他还是打动了听众;西奥多·德莱塞(Theodore Dreiser)

---

① 夏日山庄,因实行因材施教的教育方法而被誉为"最富人性化的快乐学校"。

写过一篇笨拙的散文,但他仍然是一位伟大的作家。以此类推,广告艺术也是如此。伯恩巴克在1953年时说:"广告业有很多伟大的技术员,在研究和科学的高产期,他们谈论着最好的游戏,他们知道所有的规则……但有一个小问题,他们忘记了广告就是说服,说服不是一门科学,而是一门艺术,广告是说服的艺术。"[115] 广告与其他艺术形式都需要直觉和灵感。

换句话说,研究的介入可能会阻碍而不是帮助创意的产生。在伯恩巴克看来,市场调查会导致结果的千篇一律,人们通过测试、采访、权衡和计算,以数学的精确性为借口,得出类似的结论。科学方法偏重于过去的成功,倾向于推荐更多相同的东西,因此阻碍了创新。伯恩巴克在1957年总结说:"我认为研究是广告业的主要罪魁祸首,它使创意平庸永久化。"[116] DDB虽然有一个研究部门,但在公司内部几乎没有权力。在研究部门工作了六年的一位研究人员保罗·克莱因(Paul Klein)指出:"伯恩巴克只信任二十五楼的艺术和文案人员,他对其他部门都感到害怕,因为这是他不了解的东西,所以它不存在。克莱因认为伯恩巴克只在一个非常有限的领域有创造力,那就是文案的产生。"[117]

在任何广告公司,研究人员的幸福感都与创意人员的幸福感成反比。在DDB,创意人员得到了充分尊重。伯恩巴克指出:"美国人的心态和一个十二岁的孩子一样,都觉得自己很聪明。"[118] 所以广告要给人以诚实坦率的印象,说日常口语,呈现表情自然、不做作的人物照片;信息应该简单而富有戏剧性,具有同情心而不是威胁性,诡计多端或自以为是的聪明才智只会惹恼太过聪明的观众。伯恩巴克进一步说:"不要华而不实,要说实话,[119] 人们在看图片和读文案之前,早就对广告有了自己的印象和感觉;要相信自己的直觉,当头脑放松时,当你走在大街上或在入睡前,倾听从无意识中渗透出来的想法;不要去想之前的案例,要创造你自己的先例。正像那位伟大的哲学家、爵士乐手泰罗尼乌斯·蒙克（Thelonius Monk）也说过这样一句话：'有时我演奏的东西我自己都没听过。'"[120]

伯恩巴克的理念深刻地贯穿在 DDB 的创意运作中。DDB 内部不组织头脑风暴或小组会议，广告由艺术家和文案策划人平等合作完成。鲍勃·盖奇说："只有两个互相尊重的人坐在一起，达到一种自由联想的状态，互相激发灵感，才能促成一个又一个新想法。"[121] 艺术家可能就文案标题发表观点，文案策划人也可能就视觉呈现给出建议。在 DDB，广告并不是割裂而存在的，它是学科之间的互相交流，是一个整体。

但 DDB 的创作也是一部艰辛的血泪史。保拉·格林不无夸张地说道："我们坐在一个封闭的房间里互相残杀。"[122] 菲利斯·罗宾逊表示同意："我们对自己非常严厉，对我们来说，最艰难的不是与客户在一起的时候，而是我们彼此在一起的时候。"[123] 在最好的情况下，艺术总监会身兼数职，除了关注文案外，还需关注销售信息。伯恩巴克指出："这让创意团队有了责任感，将创作视作他们的财产，他们拥有它，也让他们很自信。"[124] 而创作过程的重点在于如何更好地整合艺术和文案，盖奇对此表示："视觉和文字结合才能形成一个力量组合。"[125]

20 世纪 50 年代，DDB 理念催生了这些著名的广告案例：

奥尔巴赫是纽约一家廉价百货公司，也是伯恩巴克在精信的客户之一。1949 年奥尔巴赫跟随伯恩巴克转到了 DDB 广告公司。伯恩巴克使用有限的媒体预算，打破零售广告的传统，不提及价格或销售，而是塑造了一个物美价廉的广告主形象。这些广告体现了 DDB 的终极理念：艺术与文案的结合。比如有广告呈现为男人胳膊挽着女人，标题是：带上你的太太，只要几美元……我们将给你一个新的女人。还有一则恶搞治便秘药塞鲁坦（Serutan）的广告：奥尔巴赫正在销售廉价又新式的服装……你现在所需要的就是去奥尔巴赫那里

奥尔巴赫的猫广告

得到SNIAGRAB（倒过来拼为：廉价的东西）。其中，最著名的广告形象是一只猫。这只猫戴着大灯罩帽子，抽着长长的烟嘴，向她的朋友琼透露奥尔巴赫的货又好又便宜。这一系列广告宣传打开了奥尔巴赫的知名度。对此，伯恩巴克说："重要的不是广告播放频率，而是它们创造了多少激动人心的效果。"[126]

奥尔巴赫的成功吸引了另一个本地客户，布鲁克林的亨利·S.利维面包店。这家店的初始广告费为4万美元。负责文案的朱迪·普罗塔斯（Judy Protas）和负责艺术的比尔·陶彬（Bill Taubin）做了一系列广告和海报，展示了各种非犹太民族的广告形象，从而打破了种族歧视。这一产品著名的广告语为：你不必是犹太人，也可享受利维面包。利维公司也顺势成为纽约最大的黑麦面包销售商。

随着DDB的声名远播，他们在1954年接手了宝丽来（Polaroid）拍立得相机的广告宣传。在一则六十秒的电视广告中，盖奇和罗宾逊决定进行一次情感推销。受到音乐剧《西区故事》（*West Side Story*）的影响，二人对《玛丽亚》等歌曲的情感表达方式印象深刻。他们希望在一分钟内通过多个人物情景表达出三分半钟的情感。这些情景包括动物园、婚礼后和火车上，有人微笑，有人哭泣。盖奇说："为他们所爱的人拍照。"[127]罗宾逊补充道："在广告中使用更温柔的人类情感，不仅不会让人感到厌烦，而且它是一个极好的销售工。"[128]一

第六章 创意革命

两则利维面包广告

经宣传，宝丽来相机广为人知，以至于后续的宣传无须依赖文案或标题即可促成销售。1958年的一个杂志广告表现为：海滩上的一个书呆子，手里拿着宝丽来，被美女奉承着。

1957年，以色列航空公司客户来到DDB。比尔·陶彬回忆说："通常航空公司的广告都喜欢直截了当的表达，广告画面也会力求完整，但从来不会展示海洋画面，因为人们害怕掉进去。"[129] 航空公司的广告画面上只有飞机，很少占据整版。为了打破常规，有一天，伯恩巴克在思考如何为以色列航空公司的新型喷气式螺旋桨飞机设计广告方案时，灵感突然涌现。在走回办公室的路上，他突然有了一个想法。最终，这则广告展示了一张整版的暴风雨中的海洋照片，广告画面的右边框被撕裂，像窗帘一样卷起，卷起的部分正好展示了广告标题：自12月23日起，大西洋将缩小20%。一年内，以色列航空公司的销售额翻了三倍。

这些成功使得公司收入稳定增长。1954年的800万美元收入总额在两年内翻了一番；1957 年，公司收入总额超过了多伊尔预计的 2000 万美元上限。1958 年，DDB 获得了纽约艺术指导俱乐部（New York Art Directors Club）颁发的五枚奖章，奖章总共只有八枚。DDB 也成了一个典型的创意型广告公司，并快速扩大了规模。DDB 的发展轨迹让人想起 20 世纪 20 年代的扬罗必凯，它的著名广告也似乎是扬罗必凯的广告回忆。在客户关系方面，多伊尔声称："我们一开始设定的目标就是要达到扬罗必凯的早期阶段。"[130] 而伯恩巴克与罗必凯则有一种巧合的相似性。伯恩巴克说："如果没有你，我不会有这样的成就……你教会了我在广告中说正确的话的重要性，不仅如此，你还教会了我更重要的东西，那就是以艺术的方式说出来。"[131]

伯恩巴克为以色列航空设计的广告

伯恩巴克的这席话发表在罗必凯八十五岁生日那天。但这种场面话也有各种字面意思之外的理解。自成一体的 DDB 为这个行业带来了新事物。伯恩巴克发明了创意团队，完善了这一概念，创造了一套工作方式。他让艺术总监与文案策划人平等对话，这种自由放任的管理风格释放了同事们的能量，激发了不可知的才能。他们在一种超强的氛围中迸发创意，以一种从未见过的风格制作广告。

熟悉广告先驱者们的大卫·奥格威说："我不认为他们真的在任何人那里生产出创意，他们只是无中生有地在空中造了一个原创学校。"[132]

20 世纪 50 年代的 DDB 和 OB&M 代表了未来广告业的某种预期。这两家公司都为小客户做了最著名的广告宣传。1959 年，DDB 收入为 2750 万美元，OB&M 收入为 2590 万美元，两者仍属于中等规模，无法与行业巨头平等竞争——李奥贝纳以 1.105 亿美元的营收进入了前十。这些创意公司尚未为任何全国性大客户创作出引人瞩目且具有突破性的作品。

但是，它们是当时的重要成功者。1960 年，一百家广告公司的创意总监就过去十年中的十项最佳广告活动进行了调查。结果显示：李奥贝纳赢得了两项（Pillsbury 蛋糕和万宝路），OB&M 赢得了三项（哈撒韦、怡泉和劳斯莱斯），DDB 赢得了四项（奥尔巴赫、宝丽来、以色列航空公司和一款小型德国汽车——甲壳虫）。[133]

大众汽车（Volkswagen）是 DDB 的第一个汽车客户，这是一条通往伟大时代的潜在道路。1959 年，大众汽车的市场形势不容乐观：没有镀铬，没有造型，没有马力，甚至没有自动变速器。最糟糕的是，大众汽车公司有很多犹太雇员和客户，这一事实被视为纳粹德国的遗物。

DDB 为客户大众组建了创意团队。朱利安·科尼格（Julian Koenig）负责文案，赫尔穆特·克龙（Helmut Krone）负责艺术，伯恩巴克提供咨询。（克龙认为这个项目的成功是由三个人实现的。[134]）在最初讨论中，科尼格希望大众广告尽可能符合美国的审美观。当时，美国汽车行业正处于迷恋尾翼和过载发动机的高峰期，但大众汽车很明显没有这些优势。为了推销该品牌，创意团队改变讨论方案，

朱利安·科尼格

决定反其道而行之,将大众汽车的不足之处转化为营销亮点:它们虽然基础实用,但价格便宜;尽管马力不高,但却具有出色的里程表现;外观或许不够美观,但制造精良且不会过时。

对于这种另类的营销方法,朱利安·科尼格是最适合的文案策划人选。科尼格出生于纽约一个法律之家,曾就读于达特茅斯大学,短暂地在哥伦比亚大学法学院学习后,进入了广告行业。在加入DDB之前,他曾在一家广告公司工作,但该公司一直对他的文案创作进行干涉。与其他各种广告媒体相比,科尼格更喜欢详细阅读《晨报》(*Morning Telegraph*)的相关内容。据说科尼格喜欢在赛马场和夜晚的零散时间里写广告。他是一个冷静而尖锐的人,经常与体育界和赌博界的各种朋友交往。

与科尼格性格截然不同的赫尔穆特·克龙是第一代德裔美国人。父亲是鞋匠,母亲是裁缝。他是典型的有条不紊的人,时刻保持清醒,从来没对结果满意过。克龙说:"一个德国人的儿子总是错的,直到他证明自己是对的。你总是喜欢返工,总觉得不够好,毕竟你是一个'一无所知'的人。"[135]对于大众汽车广告方案的设计,他和科尼格选择了一种传统的格式,三分之二的版面为图片,三分之一的版面为稿件,标题位于正中间。与此同时,他们需要通过一些细节来传达甲壳虫广告的简单和坦率风格:图片没有任何背景,只有一个小小的甲壳虫图像,但又要突出甲壳虫的紧凑性,文案部分采用无衬线字体。克龙希望文案能够呈现出格特鲁德·斯坦①的风格。

大众汽车甲壳虫系列中最著名的广告语由科尼格提出。广告标题：往小里想（Think Small）。广告文案为："十年前，第一批大众汽车进口到美国，这些具有甲壳虫形状的奇怪小汽车几乎无人知晓。这里要推荐的是32英里/加仑（普通汽油，普通驾驶）的铝制风冷后置发动机，能以70英里/小时的速度不吃力行驶，对一个家庭来说，尺寸合适，价格也很合理。甲壳虫成倍增长，大众汽车也是如此。"广告标题和文案上方是一片白色的空间和一张很小的甲壳虫照片。与其他汽车广告相比，这则广告就像甲壳虫汽车的形状一样古怪。然而，科尼格和克龙的另一则广告更加奇特：大众汽车的照片下面写着"次品"（Lemon）这一标题。其广告文案为：这辆大众汽车错过了好时机。手套箱上的镀铬条有瑕疵，必须更换……我们摘下了柠檬（"次品"），你得到了李子。大众汽车公司广告没有使用那些赞美之词，而是以直截了当的散文形式承认产品缺点、提供事实。

甲壳虫的后续广告策划被其他创意团队接手，但坦率与温和的反传统风格仍然是其标志。如1962年的甲壳虫一则广告警告：别忘了防冻剂！文案为"由大众汽车经销商提供，是给那些没有风冷发动机汽车的人的一项公共服务"。另一则广告直接、诙谐地借鉴了50年代著名的Wonder Bread口号。②广告图片显示了大众汽车生产的八种车身样式，标题为"大众汽车打造坚固车身的8种方式"。

DDB策划的系列广告展示了甲壳虫高质量的产品优势，这使广告制作者不再需要费尽心思来突出产品的差异。为了扩大产品市场，

---

① 格特鲁德·斯坦（Gertrude Stein，1874—1946），美国作家与诗人，但后来主要在法国生活，并且成为现代主义文学与现代艺术发展中的触媒。她淡化了文字的字面意义，通过新的语言表达方式和写作技巧来增强语言的表意功能，将绘画与语言有机地融会在一起。

② 20世纪50年代，Wonder Bread赞助了Howdy Doody节目，主持人告诉观众：Wonder Bread以8种方式强健身体，这8种方式指添加的营养物质的数量。

科尼格和克龙为甲壳虫汽车设计的两款广告

DDB 在广告中大胆报价。然而，DDB 的广告也并非完全坦诚。例如，大众汽车的广告从不涉及车身头部和肩部空间，以及正面碰撞的安全性。尽管如此，在当时的背景下，甲壳虫广告仍然被认为是相当真实的。

DDB 的大众汽车广告是即将到来的创意革命的一个突破口。约翰·诺布尔（John Noble）回忆说："我不想告诉公司以外的人我为大众汽车工作，因为一说到这个，聚会上的他们觉得你像写了一本伟大的小说似的。我觉得已经够了，让我们谈点别的吧。"[136] 大众汽车广告是 20 世纪 60 年代初最有影响力的广告案例，同时也让 DDB 的风格第一次被全国关注。其他广告公司纷纷要求他们的创意部门效仿。1965 年，《广告时代》的常驻评论家威廉·泰勒总结道："它是独一无二的，无法进行批判性比较。"[137] 多年来，它对广告业的集体创作无意识发挥了不可估量的作用。1976 年，《广告时代》向行业专家小组征求他们所见过的最佳广告。[138] 在 97 份答复中，60 份都列的

## 第六章 创意革命

是大众汽车广告。

1962年秋天，阿维斯（Avis）汽车租赁公司将价值150万美元的广告合作从50年代的热门公司麦肯转移到了DDB。当时，阿维斯汽车租赁公司不断亏损，远远落后于竞争对手赫兹（Hertz）。在第一个大众汽车广告设计上，克龙彻底颠覆了以往的汽车广告风格。他放弃了大图片下方的小标题，而是将一个响亮的标题置于页面顶部，并搭配适度的图片

DDB 为阿维斯租车公司制作的第一则广告

和醒目的文案。克龙表示："这不是灵感，而是一个数学解决方案，我将所有大的元素变小，将所有小的元素变大。"[139]

对于客户阿维斯的文案，保拉·格林重复了大众汽车的坦率和自嘲式幽默的惯用语。广告文案呈现如下："阿维斯在租车方面仅排名第二，那为什么要和我们同行呢？我们拼尽全力（当你不是最好的时候，你必须这样说。）……下次和我们同行吧，我们柜台的队伍比较短。"在与客户阿维斯沟通之前，伯恩巴克把这则广告提交给一个消费者小组进行测试。尽管得分较低，但伯恩巴克仍然将其交给了阿维斯的管理层，而他们同意了这个文案方案。

两年内，阿维斯的市场份额增加了28%，广告费跃升至350万美元后，又迅速升至500万美元。"我们拼尽全力"（We try damned hard）进入了人们的视野，有效地推广了阿维斯的市场份额。在接手

阿维斯广告系列后，新的创意团队仍然保持着同样的广告精神。文案策划人埃德·维兰蒂（Ed Vellanti）为一则广告撰写了以下文字："阿维斯买不起电视广告。你不高兴吗？但生意越来越好。也许很快，你就不会这么幸运了。"另一位文案策划人大卫·赫兹布伦（David Herzbrun）租了一辆阿维斯汽车，发现烟灰缸里全是烟头。大卫的下一则阿维斯文案如下："我为了生计写阿维斯广告。但这并不意味着我是一个有偿的骗子……如果我打算继续写这些广告，阿维斯最好不要辜负他们。"这一广告宣传提高了阿维斯公司的营业标准，要求阿维斯成为一家一流的公司。阿维斯总裁坦诚地说："你不是一家一流公司时，这是很难做到的，我们今天的问题是如何继续发挥广告的影响力。"[140]

大众汽车和阿维斯扩大了DDB的客户服务范围。一年之内，DDB从扬罗必凯手中夺走了美国航空、美国施格兰公司（Seagram）和国际白银公司（International Silver）三个大型客户。（在1963年的AAAA小组讨论会上，伯恩巴克和乔治·格里宾互相指责对方进行客户和人才突袭。[141]）大笔业务不断流向DDB：亨氏、索尼、利华、吉列、百时美施贵宝。该机构还为美孚制作了20世纪60年代使用次数最多的广告之一。广告呈现为一对情侣在高速公路上行驶，标题是"直到死亡，我们才分开"（Till death us do part），文案由鲍勃·莱文森（Bob Levenson）撰写。1965年，DDB以1.3亿美元的广告收入挤进全美前十，在艺术和文案类奖项中占据主导，是行业民意调查中的最佳广告公司。

随着孩子们的长大，伯恩巴克搬进了城里公寓，新家住址位于联合国广场。但在DDB的发展方针上，伯恩巴克始终坚持独特的运营方式。在与加州牛油果委员会合作时，伯恩巴克表示："我们可能并不适合彼此，众所周知，我们喜欢尝试新的和不寻常的事情。"[142]最终，DDB决定退出。一位文案撰稿人提出让国际象棋明星鲍比·费舍尔（Bobby Fischer）为索尼收音机代言时，伯恩巴克对此表示反对。伯恩巴克说："我认为与如此自私和无礼的人一起合作是错误的。"[143]

与此同时，凭借着石油客户、出书、合并等多种业务和措施，由大卫·奥格威领导的创意公司也进入了前十。1960年，壳牌石油公司结束了与智威汤逊的合作，为奥格威公司带来了1250万美元的收入，从而使得其营业额增加了近50%。在此基础上，奥格威为对接加拿大广告客户，还在多伦多开设了分公司。在壳牌石油公司的报纸广告中，奥格威公司采用了密集型的硬销售文案和朴素的插图。比如，"为了使汽车使用寿命更长，壳牌为您推荐21种方法"。壳牌还建议佣金由15%的代理费改为专项收费。这意味着广告公司将根据实际运营的账户成本收费，并额外收取25%的费用，大致符合1%净账单的行业标准。接下来几年，其他公司广告主，包括西尔斯·罗巴克公司（Sears）、荷兰皇家航空公司（KLM）、美国运通公司（American Express）和国际商业机器公司（IBM），也采用了这种收费制度。在拥护者看来，这种方法将广告代理公司和广告主关系置于更专业的基础上，双方按实际完成的工作付费，而不是取决于广告代理商的媒体预算。奥格威宣称"佣金制度不合时宜"。[144]

1962年夏天，或许被老对手瑞夫斯的《实效的广告》一书所打动，奥格威利用假期也写了一本书。在填充架构、丰富广告理论、增加轶事时，他不断地笑出声来。他对广告公司的一位同事说："这本书可能太不谨慎了，或许不能出版，但这种宣泄对我有好处。十四年来的谨慎几乎摧毁了我的灵魂。"[145]在将手稿寄给出版商之前，奥格威删除了那些比较有料的客户故事。他原指望这本书卖出5000册。在小说家斯蒂芬·贝克尔（Stephen Becker）的最后编辑和Atheneum公司推销员的宣传下，五年内，这本书售出超过40万册，成为有史以来最畅销的广告书。（二十年后，在发行了100万册之后，它还在印刷。）

《一个广告人的自白》（Confessions of an Advertising Man）涵盖了广告管理、客户获取与保留、撰写有力文案等十章明确的内容。第十一章对"广告是否应该废止"进行了反思。这本书以讽刺、自嘲的基调，削弱了内容的规范性。在不少于十六个列表中，奥格威为新学员列出了一个明确而具体的广告教义。最后，在解决了他与两个广告学派的斗争后，他支持了主张派。他写道："我从来没有欣赏过这一学派。"他列举了《出人头地的代价》和《拉勒米西边某地》，并一直认为它们很荒谬，它们没有给读者提供事实。他还表达了对罗必凯《无价之成分》这一广告的不赞同。至于该行业所见过的最好文案，奥格威说他选择站在克劳德·霍普金斯行列中……按照今天的标准，霍普金斯是一个不择手段的野蛮人，但在技术上他是最高的大师。[146] 奥格威将罗必凯列在第二位。罗必凯收到这本书后说："你就是克劳德·霍普金斯，拥有高智商和牛津大学的教育思想。"[147]

这本书拓展了该公司新业务。1964 年，国内收入从 5850 美元增加到 7700 万美元，使得奥格威成为唯一在行业外拥有声誉的广告人。但后来他也很少写文案了，尽管他把办公室设在文案人员的楼层，并试图与他们保持联系。他把自己描述为"一座几乎熄灭的火山"[148]。他也喜欢看媒体对他的吹捧：这是一个多么好的文案策划人。[149] 当奥格威步入五十多岁时，他逐渐对广告业失去了兴趣。他购买了一个农场，在 1967 年买下了一座法国城堡。他表示："我对工作产生了一种厌恶感：报纸、不领情的客户、无休止的救火、虚伪的工作。"[150]

1964 年，奥美前身与伦敦母公司 Mather & Crowther 合并，成立了奥美（Ogilvy & Mather），奥格威担任董事长兼首席执行官。（奥格威兄弟弗朗西斯是 Mather & Crowther 的主席，在合并前八个月去世。）通过合并，新组织的总营业额达到 1.3 亿美元，成为全球十大广告机构之一。

## 第六章 创意革命

李奥·贝纳已经是大本营中的一员，之后又合并了50年代的两家创意公司，成为广告业的佼佼者。贝纳、奥格威和伯恩巴克，这三位创意人士长期以来互相欣赏。（尽管奥格威对伯恩巴克在广告中使用幽默和短文的方式有些保留意见。）贝纳告诉奥格威："在我的值得保存的广告里面，有一半是你和伯恩巴克的广告。如果我还年轻的话，我想我可能会成立自己的公司。"[151] 这三人在业界也得到了创意同行们的尊重。1961年，文案人员名人堂在纽约成立，前四名入选者是贝纳、乔治·格里宾、奥格威和伯恩巴克。

20世纪60年代中期，随着广告历史周期的再次转向，三个人的影响力从创意领域辐射至整个广告行业。1965年，衍生于这三大广告公司的创意革命来临了。在贝纳那里，广告是温和、幽默、可信度高的，但同时也是反研究潮流的。在奥格威那里，广告有一种文明的智慧，是向上的优雅，而不是俯视观众的冰冷文案，但也有着哈撒韦、史威士兰和劳斯莱斯的视觉风格。在伯恩巴克那里，广告是艺术和文案的创造性结合，是一种坦率的表达，但也意味着更松散的管理风格。从这三点而言，可以看出"人"是创意中最重要的因素。随着创意成为一种时尚，这三家公司的员工也有了更高的职业跳板。有胆识的人会选择创办自己的创意工作室，由此，广告业进入了新一轮的机构创建期。一夜之间，小型创意公司如昙花般涌现。菲利斯·罗宾逊说："我感觉自己像个老奶奶，到处都是我的后代。"[152]

1960年，弗雷德·帕普特（Fred Papert）说服DDB的科尼格和乔治·路易斯（George Lois）成立了自己的广告机构，这是热门创意工作室的前身。在DDB的一年，路易斯因三项广告策划赢得了艺术奖项。路易斯是个纽约街头小子，热爱篮球，性格反叛。（伯恩巴克曾告诉他："乔治，你唯一的问题，就是思想太俗。"[153]）他在布朗克斯的金斯桥区长大，出身于爱尔兰社区的一个希腊家庭，住在一栋三楼的公寓里，那里充满了熏香和希腊菜的味道。在普拉特艺术学院

乔治·路易斯

学习两年后,路易斯开始从事广告业。伯恩巴克是他的导师,路易斯说:"伯恩巴克彻底改变了广告业的字母表,是一个敏感的老师和大胆的领导者,他对我的生活产生了影响,教会我要保留尊重和爱。"[154]

PKL(Papert, Koenig, Lois)公司组建了一个微型的 DDB:只有艺术和文案团队,没有策划委员会,很少开会,也不太尊重研究等辅助服务,在这里广告就是最重要的。路易斯在大厅里就可以开会。他说:"你和对方见面,通过沟通就解决了,根本不需要开会或写备忘录。"[155] PKL 的广告也反映了 DDB 的风格。比如,科尼格和路易斯制作的伏特加广告表现为:一颗西红柿被一瓶伏特加酒求婚。伏特加说:"你是个不错的西红柿。我们可以一起做一些漂亮的血腥玛丽酒。"一周后,伏特加酒接近了一个橙子,对橙子说:"你这个可爱的娃娃,我欣赏你。我很有品味。我会让你出名的。吻我!"橙子反问道:"上周和你在一起的那个西红柿是谁?"除此之外,为了证明操作施乐复印机有多简单，PKL 电视广告呈现了一只黑猩猩在复印的画面。

1962 年，PKL 的营业额高达 1700 万美元，并通过出售股票获得了上市。这一举动打破了广告业是个人服务业务的传统观点。路易斯说："公共所有制（public ownership）概念让我们可以与任何公司相提并论，企业形象也不再是用花言巧语来赚钱的蒙混者。"[156] 不过这遭到了老一辈人的反对，费尔法克斯·科恩警告说："我不想成为一个对股东负有主要义务的机构的一员。"[157] 但上市是大势所趋。十六个月后，博达大桥广告公司上市；1964 年，DDB 上市（戴恩说："如果这是吸引和留住优秀人才的方法，你就这么做。"[158]）；1965 年，精信上市；1966 年，奥美上市；1969 年，智威汤逊上市。上市广告公司也远不止于此。总体而言，公共所有制让现金流具有了多样化用途，除了投资之外，还能让公司的管理体系受到股东的严格监督。

除了 DDB 和奥美，KPL 是 20 世纪 40 年代末以来第一家真正成功的创意机构。1964 年，KPL 营业额高达 3000 万美元，股价从每股 6 美元涨到 12 美元。强硬的路易斯为公司发展定下了基调。路易斯说："我做决定的依据在于如何能提高客户的销售额，而非客户自己的喜好。"[159] 在麦迪逊大道的这趟浑水里，人们经常会讨论 PKL 的故事，比如员工打架、在客户地毯上撒尿等。一位文案策划人后来起诉了 KPL，控诉 KPL 的身体暴力气氛让他无法工作。

一些模仿 KPL 的新公司也纷纷涌现。1962 年，卡尔·阿奈（Carl Ally）离开 PKL，以 100 万美元的客户沃尔沃（Volvo）为起点，开展了自己的业务。根据《广告时代》报道，阿奈拥有"专业驯兽师的谦逊"[160]。他接手了被阿维斯围困的赫兹公司，并打破了传统行业对比较式广告的禁忌。在宣传阿维斯的过程中，DDB 间接地提到了竞争对手。而由吉姆·杜菲（Jim Durfee）和阿米尔·加加诺（Amil Gargano）联合制作的广告更为直接：多年来，阿维斯一直在告诉你赫兹是第一。现在我们要告诉你为什么。如果你从事汽车租赁业务，而你是第二名，这意味着你只能提供一半的汽车数量，服务的地点大约只有一半，而且处理事务的人员较少，那么你会在你的广告中怎么说？对，你只能说你的烟灰缸更干净。在阿维斯广告的冲击下，赫兹的市场份额从55%下降到45%，六个月后，阿奈的广告宣传让赫兹恢复到50%。

广告越来越大胆，越来越亵渎神明：自由女神为泰龙（Talon）拉链做模特；前任瑞典小姐古尼拉·克努森（Gunilla Knutson）说着"脱去一切！"在电视上为剃须膏做广告，背景音乐是脱衣舞曲。腹地也有消息传来。在洛杉矶，斯坦·弗雷伯格（Stan Freberg）为太平洋航空公司和春秋航空制作了有趣的广告。珍妮特·玛丽·卡尔森（Janet Marie Carlson）穿着暴露的科尔（Cole）泳衣。在旧金山，霍华德·戈萨奇（Howard Gossage）的广告公司为罗孚汽车（Rover cars）、塞拉俱乐部（Sierra Club）和贝多芬套头衫撰写了精心制作的文案，将马歇尔·麦克卢汉（Marshall McLuhan）理论赋予更多美国色彩。科恩向李奥·贝纳坦言：这一行真的疯了。[161]

1965年，有一则广告笑话：[162]
不同广告公司的接待员是这样接电话的——
"你好达彼思，你好达彼思。"
"DDB，guten Morgen（早上好），我们能为您做什么？"
"PKL，去你的！"

随着周期的转变，20世纪50年代的两个主要广告人发现自己在

新时尚里并不合时宜。

早期大热广告公司达彼思，在新的十年里举步维艰。达彼思最好的广告主，如高露洁牙膏、卡特小肝丸等产品的销售情况很不理想。贝茨总结道："我认为主要问题在于创意，这需要一些老瑞夫斯的天才能完成。"[163] 1961 年末，瑞夫斯辞去达彼思首席执行官的行政工作，做回了全职文案策划人。观察家们很快注意到达彼思的广告有了更高的调子。[164] 然而，1962 年达彼思收入还是减少了 420 万美元，总金额下降到 1.458 亿美元。

面对危机，骄傲的瑞夫斯始终致力于他的 USP 理论。他宣称："暂时的流行趋势不会改变根本性原则。"[165] 他半开玩笑地威胁说，如果达彼思公司有作品获得了创意奖，他就会解雇他们。1965 年，在他进入文案人员名人堂的时候，他建议设立一个推动产品销售的广告奖项。他指出："文案人员很容易忽视我们的一个目标，那就是销售。"[166] 不过，按照他自己的标准，正在挣扎的达彼思在那一年只增加了 150 万美元的收入。1966 年 1 月，达彼思失去了价值 850 万美元的客户——美孚公司。而美孚的新合作对象 DDB 正是瑞夫斯不屑一顾的创意革命象征。一个月后，瑞夫斯辞职，令业界震惊，他说他一直想在五十五岁时退休，希望能找到安宁。

瑞夫斯离开后，达彼思的变化显而易见。比如 Playtex 腰带广告：一个穿着紧身黑色晚礼服的女人在城市街道上遛着她的黑豹，播音员说"驯服你的身材"（Tames your figure like nothing else）。接替瑞夫斯担任创意总监的杰里米·古里（Jeremy Gury）为了克服僵化的体系，将新达彼思定义为"一个商人的创意机构"[167]：以同情和理解的方式提出销售观点，让人们参与其中。达彼思的文案主管表示："世界已经变了，我们不再需要用锤子一样的方式来吸引注意，我们只需要逗人们开心就好。"为了改善达彼思的创意名声，达彼思曾短暂聘用过杰里·德拉·费米纳（Jerry Della Femina），一位颇有名气、好争辩的年轻撰稿人。

如果达彼思重新思考创意的话,那么埃培智就要重新考虑巨头主义。20世纪60年代初,马里昂·哈珀以每月超过一家的收购速度兼并国内外广告公司。通过收购,埃培智的进账超过了350万美元,超越智威汤逊跃居第一。但这是通过购买实现的增长,而不是新客户。哈珀的横向联营体系让埃培智旗下的不同部门有可能为竞争产品工作,这让广告客户对组织内部泄密问题感到担忧。埃培智先后接手了艾尔高钙奶粉品牌Carnation和雀巢。雀巢公司的一位员工说:"规模大是一种邪恶,它让十年前温暖亲密的关系变得紧张起来。"[168] 一年后,美国大陆航空公司也退出了麦肯,理由是埃培智的客户布兰尼夫国际航空公司(Braniff)可能会带来竞争。埃培智对新的创意趋势做出了回应。哈珀从DDB聘请了马文·科文(Marvin Corwin)担任主管,麦肯则向李奥·贝纳请示,让一只老虎担任埃索公司的销售员。问题不断涌现,联营系统开销巨大。埃培智在1966年勉强实现了收支平衡;1967年,埃培智出现了300万美元的赤字,并违反了与两家纽约银行的协议。

面临批评的哈珀说:"我们没办法支持那些有小想法或小梦想的人。"[169] 埃培智的五架飞机被称为哈珀空军,其中一架是为老板准备的DC-7飞机,配备了法国高级家具。哈珀的套房拥有一张特大号床、私人图书馆和一个下沉式浴缸。在与第一任妻子离婚后,哈珀于1963年与负责埃培智巴黎时尚分支机构的女士结婚。[170](《广告时代》称这是埃培智本周的合并。)他们周五在迈阿密结婚,周末在波多黎各度蜜月,周一就回到了各自的办公桌前。

鼎盛时期,哈珀的帝国包括24个部门、8300名员工和7.11亿美元的全球营业额,并力图实现10亿美元大关。哈珀亲力亲为,下达所有重大决策,但公司发展完全超出了监管范围。哈珀被自己的创造所吞噬,最终与现实脱节。他隐瞒了自己对数据处理公司John Felix

Associates 的所有权,[171] 而埃培智和该公司都否认了有关传闻。

1967 年,哈珀请前合伙人罗伯特·希利(Robert Healy)出山,以解决财务危机。希利从大通曼哈顿银行(Chase Manhattan)谈成了一笔 1020 万美元的救命贷款,但银行附加了一个条件,哈珀必须离开。11 月,董事会召开了一次关于哈珀去留的会议,哈珀缺席回避,其他人则都投票反对他。埃培智的人事说:"我们认为他确实是个天才,但他有一个明显的弱点,对人缺乏了解。"[172] 另一位人事说:"我们不是通用汽车,适合通用汽车的那种结构概念,利润率虽然很高,潜力无限,但不一定适合我们。"[173] 希利开始拆解这个帝国。两个月内,超过九百名员工被解雇,二十四个部门变成了五个,区域办事处被赋予了更多自主权。麦肯·艾瑞克森公司分解成非专业化功能的协作机构。埃培智开始盈利了。当希利逐步扭转局面时,他的方法再次重复了创意革命的组织形式:回到小单位。

(哈珀的传奇故事走向也越来越离奇。1970 年,他与 DDB 的罗恩·罗森菲尔德、伦·斯洛维茨一起创办了一家创意精品广告公司。五个月后,合伙人解雇了他,因为他难以接近和专制。美国国税局声称哈珀欠了超过 50 万美元的税;哈珀还欠一项投资计划 100 万美元。[174] 1973 年,在两个执法机构的追捕下,他消失了。多年来,纽约律师和哈珀在伦敦的妻子都没有他的消息。1979 年,《广告时代》一名记者前往俄克拉荷马城采访他的母亲。[175] 当哈珀走进来时,记者正坐在起居室里。哈珀说他破产了,就住在附近。)

在这场创意革命中,玛丽·韦尔斯(Mary Wells)是赚得最多的人。她在 DDB 学习过文案策划,在埃培智学习过管理,是广告史上最富有、最著名的女性。1929 年,玛丽·韦尔斯出生在俄亥俄州的扬斯敦。十八岁时，她第一次来到纽约。在嫁给后来于奥美担任艺术总监的伯特·韦尔斯（Bert Wells）后，韦尔斯开始为梅西百货撰写零售广告。她在 DDB 工作了七年，之后晋升为副文案长和新产品发展部主管。谈到那段时期时，她说："这是一种奇妙的教育，[176] 每个人都只关心广告多有效，没有人喝酒，有抱负的小说家也没有躲起来，除了工作，没有人做别的事情。"[177] 韦尔斯有一双棕色大眼睛，留着棕色短发，漂亮又时尚。她为法国旅游局（"巴斯克人和他的贝雷帽永不分离"[178]）和华纳腰带（"穿上舒适的衣服，让你的腰围减少两英寸"[179]）撰写的文案吸引了人们的注意。乔治·路易斯回忆说："她像一只天鹅一样在工作和客户之间穿梭，玛丽永远不会待在作家的塔楼上长皱纹。"[180]

1963 年，哈珀付给她 6 万美元的薪水，希望她加入杰克·汀克合伙人公司（Jack Tinker Partners），以推动汀克公司实现创意转型。在玛丽的监督下，迪克·里奇（Dick Rich）和斯图尔特·格林（Stewart Greene）为拜耳泡腾片（Alka-Seltzer）做了一个著名的宣传活动。广告主题如下：不管什么形状，你的胃在里面（No matter what shape your stomach's in）。电视广告词由作曲家萨沙·伯兰创作，广告场景由后来成为好莱坞电影摄影师的霍华德·齐夫（Howard Zieff）拍摄。这首广告歌曲成为热门曲目，在公告牌排行榜上名列十三。在航空公司布兰尼夫的广告设计上，韦尔斯让空姐穿上 Pucci 的服装，将飞机涂成粉红色。看过这一广告的格林说："我还以为那是加拿大的一个小镇。"[181] 玛丽·韦尔斯是创意的新星，正如她自己所说，她是从蛋糕上跳下来的金发女孩。[182] 汀克心脏病发作后，韦尔斯希望能接替他成为总裁。哈珀欣然同意，但另外两名合伙人梅隆·麦克唐纳（Myron MacDonald）和赫塔·赫尔佐格以辞职相威胁，不想在她手下工作。[183] 最终，麦克唐纳当上公司总裁。

几个月后，韦尔斯、里奇、格林带着客户布兰妮夫 600 万美元的业务离开了汀克公司,开始创立自己的广告公司 WRG。韦尔斯的目标是建立一个"历史上最赚钱的广告代理公司,同时员工人数要尽可能少"[184]。该公司的广告媒体主要以电视为主。在埃培智的启示下,韦尔斯计划 WRG 只在需要时购买必要的外围代理服务。在创意方面,WRG 创意部门的薪资水平是大多数广告公司的两倍。韦尔斯对创意员工们施加了很大的压力,是他们的绝对领导者。一位同事说:"她也曾在争论中败下阵来,但这种情况很少,除非遇到了很大的压力。"[185] 在创意理论方面,她遵守了伯恩巴克的传统方式。相较于年轻的新兵们,韦尔斯希望招聘有经验的广告人才。在韦尔斯的经营下,WRG 规模虽然不大,但利润率极高,员工数量和收入比也很惊人。

WRG 为拜耳泡腾片制作了一则幽默的电视广告,其中反复出现的广告标语是:真不敢相信,我竟然把东西全吃了;试试吧,你会喜欢它的。这则广告由负责艺术的霍华德·科恩和负责文案的鲍勃·帕斯夸里纳制作,并以真正的创意革命方式将这一广告理念推广至公司上下。这些广告语被广泛引用和模仿。1972 年,乔治·麦戈文(George McGovern)在接受民主党总统候选人提名时说:"真不敢相信,我赢得了整件事情。"韦尔斯表示,这些广告片之所以成功,是因为它们展示了真实的人的状态:"我们自己是普通消费者,但我们也是人,我们使用泡腾片,就像广告中的人一样说话,所以我们能想起在相似情境中的反应。"[186]

为了介绍长达一百毫米的金边臣(Benson & Hedges)香烟,迪克·里奇写了一系列电视广告文案:可以点破气球,烧毁报纸,被电梯门夹住,点燃别人的胡须。正如里奇所说,他想要一个具有 DDB 感觉的达彼思广告:"我们要一遍一遍地重复它们比特大号香烟还要长,这也是我们公司的特点。与其他硬性销售风格不同,我们更具有戏剧性,但同时也与纯粹的创意机构不一样,我们的销售主张要比他们更强硬。"[187] 在图片和文案的包装下,这一广告宣传将产品销售量从 1966 年的 16 亿件提升至四年后的 144 亿件。

在 WRG，玛丽·韦尔斯让人惊叹不已。1969 年，已经四十岁的她仍然具有高级时装模特儿的风采。她就像《时尚》杂志里的女孩一样，喜欢奇妙、漂亮的措辞。在一屋子男人的客户推介会上，她还没开口，就已征服了所有人。在公司，她对商业政治有着马基雅维利式的掌控。1969 年，她与迪克·里奇发生争吵，里奇离开后，韦尔斯成为广告业收入最高的主管，年薪 25 万美元。她和第二任丈夫哈丁·劳伦斯（Harding Lawrence，Braniff 的负责人）过着奢华的日子，夫妻俩在达拉斯、亚利桑那、阿卡普尔科、曼哈顿东区和法国里维埃拉等地，四处游玩。（婚后不久，她放弃了 1000 万美元的布兰妮夫业务，接受了环球航空 1460 万美元的业务。）

她说："我们是今天这个时代的广告公司。"[188] 仅仅五年时间，WRG 营收达到了 1 亿美元，创下了广告史上增长速度最快的纪录。1969 年，作为名人堂里最年轻的文案策划人，韦尔斯曾表示："我的身体非常健康，而且我的能量你们还没有完全感受到，所以请勿小视。"[189]

20 世纪 60 年代后期，广告业内外部力量催生了创意革命。在企业内部的驱动下，创意革命与外部青年运动交汇了。这二者的共同点在于：缺乏历史记忆、蔑视权威、以视觉为导向、临时制定规则。前文案策划人爱德华·汉尼拔（Edward Hannibal）在一本广告小说中宣称："就像嬉皮士、孩子和黑人开始与国家对抗一样，广告业摇醒了所有的老家伙，让他们怀疑自己。"[190] 战后的婴儿潮们逐渐长大成熟，离开了不安定的校园，在麦迪逊大道上寻找工作。他们是在电影和电视中长大的第一代广告人，并希望用创意服务更大的社会革命。

诗人希斯曼（L. E. Sissman）指出："他们是视觉上的思考者，但大部分是不读书的。由于缺乏传统的文化根基，他们的潮流意识极强，并极度渴望与潮流同步。"[191]

广告人的发型和衣服也是独特的视觉存在。在DDB，戴恩散发了一份备忘录，倡议修剪毛发，不走寻常路可以采取比奇装异服更有创意的方式。伯恩巴克以一种宽容的态度做了退让，他说："我们公司是有一些外表怪异的员工，但如果他们能做这份工作，我们就雇用他们。"[192] 在其他广告公司，似乎为了证明公司多么大胆和前卫，客户会被带去参观创意部门，看看员工们的迷你裙、牛仔裤，闻闻熏香和其他刻意的气味。德雷珀·丹尼尔斯说："很明显，粉色衬衫比白色衬衫更有创意，佩斯利印花衬衫比粉色衬衫更有创意。一件牛仔衬衫或者不穿衬衫是创意的极致。珠子或吊坠肯定是接近于天才的标志。"[193]

这些令人困惑的反应，连同坚定的狂热，再次揭示了广告是美国风俗的一面镜子，而不是创造者。创意革命和青年革命的钟摆都到了极限。1968年前七个月，近百家新广告公司成立，但大多数又很快消失了。各种创意奖泛滥成灾，以至于失去了任何意义。罗恩·罗森菲尔德和伦·斯洛维茨每人都可以宣称获得一百多个奖项，李奥·贝纳退出了创意比赛，而更愿意将参赛资金投入到培训项目中。1969年8月，当《新闻周刊》（Newsweek）把创意革命作为封面时，这已经是一个陈旧的新闻。[194]

随着这十年的结束，伯恩巴克和瑞夫斯发现他们无法达成一致。伯恩巴克说："我担心每个人为了不同而不同。年轻人进来后，误以为门面工夫就是真的创意。"[195] 瑞夫斯断言："在20世纪70年代，我预测广告自恋者将会苏醒，大企业将回到不变的广告法则，即广告公司必须使产品有趣，而不仅仅是广告本身。"[196]

# 注释

1. *AA*, July 1, 1963.

2. *A&S*, September 1949.

3. *AA*, September 4, 1961.

4. *AA*, November 7, 1955.

5. Cliff Knoble, *Call to Market* (1963), p. 297.

6. *AA*, April 12, 1965; and see *PI*, October 16, 1964.

7. *AA*, April 12, 1965.

8. Ibid.

9. *PI*, January 1, 1954.

10. *PI*, May 14, 1936.

11. Draper Daniels, *Giants, Pigmies, and Other Advertising People* (1974), p. 220.

12. *AA*, October 17, 1955.

13. *A&S*, September 1950.

14. *AA*, February 8, 1982.

15. *AA*, November 7, 1955.

16. *PI*, September 5, 1958.

17. *AA*, March 5, 1973.

18. *AA*, August 7, 1950.

19. *AA*, March 5, 1973.

20. *AA*, May 22, 1961.

21. *AA*, November 7, 1955.

22. *A&S*, September 1949.

23. *AA*, October 27, 1969.

24. Daniels, op. cit., p. 198.

25. *AA*, April 17, 1961.

26. *AA*, February 18, 1963; April 12, 1965; October 16, 1961.

27. *AA*, October 23, 1967.

第六章 创意革命

28. *PI,* September 26, 1952.

29. *AA,* March 15, 1976.

30. Rosser Reeves to Henry Robbins, November 4, 1960, RP.

31. *Flagbearer*, March 20, 1964, OP.

32. Spencer Klaw in *Fortune*, April 1965.

33. David Ogilvy to Mary Ogilvy, July 9, 1956, OP.

34. *Ladies' Home Journal,* December 1966.

35. Ogilvy to Alexander Woollcott, August 18, 1938, Woollcott Papers.

36. *AA,* March 15, 1976.

37. F. B. Bate to John F. Royal, January 17, 1938, file 63-16, NBCP.

38. Royal to Bate, January 31, 1938, file 63-16, NBGP.

39. Ruth Gordon, *Myself Among Others* (1971), p. 7.

40. Thomas Whiteside in *Harper's*, May 1955.

41. Ogilvy to Leo Burnett, July 27, 1964, RP.

42. *AA,* March 15, 1965.

43. Ogilvy to Alexander Woollcott, May 26, 1942, Woollcott Papers.

44. Ogilvy to Alexander Woollcott, September 14, 1942, Woollcott Papers.

45. David Ogilvy, Blood, *Brains&Beer* (1978), p. 124.

46. *A&S,* February 1947.

47. Ogilvy to Rosser Reeves, July 22, 1947, RP.

48. Ogilvy to Paul K. Randall, June 7, 1948, OP.

49. Ogilvy to Vincent DeGiacomo, March 5, 1951, OP.

50. Ogilvy to Lawrence S. Kubie, January 26, 1953, OP.

51. Ogilvy to Ellerton M. Jette, May 17, 1951, OP.

52. Ogilvy to Roald Dahl, July 27, 1964, OP.

53. Raymond Bowen to Ellerton M. Jette, April 17, 1952, OP.

54. Ogilvy to Raymond Rubicam, September 4, 1952, OP.

55. Ogilvy to Rubicam, April 1, 1954, OP.

56. *AA*, February 23, 1953.

57. *AA*, November 14, 1955.

58. *AA*, September 8, 1952.

59. *AA,* September 22, 1952.

60. Ogilvy to Rosser Reeves, September 24, 1952, OP.

61. Ogilvy to Reeves, April 12, 1954, RP.

62. Ogilvy to Victor Schwab, January 3, 1956, OP.

63. Ogilvy to Francis Ogilvy, March 7, 1952, OP.

64. Ogilvy memo, May 20, 1953, OP.

65. F. C. Hooper to Ogilvy, February 24, 1953, OP.

66. Ogilvy to F. C. Hooper, July 2, 1953, OP. 233.

67. *PI,* November 20, 1953.

68. *Television Magazine,* November 25, 1958.

69. Klaw, op. cit.

70. *AA,* October 22, 1962.

71. *AA,* May 13, 1957.

72. *AA,* February 10, 1975.

73. Ogilvy to Ray Calt, April 19, 1955, OP.

74. *AA,* October 22, 1962.

75. Ogilvy to Ray Calt, April 19, 1955, OP.

76. Ogilvy to Kythe Hendy, July 3, 1955, OP.

77. *AA,* January 4, 1960.

78. *AA,* February 16, 1953.

79. Ogilvy to George H. Smith, September 16, 1955, OP.

80. Ogilvy to Roald Dahl, November 9, 1953, OP.

81. Ogilvy to Ernest A. Jones, April 10, 1956, OP.

82. *PI,* November 20, 1953.

83. *AA,* April 8, 1963.

84. Ogilvy to Esty Stowell et al., December 2, 1957, OP.

85. *Vanity Fair,* March 1933.

86. Ogilvy to Charles Brower, August 21, 1958, OP.

87. Ogilvy to Maurice A. Needham, May 22, 1958, OP.

88. Ogilvy to William Tyler, January 23, 1956, OP.

89. *Television Magazine,* November 25, 1958.

90. Ogilvy to S. H. Britt, February 1, 1960, RP.

91. Ogilvy to Rosser Reeves, August 22, 1960, OP.

92. Reeves to H. A. Dingwall, Jr., November 13, 1958, RP.

93. Ogilvy to Richard Heath, December 6, 1954, OP.

94. *PI,* November 20, 1953.

95. *DDB News*, June 1, 1969.

96. *Madison Avenue,* August 1959.

97. *AA,* July 15, 1968.

98. *DDB News*, June 1974.

99. *Communication Arts Magazine,* January 1971.

100. *AA,* July 10, 1967.

101. *AA,* February 1, 1960.

102. *AA,* August 2, 1954.

103. Mel Gussow in *New York*, October 10, 1965.

104. *DDB News*, June 1974.

105. *Madison Avenue*, April 1971.

106. *PI,* July 31, 1959.

107. *AA*, March 25, 1963.

108. *AA*, April 5, 1965.

109. Communication Arts Magazine, January 1971.

110. *DDB News*, June 1974.

111. *Marketing/Communications*, May 1969.

112. *PI,* July 23, 1965.

113. *AA*, May 4, 1964.

114. *Dun's Review*, July 1964.

115. *PI*, January 2, 1953.

116. *PI*, March 29, 1957.

117. *AA*, June 26, 1961.

118. *AA*, July 5, 1971.

119. *AA*, November 8, 1965.

120. *AA*, May 4, 1964.

121. *AA*, November 19, 1962.

122. *Marketing/Communications*, May 1969.

123. *AA*, October 20, 1958.

124. *AA*, November 1, 1965.

125. *DDB News*, June 1974.

126. *AA*, August 14, 1961.

127. *AA*, January 16, 1978.

128. Robert Glatzer, *The New Advertising* (1970), p. 38.

129. *DDB News*, June 1, 1969.

130. *AA*, August 2, 1954.

131. *AA*, July 25, 1977.

132. *AA*, March 15, 1965.

133. *AA*, August 15, 1960.

134. *AA*, October 14, 1968.

135. *AA*, October 14, 1968: next two quotations from ibid.

136. *DDB News*, June 1979.

137. *AA*, June 14, 1965.

138. *AA*, April 19, 1976; and see AA, April 30, 1980

139. *AA*, October 14, 1968.

140. *AA*, November 22, 1965.

141. *PI*, May 3, 1963.

142. *AA*, August 7, 1967.

143. *AA*, November 8, 1976.

144. *AA*, November 21, 1960.

145. Ogilvy to David McCall, August 23, 1962, OP.

146. David Ogilvy, *Confessions of an Advertising Man* (1963), p. 111, 114.

147. Rubicam to Ogilvy, October 10, 1963, OP.

148. *AA*, February 3, 1964.

149. *AA*, March 15, 1965.

150. Ogiivy to George Gribbin, April 6, 1964, OP.

151. Leo Burnett to Ogilvy, April 29, 1963, OP.

第六章　创意革命

152. *AA,* July 15, 1968.

153. Lois, op. cit., p. 64.

154. Ibid., p. 65.

155. *AA*, March 4, 1963.

156. *AA*, June 1, 1964.

157. Lois, op. cit., p. 119.

158. *AA*, July 27, 1964.

159. *PI,* May 3, 1963.

160. *AA*, September 28, 1964.

161. Fairfax Cone to Leo Burnett, June 7, 1966, Cone Papers.

162. Della Femina, *Pearl Harbor*, pp. 143-44.

163. Ted Bates to Wiiliam Kearns, February 7, 1961, RP.

164. *PI,* April 20, 1962, and *AA*, August 20, 1962.

165. Rosser Reeves to Julian V. Pace, May 16, 1966, RP.

166. *AA*, April 12, 1965.

167. *AA*, November 20, 1967.

168. *AA,* July 6, 1964.

169. *AA*, April 15, 1963.

170. *AA*, November 18, 1963.

171. *AA*, January 15, 1968.

172. *AA*, February 12, 1968.

173. *Business Week*, December 2, 1967.

174. *AA,* September 17, 1979.

175. *AA*, September 3, 1979.

176. *AA*, April 5, 1971.

177. Philip Siekman in *Fortune*, August 1966.

178. *AA*, August 13, 1962.

179. *AA*, June 11, 1962.

180. Lois, op. cit., pp. 60-1.

181. *AA,* January 27, 1969.

182. *AA,* April 17, 1967.

183. *AA*, April 7, 1969.

184. *AA*, April 18, 1966.

185. *AA*, July 1, 1968.

186. Hank Seiden, *Advertising* (1976), p. 51.

187. *AA*, July 1, 1968.

188. *Newsweek*, October 3, 1966.

189. *AA*, June 2, 1969.

190. Edward Hannibal, *Chocolate Days, Popsicle Weeks* (1970), p. 162.

191. *Atlantic*, July 1971.

192. *AA*, September 29, 1969.

193. Ibid.

194. *Newsweek*, August 18, 1969.

195. *AA*, September 29, 1969.

196. *AA*, January 19, 1970.

第七章

# 真正的改革：镜子里的新镜像

不到十年时间，创意革命在麦迪逊大道风起云涌，然后飞速发展，直到不可避免地循环消失。广告时尚转瞬即逝，但也永久改变了广告业。与此同时，外部事件也让麦迪逊大道由来已久的某些问题首次浮出水面，并引起了人们的关注。

在20世纪20年代的鼎盛时期，广告是塑造美国文化和习俗的主要独立力量。随着社会的普遍繁荣，新产品不断泛滥，消费者顺从于潮流，政府让道于资本，麦迪逊大道也能毫无阻碍地出售其物质主义愿景。可以说，自20世纪20年代以来，随着所有趋势都朝不利的方向发展，广告对美国文化的回应也多于对它的塑造。广告更多地扮演着镜子的角色，而不是思想家。

1960年代，这种角色扮演似乎尤为明显。席卷麦迪逊大道的改革浪潮，其推动力除了企业内部创意革命之外，更多的来自整个社会。声称预示和指导社会变革的广告，实际上落后于社会的一般进程。作为美国人的一面镜子，广告业仍然保持着稳定，并伴随着常规的周期性调整。真正变化的是美国社会和文化，是镜子前面的物体，由此镜子里的形象也才随之发生转移。应该说，广告从未完全跟上美国的社会进程。

首先也最持久的是，创意革命意味着一场种族革命。盎格鲁-撒克逊人的文化霸权地位在经受了数十年的小规模侵蚀后终于土崩瓦解。麦迪逊大道也步入了这一后尘。

回到世纪之交的早期岁月，在广告业成为大型行业之前，业内未形成大型行业的种族结构,因此身为犹太人的阿尔伯特·拉斯克可升至公司的统治者地位。在拉斯克的 L&T 公司,最有名的文案策划人仍然是非犹太人,如约翰·肯尼迪、霍普金斯和赫默特。渐渐地,拉斯克在 L&T 公司的最高管理职位上安插了犹太人:他的儿子爱德华、谢尔顿·库斯、大卫·诺伊斯、威廉·萨克斯。这些名字在业界虽不太出名,但在该公司掌握着更多实权。在他们的办公室外,爱尔兰秘书坐成了一排[1]:汉尼根、霍里根、凯里根、菲尼根和穆罗尼。到了 20 世纪 30 年代,唐·弗朗西斯科是 L & T 管理委员会中唯一的非犹太人。拉斯克本人也会为了犹太人的利益发挥广告力量。1942 年,《周六晚邮报》刊登了一篇题为"反对犹太人案例"的文章后,拉斯克宣称要撤销和该报的广告合同。最后,该报撤稿,并为之道歉。[2]

其他一些广告公司也被称为犹太商店,即使(如 L&T)这些机构没有犹太人的名字。1917 年,劳伦斯·瓦伦斯坦(Lawrence Valenstein)在纽约开设了一家艺术工作室,实现广告业务转型后,他将其命名为精信广告公司。起初,精信专为百货公司制定月度销售计划。而这些百货公司的零售基地正是犹太人在纽约的据点。通过与零售客户们的合作,瓦伦斯坦和同事们获得了女性杂志《好管家》(*Good Housekeeping*)以及高露洁 Mennen 品牌的广告代理,最终促使精信成为一家全方位的广告代理商。

但这些都是例外。从 20 世纪 20 年代到 50 年代,像智威汤逊、BBDO、扬罗必凯、艾尔和麦肯这样的主要广告公司都被称为 WASP[①] 保护区。这些公司的创意部门有一些犹太人,但在管理层几乎没有。20 世纪 40 年代初,查尔斯·费尔德曼(Charles Feldman)和非犹太人乔治·格里宾被公认为扬罗必凯公司最好的文案策划人。丹尼尔斯回忆说:"由于查尔斯是犹太人,大家觉得格里宾会成为创

---

① 指盎格鲁-撒克逊新教徒裔的、富裕的、有广泛政治经济人脉的上流社会美国人。

## 第七章 真正的改革：镜子里的新镜像

意总监。"³ 事实上，创意总监也由格里宾担任。一些广告主，如四玫瑰威士忌的劳伦斯·琼斯（Lawrence Jones），坚持不让犹太人为他们工作。⁴ 同时，犹太广告人的地位也越来越低。当拉斯克在出清自己的 L&T 公司权益时，他把该公司交给了三个非犹太人。1950 年，精信广告公司在《广告时代》的最大公司名单中仅排名第二十八位。1956 年，由犹太人经营的最大广告公司 Biow 倒闭了。

这些年里，广告业在接纳犹太人担任高位和享有高知名度的职业意识方面滞后于其他相关领域。更确切地说，在拉斯克时代之后、20 世纪 60 年代之前，广告业中的犹太人无法与其他行业的犹太人相提并论：工业界的斯沃普和古根海姆、电影界的戈德温和梅尔、广播界的萨诺夫和佩利、零售界的金贝尔和斯特劳斯与布鲁明戴尔，以及报纸出版界的奥克斯、迈耶和希夫。这样看来，广告业的政治倾向很强，犹太人要想取得进展，只能被剥夺大部分自由。广告人要把商品提交给敏感的美国公众，而公众可能会根据最不理性的、最不相关的标准做出裁决，而种族就是分散公众注意力的最好方式。即使犹太人策划了广告，他们的目标受众仍然是神话中的美国中产阶级，这块土地由 WASP、白面包和老式价值观组成。

其他少数民族在麦迪逊大道上也遇到了类似问题。本·达菲和他的助手们在 BBDO 组成了一个非典型的爱尔兰天主教飞地。达彼思的汤姆·加内塞（Tom Garnese）、Lennen & Newell 公司的阿道夫、Biow-Beirn-Toigo 公司的约翰，是为数不多进入高层管理的意大利人。在这个时代，一名典型的广告主管一般都来自东北部的老牌常春藤联盟家庭。对于其他种族而言，广告主管的门只是勉强向他们虚掩着。

文案策划人乔治·帕内塔（George Panetta）是一名裁缝的儿子，在纽约市立学院读了两年大学。他与当时流行的种族态度抗争了十几年，最终思想呈现在 1957 年出版的小说《麦迪逊大道万岁！》（*Viva*

*Madison Avenue!* )中。这是一部以广告界为背景的漫画小说。书中言：在"伟大的广告人盎格鲁－撒克逊人的街道"[5]上，小说的叙事者卡普托和他的同伴卡鲁索是这家WASP公司仅有的民主党人和"真正的"意大利人。这家广告公司里的其他两位意大利裔，一位只在面对卡普托和卡鲁索时表现出意大利血统，另一位告诉人们他有部分印第安血统，并希望爬升至副总裁职位。在卡普托和卡鲁索看来，占主导地位的盎格鲁－撒克逊人相当奇怪。他们看起来像人类，但仔细观察，你就会知道他们的不同。他们走路头朝天，高高在上，关心的都是头条和金钱。他们身材高大，皮肤白皙，口齿伶俐，衣着得体。（"无论穿什么，我们看起来都像是刚下船的人。"）他们结婚只是为了繁衍子嗣。除了圣诞节，他们没有任何感情，只有在那时他们才会对意大利人微笑。如果圣诞节当天，有人死掉了，所有的盎格鲁－撒克逊人会参加守夜，并尽最大努力表示遗憾。小说结尾，因1956年的大选，卡普托和卡鲁索输给了盎格鲁－撒克逊人一大笔钱，他们沿着麦迪逊大道走回家，感觉自己更渺小了。最后两人说："我们还没有渺小到要放弃的地步，盎格鲁－撒克逊人欠我们一些东西，我们虽不知道它是什么，但它是一个大东西——美国，也许我们很害怕，但决心要得到它。"[6]（帕内塔很快就退出了这个行业，专职写小说和剧本。）

DDB首次真正打破了WASP的自满情绪。[7]DDB脱胎于精信，是一个犹太机构。伯恩巴克和早期大部分创意人员都是犹太人。它最著名的早期客户——奥尔巴赫、列维、以色列航空公司也都是犹太客户。DDB的氛围不像常春藤联盟和格林威治村，更像是一个艺术学生联盟或第七大道的服装区。DDB制作的广告在风格和态度上都具有毫不掩饰的、可识别的犹太人特征。奥尔巴赫、列维、以色列航空公司、大众汽车和阿维斯等广告都展现了小人物的真实心态：面对特权竞争者，用他们的智慧和幽默来抗争。这些有趣的广告也显示了犹

## 第七章 真正的改革：镜子里的新镜像

太广告人的自我嘲讽。正如科恩指出的那样，伯恩巴克起初只是被视为一个从夜总会搬来的单口相声演员，[8]但在大众汽车和阿维斯广告发布之后，DDB被业界刮目相看，它的广告风格也被非犹太人争相模仿。如果说盎格鲁－撒克逊人没有感情属实的话，那么广告就必须从其他种族那里获得更温暖、更友好、更坦率的表达。

美国社会终于做好了接受文化多样性的准备。1960年，一位爱尔兰天主教徒被选为美国总统，这就是约翰·肯尼迪。在小说界，主导美国小说几十年的南方人和无产者让位给犹太作家：贝娄、塞林格、梅勒、沃克、马拉穆德、辛格、罗斯等。随着民权运动的发声，黑人运动员在职业体育中扮演了更多的主角，黑人音乐和舞蹈吸引了白人青少年的注意。犹太评论家有了仲裁美国知识生活的权利，犹太人在纽约的影响力越来越大，就连常春藤联盟也有两位犹太校长。

犹太文案策划人和意大利艺术总监是创意革命的主体成员。作为麦迪逊大道的一面新镜像，他们根据自己的种族传统制作广告。这些种族传统行之有效，也受到了客户们的欢迎。伯恩巴克说："我发现赚钱可以克服所有偏见。我的创意团队有很多意大利人和犹太人，当企业看到他们所做的工作时，企业也需要他们。"[9] DDB的查尔斯·皮奇里罗（Charles Piccirillo）、B&B的吉恩·费德里科（Gene Federico）、PKL的萨姆·斯卡利（Sam Scali）、Ally的阿米尔·加加诺，以及WRG的斯坦·德拉戈蒂（Stan Dragoti）都是当时最著名的意大利艺术总监。1964年，一家摄影服务机构介绍了十六位意大利艺术总监，并宣布对有意大利血统的人给予特别折扣。[10]（在犹太艺术总监的抗议下，该摄影服务机构将折扣扩大到所有艺术总监。）意大利文案策划人杰里·德拉·费米纳说："在纽约市街道出生的意大利人、犹太人因为自己的出身而感到受伤，你买不到他们这种经验。今天，广告人如果生于波士顿郊区的富裕家庭，反倒是不体面的事情。"[11] 1966年，精信公司迅速跻身前十大广告公司之列，上半年的总收入增加了 4250 万美元。精信自豪地宣称,全国五大广告主中有四个是他们的客户。

与此同时,犹太人和意大利人也为广告业中其他种族清除了障碍,如希腊人乔治·路易斯、土耳其人卡尔·阿奈的冉冉升起。新来者可以是普拉特学院(Pratt)或纽约市立学院的毕业生,大学没毕业的人也可以从事广告,就像 DDB 的罗恩·罗森菲尔德。这些新来者和耶鲁毕业生并无二致。20 世纪 60 年代,一项调查发现,在五百名中等工资水平的广告人中,三分之一的人在纽约上过大学。[12] 一位专家说这个数字在二十年前只有 5%—10%。20 世纪 50 年代,犹太移民之子杰里·曼德(Jerry Mander)被纽约一家老牌广告公司辞退(他被告知:"你的头发有点自来卷,你也许可试试第七大道的工作"),现在他是旧金山霍华德·拉克·哥萨奇(Howard Luck Gossage)公司的后起之星。同样的趋势笼罩着纽约以外的广告领域。

1962 年,一个古巴人、一个黎巴嫩人和一个犹太人,其中最年长的是三十五岁,成立了 FMS(Ferro, Mogubgub and Schwartz)公司,主要从事电视广告业务。观察家评论:这是一个极其不寻常的名字,施瓦茨(Schwartz)。[13]

一则广告笑话:在马里昂·哈珀与埃培智的冒险高峰期,有传言称精信广告公司将与 BBDO 合并,组成 Interfaith Group。[14]

1961 年,在 AAAA 春季会议演讲中,伯恩巴克无意识地提及了种族革命的局限。他以黑人爵士乐手贝西伯爵(Count Basie)的故

## 第七章 真正的改革：镜子里的新镜像

事为例，以表明语言的模糊性问题。作为一位政治自由主义者和人道主义者，伯恩巴克对麦迪逊大道的种族多样性负有责任。如果连伯恩巴克都可以随便讲一个黑人方言的故事，那么整个行业呢？

应该说，广告业再次反映了当时既定的规范。从历史上看，黑人扮演了大多数白人所熟悉的广告角色：杰迈玛阿姨（Aunt Jemima），一个胖胖的、裹着襁褓的黑人奶妈；金尘双胞胎（Gold Dust twins），淘气的小皮卡尼；奶油麦片厨师；提供威士忌酒海勒姆·沃克（Hiram Walker）的管家。这些由白人制作的黑人广告，投射了白人对黑人的想象，是种族定型观念的延伸。在这一文化背景下，黑人开始创办自己的广告机构。如纽约的 David Sullivan（1943），底特律的 Fusche, Young &Powell（1943），以及芝加哥的 Vince Cullers（1956）。但这些广告机构只限于黑人媒体、黑人消费者乃至黑人产品。在主要的白人广告机构中，直到20世纪50年代，黑人仍然担任不了重要职务。

如果军队和职业棒球联赛能够逐步促进种族融合，或许麦迪逊大道也能实现这一目标。以现代民权运动萌芽为背景，一些广告公司如 BBDO 启动了由黑人组成的"特殊市场"部门，以向黑人群体销售产品。负责 BBDO 黑人部门的克拉伦斯·霍尔特（Clarence Holte）多年来一直推动行业其他成员效仿他的部门，致力于让麦迪逊大道成为一个"多元化和富有创造力的工作场所"[15]。罗伊·伊顿（Roy Eaton）是麦迪逊大道第一个备受瞩目的黑人。他是 CCNY 美国大学优等生荣誉学会（Phi Beta Kappa）的优等毕业生，获得耶鲁大学硕士学位。作为一名钢琴家，他曾在纽约市政厅演奏，并被《名人录》（Who's Who）收录。1955年，二十五岁的他被扬罗必凯聘用，从事电视广告工作。他是扬罗必凯公司的第一个黑人，也可能是美国广告公司史上第一个在重要广告机构担任创造性职能的黑人。伊顿接受过古典音乐训练，能编写和演奏白人音乐，因此他的工作范围不仅局限于黑人广告和黑人产品。后来，他在 B&B 公司长期担任音乐总监。

大多数渴望从事广告事业的黑人面临着"特殊市场"的陷阱：他们被认为在黑人市场推销方面具有特殊专长，结果被限制在这个有限的领域中。1949 年，大卫·沙利文关闭了他的黑人广告机构后，为了获得进入白人广告机构的工作机会，他在接下来的十五年里投递了 1200 份简历。他回忆道："每次热情的面试之后，热情的人事部门都会热情地对我说抱歉无法提供工作岗位。"[16] 只有奥格威给了他一个"几乎确定"的工作机会，而从几乎确定到确定，沙利文被悬置了四年。大卫·奥格威说："很遗憾听到你还在为黑人市场工作，这对你来说太局限了。如果我成功地让你进入我们的机构，我将给你更广泛的实战空间，但非常抱歉，现在还不是时候。我非常钦佩你。"[17]

黑人很少被录用，于是黑人求职者很少申请，从而导致黑人的录用机会更低。这种难以解决的恶性循环使黑人求职者望而却步。五年来，奥美面试官大卫·麦考尔（David McCall）只看到了三个黑人，他雇用了其中一个。20 世纪 60 年代初，城市联盟（Urban League）发现十大广告公司里，担任创意或行政职务的黑人不到二十五人。杰里·菲尔兹（Jerry Fields）和爱德华·斯特恩（Edward Stern）等白人人事专家将这种不平衡归咎于求职者群体本身，而不是种族歧视。菲尔兹说："肤色问题从来就不是一个真正重要的问题，因为根本没有那么多黑人申请工作。"[18] 斯特恩表示同意："城市联盟完全颠倒事实，我还没有见过一个合格的文案或客户经理是黑人。问题是，黑人并不倾向于进入广告业。"[19] 即使二人说的是事实，这种说法也忽略了造成这一现实情况的原因。

随着民权运动的北移，麦迪逊大道也不能再轻易忽视自己的种族问题。黑人人事部的理查德·克拉克（Richard Clarke）说："每块岩石下都存在歧视，广告公司原初回避雇用黑人，因为担心南方客户会反对。现在，各公司可能只是为了摆脱批评才雇佣黑人。"[20] 1963 年

第七章 真正的改革：镜子里的新镜像

春天，达彼思公司雇用了第一位全职黑人文案人员托马斯·理查德森（Thomas Richardson）。精信公司的媒体分析师约翰·斯莫尔（John Small），后来成为纽约一家电视台的第一位黑人广告销售员。1963年秋天，AAAA东部会议就黑人市场问题举行了一次史无前例的会议，由罗伊·威尔金斯（Roy Wilkins）和其他民权领袖发表演讲。

在努力提高黑人就业率的同时，改革者们还致力于提升黑人在广告中的形象。在这一个层面上，DDB再次提供了一种模式。DDB的利维黑麦面包的广告宣传，打破了种族界限。1963年夏天，最大的电视广告主、年度广告预算高达4600万美元的利华兄弟公司，宣布将在广告中增加更多的黑人形象。这一声明是在利华公司与各种民权团体举行会议后发表的。利华解释说："我们希望采取平权行动，因为我们相信，今天的广告业要能更广泛地代表美国人群的剖面。"[21] 在洗涤剂广告中，演员林克莱特（Art Linkletter）采访了一位黑人家庭主妇的洗衣问题。几个月后，利华收到了三十八封支持利华新政策的信和二十六封反对信。与此同时，还有来自数百万观众一些微不足道的回应。这些回应表明利华的黑人广告决策并没有引起什么争议。在接下来的四年里，利华公司为各种产品制作并播放了167个综合广告，无论反馈是正面还是负面，都对销售没有明显影响。

种族平等委员会（Congress on Racial Equality）是该领域最活跃的团体，它曾向宝洁、高露洁、百事可乐和其他主要广告主施压。它的发言人说："我们想要的是电视能纯粹地展示客观事物，并不要求任何革命性的东西。"[22] 这一要求是合理的，表达也很温和。各方都同意加大努力推动行业继续深入改革。为了促进这一进程，B&B的戈登·韦伯（Gordon Webber）在AAAA创设了一个特别委员会。此后，一些广告主明确表明要整合现有广告。罗瑞拉德（Lorillard）公司的黑人销售经理查尔斯·斯特林（Charles Sterling）发现，虽然没有证据表明整合后的广告有助于提高黑人市场的销量，但它确实有助于教育白人读者和观众。他指出："从这个意义上说，广告提供了一种社会对话，当然还有一些公共关系方面的好处。"[23]

当然，从长远来看，广告更关心的是销售，而不是教育或社会对话。随着改革热潮渐渐褪去，进展也非常缓慢。纽约市人权委员会（The New York City Commission on Human Rights）监测了四十家广告公司从1966年9月到1967年8月制作的所有广告。在此期间，博达大桥广告制作的177则广告中，只有一则黑人广告。博达大桥公司的一位人员指出："只要情况适合当前美国的情况，我们就会把少数群体纳入其中，但我们不觉得在广告中纳入其他群体有任何作用。"[24] 其他广告公司的数字也显示出很大差异：李奥贝纳的黑人广告比为441∶2，Dancer-Fitzgerald-Sample为683∶3，智威汤逊为384∶20，精信为639∶25，BBDO为418∶28，扬罗必凯为245∶39。在所有四十家广告公司的7430则广告中，有314则黑人广告，约占4%。扬罗必凯公司的弗雷德里克·弗罗斯特（Frederick Frost）表示："作为广告专家，我们必须注意到，得到大多数市场认同的广告必然会以白人表演者为主。"[25]

这次调查为广告业带来了暂时的改善。在调查结束后的六个月内，博达大桥制作的73则广告中有11则是黑人广告；智威汤逊制作的182则广告中有54则是黑人广告。[26] 1968年1月，联邦平等就业机会委员会（Equal Employment Opportunity Commission）举行了关于少数民族和广告业的听证会。一年后，该委员会主席称赞公共媒体广告中的少数民族比例大幅增加。[27] 尽管数据并不令人满意，但最令人鼓舞的是广告中黑人形象的转变。他们不再被描绘为小丑，而是在更正常的职业范围内出现。然而，讽刺的是，当前黑人广告的频率仍然很低。一位白人选角导演表示："一些民权团体不喜欢看到有色人种在广告中扮演体力劳动者的角色，他们希望广告能激励黑人的职业意识，但人才联盟完全没有这种意识。"[28]

黑人就业率的提高包含了一些微妙、复杂的因素。统计数据验证了一个普遍共识：广告业需要雇用更多黑人。1966年，根据联邦平等就业机会委员会的研究，纽约市的64家广告公司中，白领职位中的黑人占比为2.5%，保险业为5.9%，银行业为6.7%。与整个城市黑人人口占比18.2%相比，这些数字明显偏低。[29] 一年后，该委员会进行了第二次调查，结果显示在13家大型广告公司的白领职位中，黑人的比例为1.9%，低于出版业的2.8%和广播通讯业的4.4%。这些数据显示出广告业在提高黑人就业率方面仍然存在差距。[30]

"让我感动的是，每个人都非常友好。"[31] 一名芝加哥黑人人事部人员表示。两年内，这位人事部人员将一百名申请人中的两名黑人安置在专业广告工作岗位。他说："没有人拒绝见我们的申请人，但我们把他们送出去后，什么也没有发生。"（他补充说，在与联邦合同有关的公司中，黑人的表现要好一些，因为这些公司更加在意多样性发展。）无论如何，相比其他行业，广告公司雇用的黑人员工相对较少，提供的工作保障以及入门级别工资也较低。纽约一位黑人就业专家玛丽·多里（Mary Dowery）曾建议："如果我们能接触到顶尖的大学生，可能会有所作为。但这些孩子并不适合从事广告业务。"[32] 洛杉矶有色人种协进会（Los Angeles NAACP）的约翰·波普（John Pope）表示同意："广告业确实起薪很低，现在有更多适合黑人的工作。"[33] 1966年，理查德·克拉克指出，广告业的黑人高管队伍实际上正在减少："他们正在离开广告公司，要么进入电视行业，或另立门户。"[34]

广告公司大多数的部门负责人雇人时考量的是才能和适配性，公司平等就业并非重要考察范围。中央人事办公室会更仔细地考察员工的人口结构，而对招聘过程并不在意。对于黑人的就业问题，可能只有个别黑人比较关心，如智威汤逊芝加哥办事处的文案组组长威廉·夏普（William Sharp）。在 20 世纪 60 年代末的几年里，夏普为芝加哥黑人策划了一个为期 13 周的年度基本广告课程，该课程由 AAAA 地方理事会赞助。1966 年 6 月，智威汤逊在理查德·克拉克公司的帮助下，用两天时间面试了 117 名黑人大学毕业生。其他广告公司，如 B&B 和奥美，也开展了针对黑人的特别招聘工作。但总体而言，麦迪逊大道上工作的黑人很少——无论是专业人员还是文员。根据纽约市人权委员会的调查，1967 年 8 月，在四十家广告公司中，只有 3.5% 的雇员是黑人。在至少有 300 名员工的 15 家广告公司中，Esty 公司的黑人员工比例为 0.4%，Cunningham & Walsh 公司为 0.8%，精信公司为 5.8%，B&B 为 8.5%。黑人员工主要集中在较低层级。[35]

1968 年 4 月，马丁·路德·金遇刺，引发了关注狂潮。两周后，《纽约时报》刊登了一则整版广告，由犹太广告机构 Daniel & Charles 发布："谁说广告行业没有黑人，我听说过五个……广告行业是美国种族最不平衡的行业之一……但我们不是偏执狂或种族主义者，大多数人没做任何事情就导致这种可怕的情况，也许这就是责任所在，我们必须做点什么。"[36] 该广告在一周内收到了三百封信和数百个电话。Daniel & Charles 还组织了一项奖学金计划。该广告机构的负责人创始人之一，丹尼尔·卡尔施（Daniel Karsch）则表示："广告不需要大量的培训，它只是一种表达或绘图的工具，文案写作也不需要大量词汇。"[37]

在广告行业工作的黑人们厌倦了被指责为替罪羊和奴隶的职业现状，因而采取了更加激进的行动。1968 年 5 月，广告业的黑人们在纽约成立了"广告进步小组"（Group for Advertising Progress）。BBDO 的道格拉斯·阿利古德（Douglas Alligood）说："我们中的一些人已经在广告业有了起色，这样就可以给其他黑人一些目标。"[38] 广告进步小组最初的成员约有一百人，该机构的主要负责人在 Clairol、智威汤逊和博达大桥工作。扬罗必凯广告公司的哈利·韦伯（Harry Webber）声称："我们与意大利艺术总监和犹太文案写手有很多共同之处，但在美国，最艰难的事就是黑人或波多黎各人试图在广告业取得成功。"[39]

随着黑人就业问题共识的形成，种族压力再次在广告业中被关注。威廉·夏普在芝加哥举行的 AAAA 会议上指出："对于包容性进展而言，你们这些白人广告人比我们黑人广告人要高兴得多。"[40] 他筹办的基础广告课程的毕业生难以找到广告工作。1968 年秋天，由达彼思、BBDO、埃培智、智威汤逊、扬罗必凯广告公司赞助的为期 12 周的课程，对 27 名黑人和波多黎各妇女进行了文秘技能培训，并保证他们完成课程后能在广告公司就业。[41] 次年夏天，洛杉矶 22 家广告公司为黑人和墨西哥人提供了培训项目，包括在南加州大学学习广告和营销课程，以及在赞助机构工作两个月。到 1969 年秋天，纽约最大的 15 家广告公司的少数族群就业率已经上升到 10.5%，其中以智威汤逊（16.1%）和 DDB（14.3%）为首。

随着黑人转向族群主义理想，特殊市场陷阱也变得越来越难以避免。博大大桥公司的前客户经理埃德加·霍珀（Edgar Hopper）说："我们必须成为盎格鲁-撒克逊黑人才能成功。"[42] 白人广告公司必须按自己的认知观念接受黑人。对此，霍珀坚持认为："当你雇用一个黑人创意人员时，雇用他是因为他独特的生活方式，而不是因为他像白人。"夏普也承认，试图进入广告业的年轻黑人的穿着、谈吐和生活方式与白人不同，但他们没有生病，没有残废。[43] 一系列黑人机构也在一定程度上反映了这种族群主义的自豪感。到 20 世纪 70 年代初，全国范围内有十几家这样的黑人公司。只要广告业黑人争辩说，只有黑人才能真正理解并向他们的黑人同胞进行销售，那么白人客户就可以合理地绕过他们。这样一来，族群主义在逻辑上又回到了长期以来的原始观念：黑人无法进入麦迪逊大道，只有白人才能把商品卖给白人。

在美国社会和广告业，种族问题之后是女性问题。女性主义与先前的断言有一些相似之处：一种被 WASP 男性虐待的历史感，一种在 20 世纪 60 年代沸腾的不满情绪，以及一种过时的权利言论。但在麦迪逊大道，女性是一个特殊的案例，和其他从属群体并不相似。女性作为广告工作者有着悠久的传统，广告史上有一些突出的女性形象。广告本身主要针对女性客户，因为女性的消费购买比例很高。19 世纪末，女性消费购买比例约为 90%，最近约为 80%。在广告界，消费者通常被称为"她"。广告业最古老和最持久的陈词滥调之一，就是男性主管试图通过说"我的妻子认为……"来说服对方。

由于这种特殊情况，相对来说，广告业对女性的容忍率很高。麦迪逊大道的男性经常自我吹嘘，声称广告业给女性雇员的待遇好于其他行业。这的确是一种微弱的赞美，但这种赞美在时代洪流中得以成立，还需要时间验证。20 世纪 60 年代，广告业女性从其他群体那里得到启发，并以团结一致的方式发出强烈呼声。与犹太人、意大利人或黑人相比，她们在麦迪逊大道的历史更为悠久。女权主义思潮的最显著特点之一是其漫长的发展历程。

到女权主义兴起之时，广告作为妇女领域之一已经以扩展－收缩的节奏交替了一百年。内战结束后的几十年里，女性身影在这个行业随处可见。1867 年，马蒂尔德·C. 韦尔（Mathilde C. Weil）在纽约从事广告工作，后来经营着自己的 MC Weil 广告公司。早在 1870 年，玛丽·康普顿（Mary Compton）为药物客户 Vapo-Cresoline 投放了广告。不只如此，专利药物 Peruna 由一名女性广告经理负责，混合药物 Swamp Root 雇用了一位女性的媒体版面买手。19 世纪 80 年代，智威汤逊先后聘请爱丽斯·斯托达德（Alice Stoddard）

和艾伦·赛格（Ellen Sage）负责广告销售和策划。19世纪90年代，格雷丝·韦伯（Grace Webber）负责一家公司的广告部门；还有两位女性编辑负责广告杂志：格雷丝·肖（Grace Shaw）就职于芝加哥杂志《明智的广告》(Judicious Advertising)，凯特·格里斯沃德（Kate Griswold）就职于波士顿杂志《盈利广告》(Profitable Advertising)。玛丽·康普顿、梅塔·沃尔克曼（Meta Volckmann）与马蒂尔德·韦尔共同在纽约经营着自己的广告公司。世纪之交，米妮·莫德·汉芙和多萝西·菲肯（Dorothy Ficken）为原力麦片创建了阳光吉姆广告。芝加哥的霍夫曼姐妹为产品撰写广告词并绘制插图。在《盈利广告》的一期女性专刊中，凯特·格里斯沃德描述了约四十位女性代表，包括文案、广告艺术家、出版商、代理商、顾问等。《印刷者油墨》曾在1903年评论：广告领域为有能力的女性提供了巨大的发展空间。[44]

这些先驱者曾获得了广告领域的一系列机会，而女性再次享有这些机会却是在20世纪后半叶。在早期广告业兴起之时，由于一些规则尚未建立，广告业还没有严格的性别意识，女性可以填补任何空缺职位。随着广告业的日渐成熟，男性控制力逐渐加强。19世纪早期，曾经作为医生和律师的妇女发现自己被医学、法律学校、贸易组织排除在外，女性成为职业化的附属品。20世纪初，同样的性别排斥现象笼罩着广告业。尽管广告业的声望越来越高，但领域却越来越狭隘。新成立的广告协会和组织不仅禁止妇女加入，还限制她们参与。由于被剥夺了信息和其他社会资源，女性开始失去优势。

在面对性别歧视的情况下，广告业的女性开始组建自己的团体。1911年，波士顿妇女宣传俱乐部（The Women's Publicity Club of Boston）成为美国广告领域的第一个女性组织。1912年成立的纽约女性广告联盟（AWNY）是历史最悠久的女性组织之一。随着广告业对女性的限制逐渐加强，类似的组织陆续涌现。《印刷者油墨》编辑乔治·弗雷德里克曾让妻子克里斯蒂娜调查纽约百货公司商标商品的营销情况。克里斯蒂娜在《印刷者油墨》上托名为 Isobel Brands 发表了调查报告。在这一过程中，克里斯蒂娜对广告产生了浓厚的兴趣。随后，夫妇二人计划参加纽约广告人联盟（Advertising Men's League of New York）的一次会议，该联盟是纽约最大的广告组织。[45] 然而，弗雷德里克告诉妻子，她只能坐在包厢里。由于不堪忍受这种侮辱，弗雷德里克夫妇邀请了该市所有的广告妇女参加会议，这一举动催生了广告妇女联盟（League of Advertising Women），同时也促进了费城和芝加哥等地类似组织的成立。

这些组织作为团结和支持手段起到了一定的作用，但同时也加强了不平等的性别趋势，而将女性隔离在她们自己的独立领域中。1916 年，费城举行了一次妇女广告大会。会上，克里斯蒂娜通过引用一则当时的广告，展现了女性在洗澡时披散着头发的形象，逗乐了在场的妇女。她说："一个普通的广告人没有资格为女性产品撰写文案。"[46] 1917 年，广告妇女联盟主席简·马丁（Jane Martin）表示，报纸和杂志中的女性律师曾经很多，但现在很难找到，这应该怪妇女自己。她们试图模仿男性，却又期望拥有女性特权。[47] 1918 年，杰出的文案策划人弗兰克·欧文·弗莱彻向广告妇女联盟宣称："只有女性最了解什么才是女性的魅力，我希望不久的将来能看到一个完全由女性组成的广告公司。"[48]

战时的人力短缺和战后的经济繁荣为女性重新开启了广告业的机会。与此同时，女性获得选举权也激发了女权主义者在职业方面的抱负。海伦·伍德沃德成为"纽约收入最高的广告女性"。[49] 圣路易斯加德纳广告公司的埃尔玛·珀勒姆·普罗茨（Erma Perham Proetz），凭借 Pet 炼乳广告策划获得了三项哈佛-波克奖，也是第一位入选美国广告联合会（American Federation of Advertising）名人堂的女性。1924 年，对 47 家纽约广告公司女雇员的调查发现，617

## 第七章 真正的改革：镜子里的新镜像

名女雇员中只有5名媒体版面买手，最高工资为5000美元（男性为7500美元）。617人中有22人担任文案工作，工资从2300美元到10000美元左右不等，同样低于男性工资水平。[50] 1926年，内达·麦克格拉斯（Nedda McGrath）被布莱克曼（Blackman）聘用，成为一家大型广告公司的首位女性艺术总监。她表示："据我所知，这个领域没有其他女性艺术总监。每个人都劝我不要尝试，所以我只能比男人更加努力地工作。"[51]

然而，即使是主张女性主义的广告公司，也仍然将女性视为与男性不同的物种。20年代后期，BBDO在商业杂志上刊登了不同的广告，展示了七八名员工，其中至少有一名是女性。这些女性可能是一名撰稿人、一名客户主管，或一名无线电部门人员。布鲁斯·巴顿的秘书路易丝·麦克劳德（Louise MacLeod）在谈到她的老板时说："他并不反感公司里的女性，因为他认为她们有明确的价值，并做出了贡献，这些贡献是其他人无法做到的。但是，像所有的男人一样，他更喜欢外表好看的女性，也喜欢得到她们的奉承。"[52] 路易丝·麦克劳德在信中曾这样形容职场女人："女人是很敏感的，她们将许多事情当作个人的事情，我个人认为她们没有很高的荣誉感，但她们正在学习中。"

正如麦克劳德所言，广告行业中的女性问题并非源于单向的男性沙文主义。男性和女性普遍同意将女性隔离在特殊市场。那个市场被认为是女性的专属领域。在这个领域里，女性凭借她们对女性市场产品的直觉和第六感，能够独特地处理相关事务。关于这一点，即使是广告行业内的许多女权主义者也接受了这种传统智慧。如艾瑟琳·米德尔顿（Ethelyn Middleton）在1921年的《广告与销售》中写道：女性并非比男性更加情绪化，只是她们以不同方式表达情感，而且很幸运的是，她们也以不同的方式在思考。但她也向广告男性提问："毕竟，如果她不以女人的方式工作，那她对你做广告有什么特别的用处吗？当你试图取悦我们时，你说我们'像男性一样思考'，但我们自己并不认同这种观点。"[53] 1928年，Kenyon & Eckhardt公司的萨拉·汉米尔顿·伯查尔（Sara Hamilton Birchall）指出："我们必须要有非女性化的中性智慧，否则，人们会送我们玫瑰花，而且不会承认我们是他们的商业伙伴。"[54] 正是这种共识持续地将女性束缚在麦迪逊大道上的一个狭窄领域中。

智威汤逊是这个时代具有代表性的女性广告公司，它是女权主义思潮的行业缩影。[55] 在海伦·雷索尔的领导下，智威汤逊是唯一一家有女性高层的大型广告公司。早在1918年，智威汤逊投放了一则自家广告，宣传女性员工拥有哥伦比亚大学、芝加哥大学和七姐妹女子学院①等教育背景，为各种产品策划了广告宣传。20世纪20年代到30年代，女性文案策划人控制了智威汤逊的大部分顶级客户：肥皂、食品、药品和洗漱用品。1931年，智威汤逊的露丝·沃多（Ruth Waldo）谈到广告业时说："这是竞争最激烈的行业之一，当竞争变得白热化时，偏见就会被抛到九霄云外，任何能够提供真正帮助的人都会受到热烈欢迎。"[56]

1981年，马乔里·斯梅尔策（Marjorie Smeltzer）指出："即使按照今天的标准，我们得到了相当大的解放，但男女并不平等！"[57] 在智威汤逊，重要的女性都会戴着帽子，以区别于没有戴帽子的秘书和部下。男性员工的成长路线通常有套既定的培训计划，他们先在收发室办公，然后在各个部门中历练。但女性员工没有同样的成长待遇。女性通常从低级别的秘书或研究员开始，只能通过自己的努力寻求更多关注。被聘为秘书的南希·史蒂芬森得到了撰写旁氏广播广告的机会时，只能利用晚上的时间写稿。史蒂芬森被提升为初级文案人员后，与三名男性共用一间办公室。她回忆道："我去的第一天，他

---

① 美国东北部七所传统的精英女校。

们都在看自己的《纽约时报》,没有一个人对我说早上好。大约过了三个星期,他们才开始正式欢迎我。"[58]

文案策划、工资收入甚至办公室津贴都有严格的性别区分。大多数女性文案策划人认为她们的薪水低于男性。带有殖民风格的行政餐厅仅为男性提供服务。经过长时间的努力,行政餐厅开放了每周一天的时间,准许女主管们在此停留,然而在这一天,男性被排除在外。只有副总裁才有行政洗手间的钥匙,但没有一个女性担任过智威汤逊的副总裁,包括海伦。在智威汤逊,所有女性共用一个公共洗手间。斯梅尔策表示:"女性的公共洗手间成为社交场所,文案策划人经常在那里碰到海伦,看到她的胳膊肘撑在化妆品架上。海伦会就某个主题发表意见,或指导那些擦肩而过的人。"[59] 她会谈论各种话题,或者推荐最近的报纸、杂志文章,敦促下属们思考文案的市场价值,并警告她们不要让自己的头发变白。海伦想将自己的白发染色,但却直言:"如果我这样做,斯坦利会杀了我。"[60] 这是一个多么凄美的场景,广告界最有权势的女人站在一个普通的盥洗室里,因为丈夫不允许她改变头发颜色而感到苦恼。

在两次世界大战之间的那些年里,美国尤其是纽约的零售业,为广告业的女性们提供了最好的机会,并涌现了一批著名的女性撰稿人。1931 年,在纽约的 27 家百货公司和专卖店中,12 家有女性广告经理,占比达 44.5%。而在纽约以外的地区,这一比例为 27%。[61] 1934 年,玛丽·刘易斯(Mary Lewis)的薪水为 44266 美元,[62] 是当年美国收入最高的女广告人。高中就辍学的玛丽·刘易斯,十几岁时开始为梅西百货撰写文案。当她的上司去当兵时,她接过了广告经理的职务。在这期间,她打破了许多规定,取得了卓越的成绩。战后,因与上司起争执,玛丽离职。类似的女性不止一个。玛格丽特·菲什巴克(Margaret Fishback)在梅西百货写了十五年的广告文案;伯尼斯·菲茨－吉本(Bernice Fitz-Gibbon)是这群人中最有名的女性代表。她为梅西百货、沃纳梅克和金宝百货（Gimbel）都撰写过文案。比如梅西百货的"节俭是明智的"（It's smart to be thrifty），金宝百货的"没有人低估金宝百货"（Nobody, but nobody, undersells Gimbel's）。传说，菲茨的年薪超过10万美元。菲茨身材高挑、聪明睿智。她只雇用美国大学的优等生，给实习生低工资，并要求他们努力工作。菲茨注重使用新颖、生动、口语化的语言。当有人提交不合格的文案时，她会召集全体员工大声朗读，并以讽刺的口吻加以强调。她说："我认为女孩在文案写作方面具有一些优势，她们更愿意在细节上思考和写作，而男性通常倾向于笼统和抽象的写作风格。"[63]

零售广告通常侧重呈现基本事实和具体价格等细节，否则广告就毫无意义。零售领域给女性提供了一个友好的小池塘。1937年，肯尼斯·柯林斯（Kenneth Gollins）指出："今天，女性在零售业的很多方面占主导地位。在零售行业的组织结构中，至少有一半的职位可以由女性担任。"[64]零售业培养了文案策划人的准确性、高效性以及基本的销售技能。菲茨的一位新人（她后来去了一家大广告公司）说："零售广告就像芭蕾舞中的把杆练习，对于对广告感兴趣的人来说，最好不要直接进入广告公司工作，因为那样他们永远学不快。"[65]

随着大萧条的来临，广告业又一次削减了女性们的工作机会。女性是公司裁员的头部群体，已婚妇女被要求让位给有需要的男性。1930年，《广告时代》开始出版时，每周刊登一篇"广告中的女性"的故事。这一专题持续了两年多，然后偶尔出现一段时间，直到专题消失。困难时期，那些设法保住广告工作的女性往往以放弃梦想为代价。1935年，一位客户经理的秘书说："在我最有理想的时候，公司总裁说我的头没长在男人的肩膀上，这太糟糕了！"[66]一位速记员补充道："即使你在商界拥有多年经验，最后面对的也是现实世界中可怕而苦涩的事实，有多少女孩炽热的野心最后变成了一种愤

## 第七章 真正的改革：镜子里的新镜像

世嫉俗的冷漠。"[67]

大萧条时期，也有一些女性浮出水面。路易斯·泰勒·戴维斯（Louise Taylor Davis）为鹰牌（Eagle Brand）炼乳撰写宣传广告，成为扬罗必凯公司第一位女文案主管和副总裁。多萝西·巴斯托为麦肯制作了《克里斯蒂安医生》（*Dr. Christian*）肥皂剧，1939年与哈里·麦肯（Harry McCann）结婚。然而，这些妇女都不是广告女权主义者中的佼佼者。1936年，纽约广告妇女协会（Advertising Women of New York）的成员名单里也没有戴维斯、巴斯托和海伦。[68] 那些引人瞩目的广告女权主义者，如艾尔的多萝西·迪格纳姆（Dorothy Dignam），往往从事着不太引人瞩目的广告工作。最成功的女性广告从业者沉浸在自己的成功中，否认麦迪逊大道对女性存有歧视。巴斯托在1934年宣称："女性从事其他职业，因为她们更适合从事那些工作。广告公司的女主管不多，是因为广告公司不太需要女主管。"[69] 1937年，一位女性补充道："广告业，还是有女性不适合的地方，她们不能像男人那样，为了争取客户把自己喝倒。"[70]

第二次世界大战爆发，美国投入了更多的男丁参战，美国工业界也正以前所未有的姿态向女性敞开。1944年，露丝·沃多成为智威汤逊第一位女性副总裁。与此同时，韦德·林德劳布（Jean Wade Rindlaub）创作了备受赞誉的"永久返回家园"（Back Home for Keeps）系列广告，并成为BBDO广告公司首位女性副总裁。她后来表示："在战争期间，广告界的女性取得了巨大的进步。广告业对女性非常友好，提供了很多机会。"[71] 战争结束后不久，对一百二十三家主要广告主进行的一项调查显示，有五十八家公司声称在高级职位上雇了女性，但其中有十二家公司表示这是在珍珠港事件后才开始的。[72]

然而，当男人们从战争中归来时，行业女性再次成为婴儿潮的母亲。广告业的女性虽然保住了自己的收益，但仍然要与男性偏见作斗争。对于女性文案策划人，一位广告主说："她们的作品会受到部门外的男性审查和传递，这些男性似乎普遍认为，作品之所以不佳，只是因为它是由女性创作的。但是如果同样的作品由男性提交，它们被批准的概率会大得多。"[73] 1949年的一项广告界女性民意调查显示，59名女性声称她们的报酬比男性高，315名女性表示男女报酬相同，但有455名女性认为自己的报酬低于男性。[74] 广告界女性主要围绕女性产品从事文案和研究工作，很少有女性成为艺术总监或客户联系人。1957年，一位广告公司总裁表示："尽管我不想这么说，但女性并不能成为优秀的客户经理，如果你再加上男人与女人的竞争，你只会得到麻烦。广告人讨厌与他们竞争的女人。"[75] 女性也很少为利润丰厚的酒类、香烟和汽车客户工作。1958年，女模特甚至不能出现在酒类广告中。但不可忽视的是，女性往往是老板背后的智囊。1957年，马丁·梅尔（Martin Mayer）在撰写他的畅销书《美国麦迪逊大道》（*Madison Avenue, U.S.A*）时发现，广告公司经常出现这样一种情况：男人有着头衔和薪水，但要得到答案，你不得不问坐在隔壁桌子或隔壁房间的女人。[76]

尽管如此，广告业的女性地位也在逐步提升。比如，玛格丽特·迪弗（Margaret Divver）在战争期间晋升为约翰·汉考克保险公司（John Hancock Insurance）的广告经理助理，1948年获得最高职位。1948年，博达大桥公司一年一度的乡村俱乐部郊游准许女性参加。50年代，三位女性（也是第一批女性广告人）被选为纽约艺术总监俱乐部（New York Art Directors Club）成员。与此同时，女性得到了一种暧昧的赞美，这种赞美在马修·彼得斯（Matthew Peters）的女广告人小说《她选择的乐趣》（*The Joys She Chose*，1954）中得到了充分体现。

更为突出的是，战后十五年里，许多广告公司选出了第一位女性副总裁。比如鲁思劳夫·瑞安广告公司、麦肯、博达大桥、达美高（D'arcy）、精信、SSC&B、艾尔、伦南&纽尔广告公司。女性在文案写作方面的成就尤为突出。温特劳博公司（Weintraub）的玛丽·菲利乌斯（Mary Fillius）为内衣品牌 Maidenform 发起了持久的"我幻想我是……"的广告活动。在达彼思，艾丽西亚·托宾（Alicia Tobin）创造了高露洁口号"牙齿清洁，口气清新"（Cleans your breath while it cleans your teeth）。博达大桥的凯瑟琳·海尼·奥布莱恩（Catherine Haynie O'Brien）提出：使用 Dial，你不高兴吗？（Aren't you glad you use Dial?）

博达大桥的一位女性雪莉·波利科夫在染发市场上开创了先河。作为种族革命的一部分，雪莉在布鲁克林长大，是俄罗斯犹太移民的女儿。她表示："杂志广告让我们真正学会了如何成为真正的美国人，家应该是什么样子，餐桌应该如何布置，如何着装，如何打扮得体。"77 接受了零售广告培训后，她于 1955 年被博达大桥聘用，负责伊卡璐（Clairol）染发广告客户。在当时，只有 7% 的女性承认染过头发。尽管海伦曾经做出了努力，但染发只对一些社会女性或一些道德操守可疑的人有吸引力。为了改变观念，雪莉策划了一项广告文案："她染不染头发？只有她的美发师最清楚。"《生活》（Life）杂志起初以性暗示为由拒绝刊登，但一项针对女性员工的民意调查发现，没有人意识到这一双关语，因此态度有所缓和。经过努力，六年

雪莉·波利科夫设计的伊卡璐染发广告

后，伊卡璐的销售额增长了413%，多达一半的成年女性开始染发。

在大型广告公司中，麦肯似乎是对女性最开明的地方。1960年，麦肯的100名副总裁中有6名是女性，这使得麦肯成为广告行业中女性副总裁比例最高的公司。[78] 无论哈珀有什么缺点，但他确实尊重女性。他的第一任妻子在婚后几年里一直在该公司研究部门工作（"我工作如此努力，这是我们能看到彼此的唯一方式。"）。心理学家赫塔·赫尔佐格博士是员工中杰出的动机研究倡导者。一位女士这样评价她："她不仅取得了成就，而且整个麦肯都在她的脚下，她是麦肯的伟大权威者。"[79]

玛戈·谢尔曼是女性副总裁中的核心人物。谢尔曼毕业于密歇根大学，生有两个孩子，担任麦肯创意策划委员会主席，管理着300名员工。作为一名重要的女权主义者，她毫不含糊地以女权主义术语向社会表达她的立场。她并没有因此承受什么代价，这反映了自从20世纪30年代以来社会对待女性的偏见有所改善。1953年，谢尔曼在芝加哥妇女广告俱乐部（Women's Advertising Club of Chicago）声称，广告人认为妇女的决定只是一时兴起，他们会把一个有成就的妇女称之为聪明，而不是有能力。她说，如果她的丈夫被调到另一个城市，她会跟着他去；但如果麦肯想将她调到加利福尼亚，她不能指望丈夫会迁居。[80] 然而，广告仍然为女性提供了最好的职业机会。她在1955年总结说："女性在广告业中的地位几乎是强大而稳固的，她们对不可避免的男性偏见做出了有计划、有步骤和有才华的回应。这就是女性在男性主导的世界中生存和享受的方式……在同等条件下，女性必须比男性做得更好，才能在工资、认可和尊重方面获得同等待遇。"[81]

20世纪60年代以前，女性在行业中的地位虽然不平等，但却十分稳固。某种程度上而言，创意革命只是改善了现有的性别现状，但并非所有的创意机构都接受女性。李奥贝纳公司没有一位女性副总裁,年度郊游活动仍然是高尔夫和扑克类的雄性事件。贝纳在谈到广告女郎时称:"她们不需要像男人那样努力工作,她们在基础策划战略方面比较弱,不太能够承担独立工作……而且在情感上不太适合日常机构的运作。但是,我们的政策是按收到的价值付费,而且没有性别歧视。"[82]

但大多数女性在创意机构中展现了杰出的才能。DDB 再次引领了这一潮流。菲利斯·罗宾逊监督着女性创意人员团队,其中包括玛丽·韦尔斯、保拉·格林、朱迪斯·普罗塔斯(Judith Protas)、罗尔·帕克(Lore Parker)、丽塔·塞尔登(Rita Selden)等人。罗宾逊说:"我从未因为身为一名女性广告人遇到过任何困难。"[83] 在奥美,露西尔·古尔德(Lucille Goold)在 1955 年被任命为副总裁;瑞瓦·科达(Reva Korda)为史威士、德芙(Dove)和佩珀里奇农场(Pepperidge Farm)等公司撰写文案。科达在金宝公司接受了菲茨的培训,她发现自己能够以金宝公司的速度和注意力,以及菲茨的灵感,在短短一小时内完成一天的工作量。[84] 玛格丽特·霍卡迪(Margaret Hockaday)的广告公司为苏格兰威士忌制作了著名广告语:只要你还醒着,就给我来一杯格兰特(As long as you're up, get me a Grant's)。珍妮特·玛丽·卡尔森为科尔泳装制作了一则性感魅力文案,获得

格兰特威士忌广告

了良好的销售反响。

经过了一个世纪的波动，一些旧的阻碍和俗套正在被打破。大卫·麦考尔在1962年说："那些传奇都是错误的，广告界的杰出女性是一群相当强硬的人，她们是现实的、实际的、脚踏实地的，丁是丁，卯是卯，总是注意到皇帝没有新衣。——他们这么说。另一方面，我们的男性同事非常容易变得极为罗曼蒂克，极度冲动。"[85] 1962年，当DDB雇用马塞拉·罗森（Marcella Rosen）时，多伊尔将她介绍为"我们有史以来第一个要命的女客户经理"[86]。几年后，B&B以雇用女性担任艺术总监而闻名。旧的分界线正在消失。

WRG是典型的女性创意机构，由一位女性和两位犹太男性创立。创始人玛丽·韦尔斯在俄亥俄州扬斯敦长大，是独生女，她期望打破常规。韦尔斯曾表示："妈妈在我五岁的时候就让我去剧院，希望我长大后不要嫁给一个钢铁工人。"[87]（后来韦尔斯告诉她的母亲，"我成功了，因为你希望我能"[88]。）韦尔斯的职业生涯可以说是一部战后广告女性史：她到达纽约后，在梅西百货接受零售培训，在麦肯受雇于谢尔曼，[89] 在DDB被罗宾逊雇用。1966年，她创办了第一家热门广告公司，是有史以来第一家由女性领导的大型广告公司。在WRG，她身边都是男人，除了她的助手，一系列辛勤工作的女性组织着她的日程，照顾她各式各样的需求。韦尔斯有着钢铁般的毅力，但她显眼的外表和魅力掩盖了掠夺性意志。韦尔斯对男人毫无怨言，从这一点而言，韦尔斯似乎让女性广告人倒退到了过去的道德世界。她说："美国男人试图在商业上压制妇女的想法纯属胡言乱语，[90] 我从未受到过歧视，那些经历过歧视的妇女无论如何都会受到歧视，只有疯子和怪人才像婴儿一样尖叫。"[91]

到20世纪60年代后期，美国女权主义的普遍复兴席卷了麦迪逊大道。这再次证明广告界落后于整个社会。1963年2月出版的《女性的奥秘》（*The Feminine Mystique*）一书是关键文本，其中的一章

第七章 真正的改革：镜子里的新镜像 323

"性销售"指责了广告主和广告公司，以及"那些具有欺骗性的简单、巧妙、离谱的商业广告"[92]是女性神秘感的有力维护者。正是它们用图像覆盖了整片土地，奉承了美国家庭主妇，掩盖了她们日益增长的空虚感。这本书出版后一个月，纽约广告妇女协会召开了一次讨论会，有200名妇女成员参加。上午，广告界女性成员在会议上为广告进行了辩护；下午，该协会成员则对广告进行了攻击。谢尔曼说："我们是美国的反映，是你们所有人的反映。"当被问及那些贬低女性的广告时，谢尔曼认为它们可能是广告界男性的作品。

当受到局外人的批评时，广告界的女性们自然也倾向于捍卫这一行业。但女权主义的钟声终究响到了麦迪逊大道。C&H的乔·福克斯沃斯（Jo Foxworth）反对广告中的"第二性别歧视"（这个词指的是波伏娃的《第二性》）。福克斯沃斯在1965年说："我们有确凿的证据，并没有所谓的工作性别。"[93]她敦促女性要互相帮助，不要再偏袒男性下属，要有鸿鹄之志，"要学着长大，自己要在情感上接受自己的能力"。简·特拉希（Jane Trahey）在达拉斯接受过零售业教育，自1958年以来，她一直是一所纽约广告公司的老板。她宣称："一个女人需要对她的事业有神经质的奉献，[94]要想取得成功，可能会没有婚姻。"博达大桥公司的玛格丽特·卡森（Margaret Carson）和Draper Daniels公司的迈拉·詹科（Myra Janco）在60年代中期也发表了类似的观点。菲茨在1966年写道：需要说清楚一件事，她不是一个女权主义者，但是广告业有一种可怕的黑暗歧视，那就是反对女性文案策划人站在最高位置上。[95]

广告行业其实相对而言还是比较尊重女性的，但这一说法也并非绝对正确。一方面，广告鼓励女性的性别革命意识不断上升；另一方面，在韦尔斯这样的成功女性面前，性别革命的勇气可能会被打消。1968年，弗兰切利·卡德维尔（Franchellie Cadwell）在评论卡罗琳·伯德（Caroline Bird）的《生为女性》（*Born Female*）时说："在读到这本书之前,我本不觉得自己作为女性受到了欺骗。"[96]卡德维尔承认社会对女性有一些偏见残余,"很可惜这本书不是十年前写成的,它本该问世得更为及时些"。但这一观点并不被最成功的广告女领袖韦尔斯所认可。

在女性意识提升的时代,卡德维尔成为一名最激进的广告女权主义者。她在1970年表示:"有主见的男人经常有着性别优势,他们把女人贬低到从属地位。可是典型的广告人不愿意承认这一点。"[97]她在广告贸易会议上批判了广告中的女性形象:互相偷肥皂;被命令清洁地板;被洗衣粉解救出来,然后在厕所里聊天,与鸽子争吵。她总结道:广告中的女性消费者离开了崛起的女性群体,并且远远落后于她们,广大的女性已经发生了革命性的变化,只是面向女性的广告还没有。"[98]

阿米莉亚·巴辛(Amelia Bassin)在担任法贝热(Faberge)广告总监时渐渐有了名气。1970年,她创办了自己的广告公司。同年,巴辛荣获美国广告联合会颁发的年度最佳广告女性奖。台上,她发表了一段令人振奋的女权主义演讲:只从广告中了解女性的人,都会把女性视为歇斯底里、受虐狂或白痴。玛丽·韦尔斯本应是领导女性改革的完美典范,但人们从未听过她对此说一句话。[99]阿米莉亚·巴辛指出:"我完全可以相信玛丽小姐从未受到过歧视,但世界上没有特权阶层能与美女阶级相比……很难说事业有成是否宠坏了韦尔斯,但是,朋友们!她并没有打破成功的规则!"

新的问题来了:广告到底是镜子还是思想推手?女性处于从属地位由来已久,且早于广告业中的性别歧视现象。即便如此,正如弗里丹(Friedan)① 所说,当前广告在很大程度上强化了不平等的性别现

---

① 《女性的奥秘》作者。

状。洛杉矶广告人迈拉·斯帕克曼（Myra Sparkman）指出，现代女性的困境，在很大程度上是由于形象制造者——广告人创造了一个虚幻的女性世界。从他们对女性形象的男性想法出发，制造了一个怪物，制造了一个产品符号，同时对女性形象加之理想化和破坏化。[100] 这一言论在《广告时代》上发表后，得到了广泛赞同。[101]

当然，女广告人也是制造怪物的帮手。1964 年，简·特拉希为一家百货公司制作了一则颇具争议的广告。广告中展示了 28 种产品，并配以一位身穿比基尼的金发女郎（标注为来自德国）。这则广告引起了行业组织的谴责，但特拉希本人对此感到困惑。（奥格威说："这很粗俗，但它也很机智。"[102]）20 世纪 70 年代初期，特拉希展示了一则将女性作为性对象的广告，这又激起了新的争论。

广告界之外，为了改善广告中的女性形象，全国妇女组织（National Organization for Women）和《女士》（Ms.）杂志展开了全面的女性浪潮运动。格洛丽亚·斯坦尼姆（Gloria Steinem）声称："广告是一种非常重要的教育形式，据估计，我们的亚文化有 40% 来自广告。"[103]《女士》杂志表明不会接受阴道除臭剂等产品广告。只要广告损侮妇女形象，广告牌就会被贴上全国妇女组织的贴纸警告。雪莉·波利科夫的伊卡璐广告则获得了该组织的荣誉贴牌。在参加了全国妇女组织的广告主题会议后，雪莉声称："我不知道我还为他们做了这么多贡献呢。"[104] 全国妇女组织的一位官员告诉广告人："你们既然可以帮助黑人，那也帮帮我们吧。"[105]

在女权主义思潮的影响下，变化确实发生了。根据一项对 1959 年至 1971 年杂志广告的研究，女性作为性对象的形象广告急剧减少，但女性仍被描述为是依赖男性的群体。[106] 广告业的女性意识继续向前迈进。1971 年，SSC&B 的玛丽·艾尔斯（Mary Ayres）成为 AAAA 董事会的第一位女性。智威汤逊纽约办公室的女性职位也发生了改变：五名女电视制作人、十名女客户经理、十四名女艺术总监、三十一名女撰稿人。1973年,智威汤逊出现了第一位女性高级副总裁夏洛特·比尔斯(Charlotte Beers)。[107] 除此之外,一些特立独行的广告人听起来也像是女权主义者。卡森/罗伯茨(Carson/Roberts)公司的杰克·罗伯茨(Jack Roberts)表示:"太多广告人与革命隔绝,我们必须支持人类解放,而不是落在后面。"[108]

白人、黑人、女性改变了美国广告的面貌、身体和灵魂。广告更真实地反映了美国社会,也正在经历自己的内部转变。

在这个新世界中,广告监管有了新变化。从新政时代到第二次世界大战后,广告用自我调节的方式阻止了更多批评者。这个方式使广告更诚实、信息更丰富,它保护了消费者,造福了公众,但却掩盖了这一方式的真正动机:保护行业自由,避免政府干预。1941年,韦伯·扬在战争广告委员会成立时说:"我们现在需要论证广告作为一种社会力量是合理的。如果我们不证明它,我们就会受到损害。如果我们不共同努力,就无法论证这个合理性。"[109] 战后,该组织名称简称为广告委员会(Advertising Council),由AAAA和ANA提供费用,作为广告界的联合公共关系代言人。它鼓励人们投票、献血、谨慎驾驶,支持红十字会,以及避免引发森林火灾或造成污染等公益行为。所有这些都是值得称赞的努力,广告委员会形成了一个自愿的、非营利性的商业团体,正如它自己所描述的:组织的唯一目的是帮助国家。[110]

然而,这种说法并不完全准确。广告业的本质就是处理表象,这在审视自身的职业道德或向公众展示行业状况时都是如此。行业内部缺乏异议传统,内部改革者有可能被视为异端和小人,甚至被看作是不忠诚的团队成员。即使像布鲁斯·巴顿,也不得不在公开场合为广

第七章 真正的改革：镜子里的新镜像

告辩护，并对私人疑虑保持沉默。当然，广告人可以找到足够的理由向外界展示坚定的形象，但从作家到国会议员，对广告业进行了广泛的批评，几乎找不到在麦迪逊大道之外的捍卫者。因此，广告人团结起来进行反击，同时也重新启动了外部改革者的力量。

托马斯·达西·布罗菲（Thomas D'Arcy Brophy）是广告界真正的政治家之一。从1937年到1957年，作为Kenyon & Eckhardt公司的总裁和主席，布罗菲将广告业推向了更高的道德标准。他热心做慈善事业，偶尔也会表达一些异端观点。（在1953年接受《印刷者油墨》奖时，布罗菲说，自由企业或资本主义称自己是一个利润系统，但它的利润仅限于少数人，并没有给大多数人带来利润。[111]）可当外人攻击广告时，即使是布罗菲，也会很不得体地发作。1949年，AAAA的约翰·本森（John Benson）提出了一个广告道德准则。几周后，科尔斯顿·沃恩（Colston Warne）引用了本森的准则。布罗菲告诉本森，沃恩不应该公开他的想法，若这些想法成了敌人的弹药可怎么办。[112] 还有在1957年，冈萨加大学的教授约翰·保罗·西斯克（John Paul Sisk）在《美国》（America）杂志上发表了一篇关于动机研究的文章。作为冈萨加大学的校友，布罗菲认为这篇文章有不实之处，耸人听闻。他向院长发问：教授对学校负有责任，但反过来，大学也必须对教授的公开言论承担一些责任。像布罗菲这样正直和慷慨的人，都可以如此轻易地对学术发表指指点点，那么这对广告业又意味着什么？[113]

与此同时，战后消费者运动的力量也并没有消失。在《隐形说客》等广告小说的轰炸下，《消费者报告》（Consumer Reports）的发行量从战前的8万份增长到1950年的50万份，1961年接近100万份。该杂志不做广告，旨在测试不同产品、公布调查结果，以及揭露广告主、广告公司的一些失败案例。在消费者联盟成员中，75%的人受过大学教育，98%的人拥有汽车。这些人喜欢关注电器和音响设备类的产品评估。沃恩指出，该组织已经远离了无产阶级的起源，正式打入了消费者主义的传统据点——中产阶级。[114]

在外部的炮击下，广告业维持着行业自律的假象，对大政府的危险入侵表示遗憾。20世纪40年代后期，AAAA中止了取缔令人反感广告的禁令。50年代，美国广播电视协会禁止电视广告出现假扮医生的行为。可谓是上有政策，下有对策，为了绕过这一规定，广告公司在广告中使用医院背景、医疗设备，以及成堆的医疗报告。在AAAA对107个广告案件的审查中，只有十个被定性为令人厌恶，其中包括特拉希的金发女郎广告。在这些微不足道的自我监管下，广告界的执法措施也远远不够。

1960年代，广告界受到普遍质疑，关于监管政策的争论爆发了。肯尼迪和约翰逊总统提供了最初的动力来源，任命保罗·兰德·迪克森（Paul Rand Dixon）领导联邦贸易委员会，埃丝特·彼得森（Esther Peterson）监督劳工部的消费者事务，牛顿·米诺（Newton Minow）和E. 威廉·亨利（E. William Henry）为联邦通信委员会主席。这些举措迅速引发了广告从业者对政府干预的争论。米诺称电视节目是一片广阔的荒地。一天晚上，肯尼迪总统在电视上观看了电影《PT109鱼雷艇》，对商业广告的插播数量感到震惊。他问米诺："为什么你允许他们播放这么多广告？这太低俗了！低俗！低俗！请给我出台限制商业广告数量的规定。"[115]米诺回答，他需要更具有消费主义忠诚度的联邦通信委员来做这件事。

全面改革时期，正如进步时代和新政时代那样，广告业再次发现自己被围困。这一次，重要的广告人物加入了外部改革者的大合唱，少壮派为父辈们的罪孽而哀叹。霍华德·戈萨奇问道："广告值得拯救吗？从经济的角度来看，我认为大部分是不值得的。从审美的角度来看，我非常肯定它不值得，它缺乏思想，充斥着太多乏味之物。"[116]PKL公司的弗雷德·帕普特宣称："我认为包装法案是必要的，因为许多广告具有欺骗性和误导性。"[117]

广告界最有影响力、最受尊敬的两位人物与评论家一道呼吁联邦政府介入广告监管。多年来，费尔法克斯·科恩奔走相告，但收效甚微。1961年，他对AAAA、ANA和AFA无用的改革失去了信心。科恩对李奥·贝纳说："这三个组织领导不力，如果真的可以被称为领导的话，那就需要一种新的方法。"[118]科恩广告公司一半以上的收入来自电视，但他将广告的大部分问题归咎于电视广告：噪音、干扰性、欺骗性，还有不相关的视觉噱头。科恩直接向FCC的威廉·亨利反映问题："广大的电视观众，面对的都是无聊的节目，这些节目以产品品牌的名义放映，但这些产品本身就没有什么意义，只是偶尔有用而已。"[119]1965年，科恩在《财富》的一篇文章中，直指广告主必须要为平庸的电视节目承担责任和后果。[120]

在畅销书《一个广告人的自白》中，大卫·奥格威倡导用付费电视来取代商业电视。1963年9月，威廉·亨利在一次重要演讲中传递了这个建议。奥格威随后写信给亨利，称赞他的演讲非常好，尽管他的三个最大客户对此大发雷霆，认为奥格威在讨好敌人。奥格威问亨利："我想知道，联邦通信委员会什么时候会对广播公司采取强硬措施呢？"[121]奥格威还在公开场合呼吁FCC对电视广告进行制裁。他指出："在麦迪逊大道上，这个观点很不受待见，但支持这一观点的人，也不全是布尔什维克。"[122]

在广告领域，争论最激烈的莫过于香烟广告。20世纪50年代，烟草行业推出过滤嘴香烟，以回应权威健康警报。（一些过滤嘴的品牌香烟，会使用更烈的烟草，实际上给吸烟者带来了更多有害元素。）很多香烟品牌都声称自己是好味道、低焦油与尼古丁的最佳结合。在过滤嘴大战中，瑞夫斯声称香烟广告是"广告史上最狠的一次打架"[123]。反对吸烟的医学证据堆积如山。1957年，《读者文摘》发表了另一篇警告文章后，BBDO退掉了该杂志160万美元的广告业务。[124]观察家们推测这是受到 BBDO 拥有的美国烟草公司 1500 万美元广告业务的影响。两年后,阿瑟·戈弗雷表示吸烟让他感觉不舒服时,罗瑞拉德(美国第三大烟草公司)停止赞助他的节目。其他烟草公司向杂志社施压,要求他们不能刊登戒烟的药物广告。[125]

1964 年 1 月,具有里程碑意义的外科医生报告发布后,《纽约客》和其他杂志禁止刊登香烟广告。奥格威的兄弟因长期大量吸烟死于肺癌,奥格威和伯恩巴克宣布公司不再接受香烟广告。为了抗议麦肯公司的香烟业务,自 1945 年以来一直活跃在美国癌症协会(American Cancer Society)的艾默生·福特(Emerson Foote)辞去了麦肯董事长职务。福特表示:"我不相信政府会插手人们的私人生活,但吸烟是一个例外,规则必须改变。"[126]CBS 要求制片人在节目中尽量减少吸烟,弗兰克·斯坦顿督促节目禁止播放香烟广告。

在重重压力下,烟草业让步了。1964 年,烟草业制定了一项广告守则,规定不对年轻人进行宣传,并禁止宣传"吸烟可以改善健康、缓解紧张情绪、提高社会或性成功"等主张。但这只是表象。作为电视网的第三大广告主,烟草业增加了电视预算,总额超过 2 亿美元。为了表明吸烟无害,烟草业拨出数百万美元用于烟草研究。为了削弱联邦委员会的监管,一些游说者和国会议员也在不断发力,但最终致使烟草业遭受了更多怀疑。原 Kenyon & Eckhardt 公司、现美国癌症协会的威廉·B. 刘易斯(William B. Lewis)指出:"有很多广告公司的创意人员为我们协会做材料,我认为大多数广告人都不喜欢做香烟方面的工作。"[127]

1969 年 3 月,《广告时代》杂志发表了两篇社论,表明广告界人士有了决定性转变:过去五年,烟草业一直在追求适合其自身目的的行为方式,这给整个广告界带来了法律灾难。[128] 联邦贸易委员会强制要求包装广告使用健康警告,同时还建立了一个实验室,以测试品牌数据。联邦通信委员会规定,电台如果投放了香烟广告,也必须播

第七章　真正的改革：镜子里的新镜像

放反驳广告。政治压力正朝着禁止香烟广播广告的方向发展。综上所述，如果这些措施被扩展到广告的所有领域，《广告时代》进一步总结："烟草广告就是广告业的一条沉重尾巴，但仍是一条尾巴，而现在是它停止摇尾巴的时候了。"[129]

仍有少数人坚持立场。玛丽·韦尔斯表示："如果一个产品在这个国家能够销售，公司就应该有权利对其进行广告宣传。"[130]韦尔斯的公司能够飞速发展，得益于本森 & 赫奇斯烟草公司（Benson & Hedges）的广告业务。韦尔斯说，广播禁令是不公平的、非美国的、非民主的，甚至是可怕的。但这种坚持没有用。1970年3月，国会决定从次年1月起禁止电视和广播的香烟广告。（香烟公司只能转移到印刷品和户外广告，但香烟销量创了新纪录。）

香烟争议是消费者运动复兴的一部分，也让人们看到了消费者的新力量。在大多数方面，消费者复兴运动都触及了熟悉的主题。它从妇女，特别是家庭主妇那里吸引了大部分力量，从而与美国女权主义的复活相吻合。它吸引了具有一定教育背景和修养的人，与最需要它的工人阶级完美错过。它对广告改革给予了很大关注。与此同时，新一代的海伦·伍德沃德和詹姆斯·罗蒂相继出现，萨姆·辛克莱尔·贝克（Samm Sinclair Baker）和特里·加拉诺伊（Terry Galanoy）写了揭露广告行业罪恶的自白书。[131]贝克警告说，"广告人的通常方法"是基于"可允许的"原则。然而，在一些重要方面，第三波消费者运动开拓了新的领域。最引人瞩目的核心人物是拉尔夫·纳德（Ralph Nader）。在麦迪逊大道上，更多的领导人更快地接受了消费者运动理念。而在广大公众中，它获得了更多的关注和支持。

1961年，联邦贸易委员会主席迪克森宣布了一项打击虚假广告的法律。科恩对此表示赞成："这个行业无法进行自我监督，联邦贸易委员会只是争取了更多的权力，做了它应该做的事。"[132]1969年，纳德和他的同事艾琳·科沃德（Aileen Coward）要求五十八个广告主论证他们的销售主张。在四十份答复中，三十九份答复被认定不充分。因此，他们向联邦贸易委员会提出申请，要求广告主提供相应的宣传证据。联邦贸易委员会同意后，要求各行业提交有关安全、性能、功效、质量和价格等的数据。在此基础上，联邦贸易委员会还会考察产品文案的真实性，[133] 并对相关不合格的广告进行披露和纠正。这是对广告自律历史性失败的惩罚。BBDO 公司的查尔斯·布劳尔说："我是广告真实性的伟大倡导者，不仅现在是，将来也会是，但是当你能撒点小谎的时候，则是更有趣的！"[134]

1971 年，广告业摆出了最后的姿态。美国广告代理商协会、美国广告主协会、美国广告联合会在商业促进局（Council of Better Business Bureaus）的资助下成立了美国广告审查委员会（National Advertising Review Board）。美国广告审查委员会负责处理被投诉的广告，对广告的真实性、审美性以及社会责任等方面进行全面审查。[135] 针对每一个案件，美国广告审查委员会任命一个审查小组，组员包括三名广告主，一名代理商，一名普通人。为了避免利益冲突，小组成员不包括媒体人员。尽管在审查人员上分配不平衡，但还是起到了有效作用。美国广告审查委员会成立早期，投诉主要来自消费者，后来主要是一些竞争的广告主们。十年中，美国广告审查委员会共审理了 1854 起案件，所涉广告的 42% 被纠正或终止。然而，美国广告审查委员会不能施加罚款或其他处罚，而且在下令纠正令或终止令时，广告已经发布了。某种程度上，这种裁决意义并不大。尽管如此，它还是极大地提高了广告自律性。在国家广告审查委员会运行的第一个十年，没有一个广告主拒绝裁决。到现在为止，已超过二十个联邦机构参与了广告业的监管，麦迪逊大道不得不小心翼翼。

## 第七章　真正的改革：镜子里的新镜像

就广告总是用现在和将来时态而言，可以说广告是缺乏历史记忆的。艺术和文案风格的循环再现使得新的名字重新浮现，这些名字被标榜为创新。观察者往往对广告的讨论缺乏历史维度。

20世纪60年代末，政治广告在广告界内外掀起了争论，某种程度上这也是广告历史失忆症的表现。乔·麦金尼斯（Joe McGinniss）的著作《推销总统1968》（*The Selling of the President 1968*）打响了争论的第一枪。麦金尼斯是一名报纸记者，在尼克松政府的广告和媒体部卧底了几个月。他在书中讲述了他的所见所闻。作为一名文字记者，麦金尼斯并不赞成竞选活动由电视主导。他引用了尼克松手下、原CBS的弗兰克·莎士比亚（Frank Shakespeare）的话：专栏作家的时代已经过去了，电视正在承载我们的竞选活动。麦金尼斯隐蔽地得出了两个主要结论：广告技术和道德观在1968年的选举中具有独特的影响力，这种影响力损害了政治话语。

然而，这两个结论都经不起历史的检验。关于第一个结论，1916年总统选举期间，政治广告就已经被广泛讨论了。1916年春天，埃里克森广告公司在《周六晚邮报》和其他杂志上刊登了一则四页的插页广告，以宣传共和党的西奥多·罗斯福。《印刷者油墨》评论：运动背后的人通过广告这种不加修饰的媒介，而不是依靠新闻界，来获得快速结果。这并非孤例。当年秋天，在查尔斯·埃文斯·休斯（Charles Evans Hughes）和伍德罗·威尔逊的竞争中，民主党人采用了一种新颖的广告宣传技巧。Hanff-Metzger公司在"是，还是不是，休斯先生？"（Yes! or No! Mr. Hughes?）的标题下刊登了四分之一页的广告版面。在休斯演讲的城市，当地报纸刊登了他的回答。而共和党的宣传重点主要集中在密西西比河以东地区，由巴顿公司负责。休斯在他大量投放广告的地方获胜，其他地方则失利了。《印刷者油墨》宣称：政治广告已经取得了巨大收益，更大的收益还在后面。1917年初，国会首次考虑监管政治广告。[136]

吸取失败经验后，1918年，共和党聘请拉斯克协助宣传。拉斯克是一个强烈反对国际联盟的孤立主义者，在1920年的共和党大会上，他想让海勒姆·约翰逊（Hiram Johnson）获得总统提名。在与候选人沃伦·G.哈定（Warren Gamaliel Harding）达成和解后，拉斯克开始负责广告宣传、演讲稿撰写以及其他竞选任务。（拉斯克向哈定的一个情妇支付了2万美元，外加每月聘金，让情妇和丈夫去环游世界，让他们离开美国，保持沉默。[137]）拉斯克本人也希望获得丰厚的回报。拉斯克是哈定扑克牌内阁的成员，这个核心圈子喜欢喝酒和赌博，他本人也经常与总统党一起出现在公众面前。20世纪30年代，拉斯克活跃在共和党事务中。

拉斯克的积极参与带动了其他广告界人士。1924年，总统大选的获胜口号是"和柯立芝一起酷"（Keep Cool With Coolidge），这一口号来自底特律Campbeli-Ewald公司的亨利·埃瓦尔德（Henry T. Ewald）。[138] 1920年，布鲁斯·巴顿在一篇文章中赞扬了柯立芝，也帮助柯立芝顺利登上副总统职位。1928年，巴顿成为赫伯特·胡佛（Herbert Hoover）的早期支持者，并为胡佛撰写了部分当选感言。对此现象，《广告时代》在1930年评论：政治运动在很大程度上是一场广告运动。[139]《广告时代》引用了最近的一次选举数据，表明获胜者的广告费用比失败者要高出十倍。1936年，布莱特-桑普尔-赫默特广告公司的希尔·布莱特为共和党总统竞选活动提供宣传指导。20世纪30年代末，巴顿在国会任职两届。在第一次竞选时，他说："推销员可以成为优秀的国会议员，因为他们了解人。如果你真的想了解人，不妨试着向他们推销点什么。"[140]

1940年，越来越多的广告人参与竞选活动，以至于麦迪逊大道成为了一个政治舞台。仅温德尔·威尔基（Wendell Lewis Willkie）

的公开支持者就包括巴顿、布莱特、罗必凯、雷索尔、哈里、切特·拉罗什（Chet LaRoche）、斯特林·格切尔、约翰·奥尔·扬、卢·瓦西以及其他业内人士。自由派专栏作家多萝西·汤普森（Dorothy Thompson）在CBS电台上宣称："这些人已经完善了推销货架上的技术。现在，他们正在使用熟悉的硬性销售方法（其想法是首先制造恐惧，然后提供一个品牌）选举总统。"[141]在广告从业者的政治活动中，巴顿成了一个笑柄。1940年，巴顿竞选联邦参议员，罗斯福及其孤立主义议员们为了表示反对，还针对巴顿等人起了一个口号：马丁、巴顿和菲什！（Martin, Barton, and Fish!）巴顿的竞选之路被阻碍，最终以四十多万张选票落败，回到了BBDO。

战争期间，切斯特·鲍尔斯出任华盛顿的价格管理局（Office of Price Administration）负责人，因抗击战时通货膨胀而为公众所熟知。和平到来后，他从广告业退休。1948年，鲍尔斯竞选康涅狄格州州长。但麦迪逊大道并没有给他带来什么福利。参议员罗伯特·塔夫脱（Robert Taft）曾宣称："鲍尔斯先生是个广告人，他不关心事实。"[142]然而，鲍尔斯凭借着多年的广告经验，比如宣传要及时、文案要简短，且在适当的时候集中宣传等技巧，赢得了州长职位。（1949年，他任命老搭档威廉·本顿填补州参议院空缺席位。）

全国范围内第一次广播政治广告由瑞夫斯策划。1952年夏，共和党石油商找到了他。在瑞夫斯最喜欢的纽约21号餐厅里，这群人成立了一个特别小组，以与BBDO分开运作共和党的总统竞选活动。[143]在盖洛普民意调查机构，瑞夫斯了解到公众最关心的三个问题：政治腐败、生活成本和朝鲜战争。瑞夫斯针对每个问题写了二十点，并用不同的措辞反复阐述相同观点。在观看了艾森豪威尔的电视演讲后，瑞夫斯注意到技术上的缺陷。9月，瑞夫斯和同事把艾森豪威尔带到了一个电视演播室，一天之内，艾森豪威尔录制了40个时长为20秒的电视广告。第二天，他们为电台录制了25个广告。

画外声音:"艾森豪威尔先生,生活成本高,怎么办?"

艾森豪威尔:"我的妻子玛米也担心同样的事情。我告诉她,我们的工作就是要在 11 月 4 日改变这种状况。"

瑞夫斯很专业地指出:"这个人演技好得像一个资深演员了。"[144]

这本来是一个秘密活动,但新闻却报道了现场活动消息,广告未播出就引发了争议。共和党虽然拥有足够的资金,却没有真正的候选人。史蒂文森的工作人员乔治·鲍尔(George Ball)说:"在这种两难的情况下,他们发明了一种新的竞选方法,那就是由麦迪逊大道上位高权重的小贩来构思。"[145] 在选举日之前的最后两周,这些广告在 20 个关键州播放,总费用为 150 万美元。同时,BBDO 在所有媒体上投放了更长、更传统的政治广告。艾森豪威尔取得了压倒性胜利后,1952 年的政治似乎进入了一个新时代。在全国性选举中,哨子式的竞选活动再也没有什么独特之处。

似乎为了强调这一点,共和党全国委员会(Republican National Committee)继续与 BBDO 保持合作,以便随时在需要的时候寻求媒体咨询。1953 年 6 月,在四位内阁官员的电视专题介绍中,BBDO 策划制作了提示卡、图表和图形,政治家们进行了两次彩排。BBDO 的总裁助理表示:"我们原本是一个'普通账户',但当你在资金分配上操盘时,它就变成了'贵重账户'。"[146] 1955 年底,BBDO 签署了一份合同,价值超过 200 万美元,负责下一届选举的广播、电视广告宣传。同时,据报道,反对党即民主党找不到一家愿意为它工作的大型广告公司,理由是不想与大客户对立。

在 1956 年民主党大会上的获提名感言中,阿德莱·史蒂文森(Adlai Stevenson)警告说,他的对手将使用"表演、口号和广告艺术"来诱骗选民:"你可以像卖早餐麦片一样推销高级职位的候选人,可以像收集盒盖一样收集选民,但我认为这是对民主进程的侮辱,这是赤裸裸的虚伪政治。"[147] 为了赢得选举,民主党最终也雇用了 Norman, Craig & Kummel 广告公司。该公司重新设计了大会布景，聘请了歌手和表演者。来自该公司的十人代表团被《广告时代》描述为"民主党大会烟雾缭绕房间中最重要的一间"。[148] 著名文案策划人沃尔特·奥米拉加入了民主党工作人员的行列。1956 年秋，共和党在广播和电视广告上花费了 270 万美元，民主党投入则不到 200 万美元。由于筹集资金较少，民主党的广告支出也相应较少。瑞夫斯再次提出要为共和党制作广告，[149] 或许是因为 1952 年艾森豪威尔广告的那场争议，共和党拒绝了他。

1960 年，民主党人再次将敌人与阴险的广告方法联系起来。事实上，政治广告虽早已成为两党的一种宣传技术，但也难以保证成功。例如，在尼克松和肯尼迪的第一场电视辩论中，BBDO 公司的一个工作人员为尼克松化了"懒人剃须"的淡粉妆处理，搞砸了尼克松的场子。① 没有人能避免媒体，尤其是电视。来自威斯康星州的自由派民主党人威廉·普罗克斯米尔（William Proxmire）指出电视的魅力是无可替代的。[150] 明尼苏达州的保守派共和党人沃尔特·贾德（Walter Judd）也认为："对于我预定在电视上的亮相，我所得到的回应和评论比其他竞选技巧都多，尽管后者花费了无限多的时间和精力。"[151]

1964 年，李奥贝纳公司为共和党候选人戈德华特（Goldwater）的初选制作了一则广告宣传语：在你心里，你知道他是对的（In your heart, you know he's right）。这一宣传还引出了一个双关玩笑话：是的，太正确了（Yes, far right）②。秋季选举前，李奥贝纳公司被换下。另一边，民主党的政治广告宣传引起了最大争议，广告宣传由

---

① 在电视辩论中，尼克松使用了"懒人剃须"粉试图遮盖胡茬。由于出了不少汗，脸上的化妆粉末开始融化，冲出了沟痕。在着装上，尼克松选择的浅灰色西装对竞选也毫无帮助，这种颜色与台上背景近乎一致，突显了他苍白的肤色。

② 此处双关了 far right 的另一个意思"极右翼"。

DDB 制作。DDB 内部组建了一个竞选小组，小组成员都是自由民主党人。伯恩巴克说："我们会制作出很棒的作品，这是我们有史以来最简单的广告客户。"[152] DDB 为民主党制作了第一支广告：一个天使般的三岁女孩从雏菊上摘下花瓣从十开始倒数；音轨变成了末日之声，继续倒计时，以导弹发射和爆炸声结束。此时，约翰逊总统就炸弹发出最后警告："不能待在家里，风险太大了。"这一广告遭到了共和党人的强烈抗议，约翰逊只能下令停播。但 DDB 的其他广告几乎没有什么影响力，广告费用为 220 万美元。这次选举，民主党的广告预算总额为 850 万美元，共和党为 1600 万美元。尽管如此，民主党还是取得了巨大胜利。

到 1968 年，记录显示总统候选人长期与麦迪逊大道有合作。广告宣传越专业，选举结果也往往会获得成功，1920 年、1952 年、1964 年这几年的选举就是最好的例证，不过有时也会失败，如 1936 年和 1940 年。但 1920 年、1952 年和 1964 年的选举结果都显示出压倒性的胜利趋势。广告预算越多的一方，候选人通常会获胜，然而也并非总是如此。如 1964 年，民主党的广告支出只占共和党的一半，反而赢得了最后胜利。共和党人与麦迪逊大道有着更悠久、更稳定的联系，他们率先将广告引入了政治进程。到了 1968 年，没有任何政党和候选人再敢忽视广告的力量，这是两党形成的普遍共识。

尼克松政府常被形容为是一个公共关系或广告运作团队，用拉尔夫·纳德的话说，是"智威汤逊公司的产品"[153]。尼克松身边的五位主要人物都来自智威汤逊：幕僚长霍尔德曼（H. R. Haldeman）、助理劳伦斯·希格比（Laurence Higby）、新闻秘书罗恩·齐格勒（Ron Ziegler），以及两位特别助理德怀特·查平（Dwight Chapin）和肯·科尔（Ken Cole）。查平于 1966 年从智威汤逊辞职，为总统候选人尼克松工作，担任他的私人助理，负责日程安排和衣食住行。公共关系专员威廉·萨菲尔（William Safire）为尼克松撰写演讲稿；

## 第七章 真正的改革：镜子里的新镜像

具有营销背景的杰布·马格鲁德（Jeb Magruder）则致力于改善政府形象。被尼克松所忽视的老特工赫伯特·克莱因（Herbert Klein）指出："在我看来，总统身边有一半工作人员认为自己是新闻和公共关系方面的专家……在很多场合，他们对推广的关注高于对实质细节的关注。"[154]

特别是在"水门事件"之后，尼克松的失败被归咎于广告。来自智威汤逊的白宫人员曾担任客户主管和经理，但他们并非撰稿人。因此，他们知道如何处理客户或人事问题，却不知道如何撰写广告文案或感知公众情绪。萨菲尔指出，作为一位专业的公关人员，霍尔德曼只能被称为优秀的广告人。[155]尼克松与周围人的关系就像是一个敏感的客户和他的客户经理：尼克松是白宫的乔治·华盛顿·希尔，而他的客户助理则跟随其后，在他的意志下行动，并努力取悦他，同时需要平衡他与公众的关系。偶尔，霍尔德曼可能会在他的黄色备忘录上写下一些疯狂的任务，但最终它们都不了了之。显然，当工作人员离客户太近而远离公众时，这种摇摆不定的结构就会崩溃。[156]

总统的核心圈子包括广告和公共关系专员，这在现在已经是一个正常现象。拉斯克开了这个先例，他是哈丁白宫的核心成员。除此之外，肯尼迪有拉里·奥布莱恩，约翰逊有杰克·瓦伦蒂（Jack Valenti）。问题是，谁腐蚀了谁？正如罗必凯在1936年所指出的，广告人可以通过阅读政治纲领获得欺骗技巧：如果你想学习这种艺术，这就是最好的学习资料。[157]即使在"水门事件"之前，美国政治何曾在理性讨论的公开空气中进行？竞选演说常被简化为一句话，如1896年的"黄金十字架"（The Cross of Gold）、1916年的"他让我们远离战争"（He kept us out of war）。在这些方面，电视广告最有启发性。可以说，美国政治腐败漫长而血腥的历史早于广告的侵入，就政治而言，广告只是一个既定流程和标准的反映。

## 注释

1. Fairfax M. Cone, *With All Its Faults* (1969), p. 127.
2. John Gunther, *Taken at the Flood* (1960), pp. 266-67.
3. Draper Daniels, *Giants, Pigmies, and Other Advertising People* (1974), p. 77.
4. John B. Rosebrook, "Madison Avenue Legacy" (MS, 1962, at Young & Rubicam, New York), p. 155.
5. George Panetta, *Viva Madison Avenue!* (1957), p. 6.
6. Ibid., p. 250.
7. See, in general, Ruth Ziff, "Ethnic Penetration into Top Managerial Positions in Advertising Agencies" (Ph.D. dissertation, CUNY, 1975).
8. *Marketing/Communications,* July 1970.
9. *Print*, January-February 1977.
10. *AA,* November 23, 1964.
11. Jerry Delia Fernina, *From Those Wonderful Folks Who Gave You Pearl Harbor* (1970), p. 252.
12. *NYT,* February 25, 1966.
13. *AA*, June 11, 1962.
14. Edward Buxton, *Promise Them Anything* (1972), p. 77.
15. *AA*, October 31, 1966.
16. *AA*, March 9, 1964.
17. David Ogilvy to John P. Davis, March 25, 1957, OP.
18. *AA*, April 22, 1963; next two quotations from ibid.
19. Ibid.
20. Ibid.
21. *PI*, September 13, 1963.
22. *AA*, August 19, 1963.
23. *AA*, February 19, 1968.
24. *AA*, March 25, 1968.

第七章 真正的改革：镜子里的新镜像　　341

25. Ibid.

26. *AA*, April 11, 1966, and Keith K. Cox in JAR, April 1970.

27. *AA*, January 13, 1969.

28. *AA*, February 5, 1968.

29. *AA*, January 22, 1968.

30. *AA*, October 30, 1967.

31. *AA*, October 17, 1966.

32. *AA*, January 9, 1967.

33. *AA*, October 17, 1966.

34. *AA*, October 17, 1966.

35. *AA*, March 25, 1968.

36. *NYT*, April 15, 1968.

37. *Newsweek*, April 29, 1968.

38. *AA*, May 27, 1968.

39. *AA*, May 4, 1970.

40. *AA*, May 5, 1969.

41. *AA*, November 3, 1969.

42. *AA*, October 28, 1968.

43. *AA*, May 5, 1969.

44. *PI*, February 18, 1903.

45. J. George Frederick to Jo Foxworth, March 3, 1964, Frederick Papers.

46. *PI*, June 29, 1916.

47. *PI*, December 6, 1917.

48. *PI*, January 24, 1918.

49. *AA*, January 20, 1975.

50. *PI*, May 1, 1924.

51. *AA*, November 1, 1930.

52. Louise MacLeod to Catharine Oglesby, November 9, 1928, BP.

53. *A&S*, February 5, 1921.

54. *A&S*, March 7, 1928.

55. *PI*, September 19, 1918.

56. *Careers in Advertising*, ed. Alden James (1932), p. 307.

57. *AA*, March 16, 1981.

58. *AA*, October 14, 1963.

59. *AA*, March 16, 1981.

60. Ibid.

61. *AA*, November 28, 1931.

62. *AA*, May 27, 1935.

63. *AA*, April 24, 1967.

64. *Literary Digest*, March 13, 1937.

65. *AA*, August 25, 1958.

66. *PI*, October 10, 1935.

67. *PI*, October 31, 1935.

68. Vol. 11, Advertising Women of New York Papers.

69. *A&S*, July 5, 1934.

70. *Literary Digest*, March 13, 1937.

71. *AA*, December 23, 1963.

72. *PI*, October 25, 1946.

73. *PI*, November 1, 1946.

74. *PI*, June 3, 1949.

75. Stephen Birmingham in *Holiday*, December 1957.

76. *AA*, April 21, 1958.

77. Shirley Polykoff, *Does She ... or Doesn't She?* (1975), p. 10.

78. *PI*, February 26, 1960.

79. Helen Dudar in *Ms.*, December 1978.

80. *AA*, October 26, 1953.

81. *PI*, January 7, 1955.

82. *AA*, July 8, 1957.

83. *AA*, July 15, 1968.

84. *AA*, March 29, 1982.

85. *AA*, December 17, 1962.

86. *AA*, April 2, 1973.

第七章 真正的改革：镜子里的新镜像　343

87. *AA*, April 18, 1966.

88. *Newsweek*, October 3, 1966.

89. *AA*, April 5, 1971.

90. *AA*, April 17, 1967.

91. *AA*, July 27, 1970.

92. Betty Friedan, *The Feminine Mystique* (Dell edition, 1970), pp. 218-19.

93. *PI*, October 22, 1965.

94. *AA*, January 3, 1966.

95. Bernice Fitz-Gibbon, *Macy's, Gimbers, and Me* (1967), p. 269.

96. *Marketing/Communications*, September 1968.

97. *Marketing/Communications*, July 1970.

98. *AA*, March 19, 1973.

99. *AA*, December 7, 1970.

100. *AA*, January 12, 1970.

101. *AA*, February 23, 1970.

102. David Ogilvy to Jane Trahey, February 27, 1964, OP.

103. *AA*, May 22, 1972.

104. *AA*, January 25, 1971.

105. *AA*, July 10, 1972.

106. M. Venkatesan and Jean Losco in *JAR*, October 1975.

107. *AA*, September 28, 1970.

108. *AA*, May 24, 1971.

109. *The Promise of Advertising*, ed. C. H. Sandage (1961), p. 20.

110. *America: Miracle at Work*, ed. William D. Patterson, (1953), p. 22.

111. *PI*, January 16, 1953.

112. T. D. Brophy to John Benson, March 2, 1949, Brophy Papers.

113. T. D. Brophy to Francis Corkery, September 9, 1957, Brophy Papers.

114. *AA*, May 29, 1961.

115. David Halberstam, *The Powers That Be* (1979), p. 388.

116. *AA*, February 12, 1962.

117. *AA*, March 22, 1965.

118. Fairfax Gone to Leo Burnett, August 4, 1961, Cone Papers.

119. Cone to E. William Henry, October 14, 1963, Henry Papers.

120. *Fortune*, July 1965.

121. David Ogilvy to Henry, September 30, 1963, OP.

122. *AA*, March 30, 1964.

123. Rosser Reeves to J. T. N. Foley, August 7, 1958, RP.

124. *PI*, July 26, 1957

125. *AA*, April 6, 1959.

126. *AA*, November 29, 1965.

127. *AA*, June 10, 1968,

128. *AA*, March 17, 1969.

129. Ibid.

130. *Newsweek*, August 18, 1969.

131. Samm Sinclair Baker, *The Permissible Lie* (1968); Terry Galanoy, Down the Tube (1970).

132. *Time*, October 12, 1962.

133. Richard S. Tedlow in *Business History Review*, spring 1981.

134. Charlie Brower, *Me, and Other Advertising Geniuses* (1974), p. 124.

135. *Advertising Self-Regulation*, eds. James P. Neelankavil and Albert B. Stridsberg (1980), p. 135.

136. *PI*, November 16, 1916.

137. Francis Russell, *The Shadow of Blooming Grove* (1968), p. 402.

138. *PI*, March 2, 1951.

139. *AA*, May 3, 1930.

140. *AA*, October 11, 1937.

141. *AA*, November 4, 1940.

142. *AA*, June 17, 1946.

143. Rosser Reeves to Joseph McConnell, January 1954, RP.

144. Reeves to William S. Cutchins, September 15, 1952, RP.

145. *AA*, October 6, 1952.

146. Vance Packard, *The Hidden Persuaders* (1957), p. 188

147. *AA*, September 3, 1956.

148. *AA*, August 20, 1956.

149. Reeves to Thruston B. Morton, April 16, 1956 and Morton to Reeves, June 7, 1956, RP.

150. *TV Guide*, September 17, 1960.

151. Ibid.

152. *Newsweek*, June 8. 1964.

153. *AA*, November 3, 1969.

154. Herbert G. Klein, *Making It Perfectly Clear* (1980), pp. 69, 108.

155. William Satire, *Before the Fall* (1975), p. 291.

156. H. R. Haldeman with Joseph Dimona, *The Ends of Power* (1978), p. 58; Safire, op. cit., p. 286.

157. *NYT*, May 2, 1936.

第八章

# 20 世纪 70 年代：周期永无止境

20 世纪 70 年代，创意革命逐渐消退，广告风格再次回归到硬销售、科学研究层面。正如瑞夫斯所预料的，广告策划更加强调产品而非广告本身。广告组织的重心由创意部门转向管理部门，从小型精品机构转向大型企业。鲜明的广告个性化转向组织的匿名性。在这其中，企业兼并时有发生。总而言之，这是一次回到 20 世纪 50 年代的时光机之旅。

作为广告界最炙手可热的广告公司，进入 20 世纪 70 年代的 DDB 失去了第一个大客户。1970 年，DDB 为拜耳泡腾片制作了一则电视广告：新娘爱丽丝·普莱滕（Alice Playten）为她的丈夫烹制了难消化的饭菜，丈夫脑海中不断浮现出棉花糖肉丸和水煮牡蛎的画面，直到他伸手去拿拜耳。这则广告广受欢迎，但产品市场份额却一直在下滑。1970 年底，拜耳将 2000 万美元的单子从 DDB 转移到 WRG。韦尔斯说："我们将以产品为导向，更加清楚地解释拜耳的实际作用。"[1]

1971 年，经济开始衰退，大多数大型广告公司，包括智威汤逊、麦肯、扬罗必凯、达彼思和 BBDO 遭受了收入损失。其中，DDB 的损失最为惨重。1971 年，DDB 在美国的营业额损失了 1500 万美元。利华兄弟、惠而浦（Whirlpool）、萨拉-李（Sara Lee）、桂格燕麦、杰克饼干（Cracker Jack）等客户相继离开。1972 年，DDB 损失总额约为 3300 万美元。1973 年，DDB 收入再次下降约 1100 万美元。这些损失虽被企业兼并和海外收入所平衡，但 DDB 的创意卖点被首次怀疑。

DDB的奥斯卡·卢博（Oscar Lubow）说："我们从未熄灭创意火焰，我们有十七位业内最伟大的创意奇才。他们中没有一个人负责监督，都是制作广告的人才。"[2]卢博宣称，在离开DDB重新创业的人中，只有韦尔斯成功了，其他人都想再回到DDB。（几个月后，卢博也从DDB辞职，回到了他的咨询公司。）1974年3月，DDB失去了1000万美元的客户Uniroyal轮胎，伯恩巴克和戴利（Joe Daly）让出总裁职位，搬到了楼上。新总裁珍妮丝·希金（Janies Heekin）打算调整DDB的客户服务和营销部门："我的工作是让优秀的创意部门和其他部门协同工作。"[3]仅仅五个月后，希金迫于压力退出了。

一直以来，伯恩巴克以DDB为骄傲，但在当下，DDB只是一家普普通通的广告公司，面临着人事不稳定和不可抗拒的广告时尚周期的困境。一旦处于连败状态，广告公司的前景就变得岌岌可危。1971年，DDB为生命（Life）麦片做了一个经典的电视广告。广告中，两个男孩对"应该对你有好处"（supposed to be good for you）的麦片感到可疑，于是把它给了弟弟米奇。讨厌一切东西的米奇很喜欢它，就像消费者也喜欢它一样。生命麦片是十年前的产品，知名度很低。这一广告一经播放，将生命麦片的销量提高了20%。1974年，生命麦片广告主却将合作从DDB转移到BBDO。BBDO认为DDB的电视广告是一个很好的传播先例，于是继续播放米奇广告，并定期进行更新。对于DDB而言，这意味着客户再次流失。

其他创意机构也在流失客户。旧金山的Howard Gossage广告公司在创始人去世两年后，于1971年解散。杰里·曼德指出，他对广告公司和他这代人感到忧虑："以我们的方式来经营一个盈利机构，即用个人观点去服务公共服务和商业，现在看来是不可能了。"[4]

耗不止于此。1972年，美国汽车公司（American Motors）销售量连续下滑，于是终止了与WRG价值2200万美元的业务合作，韦尔斯失去了她第一个大客户。据报道，Tinker、Leber Katz以及PKL公司都出现了各种问题。创意公司如何在经济衰退中努力维持生存是一个问题，也是他们面临的古老困境：如何在处理生产平庸的包装商品的大企业广告时保持原创，协调创意与传统的关系。对此，卡尔·阿奈表示："当成为管理层时，你才会意识到问题的存在。因为在处于下层时，你想要让事情自然发展；而当处于上层时，你又想要维持纪律。"[5]

乔治·路易斯是个例外。在路易斯看来，PKL公司的业务增长带来了更多弊端，广告策划和创意也越来越拘谨，因此他选择离开PKL，创办了自己的公司Lois Holland Calloway。但随之而来的是麦迪逊大道与他唱反调。他将创意热潮的失败归咎于"旧政权"的不理解。路易斯在1971年宣称："他们永远不会理解为什么我们每天工作十四个小时，也不会理解我们为什么喜欢松散的工作，他们不喜欢我们的工作方式、说话方式、着装方式。他们对广告一无所知，也不知道广告是如何创造出来的。他们拉低了这个行业的水平。"[6]几年后，路易斯因财务问题与合作伙伴发生不快，再次离开，并选择在一家公司担任总裁。然而，十六个月后，他被解雇了。他的一位前同事说："广告公司是一门生意，乔治现在应该知道了这一点。"[7]路易斯随后成立了他的第三家广告公司Lois Pitts Gershon。按理说，像他这样有才华、有干劲、有名望的人应该在权力和薪水上达到一个高峰，而路易斯仍被限制在广告业的低层。不得不说，他的经历为创意革命的孩子们提供了一个失败的例证。正所谓像路易斯类的人难以长大成人，也无法卖出产品，因为取决于一个人观点的时代过去了。

与此同时，创意革命在金融领域经历了两次失败，这导致广告业受到了更严格的审查。自PKL向公众出售公司股票后，有二十多家公司接连响应。1969年,十大广告公司中,智威汤逊、博达大桥、DDB、精信、奥美五大公司已成功上市。但公众对此没有多大兴趣,广告公司的股票价格也普遍低于原来的水平。广告业是劳动密集型而非资本密集型产业,并没有从股民所有制中获益太多。路易斯在谈到PKL时说:"回想起来,股民所有制是破坏我们伙伴关系的催化剂,一下变得富有,'吃得太撑'。我们必须开始思考对股东的义务。"[8] 奥格威总结道:"股民所有制没有给我们带来太大的伤害,也没有给我们带来多少好处,但它迫使我们要更有效地管理事务。"[9] 1974年,一些广告公司(尤其是精信和WRG)开始回购他们的流通股份,恢复了私有制。在不可预测的华尔街风暴面前,只有最大的股民所有制企业才有足够的现金储备和管理能力。基于此,广告业恢复了传统的自我概念:它是一个靠人才而非资本交易的服务行业。

此外,传统的广告代理制度方法,即15%的媒体佣金制度,也抵挡住了时代挑战。奥美代理壳牌广告时公开了一种收费系统。1965年,价值总额为5000万美元的美国烟草公司找到奥美时,奥美坚持这一安排,从而推进了这一收费方式。一年后,美国烟草公司宣称这一方式节省了150万美元,这引起了其他广告主的注意。但这种做法并没有站稳脚跟。通用食品公司尝试两年后,又回到了佣金制度。对于一个新产品而言,与不确定的媒体预算相比,收费可以为代理公司提供更明确的付款明细。但对大多数产品而言,佣金制度虽然粗略,却有利于广告公司和媒介发挥各自的优势。因此,在这一阶段,旧的佣金制度仍然占了四分之三的份额。《广告时代》在1979年评论:在变化如此之大的情况下,15%的佣金制度仍在蓬勃发展,这很了不起。[10]

20世纪70年代初,广告业出现了一种新的改革苗头。在黑人和

妇女广告运动的基础上，儿童群体被纳入考察范围。经调查，电视广告主每年花费超过 2 亿美元向儿童推销产品（主要是玩具、麦片和糖果）。一项儿童心理学家的学术研究发现，平均每个孩子每年要看两万个 30 秒的广告，每周总共超过 3 个小时。其中，八岁以下的儿童一般无法区分广告和节目，会不加批判地吸收电视内容。直到六年级，大多数孩子才对广告的真实性持怀疑态度。[11] 应该说，儿童为广告主提供了一批独特的受众，在这个群体内，广告原理就像卖糖果给婴儿一样简单。

由于担心电视对孩子造成影响，波士顿的佩吉·查伦（Pegy Charren）、伊芙琳·萨森（Evelyn Sarson）等女士，成立了儿童电视行动组织（Action for Children's Television）。在其努力下，儿童电视行动组织要求监管机构限制和改善针对儿童的商业广告，还要求联邦通信委员会取缔对儿童有害的日间药物广告。尽管听证会以科学证据不足为由拒绝了他们的请求，但儿童电视行动组织及其盟友声称这一运动取得了重大胜利：撤销了吸引儿童的维生素广告；减少了周末儿童节目中的商业广告；禁止主持人、明星推销；广告和节目要严格区分；播放良好营养习惯的公益广告；禁止劝诱儿童要求父母购买产品，并规定广告不得夸大玩具的大小或速度。[12] 随着儿童电视行动组织的发展壮大，佩吉·查伦成了儿童电视界的拉尔夫·纳德。

除此之外，另一位改革人物的夸张说辞遭到了广告批评者的质疑。在一系列书籍中，新闻学教授威尔逊·布莱恩·基（Wilson Bryan Key）的《潜意识诱惑》（*Subliminal Sexual*）出版了。这是一本新版的《隐形说客》。没有任何研究，作者就声称，性这个词被巧妙地嵌入到几乎所有他看过的内容中，美国和加拿大的政治运动，至少 25 年内——如果不是更久的话——都在使用性嵌入。[13] 读者或许会疑惑他是如何检验这些政治竞选活动的。《潜意识诱惑》出版后，没有一个广告艺术家会承认性嵌入，因为它并没有发生，除了在作者本人和深信不疑的公众的头脑中之外。《潜意识诱惑》销量很好，这说明公众对广告仍然持怀疑态度，他们愿意相信这一最荒谬的指控。

尽管基的论点存在一些不足，但新的监管机构，特别是联邦贸易委员会和美国广告审查委员会，正以前所未有的力度披露广告行业的虚假宣传。联邦贸易委员会命令 Listerine 纠正广告中的错误事实（Listerine 无法预防感冒、喉咙痛，或降低其严重程度）。该机构还要求广告主对去痛片安诺星不能缓解紧张情绪的事实进行澄清。[14] 一些广告主还互相检举，进一步推进了联邦调查局的工作。比如，亨氏汤（Heinz soups）为了打破金宝汤的市场垄断，向联邦贸易委员会揭发 BBDO 为金宝汤制作的虚假广告照片，联邦贸易委员会要求 BBDO 停止欺骗行为。几年后，金宝公司为一家子公司购买亨氏番茄酱时，发现瓶子里有霉菌。金宝公司向食品和药物管理局检举，导致 224 箱亨氏番茄酱被查封。[15]

广告被如此严密地监管着，一些早期的监管提倡者对此开始怨声载道。奥格威坦言："这是我们应得的，我们没能规范好自己，但我们现在被过度监管了，整件事已经成为一场闹剧。"[16] 20 世纪 70 年代末，为了广告业的蓬勃发展，华盛顿开始放松管制，联邦贸易委员会虽然不太赞成，但也有所松动。1976 年，最高法院的一个案件依据第一修正案将法律主体地位（或保护）给予广告。在法律和经济杂志的一系列文章里，广告被描述为经济竞争的润滑剂。1980 年，国会限制了联邦贸易委员会的权力，规定只能监管"欺骗性"广告。

这些发展意味着 20 世纪 70 年代初期的监管标准在相对倒退，但并非绝对倒退。与前纳德时代相比，广告仍然受到内部和外部的严密监管。[17] 消费者运动虽然从公众运动转向了政府机构，但地方团体依然有效运作着。

在种族运动和性别多元化的持续努力下，广告业也有进步的一面。1967年,黑人出现在5%的电视广告里,1976年上升到13%。[18] 公共服务和促销广告中黑人的出现比例高于常规产品广告。少数黑人当上了广告管理者。如威廉·夏普在1972年离开智威汤逊后,经营了可口可乐公司的广告部门,后担任美国广告联合会主席,成为亚特兰大一家广告公司的创始合伙人。罗纳德·桑普森(Ronald Sampson)是大型广告公司中级别最高的黑人,是芝加哥 Tatham-Laird & Kudner 的管理主管和合伙人。但总体来看,黑人在广告业的就业情况只能说是保持稳定。根据美国广告代理商协会的研究,从1970年到1974年,38家大型广告公司的少数种族就业率从8.9%上升到9.9%,但在专业管理层面,就业比例从4.6%下滑到4.2%。[19] 1975年,AAAA年会声称,越来越少的黑人能上升到广告业的最高职位。[20] 20世纪70年代,黑人指控排名前二十家的大部分广告公司存在就业歧视。

由于一些复杂的原因,黑人与广告业显然没有实现完美融合。从广告界的角度来看,由于缺乏强大的阅读和写作传统,美国黑人文化主要以口头和听觉形式存在。如我们所知,黑人对美国生活的最大影响体现在体育和音乐领域,部分原因可能是白人对黑人有这样的期望,但更多是因为体育和音乐从逻辑上源于黑人文化,也几乎不需要阅读和写作能力。相比之下,广告需要经过深入思考,甚至一个标点符号都需要反复斟酌。怀揣着美好的愿景,20世纪60年代末,少数种族就业项目从黑人中抽调人员,将他们投入一个陌生的广告环境中。DDB少数种族工作顾问罗伯塔·柯万(Roberta Kirwan)指出:"我们的学员是贫民窟产物,这并不能培养出中产阶级的品质,如守时、识字、正常出勤、关注程序和接受长期的目标。"[21] 在威廉·夏普的基础广告课程的110名毕业生中,直至1975年,只有16人受雇于广告业。[22] 杰里·德拉·费米纳给黑人开广告课,但因文化差距而感到惆怅:"他们生活在一个与我不同的世界,他们可以写黑人,但他们写不了白人。"[23]

20 世纪 70 年代，黑人主导的广告公司也遭遇了关停潮。1970 年，约翰·F.斯莫尔（John F. Small）广告公司取得了突破性进展，赢得了白人广告主 Singer 价值百万美元的订单。斯莫尔宣称："现在，黑人已经准备好与白人企业家竞争了。"[24] 但五年后，因为无法完成合同义务，海军撤回了 170 万美元的少数族裔招聘项目合同，斯莫尔公司倒闭了。[25] 1976 年，斑马公司（Zebra Associates）在离奇的指控中关停。[26] 原因是公司负责人之一琼·默里（Joan Murray）曾雇用两名男子袭击一名同事。其他黑人公司由于不同原因而关停。黑人女广告人乔伊斯·哈默（Joyce Hamer）解释说："拥有经营企业的头脑和智慧是一回事，接受技能培训是另一回事。人们没有花足够的时间在财务和其他相关领域深耕。"[27]

黑人广告公司一般局限在黑人市场内。纽约黑人公司联合世界（Uniworld）公司声称有一份光鲜的客户名单，包括 RCA、通用汽车、吉列、AT&T、Heublein、雅芳等客户，该公司为这些客户策划黑人广告。联合世界的拜伦·刘易斯（Byron Lewis）说："我们必须专注于我们的利基市场。"[28] 托马斯·布瑞尔（Thomas Burrell）的广告公司是最大的黑人广告公司，1980 年，总收入略低于 2000 万美元。该公司的可口可乐广告、麦当劳广告先后获得克里奥奖（Clio）。前者展现了一个街头黑人小孩跳舞的可乐主题，后者描绘了黑人家庭重聚的场景。而麦当劳广告有意模糊了儿子缺席的原因，因为这是黑人家庭中一个敏感的问题。布瑞尔说："我们的价值观，我们的恐惧，我们的愿望，都是文化塑造的，至少是源于文化的，而你必须来自这种文化，才能知道这些文化变量是什么。"[29] 正是文化特殊主义让美国广告界的黑人处于一个独立但又不平等的尴尬地位。

和黑人群体相比，女性广告人的地位要高一些。20 世纪 70 年代，女性在麦迪逊大道上的表现也更为优秀。她们与白人男性有着相同的文化，识字能力与男性相当，更擅长阅读和写作。她们有着男性协调指挥和自我主张的一面，能够扛住内外部机构的双重压力。在女性的努力下，广告中的性别形象不断改进，比如出现的女强人、娇滴滴的男性、女性高管和男性保姆等形象。《女士》杂志评论：总体来说，广告主也有改善的意愿，他们对于女性的理解远远超过对"女性化"产品的理解。[30]埃克森、索尼、吉列、布雷克、AT&T 和美国运通就是开明的广告主。纸媒广告比电视广告更有进步性。但正如弗兰切利·卡德维尔所说，最具冒犯性的广告往往带来更好的销售效果。他指出，如果广告中出现一个女人在演讲或驾驶赛车或在暖融融的火炉边出汗，那么火炉边出汗的广告通常能带来最好的销售结果。卡德维尔建议消费者抵制这些含有性别歧视的产品："你可以在公司编写和制作所有你喜欢的自由广告，但女性这个群体必须被重视。"[31]

即便是韦尔斯也产生了一种女权主义意识。对于"好战的女性解放者"（韦尔斯给这些人所取的绰号）[32]，她还是会保持距离，由于自己的显赫地位，致使男性客户不敢与她调情，她对此颇感到遗憾。（"当他们认为我是一个性感的金发女郎时，这更有趣。"[33]）但她的成功本身就是女权主义强有力的证明。她在 1976 年时说："我不是严肃的、积极意义上的女权主义者，但我对平等权利修正案和工资等问题有着非常强烈的女权主义意识，我对不公平现象有着强烈的感受。很多事情正在发生变化，越来越多的女性进入这个行业，她们非常优秀。"[34]她赞扬了那些女性员工们，但没有提拔任何一位女性进入最高管理层，她本人也更喜欢和男性联系："我没有女性朋友。"[35]她曾解释，虽然有几位女性是有能力领导分支机构的，但她不会让她们进入，因为男性客户没办法忍受这样的工作环境。男性的沙文主义致使他们无法舒服地与权威女性打交道。韦尔斯的女权主义观表现为：女性要被区别对待。[36]

尽管没有哪名女性能复制韦尔斯的传奇，但广告业还是涌现了成功的女性同胞们。1973年，瑞瓦·科达成为奥美广告公司的创意主管。[37] 1976年，一位女性指控奥美公司有性别歧视后，奥美的女性员工比例在六年内从40%跃升至57%。20世纪70年代中期，四家广告公司创意部门的主管都是女性。[38] 雪莉·波利科夫在1975年曾告诉那些男同事，指出他们对女性有性别误解：" 现在有这么多女性在这个行业，你们不能再那样说了。"[39] 雪莉、简·特拉希、珍妮特·玛

20世纪80年代的女性广告

丽·卡尔森、保拉·格林、乔·福克斯沃斯、洛伊斯·杰拉西·恩斯特（Lois Geraci Ernst）、费斯·波普科恩（Faith Popcorn）、乔伊斯·哈默、杰奎琳·布兰德韦恩（Jacqueline Brandwynne）、阿德里安娜·霍尔（Adrienne Hall）和琼·莱文（Joan Levine）等女性都经营着自己的公司。在乔伊斯·哈默的机构，哈默通常会派一名白人男性代表参加客户介绍会，她解释称："在最初几次会议上，由男同事讲讲男孩子的笑话，效果会更好。"[40]

20世纪70年代末，《广告时代》编辑部收到的关于性别歧视广告的来信，来信者男女比例各占一半。两位杰出的广告女权主义者简·特拉希和安妮·托尔斯泰·瓦拉赫（Anne Tolstoi Wallach）在她们的广告小说中，描写了这样一个现象：让女主角受到威胁的不是男性沙文主义者，而是阴险的女性伙伴。[41] 在现实中，最大一家由女

性领导的新广告公司"女性广告"(Advertising to Women)在1980年达到了近5000万美元的销售额。在洛伊斯·杰拉西·恩斯特的创意指导下,她的公司呈现了强大而性感的女性广告形象。恩斯特在谈到男性消费者时说:"他们花了七八年时间才明白,女人不再在家擦地板了。"[42]但女权主义者们批评恩特斯的广告强化了女性作为性对象的观念,对此,恩斯特干脆直言:"如果连女性解放组织都不喜欢的话,那就很难了。"

20世纪70年代,广告的文案风格和管理实践与50年代极为相似。70年代初,在紧缩的经济环境下,硬性销售再次回归。创意奖项不再是工作晋升的通行卡。广告公司转而寻求市场营销MBA们,它们需要了解定价、分销和包装核心内容的广告人才。艺术家和文案人员不再强调他们的缪斯,而是强调销售理念。奥格威说:"今天我们又回到了推销员的行列,而不是自命不凡的艺人。[43]钟摆正摆回到我们的方向——霍普金斯。"[44]

新福音"定位"(Positioning)的先知,来自Ries Cappiello Colwell(后来的Trout & Ries)的阿尔·里斯(Al Ries)和杰克·特劳特(Jack Trout)。[45]当然,作为一个概念、一个术语,"定位"一词早在20世纪50年代就由通用食品的各个部门制定出来。里斯和特劳特只是复活了这个概念。1975年,这家小型公司市值为1370万美元,排名第125位。为了提高市场份额,里斯需要找到新的产品策略。这意味着在激烈的竞争中,要通过快速、简单、激进的推销方式——经典的硬性销售脱颖而出。里斯和特劳特说:"定位就是反向思考,不是从你自己开始,而是从潜在客户的想法开始。因为改变思想是一项极其艰巨的任务,但如果能利用已经存在的东西则容易得多。"[46] 第一个最关键的任务就是为产品命名：名字要令人难忘。接下来就是要找到一个特定的销售论点（比如USP），并重复运行它。同时，产生实际影响的不是广告风格，而是广告文案，幽默和美学只是转移了销售概念的注意力。总而言之，定位理论彻底颠覆了创意革命。里斯和特劳特宣称："今天创意已死，麦迪逊大道上的游戏名称是定位。"[47]

广告定位理论带来了比较广告这一形式。比较广告是一种古老的技术，如格切尔的"货比三家"（Look at All Three）。但广告界主流并不鼓励使用它，因为在他们看来，比较广告不符合竞争道德，它只是为小型和作为新贵的竞争对手提供了有力的宣传武器。1964年，NBC取消了比较广告的禁令。消费者联盟和联邦贸易委员会认为比较广告提供了更具体、更丰富的广告信息：确凿、可验证的事实，而不是泛泛而谈。1972年，联邦贸易委员会因限制贸易提起诉讼后，ABC和CBS两大广播公司也取消了比较广告的禁令。两年后，AAAA加入了这一行列。

里斯和特劳特将比较广告视为定位理论的最佳竞争方式。尽管他们的广告公司规模较小且没有太多知名活动。其中，大型广告公司对比较广告的使用，成为70年代最具特色的广告技术。[48] 举例来说，七喜公司以可口可乐为目标，通过比较广告使销售额翻了一番。泰诺以阿司匹林为竞争对手，成为最大的非阿司匹林止痛药商。可口可乐以"这是真正的东西"正面应战百事可乐，随后，百事可乐对可口可乐做了盲味测试，并用隐藏式摄像头进行了反击。一年内，百事可乐市场份额翻了一番。1976年，DDB抓住了比较广告的浪潮，为中断了七年合作的广告客户阿维斯策划了"我们要更努力"的广告活动。

综上，比较广告有助于弱者对抗强者，但它的使用有局限性。例如，联邦快递公司通过比较广告，超越Emery航空货代公司成为第

1975 年的扬罗必凯公司

一,但很快联邦快递公司又转向传统的广告宣传。对于消费者而言,比较广告作为一种直接销售手段相对更真实,也更具娱乐性。毕竟,谁不喜欢看广告主互相争吵的场面。联邦政府对比较广告也较为宽容,只在竞争对手指控时才介入。即使是最严格的联邦广告监管机构,也开始允许啤酒制造商比较卡路里。比较广告将传统的硬性销售与消费主义观点结合起来。到 1980 年,美国广播公司电视上有四分之一的比较广告。

在管理风格方面,20 世纪 70 年代重复了 50 年代的巨头主义,但有一些关键的调整。扬罗必凯公司为整个行业提供了一个模式。爱德华·内伊(Edward Ney)从 1951 年起就是扬罗必凯公司的老员工,1970 年 11 月任董事长兼首席执行官。内伊接任的时候,扬罗必凯公司正处于创意革命末期,员工臃肿,费用高昂,增长缓慢。上任后,内伊将纽约办事处的员工减少了三分之一,降至 1200 人,任命亚历克斯·克罗尔(Alex Kroll)为创意总监,亚历山大·布罗迪(Alexander Brody)为国际业务主管。这个三人组带领公司进入了一个惊人的增长期。克罗尔保护了扬罗必凯公司优秀创意的传统声誉。他表示:"我们仍然对创意保持狂热,但是与 60 年代相比,纪律与创意同样重要。[49] 我们相信，创意是战术性的，它应该由市场的眼光来衡量，而不是你在放映室里得到的感觉。我们希望我们的广告是由消费者来评判，而不是同行的掌声。"[50]

在扬罗必凯的发展方针上，内伊制定了一项雄心勃勃的并购增长计划。内伊通过内部操纵公司股票和退休计划的方式筹集资金，而非向外界发售股票，这样，内伊能为公司提供更多自由和隐私，以不受外界和公众的影响。1973 年，为建立起他所谓的"横向商业说服力"，[51] 内伊收购了专门从事医疗保健广告的 Sudler & Hennessey 公司，以及直销公司 Wunderman, Ricotta & Kline。在此基础上，扬罗必凯的总营收为 6200 万美元，击退了自 20 年代以来一直占据高位的智威汤逊。接下来几年，内伊吞并了中西部和西南部的区域广告公司，以及其他专门从事零售和销售推广的小公司。这一扩张在 1979 年达到高潮：扬罗必凯收购了拥有 3.06 亿美元广告收入的 Marsteller。自此，扬罗必凯取代智威汤逊，成为世界广告业的领导者。

与之形成鲜明对比的是马里昂·哈珀。哈珀在俄克拉荷马州过着拮据的退休生活。在离开埃培智十年后，他那庞大的广告公司愿景正在被内伊复制，并取得了巨大成功。内伊采用了哈珀的基本概念，但避免了哈珀的关键错误：狂妄自大、自我陶醉。内伊是一个自我控制能力很强的人，对现有地位时刻保持清醒。内伊的故事和传闻很少，他自我打趣说："关于我，都说我是一个光荣的人事经理。嗯，这里面有很多道理。"[52] 哈珀握有太多权力，而内伊则将权力下放给高层人员。内伊解释道："一些首席执行官不希望他们身边有非常强大的人，我觉得恰恰相反，只有强大的人能与一个强大的领导者共存。当然，我对事情有自己的观点，但我会倾听，如果我不这样做，他们会投票让我出局。"[53] 同样的原则适用于扬罗必凯的收购。就像内伊买的是运行良好的业务，而不是需要大修的残废企业，他让企业自己经营，只要不出问题。内伊表示："它们必须是自主的，一个成功的公

司如何经营他们的业务，不需要我们来教。"⁵⁴

其他广告机构紧随其后，这些并购计划最终促使20世纪70年代的广告业成就一部十年合并史。埃培智收购了Campbell-Ewald和SSC&B；奥美收购了70年代最热门的新公司Scali, McCabe, Sieves；WRG收购了Gardner；达彼思收购了Campbell-Mithun。智威汤逊、扬罗必凯和博达大桥成为三大公关巨头。到20世纪末，西海岸已没有重要的独立广告公司。一家小型咨询公司的合伙人詹姆斯·希金（James Heekin）说："他们已经失去了创业的信心，上帝站在大部队的那一边。若他们不想成为最后一个离开海滩的人，他们应该尽快上船。"⁵⁵

经过这一时期的发展，从20世纪70年代中期开始，顶级广告公司的收入和广告总支出的增长速度超过了国内生产总值，甚至超过了通货膨胀和其他经济指标。在经济增长普遍停滞不前的时代，广告业获得了炫目的飞跃。广告总支出从1970年的196亿美元增长到1980年的546亿美元；电视广告一如既往充当了领头羊，支出从36亿美元增长到114亿美元。⁵⁶ 1970年，在世界十大广告公司中，智威汤逊收入为7.73亿美元，精信为2.3亿美元。十年后，以扬罗必凯公司为首的十三家机构年收入超过23亿美元——每一家都超过了智威汤逊在1970年的收入。十一家广告公司实现了哈珀那10亿美元广告业务的旧梦。

然而，周期又一次发生了变化。过度的创意革命带来了硬性销售，这些发展反过来又将注意力转移到创意本身。在这一阶段，电视广告习惯依赖预先测试的方法，硬性销售风格也再次凸显。当广告把自己看作一门理性且可量化的科学时，它失去了创造性的活力。韦尔斯说："我们微不足道的勇气和贫乏的精神，让广告变得多么无趣。"⁵⁷ 广告变得彼此相似，毫无创意：三支香烟从未开封的包装中伸出来；航空公司的起飞镜头；人们快乐地打着肥皂泡沫；沐浴露广告里的裸体女人；啤酒广告的猛男运动员；宠物食品广告的宠物和一

第八章 20世纪70年代：周期永无止境

碗食品。

1977年，《广告时代》的常驻评论员威廉·泰勒指出："去年令人惊叹的广告活动比我记忆中的任何一年都少，这个行业正在等待下一个创意巨人来撼动我们所有人。"[58] 1978年，简·特拉希卖掉广告公司退出了这个行业。她说："现在的大多数广告都很糟糕，我真的不相信它，我都怀疑客户的智商，他们怎么能买这样的浆糊。"[59] B&B的阿尔文·汉普尔（Alvin Hampel）也表示："如果你相信创意是我们业务的核心，那么我们看到的是一个心脏停跳的广告时代。"[60]《广告时代》在1980年宣布，这个行业正处于"一场新的创意革命"[61]的边缘。

从理论上来说，每年支出高达546亿美元的企业应该拥有强大的力量，然而，广告数量和规模并不代表有效性。这似乎是一个违背常识的悖论，但这也是事实。传播研究表明，当广告总量增加时，人们会更仔细地筛选它。[62] 在某些时候，背景越是杂乱无章，越少有信息能脱颖而出。根据AAAA的一项研究，一个普通消费者每天会接触到1600则广告，其中有80则广告能被注意，只有12则引起了一些反应。[63] 根据最近的公众意见调查发现，公众对广告既不赞成也不反对，漠不关心，缺乏兴趣。

这一结论是对广告史的一个巨大讽刺：20世纪，广告业已发展壮大，但现在却失去了影响力。其实，从20年代以来，广告就被两种相反的力量不停拉扯着。政府和行业监管限制了麦迪逊大道的谎言自由。当或多或少地被限制在真相上时，广告失去了一些最强大和可怕的手段。1976年，盖洛普一项民意调查对11个工作领域的诚实和道德标准进行了评分。调查发现，排名最末的五类人分别是企业高管、参议员、国会议员、工会领导人,广告主管排名倒数第一。[64]一边是越来越多的监管,另一边是消费者对广告越来越漠不关心。显然,广告一直在用越来越迷你的武器射击一个驻防越来越严密的目标,现在广告发现自己很难被什么人相信。

与此同时,作为一种纯粹的经济力量,广告仍然是美国资本主义的一个必要部分。好广告可以使产品获得成功,坏广告可以使产品灭亡。在一个依赖自由服务的经济体中,广告在引导购买方面变得更加关键。即使我们谴责广告影响了文化,但也很难否认它对消费的拉动作用。

对于广告的文化影响,即广告是塑造大众品味和行为的力量,局外人对这一观点似乎更为认可。奥格威在1962年指出:"作为一名广告从业者,我认为它只不过是一种关于销售技巧的工具,它追随潮流,但从不引导潮流。公众对大多数广告感到厌烦,同时还在设法对付它。"[65] 确实,局外人看到的是经过专家精心设计的成品,但内行人却很清楚创作广告的混乱过程:错误的开始,被拒绝的想法,午夜的绝望,损失的客户,以及广告背后的创意焦虑。业内人士还更为清楚,任何成功的广告都不可能离受众很远,广告必须适合受众,而不是渐行渐远。卡尔·阿奈在1977年说:"广告无法操纵社会,社会操纵着广告,广告对社会趋势做出反应,广告公司对广告主做出反应,就这么简单。"[66]

广告行业常常使用一个比喻来形容广告的作用:广告是一面镜子,仅仅反映社会本身。当然,这面镜子经常反映出我们最不可爱的一面:物质主义、性焦虑、嫉妒、虚荣和贪婪。对于最美好的一面,广告这面镜子中的映象少之又少。但广告必须如实呈现人性。从人性角度而言,我们都愿意表现出崇高和圣洁,但大多数人在大多数时候都被更自私、更现实的东西所撼动。因此,广告就不可避免地要利用这些更强烈、更黑暗的文化元素。

有人可能会提出一个更令人信服的观点，即美国文化本就是疯狂的、享乐主义的、肤浅的，美国人在漫不经心地沿着一条"进步"铁轨前进。早在19世纪初期，托克维尔和这个年轻共和国的观察家们就已经用这些术语去描述美国，这比广告要早几十年。如果把美国历史上的这些基本趋势归咎于广告，显然没有抓住要点。当然，要杀死广告这个信使确实更容易。那些创造现代广告的人也不是隐形说客，他们只是按下了我们人性中的某个按钮。无论好坏，广告只是美国生活方式的一种显眼的表现，仅此而已。

# 注释

1. *AA*, December 14, 1970.

2. *AA*, June 4, 1973.

3. *AA*, March 25, 1974.

4. *AA*, September 13, 1971.

5. Edward Buxton, *Creative People at Work* (1975), pp. 42-3.

6. *AA*, May 17, 1971.

7. *AA*, June 26, 1978.

8. *AA*, November 21, 1973.

9. *AA*, May 20, 1974

10. *AA*, September 24, 1979.

11. See Eli A. Rubinstein in *American Scientist*, November 1978.

12. The Early Window, eds. Robert M. Liebert et al. (1982), p. 137; *The Commercial Connection*, ed. John W. Wright (1979), p. 242.

13. Wilson Bryan Key, *Media Sexploitation* (1976), p. 8.

14. *AA*, December 6, 1976.

15. *AA*, May 29, 1978

16. *AA*, May 20, 1974.

17. Paul N. Bloom and Stephen A. Greyser in *Harvard Business Review*, November-December 1981.

18. Ronald F. Bush et al. in *JAR*, February 1977.

19. *AA*, October 3, 1977.

20. *AA*, March 31, 1975.

21. *AA*, November 3, 1969.

22. *AA*, April 7, 1975.

23. *AA*, November 13, 1980.

24. *AA*, March 23, 1970.

25. *AA*, August 2, 1976.

26. *AA*, June 7, 1976 and November 14, 1977.

27. *AA*, June 20, 1977.

28. *AA*, May 16, 1977.

29. *AA*, March 1, 1982.

30. *Ms.*, November 1974.

31. *AA*, October 18, 1976.

32. *AA*, December 10, 1973.

33. *AA*, May 3, 1976.

34. Ibid.

35. *Vogue*, February 1978.

36. *AA*, December 1, 1980.

37. *AA*, June 4, 1973.

38. Bernice Kanner in *Working Women*, March 1983.

39. *NYT*, September 9, 1975.

40. *AA*, April 7, 1980.

41. Jane Trahey, *Thursdays 'til 9* (1980); Anne Tolstoi Wallach, *Women's Work* (1981).

42. *AA*, July 21, 1980.

43. *AA,* May 20, 1974.

44. David Ogilvy to Maurice Smelt, October 13, 1972, RP.

45. *AA*, August 13, 1979.

46. Al Ries and Jack Trout, *Positioning* (1981), pp. 219-20.

47. Al Ries and Jack Trout, *Positioning* (1981), p. 228.

48. *NYT*, July 13, 1979.

49. *AA*, November 21, 1977.

50. *Adweek*, November 9, 1981.

51. *AA*, November 21, 1977.

52. *Adweek*, November 9, 1981.

53. *AA*, July 28, 1980.

54. *NYT*, July 8, 1979.

55. *AA*, October 29, 1979.

56. *AA*, September 14, 1981.

57. *AA*, March 22, 1976.

58. *AA*, March 21, 1977.

59. *AA*, January 30, 1978.

60. *AA*, August 28, 1978.

61. *AA*, March 10, 1980.

62. Raymond A. Bauer and Stephen A. Greyser, *Advertising in America* (1968), p. 363.

63. *Commercial Connection*, ed. Wright, p. 35.

64. *AA*, September 13, 1976.

65. David Ogilvy to William Shockley, June 22, 1962, OP.

66. *AA*, June 13, 1977.

**1945—1980年美国广告收入最多的十个机构**

| 1945 | | 1950 | |
|---|---|---|---|
| J. Walter Thompson | $78.0 | J. Walter Thompson | $130.0 |
| Young & Rubicam | 53.0 | Young & Rubicam | 92.0 |
| N. W. Ayer & Son | 41.0 | BBDO | 87.0 |
| BBDO | 40.0 | N. W. Ayer & Son | 79.0 |
| McCann-Erickson | 40.0 | McCann-Erickson | 67.0 |
| Ruthrauff & Ryan | 32.0 | Foote, Cone & Belding | 61.0 |
| Foote, Cone & Belding | 31.0 | Ruthrauff & Ryan | 45.0 |
| Dancer-Fitzgerald-Sample | 25.0 | Benton & Bowles | 44.0 |
| Biow Company | 22.0 | Grant Advertising | 40.0 |
| Compton Advertising | 21.0 | Kenyon & Eckhardt | 38.0 |
| 1955 | | 1960 | |
| J. Walter Thompson | $172.0 | J. Walter Thompson | $250.0 |
| Young & Rubicam | 166.0 | BBDO | 234.8 |
| BBDO | 162.5 | McCann-Erickson | 225.0 |
| McCann-Erickson | 132.0 | Young & Rubicam | 212.0 |
| N. W. Ayer & Son | 92.0 | Ted Bates | 130.0 |
| Leo Burnett | 69.2 | Leo Burnett | 116.7 |
| Foote, Cone & Belding | 68.0 | Benton & Bowles | 114.0 |
| Benton & Bowles | 68.0 | N. W. Ayer & Son | 110.0 |
| Kenyon & Eckhardt | 68.0 | Dancer-Fitzgerald-Sample | 100.7 |
| Ted Bates | 59.2 | Foote, Cone & Belding | 99.6 |

1945—1980年美国广告收入最多的十个机构

| 1975 | | 1970 | |
|---|---|---|---|
| J. Walter Thompson | $317.0 | J. Walter Thompson | $438.0 |
| BBDO | 277.1 | Young & Rubicam | 356.4 |
| Young & Rubicam | 276.0 | BBDO | 324.4 |
| McCann-Erickson | 259.0 | Leo Burnett | 283.6 |
| Foote, Gone & Belding | 178.6 | Ted Bates | 254.0 |
| Leo Burnett | 174.8 | Doyle Dane Bernbach | 249.7 |
| Ted Bates | 169.2 | McCann-Erickson | 246.5 |
| N. W. Ayer & Son | 135.6 | Grey Advertising | 180.0 |
| Dancer-Fitzgerald-Sample | 134.6 | Foote, Cone & Belding | 179.0 |
| Doyle Dane Bernbach | 130.0 | William Esty | 170.0 |
| 1975 | | 1980 | |
| Young & Rubicam | $476.6 | Young & Rubicam | $1,333.7 |
| J. Walter Thompson | 432.8 | J. Walter Thompson | 918.9 |
| Leo Burnett | 400.0 | Ogilvy & Mather | 837.1 |
| BBDO | 369.9 | BBDO International | 806.4 |
| Ted Bates | 280.2 | Foote, Cone & Belding | 749.3 |
| Foote, Cone & Belding | 275.3 | Leo Burnett | 734.6 |
| Ogilvy & Mather | 266.1 | Ted Bates | 720.3 |
| D'Arcy-MacManus & Masius | 234.0 | Doyle Dane Bernbach | 671.0 |
| McCann-Erickson | 230.8 | Grey Advertising | 524.9 |
| Doyle Dane Bernbach | 228.2 | Dancer-Fitzgerald-Sample | 505.0 |

# 鸣 谢

首先,我要感谢几位广告界领军人物的家人,他们与我分享了这些杰出人士的相关信息。贝蒂娜·罗必凯(Bettina Rubicam)、凯瑟琳·罗必凯·威滕(Kathleen Rubicam Witten)和斯蒂芬·罗必凯(Stephen Rubicam)填补了我对雷蒙德·罗必凯的了解空白。瑟蕾丝·兰斯当·杜布尔(Therese Lansdowne Duble)和海伦·雷索尔·霍格(Helen Resor Hauge)为我提供了关于斯坦利和海伦的重要见解。米尔德里德·洛克·格切尔(Mildred Locke Getchell)和约翰·S.格切尔(John S. Getchell)让我距离难以捉摸的斯特林·格切尔更近一步。

在广告公司方面,扬罗必凯的马克·斯特鲁克(Mark Stroock)和智威汤逊的辛西娅·G.斯沃克(Cynthia G. Swank)乐于助人,迅速而充分地回应了我对信息和资料的反复请求。我还要感谢DDB 的卡里·拜尔(Cary Bayer),BBDO 的唐娜·麦吉尔(Donna McGirr),以及博达大桥的罗伯特·J.科瑞兹(Robert J. Koretz)。

詹姆斯·肯尼迪与我分享了有关斯特林·格切尔的资料。克里·W.巴克利(Kerry W. Buckley)给我寄来了他关于约翰·B.华生的广告职业生涯的文章。在帮助我的图书馆员和档案管理员中,我特别感谢威斯康星州州立历史学会的芭芭拉·凯泽(Barbara Kaiser)和她的团队,他们是广告手稿材料的主要保存者。

罗宾·斯特劳斯(Robin Straus)——我的文学代理人,尽管我对这个项目有所怀疑,但她对此充满信心,并成功地将这本书推销给了资深编辑哈维·金斯伯格(Harvey Ginsberg)。哈维的慷慨和敏锐力是我学习的楷模,他对作者的尊重和礼待也让我深受感动。在创作中,我的几位朋友凯瑟琳·兰塞尔(Katherine Ransel)、布伦达·恩

## 鸣 谢

格尔布雷森（Brenda Englebretsen）和帕特里夏·约翰斯顿（Patricia Johnston）协助了我。安妮·科普兰（Anne Copeland）提供了重要的批评和研究建议，并且容忍了我在创作过程中的多变性情。

最后，我要衷心感谢罗瑟·瑞夫斯和大卫·奥格威。作为过去四十年里最有影响力的广告从业者之一，他们代表了广告策略和文案方面截然不同的传统。他们之间的关系可以追溯到20世纪30年代末，尽管他们在家庭纷争、政治立场、智力品味、个性和风格上存在着深刻的差异，但他们的关系依然持续至今。事实上，我们可以将整个美国广告史以瑞夫斯和奥格威之间对话的形式进行呈现。他们为这本书提供了帮助，向我开放了他们的私人文件，提供了研究线索，并对我写的东西进行广泛的批评。他们二人都具有历史学家素养，如果没有他们的贡献，本书的职业历史叙述将会贫乏得多。

# 手稿收藏

Advertising Women of New York Papers, State Historical Society of Wisconsin, Madison.

Bruce Barton Papers, State Historical Society of Wisconsin, Madison.

William B. Benton Papers, Regenstein Library, University of Chicago.

Thomas D'Arcy Brophy Papers, State Historical Society of Wisconsin, Madison.

Fairfax M. Cone Papers, Regenstein Library, University of Chicago.

Dorothy Dignam Papers, Schlesinger Library, Radcliffe College and State Historical Society of Wisconsin, Madison.

Margaret Divver Papers, Schlesinger Library, Radcliffe College.

Christine Frederick Papers, Schlesinger Library, Radcliffe College.

E. William Henry Papers, State Historical Society of Wisconsin, Madison. William Bennett Lewis Papers, Mu gar Library, Boston University.

Bernard Lichtenberg Papers, State Historical Society of Wisconsin, Madison.

Wallace Meyer Papers, State Historical Society of Wisconsin, Madison. Newton N. Minow Papers, State Historical Society of Wisconsin, Madison. National Broadcasting Company Papers, State Historical Society of Wisconsin, Madison.

David Ogilvy Papers, Manuscript Division, Library of Congress.

Frederic Papert Papers, John F. Kennedy Presidential Library.

Irna Phillips Papers, State Historical Society of Wisconsin, Madison.

Lydia E. Pinkham Papers, Schlesinger Library, Radcliffe College.

Rosser Reeves Papers, State Historical Society of Wisconsin, Madison.

J. Walter Thompson Archives, New York City.

John B. Watson Papers, Manuscript Division, Library of Congress. Alexander Woollcott Papers, Houghton Library, Harvard University.

# 译后记

《造镜者》作为一本美国广告史,详细地介绍了广告在美国兴起的历史背景,以及广告行业背后丰富多彩的人物。相较于其他广告史著作,这本书的可读性和故事性尤为显著。作者福克斯在书中提到,在 1926 年 10 月的美国广告协会年会上,卡尔文·柯立芝为广告盖上了总统印章。这一行为表明,广告是适应和改变生活习惯与模式的最大力量,影响着美国人的饮食、穿着,以及整个国家的工作和娱乐。为解答广告是否塑造或反映了时代文化倾向这一问题,福克斯进行了大量的研究和调查,阅读了许多一手资料,包括奥格威、瑞夫斯的私人信件,以及对美国广告界领军人物家人进行访谈。

除了介绍那些众所周知的广告巨头,如奥格威、伯恩巴克和巴顿,这本书还补充了一些已经被遗忘的伟大人物,如拉斯克、鲍尔斯、霍普金斯、雷索尔,以及那些不太知名的广告人物,如格切尔等。通过这些细致入微的描写,读者可以更全面地了解美国广告史上各个时期的重要人物和他们的贡献,进一步揭示广告行业的发展脉络和变革。

更确切地说,《造镜者》可以被视为一本美国广告文化史之作,与《丰裕的寓言》和《肥皂剧、性和香烟》等作品共同阐释了一个重要主题:广告作为一种文化模式如何反映和创造社会。在这其中,作者们对消费主义、美国 WASP 社会以及身体观念都给予了不同层面的关注。

在海外设计与广告系列丛书中,美国广告业一直是广告学界不可忽视的重点,但关于美国广告史的译著相对较少。我们所熟知的作品,如大卫·奥格威的《一个广告人的自白》、克劳德·霍普金斯的《科学的广告》、乔治·路易斯的《广告艺术》,都是美国广告行业领军人物的重要代表作。而斯科特·阿姆斯特朗的《广告说服力》、威廉·阿伦斯的《当代广告学》则是美国广告学界内部对广告业的理论阐释。

福克斯作为一位身处广告业之外的全职作家，他声称自己仍然是一个学者，并希望写一些在知识上值得尊敬的书。然而，平衡普通读者和特定读者的需求对福克斯来说却是一个难题。在《造镜者》中，福克斯认为广告业与人有着紧密的联系，它能更好地反映人的怪癖和个性，这一观点贯穿了整本书，使《造镜者》既有可读性又具学术性，也与行业内的代表性著作形成了差异。从可读性而言，这本书不是教如何策划广告，也不是教如何销售东西，它关注的是广告人的历史。从学术性而言，后面三章内容的论述体现了作者明确的理论意识和历史感。有人称这本书是对广告历史"有趣和复杂的调查"，也有人评价它是任何从事广告业的人都应该阅读的必备之作。从这一点而言，《造镜者》应该说较为为完美地平衡了两类读者的阅读需求。

尽管《造镜者》以一种 20 世纪美国广告史的写作模式呈现，但它超越了简单的历史叙述。福克斯通过研究和调查形成了一个有价值的洞察力理论，即美国广告业在过去一个世纪中一直在两极之间摇摆不定。这两极包括硬性销售阵营和软性销售阵营。硬性销售阵营注重清晰而有效的陈述，通过逻辑、简单和重复的方式强调产品特点。而软性销售阵营则更关注广告的艺术风格，突出商品的个性特点。

通过对广告历史中各种派别和思潮的深入剖析，《造镜者》展示了广告行业的多样性和变化。这本书不仅仅是一部记录广告历史的纪实作品，更是一趟思考广告与文化关系、消费主义与社会变迁的探索之旅。它为读者提供了一个深入了解广告行业内部运作、人物故事和创意思维的机会，同时也引发了对广告如何塑造和反映社会的深刻思考。

在阅读本书时，本书娓娓道来的故事叙述给我留下了深刻的印象。然而在翻译时，因能力有限，尚不足对原作的可读性加以完全的把握，唯有力求结合上下文语境还原本书趣味性之一二。如有错漏之处，还请读者批评指正。

值得一提的是，恰逢译稿完成之时，在导师祝帅老师的鼓励下，我来到美国访学。这次访学更像是一个异文化者对美国广告史的一次参与观察，让我有机会亲身接触那些在美国广告史上广为人知的品牌。在这里，要深深感谢祝老师对我的督促和鼓励。如果没有导师的信任，《造镜者》翻译一事恐怕要与我失之交臂，如果没有导师的支持，我或许只能通过文字去触摸美国广告及其创造者历史。

2023 年 6 月 26 日<br>于美国密苏里州哥伦比亚市